영남 어문학의 문화론적 해석

영남 어문학의 문화론적 해석

경북대학교 국어국문학과 BK21플러스 사업단

역락

머리말

　한반도의 역사적 전개 과정에서 조선 팔도의 각 지역은 고유의 방언과 문화적 특성을 계발하면서 한국어와 한국문화의 형성에 기여해 왔다. 경상도는 신라의 근거지로 고대의 중심 문화권을 이루었고, 고려와 조선의 주변 지역으로서 한국의 문화와 역사 발전에 참여하였다. 수천 년의 역사 속에서 영남지역에는 다른 어떤 지역보다 두터운 사상·학술·문화 자원이 축적되어 왔다. 한국 불교사의 거봉을 이룬 원효대사와 유학의 비조(鼻祖)인 설총의 고향이 이곳이다. 퇴계 이황 선생을 비롯해 조선 유학의 정점을 이룬 학자들이 경상도에서 태어나 이 지역을 배경으로 활동하였다. 사람이 곧 하늘임을 선언하고 세상의 근본 틀을 혁신하려 했던 동학사상의 개창자 최제우는 경주가 고향이다. 경상도는 조선 팔도 어느 지역보다 땅이 넓고 사람이 많았다.

　고려 예종 1년(1106년) 때 경상진주도가 생겨나고, 충숙왕 1년(1314년)에 경상도라는 이름이 정해졌다. 조선 팔도 체제가 확립된 것은 조선 태종 14년(1414년)이었고, 이때 경상도라는 행정 단위 명칭이 굳어졌다. 고 이수건 선생에 따르면 '嶺南'이란 낱말이 역사 사회적 의미를 띠고 일반화된 시기는 17세기부터라고 한다. 동인과 서인, 남인과 북인 등으로 나뉘어 붕당정치가 형성된 이때부터 조정의 공사 문헌이나 군신 간의 대화에서 '慶尙道'라는 말과 함께 '嶺南'이라는 용어가 사용되었다 한다. '영남'이라는 지역적 정체성이 17세기 이래 더욱 뚜렷하게 형성된 것으로 보인다.

경북대학교는 이러한 역사와 문화의 전통을 쌓아온 영남지역의 중심부에 자리 잡고 있다. 경북대학교 대학원 국어국문학과는 한국의 언어와 문학을 폭넓게 연구하면서 아울러 영남지역의 언어문화 자산을 연구하는 데 특별한 관심을 쏟아왔다. 경상도지역에서 생성된 문학 작품을 연구해 왔고, 지역민들이 사용하는 일상의 생활 언어, 즉 경상방언의 내적 구조와 특성 그리고 방언 속에 녹아있는 문화적 속성들을 조명해 왔다. 한글과 한문으로 창작되고 기록된 문헌들을 모두 아우르면서 지역 어문학 자산의 특성을 규명하였고, 한국어문학 전반과 관련지어 그것이 갖는 의미를 탐색해 왔다.

경북대학교 국어국문학과 BK21플러스 <영남지역 문화어문학 연구 인력 양성 사업단>은 소통과 융합의 인문정신을 구현하기 위해, '문화어문학'이라는 새로운 관점을 세우고 영남지역의 어문학 자산을 연구하고 있다. '문화어문학'은 한국어문학 연구의 새 지평을 열어보고자 우리 사업단이 창안해낸 핵심 지표어이다. 세계화라는 거센 물결 속에서 이른바 민족주의에 기반한 국어국문학 연구는 설 자리를 찾기 어려운 지경에 이르렀다. 문화어문학은 민족어문학의 성과를 새로운 관점에서 녹여내면서, 크게 변화된 현대 한국사회의 요구에 부응하기 위해 폭 넓은 관점과 새로운 연구 방법론을 지향한다. 우리의 이러한 지향성을 드러내고자 이 책의 이름을 『영남 어문학의 문화론적 해석』이라 붙여 보았다.

이 책은 경상도지역에서 활동하면서 지역의 언어와 문학을 연구해 온 학자들의 논문을 엄선하여 구성한 것이다. '문화어문학'과 '지역어문학'이라는 두 개의 시각이 교차하는 논문을 선정하여 그동안의 연구 성과를 점검하고, 앞으로의 연구 방향을 모색하기 위해 이 책을 기획하였다.

참여 집필진은 경북대 대학원에서 연구 활동을 펼쳐온 사람들을 중심으로 하였으나, 같은 뜻을 품고 지역어문학 연구에 매진해온 저명 학자도 집필자로 참여하셨다. 귀중한 논문을 내어주신 김정대·박태일·김봉국 교수님께 특별히 감사드린다. 지역 어문학 연구에 값진 실천을 해 오신 분들이라 이 책이 더욱 빛나리라 믿는다.

우리는 영남지역의 한국어문학 자산을 발판으로 삼아 한국어문학의 갱신(更新)을 위해 심혈을 기울일 것이다. 한국어문학의 문화어문학적 탈바꿈을 도모하는 미래지향적 과업에 동학 제현의 동참을 기대한다. 한국어문학 연구의 새로운 경지를 열어가려는 우리의 노력과 열정이 문화어문학이라는 이름 아래 열매를 맺을 수 있도록 성원과 편달(鞭撻)로 밀어주시기 바란다. 동학자들이 힘을 모아 함께 나아가는 연대(連帶)가 어느 때보다 절실한 시점이다.

2015. 7. 20.

경북대학교 국어국문학과 BK21플러스
<영남지역 문화어문학 연구 인력 양성 사업단>을 대표하여 백두현 씀

차례

제3부 영남 어문학의 기술과 해석

제1부 영남과 문화어문학

지역문학 연구와 경북·대구지역*

박 태 일

1. 들머리

지역문학 연구에 대한 학문 안팎의 요구가 점점 커지고 있다. 그에 따라 관련 글도 자주 눈에 뜨인다. 지난날에 가끔 볼 수 있었던 '지방 문단' 점검·소개 차원의 글과는 달라진 모습이다. 지역 자치행정부가 겉으로 십 년을 넘어선 이즈음, 그러한 변화는 자연스러운 면모로 이해된다.1) 그러나 지역문학 연구가 거듭되면서 고심해야 할 일이 한둘 아니다.

* 이 글은『현대문학이론연구』24(현대문학이론학회, 2005)에 게재한 논문이다.

1) 이런 변화에 힘을 실어 준 외부 동인이 둘 있다. 첫째, 1995년 문화관광부에서 마련했던 '지역문학의 해'와 맞물린 다채로운 관심이다. 어느 곳이라 할 것 없이 하나같이 지역문학의 지난 시기를 간추리고, 그 흐름을 갈무리하는 특집을 마련했다. 지역문학 작품선집까지 이어져 나왔다. 모자람이 많았으나 그러한 일이 알게 모르게 해당 지역문학에 대한 점검 기회를 마련했다. 뒷날 본격 연구를 일으키는 한 이음매가 된 셈이다. 둘째, 지역연구의 제도화다. 대표적인 일이 2002년부터 이루어진 학술진흥재단의 국내 지역연구 영역 지원이다. 전통적인 인문학으로 알려진 문사철을 중심으로 지역연구의 실질적인 관심을 일으켰다. 앞선 시기에 보였던 개인이나 문단 수준의 관심에서 벗어나, 비록 외부 요인이기는 하나 지역연구의 학문적 정당성에 바닥을 다져 준 격이다. 두 해 사이 그 수에서는 많지 않았다 하더라도, 지역문학 연구에 대한 눈길을 바꿀 만한 업적들을 내고 있다.

무엇보다 지역문학 연구 일반론 수립에 따른 어려움이 있다. 지역마다 개별성이 있기 마련이어서, 그것을 두루 싸안는 이론틀 마련은 얼마 동안 쉽지 않을 전망이다.

그러나 지역문학 연구는 기존 문학연구에 대한 성찰과 점검의 계기를 마련하려는 뜻이 크다. 섣부른 일반화에 대한 요구보다는 무엇보다 먼저 새로운 담론 생산을 중핵적인 일거리로 거듭할 수 있는 분위기를 만들어야 한다. 이런 속에서 글쓴이는 경남·부산지역 연구자 가운데 한 사람으로 일하고 있다. 눈길을 지역 바깥으로 돌리면 제주도, 경북·대구와 전남·전북, 그리고 인천지역 연구자의 업적이 두드러져 보인다. 이쯤에서 지역문학 연구에 대한 지역 간 수평 연대 문제도 주요 과제로 떠오르고 있는 셈이다.

이 글은 경남·부산지역문학 쪽 성과를 중심으로, 경북·대구지역문학 연구에 대한 연대 가능성을 고려한 시론으로 마련한다. 경남·부산지역문학 연구 방향에서 나타나는 여러 문제는 경북·대구지역문학이라고 해서 비켜 가기 힘들 것이다. 게다가 경북·대구지역은 일찍부터 경남·부산지역과는 경상도 또는 영남이라는 상위 단위로 묶여 왔던 곳이다. 글쓴이의 외부 관찰자 관점이 경북·대구지역 내부 참여자 연구에 한 참조가 되기 바란다. 편의를 좇아 지역문학 연구의 공간 차원, 시간 차원, 그리고 방법 차원의 셋으로 나누어 그 방향을 짚고자 한다.

2. 공간 차원과 지역 단위

지역문학 연구에 있어 처음은 지역을 어떻게 묶을 것인가 하는 단위 설정 문제다. 이에 대해서는 문학 바깥의 여러 학문, 곧 정치학·경제학·지리학·역사학과 같은 인접학문에서 내리고 있는 지역 개념의 도움을 받아야 할 일이다. 손쉽게 끌어들일 수 있는 길은 행정·정치 경계에 따른 지역 나눔일 것이다. 도와 광역시에서부터 하위 시·군 단위로 내려서는 그러한 나눔은 매우 명료하다. 그러나 우리 근대 경험에서 볼 때는 인위적인 데도 많다. 그렇다고 풍토나 종교, 또는 통혼권과 같은 거시 문화권으로 경계를 삼기도 힘들다.2) 지금으로서는 국가연합지역, 국가지역, 대지역, 중지역, 소지역3)의 다섯으로 나누어 지역문학에 다가서는 길이 바람직스럽게 여겨진다. 연구 내용이나 대상에 따라 그것을 가변적으로 적용하면 될 일이다. 다만 이 경우에도 지역 단위 설정은 아래와 같은 두 가지 점에 유의해야 한다.

첫째, 문학은 특유의 권역이 있게 마련이다. 외적 장소뿐 아니라 언어 문화인 문학담론의 구성 요소 곧 매체 글쓴이의 연결망, 매체 향유나 유포의 범위와 지속, 작품 배경, 언어권 들이 그것이다. 그러면서 다른 일반 영역의 지역 단위와 문학 권역이 겹친다. 이 둘에 대한 고려를 함께 하면서 문학사회가 지닌 고유한 지역 범위와 경계를 찾으려는 노력을 아끼지 말아야 할 것이다. 경남 창녕과 경북 달성 지역 사이 관계가 한 작은 본보기가 됨 직하다.

1920~1930년대 어린이문학의 향유와 소년조직 활동으로 볼 때, 나란히 붙어 있는 이 두 곳은 하나의 소지역으로 묶여 있었다.4) 이 점을 두

---

2) 지역의 단위 획정과 관련해 두루 걸리는 내용에 대해서는 김광억(2000)을 참조 바란다.
3) 국가지역을 중심으로 그 바깥에 국가연합지역이 있다. 재외 재중동포 문학이나 미주 교포문학을 넣을 수 있겠다. 국가지역 안쪽에는 대지역(영남, 호남, 삼남과 같은 단위) 문학, 중지역(도나 광역시 단위)문학, 소지역(시군 단위)문학으로 나눌 수 있다.
4) 1920~1930년대 대표적인 어린이·청소년 투고문단과 발표장을 형성했던 어린이매 체 『신소년』의 경우 이 두 지역의 지사를 현풍 한 곳에서 도맡았다. 지사는 지역 소년조직 활동의 중심이었다. 이를 빌려 독서회, 어린이문예 창작과 매체 발간 활동, 그리고 여러 어린이학습 활동이 이루어졌다.

곳에서 활동하고 있었던 어린이문학의 조직과 인원이 다른 지역에 견주어 많이 모자란 까닭에 나타난 편법이었을 것이라는 풀이만으로는 죄 받아들이기 힘들다.5) 이 경우 두 지역 사이에 가로놓인 뚜렷한 행정 경계와 달리, 이들은 전근대 시기부터 1930년대까지 오래도록 낙동강 뱃길을 빌려 동일 경제권을 이루고 있었던 곳이라는 풀이가 더 설득력을 지닌다.

이런 권역 중첩현상은 경북과 붙어 있는 다른 경남지역, 곧 울산·거창·밀양·합천과 같은 곳에서 나타나는 독자적인 모습과는 다르다. 경북과 얽힌 이러한 현상은 1950년대 후반부터 1960년대, 경남 밀양문학과 경북 청도문학 사이에서 다시 한 번 나타난다. 경북 청도 출신이나 밀양에서 소녀 시절을 보냈던 선배문인 이영도의 상징성, 청도에서 태어나 밀양에서 고교 시절까지 보낸 뒤 대구를 오가며 벌인 시인 예종숙의 활발했던 문청조직 활동과 『향(鄕)』, 『석화(石花)』를 비롯한 매체 활동6)이라는 두 요인이 적극 작용한 까닭이다.

둘째, 지역문학 연구자는 지역 단위가 개방적이라는 점을 받아들여야 한다. 이때 개방적이라는 말은 두 가지 내포를 지닌다. 먼저 지역을 나누는 경계가 역사적으로 가변적이었다는 뜻이다. 아무리 문학지역이라 하더라도 행정, 경제와 같은 부문의 경계 이동이나 통합에서 자유롭지 않다. 그것이 문학지역 단위 설정에 결정적인 영향을 준다. 각별히 단체나 조직 활동의 경우 그것은 더욱 두드러질 것이다. 따라서 굳건한 문학지역의 동일성이 항존할 것이라는 편견에서부터 벗어나는 것이 좋다.

아울러 지역은 형성 개념이라는 점도 받아들일 필요가 있다. 지역을 경제·문화·정치 어느 쪽에서든 고정된 실체로 본다면, 지역은 추상화

---

5) 1920~1930년대 경남·부산지역 어린이문학 쪽에서 보면 창녕 소지역은 조직 활동, 매체의 투고 참여, 작가 진출입에서 그 무게가 다른 지역에 견주어 낮다. 이웃 밀양이나 합천 지역의 활발한 참여와 바로 맞서는 일이다.

6) 이에 대해서는 이순욱(2003)이 한 차례 다루었다.

되고 석화된 단위로 떨어질 따름이다. 지역은 그 안에 다양한 가치와 정치 견해, 경제 이해관계, 문화 습속이 서로 어울려 중층적이고 복합적인 부름켜를 만들며 다른 지역과 대타화하고 내면화해 가는 과정적 실체다. 그러면서 다시 지역의 앞날에 대한 기대와 희망이 현재 공간에 여러 모습으로 실천된다. 따라서 특정 지역을 하나의 동일공간으로 만들고자 하는 지역 구성원의 지역에 대한 끊임없는 통합과 이탈의 노력이 지역을 지역으로 거듭 남게 한다.

이런 점에서 지역 연구가는 해당 지역이 동일공간으로서 함께할 만한 공통점이 있는가, 지역 안쪽의 섬세한 내부 경계는 어떤 것이 있으며 그것이 만들어 내는 지역상은 도대체 어떤가를 지역 안팎에서 거듭 문제 삼아야 한다. 당장 대구라는 중심에서부터 나타나는 원근·친소라는 잣대를 들이대어 보자. 이럴 경우 경북·대구지역 안쪽에 다시 여러 이해관계와 조직 경계가 마련된다. 1970~1980년대 중심지 대구에서부터 포항, 경주에다 울산까지 묶어, 경제·산업 기반도시 사이에 나타난 두드러진 동해안권역 결속 현상은 그 하나다. 『동해남부시』[7]와 같이 시동인에서 보이는 문학창작 활동은 작은 본보기에 지나지 않는다.

앞에서 살핀 대로 지역문학 연구에서 지역 단위를 설정하는 일에는 문학의 고유성과 일반성을 아울러 살펴야 하며, 지역 자체를 개방적으로 보아야 한다. 이러한 깨달음 위에서 지역문학을 살핀다면 그 개념도 크게 넓혀야 할 필요가 있다. 자칫 지역문학을 지역어나 특정 행정 지역, 또는 출신 작가의 작품으로 묶어 버린다면 실상과 가능성을 크게 왜곡할 수도 있는 까닭이다. 지역문학은 지연문학이다. 특정 지역에 친밀경험을 구현하고, 지역 잘되는 길로 나아가게 하는 데 이바지하는 문학이 지역

---

7) 『동해남부시』는 1982년에 창간했다. 대표 동인으로 영덕 이장희, 울산 박종해, 포항 장승재·최종두, 경주의 정민호·이근식이 활동하고 있다.

문학이다. 그리고 그 안에 상위의 고급문학에서 하위의 생활문학을 포함한 여러 역장에 걸친 작가와 작품, 그리고 작품 향유를 위한 행정 제도와 문학문화재8)라는 요소를 지역문학은 죄 포함한다.

자연스럽게 지역문인 규정 또한 소극적인 데 머물 수 없다. 단순한 속지주의에서 벗어나 힘껏 지연주의를 끌어들여야 한다. 이때 문제가 됨 직한 경우는 둘이다. 태생이 자지역이라 하더라도 문학적 지연이 미미한 경우다. 다른 하나는 타지역 태생이지만 자지역 관련 주요 문학 업적을 남겼을 경우다. 처음 경우, 그의 문학이나 삶이 명망을 얻을 만하다면 지역 안으로 적극 받아들여야 한다. 그 다음 경우도 마찬가지다. 지역문학에서 지연이란 지리적 공간과 그 경험을 크게 뛰어넘는 뜻이 있다. 지역문화나 지역사회 발전에 이바지할 수 있는 요소나 동기 가능성 여부에 대한 지역 안쪽의 끊임없는 성찰과 검증이 요체다.

대구 시인 이기철의 경우, 경남 거창 가조 출신이다. 어린 시절을 거창에서 보냈다. 그러나 그의 주요 성장지와 오랜 문단 활동 중심지는 대구다. 거창이 경북과 붙어 있는 곳이어서 지역 경계가 느슨하다고 해도 사정이 달라질 일은 아니다. 이기철의 경우 거창을 대표하는 근대시인 가운데 한 사람임에 분명하다. 경남문인 인명록에 모자람 없이 한 자리를 차지한다. 앞에서 잠시 말했던 이영도와 예종숙의 경우는 그러한 귀속성이 더한 경우다.9)

---

8) 고고문화재나 역사문화재, 또는 문헌문화재에 견주어 값어치 있는 문학 고유의 다채로운 물적 현상을 강조하기 위해 마련한 용어다. 문학의 외적 토대, 곧 작가의 무덤, 중요 작품 배경, 작가의 생몰지, 사건의 중심장소, 주요 거주지와 출판문헌을 죄 포함한다. 문학유적보다 포괄성을 더 키운 일컬음이다.

9) 이영도는 비록 경북 청도군이라는 행정 지역 출신이나, 초등학교를 밀양에서 보냈을 뿐 아니라 무덤까지 현재 경남 밀양시에 있다. 게다가 그녀는 오래도록 경남 통영·마산·부산지역에서 생활인으로서, 교사로서 살아오면서 시조시단에 적지 않은 영향을 끼쳤다. 그녀가 경북지역 시인 가운데 한 사람인 점과 마찬가지로 경남지역 시인에서 제쳐 둘 까닭이 없다. 경북 청도에서 나서 밀양에서 자라며 주요한 습작기 활동

이와 거꾸로 된 자리에 이은상이 있다. 그는 널리 알려진 대로 경남 마산 문인이다. 1954년부터 1969년에 걸치는 오랜 시기 대구 청구대학에서 교수로 일하면서 경북·대구지역과 깊은 지연을 맺었다. 이 기간은 그를 한국 문학과 국학계의 명망가로 확실하게 자리 잡게 한 중심 과정이기도 하다. 그러나 이 사이 그의 문학 활동은 대구지역문학에서 다루어지지 않는다(문무학, 1995). 이해하기 힘든 일이다. 노산의 명성이 어떻게 증폭되었으며, 그것이 어떤 길로 경북·대구지역을 넘어서는 정치적·문화적 패권과 얽혀 있는지 구체적인 해명이 지역 안쪽에서 아직 없다. 지역이 잘되는 길로 나아가기 위한 성찰의 자리에서 경북·대구지역문학속의 이은상을 날카롭게 문제 삼아야 한다.

지역문인에 대한 최종 선정은 오랜 세월에 걸친 지역민의 몫이다. 한 작가가 지역문인으로서 추김까지 받는다면 더한 복덕이 없겠다. 그러나 그렇지 않다 하더라도 한 작가의 작품이 지역의 오늘과 내일을 위해 바람직한 문화적 이음매가 될 수 있다면 지역 안으로 끌어들일 수 있어야 한다. 이런 적극성은 바람직하지 못한 경우에도 마찬가지다. 세상에는 밝혀야 할 일과 밝히지 말아도 될 일 사이에 경중·선후 문제가 분명히 있다. 그러나 반면교사도 소중하다는 원칙에는 달라짐이 없을 것이다.

3. 시간 차원과 근대 시기

거듭하거니와 지역문학 연구는 근대문학 연구 인습에 대한 한 반성으로 일어났다.[10) 고고학·역사학에서 일찌감치 이루어 왔던 지역 연구와

─────────

을 했고 영주를 거친 뒤 대구에서 문학적 생애를 보내고 있는 예종숙 경우도 당연히 밀양 문학인이다. 송창우(2001)에서는 이영도를 명단에서 뺐다.

는 사정이 다르다. 따라서 지역문학 연구의 주요 시간 단위는 근대문학이다. 앞으로 중세나 조선시대로 연구 범위가 거슬러 올라가야 할 터이다. 그럴 경우 지역문학 연구 방법 모두에 걸쳐 새로운 헤아림이 필요하다.11) 지역문학 연구의 시간 단위를 이렇게 근대로 놓고 보면 세 가지 문제와 맞닥뜨린다. 첫째, 그 기점·종점과 안쪽 시기 구분, 둘째, 연구 범위, 셋째, 가치 평가가 그것이다.

종점은 두고라도 기점을 다룰 경우, 우리 근대의 시간 경험은 국가 시간과 지역 시간이 서로 반발·견인, 예속·통합하면서 함께 흘러왔다는 이중적 관점을 받아들여야 할 것이다. 그런 전제 위에서 실질 양상을 찾아내는 일이 바쁘다. 나아가 지역 안에서도 가문, 경제 관계, 학연과 같은 여러 시간 계기가 다시 중층적·복합적으로 얽혀 있음도 받아들여야 한다. 이럴 경우 기존 한국 근대문학의 기점 논의와 맥락을 함께 나눌 수 있을 지역 시간의 개별성을 섬세하게 고려할 일이다.

경북·대구지역의 경우, 근대 기점은 역사학에서 흔히 받아들이고 있는 바 19세기 중반에서 20세기 초반 사이 어느 자리로 잡힐 것이다. 그렇다 해도 일찌감치 왜구에 의한 교류와 침탈을 몸으로 겪었던 해안 지역 경남·부산에 견주어 뒤늦을 확률이 높다. 그러나 근대 초창기 이민족 침략에 따른 맞섬이 집단적으로나 지역적으로 가장 격렬하고도 한결같이 이어졌던 곳이 경북·대구지역이다. 그런 까닭에 일찌감치 지역의 집단적 체험을 품었을 문학 쪽의 근대 기점 경우는 사정이 다를 수 있다. 민족국가 수립과 저항적 근대라는 쪽에서 경북·대구지역문학의 기점 논의가 지닐 특이성이다.

---

10) 이 점에 대해서는 박태일(2004b)에서 다루었다.
11) 무엇보다 왕정시대 지역과 민족국가 시대 지역 사이, 그 인식·해석에서부터 큰 차이가 날 일이다.

나아가 근대 안쪽의 시기 나눔도 주요 문제다. 이것은 국가문학사에 견주어 더욱 복잡한 데가 있다. 국가 역사만이 표준적인 시간 개념으로 획일화되고 그것을 중심으로 사실들을 서열화하고자 했던 근대의 주류적인 시간 경험에서 볼 때, 지역 안쪽의 시간 흐름에 매듭을 묶는 일은 고난도의 고심을 필요로 한다. 지역 안쪽 어느 계층, 어느 영역에 초점을 맞추어야 할 것인가도 난제다. 경북·대구지역에서는 근대 초창기 경우 1, 2차 의병전쟁과 정미국채보상의거로 드러나는 바와 같은 반제 활동이 선명한 매듭을 마련해 줄 것이다.

그리고 1945년 을유광복과 1950년 경인년 전쟁으로 말미암았던 문단 재편성도 비록 경남·부산지역과는 그 진출입 정도가 약했지만, 주요 계기를 마련해 줄 것이 틀림없다. 1961년 5월의 군부 쿠데타로부터 1993년 2월 새 행정부 출범까지 30년을 넘는 시기는 흔히 TK시대라 일컫는다. 이 시기를 경북·대구지역 출신 정치엘리트의 성장·확산[12]·교체, 그리고 그와 맞물린 문화·경제 패권 생산과 재생산이라는 틀에서 살필 때, 지역문학 안쪽의 시기 나눔도 여느 지역과 다른 영향을 받을 것이 분명하다. 이때 이른바 TK라는 그늘에 가려 드러나지 않았던 왜곡 현상도 주요 동인으로 작용할 수 있어야 한다.

그런데 근대 기점 논의와 그에 따른 안쪽 시기 나눔이라는 문제는 그 바탕이 시간의 지속과 변화에 초점을 둔 역사주의 계기론에 있다. 근대 민족 단위의 획일적인 국가중심주의 쪽에서 볼 때는 이러한 인과론이 설득력을 지닌다. 그러나 근대에 대한 성찰적 기획의 하나일 수 있는 지역문학 연구에서는 역사주의 계기론에서 좀 더 자유로울 필요가 있다. 지역문학의 실질에 더 바르게 다가설 수 있다는 믿음이 선다면, 특정 사건

---

12) 정치엘리트의 형성과 그 됨됨이에 대한 것은 김정수(1995)에서 도움 받을 수 있다.

이나 문학매체, 계층 집단, 장소를 중심 결절점으로 삼아 그들 사이의 기능적인 관계망에 더 초점을 둘 수 있다.

흔히 경북·대구지역은 소설 전통이 약하다 일컫는다. 그렇다고 섣불리 국권회복기의 장지연과 1920~1930년대 현진건·백신애를 끌어 묶고, 이내 김동리 문학과 이어 붙이는 것은 무리다. 광복기 경북·대구지역은 우리나라 어느 곳보다 두드러진 어린이문학 활동을 보였다.13) 어린이매체만 하더라도 『아동』, 『아동회 그림책』, 『새싹』14)에 걸친다. 이러한 두드러짐은 광복 이전 윤복진이나 박목월과 같은 이의 꾸준했던 개인 활동이 이끌어 낸 결과로 읽히기 쉽다. 그러나 그보다 이들 매체가 경북·대구 어린이문학의 본격적인 중심장소며, 가장 중요한 문학적 결절점이라는 눈길로 그 앞뒤와 옆의 사정에 대한 관계망을 짜고 조망하는 일이 더욱 지역 어린이문학의 실상에 바로 다가서는 방법일 수도 있다.15)

---

13) 나라 잃은 시대 경북·대구지역은 경남·부산이나 평안남북도, 황해도지역과 달리 집단적인 어린이 문학사회 진출과 향유 활동이 늦었다. 일찍감치 1930년대 중반까지 거의 모든 중심 어린이문학인들이 지역 연고를 힘껏 활용하면서 전국 규모 계급주의 문학사회에 편입하여 꾸준히 활동했던 곳이 경남·부산지역이다. 경북·대구지역은 계성학교, 기독교 교회음악과 매체라는 얼개 위에서 이루어진 박목월, 윤복진에서 김성도로 이어지는 개인적, 점적 활동이 중심이었다. 그것도 박태준과 같은 명망 음악인의 부대 활동이라는 몫도 컸다. 그러나 광복기에 이르러서는 어린이문학이 본격적인 문학사회를 이룬다. 경북·대구지역 어린이문학의 흐름에 대한 가벼운 보고는 정휘창(1995)에서 이루어졌다. 지역음악과 문학의 연관은 음악 쪽 손태룡(1994)에서 도움 받을 일이 많다.

14) 1945년 12월에 모인 '조선아동회'에서 냈다. 이영식이 회장을 맡고 박목월, 김홍섭, 김진태가 이사로 일했다. 거기서 낸 어린이전문지가 『아동』이다. 1946년 4월부터 1947년 12월 현재 7집까지 냈다. 따로 '아동문화교육연구회'가 1946년에 조직되었다. 양린석을 위원장으로 윤복진, 박목월, 김동사 들이 위원으로 일했다. 거기서 낸 잡지가 『아동회 그림책』이다. 『새싹』은 1946년 2월부터 최해태가 냈다. 게다가 어린이문학가 윤복진은 경북 문학가동맹 위원장을 맡아 활약했다. 『단기 4281년 경북연감』, 영남일보사, 1947, 411쪽 ; 『단기 4282년 경북연감』, 영남일보사, 1949, 458쪽·508쪽.

15) 시의 경우 이와 비슷하게 김춘수의 대구지역 이입과 활동을 중심으로 지역문학 안쪽의 긍·부정의 영향관계와 문학적 자장에 관한 관계망을 짚어 볼 수도 있을 것이다.

지역문학 연구의 시간 차원과 관련하여 두 번째로 고려해야 할 점은 연구 범위 문제다. 전근대 시기 문학 갈래나 유형도 연구 대상에 넣을 것인가 말 것인가라는 물음이 그 처음이다. 근대 한문학이나 근대 가사 문학, 딱지본 소설이 당장 문제로 떠오른다. 근대문학의 범위와 연구 대상은 근대적인 문학에만 머문다는 등식을 그대로 지역문학에 맞춘다면 이들이 끼일 자리는 없다. 그러나 근대문학이 공공적으로 제도화·내면화하였다 하더라도 앞선 시기에 주류문학이었던 전근대문학은 지역 안쪽에서 엄연히 문학적 실천 장소로서 존재해 왔다.

지역의 공간 단위 획정에서도 그 안쪽에 있는 여러 계층과 관점 영역, 경계가 있다는 점을 받아들여야 했다. 그러므로 근대문학 안쪽에도 전근대문학이 아울러 존재한다는 이러한 병존 현상을 힘껏 받아들일 필요가 있다. 그들에 대한 저평가의 인습은 짧은 시기, 거의 근대 패권 대학의 학습 편제에서 말미암은 바가 크다. 새삼스럽게 지역문학 연구의 의의를 고려한다면 전근대문학 갈래나 유형의 수용은 자연스럽다. 그들이 주류적인 근대문학과 맺고 있는 관련 양상에 대한 이해는 앞으로 더욱 깊어져야 할 일이다.

경북·대구지역은 서울과 함께 1970년대까지 딱지본 소설 유통의 마지막을 지켰던 곳이다. 뿐만 아니라, 다른 지역에서 보기 힘들 정도의 근대가사가 향유된 곳이다. 많은 내방가사뿐 아니라, 종교가사나 역사가사는 다채로움을 더한다.[16] 비록 잔여문화물의 양상을 보이긴 했으나, 분명 근대적인 생산·소비 방식을 빌려 근대 시민사회 안쪽에서 유통되었다. 경북·대구지역이 보여 준 이러한 특이 사실 자체가 지역문학에서

---

16) 상주 김주희의 동학가사는 잘 알려져 있는 사실이다. 경북·대구지역에서 나온 역사 한양가류 7종에 대해서는 박태일(2004a)에서 이순신 담론을 다루면서 그 문헌을 죄 갈무리했다.

소중하다. 그 원인과 됨됨이, 그리고 의의를 꼼꼼하게 따져 드는 자리가 명망작가 몇몇 개인을 향해 거듭하는 동어반복적인 찬사보다 몇 배 값질 수 있는 까닭이다.[17]

셋째, 가치 평가도 거시적으로 볼 때 시간 차원 문제다. 지역문학에 대한 개별 연구의 결과, 그 포폄의 궁극은 지역성의 문제로 되돌릴 수 있다. 이들은 지역이미지로 시각화하기도 하고, 장소감으로 내재화하기도 한다. 그러면서 지역사회의 긍지와 자존의 상징이 된다. 거꾸로 지역사회에 이념적 폭력을 저지르는 공룡으로 알게 모르게 거듭나기도 한다. 지역문학 연구의 중요한 한 도달점이 바로 이러한 지역성 구명에 있다. 그리고 어느 작가나 작품이 더욱 지역다우냐 하는 문제가 이어서 뒤를 따른다.

지역성은 긴 세월 지역 구성원이 만들어 나가는 자본이나 행정의 공간적 실천, 사회적 동의를 전제로 한 담론 다툼, 여러 계층·세대의 심리적 적응 방식이 마련하는 복합 양상을 띤다. 이것의 종합적인 구성력과 재구성력이 지역성이다. 무엇보다 지역성이란 현재와 미래에서 지나간 문학사회를 꿰뚫고 들어섰다 되돌아 나오는 역동적인 과정 행위며, 그것의 거듭된 결과라는 형식을 보인다. 때로 지역사회의 묵시적 동의는 예술문화 기념물이라는 물적 토대로 굳어진다. 따라서 연구자에게 필요한 일은 지난 시기의 지역성과 그 실천 결과에 대한 재점검이다. 그런 일로 문학

---

17) 지역의 근대한문학과 근대가사의 경우도 보다 적극적으로 받아들여야 할 것이다. 이육사를 다루는 일에서 한시를 두는 자리와 같이 특정 작가의 부수 현상으로 보고 말 일이 아니다. 한 발 더 들어서서, 근대 지역한문학 자체의 맥락을 잡아 나가려는 시도가 하루 바삐 필요하다. 근대가사의 경우도 문학적 돌발 현상이나 퇴행 현상으로 보기보다는 삶의 총체라는 틀에서 무겁게 다루어야 한다. 보기를 들어 한 집안에서 나타나는 세 양식의 담론, 곧 아버지 조헌영의 정치·동의학 담론과 고모 조애영의 내방가사, 그리고 조지훈의 문학이 갖고 있는 우파문학적 특성이 경북·대구지역문학 안에서 어떤 뜻을 지니고 있는가라는 물음은 지역 바깥에서도 관심거리다.

의 지역 가치는 더욱 굳건해지거나 새로워질 수 있다.

또한 어느 작가나 작품이 더욱 지역적인가라는 물음도 있다. 현재로서는 긍·부정에 관계없이 지역 잘되는 쪽으로 끌어다 쓸 속살이 많은 작가나 작품이 더욱 지역적이라는 잠정적인 답변에 머물 수 있다. 어린이문학가 이원수를 보기로 든다. 오늘날 이원수는 경남을 대표하는 문학인이며, 한국 어린이문학의 대가로 높은 추김을 받고 있다. 「고향의 봄」이 준 문학적 추억 또한 오랜 세월 매우 깊다. 그런 이원수는 1952년부터 대구에 피란을 내려와 어린이 월간지 『소년세계』를 냈다. 물론 동향 어린이문학가 김원룡의 자본으로 이루어진 일이다.[18]

그런데 1952년 7월 창간호부터 1953년 11월까지 1년을 넘는 동안 대구에서 전시 어린이문학을 대표하는 매체로 나오는 기간 내내 경북·대구지역 인사의 필진 참여는 사뭇 제한적이었다. 박목월, 정점식과 같이 선택적인 몇몇에 지나지 않았다. 물론 전국적인 지명도를 지닌 글쓴이를 끌어들이겠다는 편집의도 탓이라면 이해 못할 바도 아니다. 그러나 이미 광복기 경북·대구지역은 한국 어린이문학의 주요 진앙으로서 각별한 업적과 새로운 문학세대를 배출한 경험을 쌓은 곳이다. 김진태, 김성도, 김홍섭, 황윤섭과 같은 지역 문인과 『소년세계』 사이의 진입 장벽은 너무나 뚜렷했던 셈이다.

대구는 개인 이원수에게 피란지 문학사회 적응과 매체 발간을 빌려 그

---

18) 이원수는 광복 뒤 그 앞 시기와는 달리 내놓고 좌파 문단에 몸을 기대고 있었다. 1950년 전쟁 발발에 앞서 경기공업학교 서무과에서 일하면서 학생들에게 작문을 가르치기도 했다. 그러다 그는 남로당 프락치 사건에 연루되어 급작스레 몸을 피했다. 전쟁 발발 뒤 북에서 내려온 조선문맹원들과 다시 어울려 일했다. 연합군의 인천상륙 뒤 그는 최병화와 북으로 철수하다가 사리원 지역에서 다시 몸을 돌려 서울로 돌아왔다. 1952년 대구에 내려와 종군작가단과 어울리는 한편, 김팔봉·김영일·조연현과 같이 기세 드높았던 우파 문인들—그러면서 이원수와 마찬가지로 지난날 대표 부왜문인이었던—의 신원보증으로 이른바 '적 치하 부역' 문제를 말끔히 해결했다.

를 괴롭혔던 좌파의 멍에에서 벗어나 문학적 명성을 되찾게 해 준 참으로 고마운 신생의 장소다. 그리하여 1953년 11월 서울로 올라가 『소년세계』 1954년 신년호를 내면서부터 이원수의 문학적 걸음걸이는 탄탄대로였다.19) '한국아동문학회'를 만들어 부회장이 된 것도 이 해였다. 그러나 이원수 경우와 달리 지역 안쪽 토착 어린이문학인 쪽에서 볼 때 전시문학 기간은 내내 생활에 쫓기며 시대에 주눅 든 채 자생적인 문학 활동의 싹이 밟히고 꺾인 때였다. 지역 안쪽 표현에 따르자면 이른바 '휴면기'(정휘창, 1995 : 73)였다.

지역 모임인 '대구아동문학가협회'나 '대구아동문학회'는 전후 몇 해가 흐른 뒤인 1956~1957년에 이르러서야 모임을 시작했다.20) 이렇게 볼 때, 가치 평가 문제에 있어 광복기 활달했던 『아동』, 『아동회 그림책』, 『새싹』의 기운과 전쟁기 엄혹했던 반공 이념 경계 안에서 기세등등했을 우파 기성문인 중심의 『소년세계』가 보여 준 전국적 편재성에 대한 값어치가 같은 무게로 매겨질 수는 없다. 『소년세계』가 전시 어린이문학의 주요 매체로서 그 뒤 자라고 있었던 경북·대구지역 어린이문학 전후 세대의 학습에는 중요했을지 모르나, 그것이 지닌 반지역성 또한 예사롭지 않다. 따라서 지역 잘되는 쪽으로 나아가는 길로 지역성을 값 매긴다는 원칙에 따라 그 뒷날 경북·대구지역문학을 헤아리면서, 이원수의 대구 활동과 그의 『소년세계』를 주의 깊게 따져 들어야 할 일이다.

---

19) 이원수의 대구 피난문단 시절 『소년세계』를 중심으로 했던 활동에 대해서는 문선영 (2004)에서 처음으로 다루었다.

20) 1956년 경북·대구지역에서 전후 문화인의 조직이 이루어졌다. '경북문화협회'가 그것이다. 그 아래 문학분과위원회에 '아동문학부'(위원장 김성도)를 두었다. 이어서 '대구아동문학가협회'가 1956년에 이응창을 회장으로 해서 출범했다. '대구아동문학회'는 1957년에 이름을 내걸었다. 1957년 경북문학협회가 따로 발족했다. 『1957 경북종합연감』, 대구일보사, 1957, 263-271쪽 ; 『1958 경북종합연감』, 대구일보사, 1958, 369쪽.

4. 방법 차원의 세 길

지역문학 연구의 방법과 관련된 논의는 여러 쪽에서 다가설 수 있다. 그러나 어느 경우든 먼저 강조되어야 마땅한 전제는 지역문학 연구가 기존 근대문학 연구의 주류적 흐름과 그 성과에 대한 반성과 재점검을 지향한다는 점이다. 이런 까닭에 지역문학 연구는 대안학문·대항학문의 됨됨이를 지닌다. 지역문학 연구의 처음이자 끝자리가 거기라 할 정도다. 따라서 이런 점에 눈길을 주면서 지역문학 연구를 위해 고심해야 할 방향을 모두 셋으로 나누어 짚고자 한다.

첫째, 지역문학 연구는 무엇보다 일차문헌의 발굴과 갈무리에 힘을 기울여야 한다. 우리의 근대 경험은 거의 모든 학문 영역에 걸쳐 주도적인 입장에 선 문헌을 두고는 잊거나 묻어 버리는 일을 숱하게 저질렀다. 개인이건 공공이건 기록·보존 경험마저 매우 낯설다. 흔히 정전으로 널리 알려진 작품이나 명망 작가에 대한 거듭되는 논의만 요란하다. 이런 가운데서 제대로 된 문학적 사실 발굴이나 구명, 예외적 소수 작가 발견은 어렵다. 따라서 동인지, 잡지, 작품집, 기사문과 같은 문헌에서부터 영상, 구술 자료까지 확보할 일이 바쁘다.

앞서 보기를 들었던 바 『아동』, 『새싹』과 같은 광복기 경북·대구지역 어린이매체를 죄 갖추어 놓은 공공도서관이나 대학은 지역 안에 한 군데도 없다. 지역문학 연구 환경이 매우 나쁜 셈이다. 게다가 1945년 이전의 지역 문학사회를 이야기할 만한 원로도 이미 한둘 사라지고 없다. 따라서 지역문학 연구는 될 수 있는 대로 매체론에 각별한 관심을 기울인다. 문학의 제도화와 내면화를 위한 주도 장치 가운데 하나가 매체다. 그들의 출판 환경과 글쓴이의 연결망, 그리고 편집 실체는 지역문학의 더 넓은 밑바닥을 일깨워 줄 수 있다.

경북·대구지역은 근대 시기 숱한 작가를 내놓은 지역으로 꼽힌다. 매체론의 성과에 따라서는 새로운 작가 재조명의 가능성이 크다. 당장 1930년대 계급 연극과 관련해서 신고송과 이갑기를 밀쳐 둘 수 없다.[21] 이들을 포함해 이미 따질 일이 다한 듯이 보이는 명망가에 대해서도 새로운 사실 발견과 접근 자리는 늘 열려 있다. 힘쓰기에 따라서 이상화, 현진건의 새로운 작품 발굴은 가까운 일이다. 어린이문학가 백신애의 모습도 소설가 못지않은 무게로 거듭날 수 있다. 경북·대구지역문학 연구는 그런 일로 더욱 쇄신의 계기를 맞을 것이 뻔하다.

광복기 경북·대구지역 우파 문학사회 형성에 중요한 기능을 떠맡았던 『죽순(竹筍)』 경우도 한 본보기다. 대강의 실체는 널리 알려져 있고, 중요 수록 작가 경우도 개별 작가론을 빌려 다루어졌다. 그러나 『죽순』을 중심으로 돌아간 그 무렵 문학사회의 연결망이나 출판사회학 쪽 구명은 이루어지지 않았다. 게다가 그 안에 이름을 얹고 있는 군소작가들, 이른바 이숭자[22]나 허인[23]과 같은 이에 대한 통합적인 해명 또한 먼 데 있다. 지역문학 연구자 스스로 지역문학의 전통을 만들고 지역 문학 자산을 키워 내는 핵심 동력이라는 입장에서 힘껏 나설 필요가 있다. 1950년대 피란기 드나들었던 주요 이입작가나, 특징적인 향토작가에 대한 발굴과 재평가 또한 시간문제다.

둘째, 지역문학 연구는 기존 문학 갈래의 경계나 규범을 넘어서 주변문학·하위문학에 대해 적극적인 관심을 가져야 한다. 지역문학은 삶의 총체

---

21) 이필동(1995 : 57)에서 이갑기의 대구가두극장 활동에 대해 짧게 짚었을 따름이다. 경남 울산 출신이나 대구사범학교를 나오고 본격 문학 활동을 대구에서 시작한 신고송에 대해서는 아예 이름을 찾을 수 없다.

22) 이숭자 경우는 대구에서 나서 부산에서 학교를 마친 뒤, 경남에서 교사 생활을 하다 1959년 미국으로 옮겨 문학 활동을 했다. 그런 까닭에 어느 지역에서도 그를 다루지 못했다. 박태일(1997 : 468)에서 짧게 소개했다.

23) 허인의 글들은 허인선생유고간행위원회 엮음(1984)으로 한차례 간추려졌다.

성과 구체성을 지향하는 문학이다. 굳어진 갈래 경계로 말미암아 잊히거나
예외 현상으로 밀려난 문학적 진실을 되살려 제자리를 갖게 해 주려는 전향
적인 태도는 필수적이다. 경우에 따라 문학의 범위를 넓혀 담론연구로 기꺼
이 나아가야 한다. 그를 위해 학제적 연구 방법도 피할 까닭이 없다. 어느
문학 영역보다 범위와 대상이 구체적으로 한정된 것이 지역문학이다. 따라
서 그 실질적인 전체상 파악을 위해 학문 간 경계는 가볍게 넘어설 일이다.

  시·소설·평론과 같은 주류 갈래에 대한 치우친 관심에서 벗어나, 근
대문학의 그늘에서 내쳐진 기행문·일기문·편지글·보고문학과 같은 주
변문학뿐 아니라, 철학적 수상과 고백문학 같은 인접 담론까지 관심 영
역으로 끌어들일 수 있는 자리가 지역문학 연구다. 바람직한 지역 가치
와 지역이미지 형성에 이바지하는 지역 담론이라면 힘껏 받아들이겠다는
도발적 상상력까지 즐겨 허용된다. '고모령'이나 '반야월'[24]과 같은 장소
담론의 가능성을 가요시에서부터 대중소설에 이르기까지 적극 찾아보려
는, 엉뚱하게 여겨질 법한 시도가 경북·대구지역 문학과 문화의 실질
파악에 더욱 생산적인 까닭이다.

---

24) 대구지역 땅이름 가운데서 지역 안팎으로 널리 대중적인 문화 담론으로 이어지고
  있는 대표되는 것에 이 둘이 있다. 고모령(顧母嶺)은 대구시 수성구에 있었던 고개로
  멀리서 보면 모봉, 형봉, 제봉에 이르는 세 봉우리가 있었는데, 모봉이 자식을 걱정
  하는 마음에서 돌아보고 또 돌아보았다고 해서 고모라고 불린다는 옛이야기가 있
  다. 이곳과 관련해 부왜음악인 박시춘이 곡을 짓고 유호가 노랫말을 붙인 뒤 현인이
  부른 「고모령」이라는 잘 알려진 대중노래가 있다. 악극과 대중 연행으로 거듭나기
  도 했던 곳이다. 반야월(半夜月)은 고려를 세운 왕건과 후백제 견훤 사이에 있었던
  싸움에서 말미암아 붙여졌다는 대구지역 지명 가운데 대표적인 것이다. 곧 왕건의
  군사가 크게 패하였다는 파군(破軍)재, 왕건의 탈출로를 비추어 준 새벽달이 빛났던
  반야월, 왕건이 혼자 앉아 쉬었다는 독좌암(獨坐巖) 들이 그것이다. 마산 출신 대중
  노래 가수며 작사자였던 박창오(진방남)가 반야월이라는 이름으로 오래도록 활동하
  며 널리 알렸다. 그의 대표작에는 「산장의 여인」, 「단장의 미아리고개」, 「유정천리」,
  「울고 넘는 박달재」들이 있다. 1950년대 지역작가 이수정이 쓴 대중소설 『반야월』
  이 있어, 반야월 담론의 한 흐름을 엿볼 수 있다.

셋째, 지역문학 연구는 생활세계를 향한 문학이요, 실천을 위한 문학이다. 마땅히 소비자 수요에 맞물리는 사회적 이바지를 겨냥해야 한다. 같은 학문공동체의 연구자조차 돌아보지 않을 추상언어를 만들기 위한 글쓰기에서는 벗어날 때가 되었다. 문학소비자에게 집단적 편익을 가져다 줄 수 있는 문학행정도 큰 일거리다. 이런 변화를 받아들이기 위해서는 대학제도에서부터 보다 적극적으로 달라질 필요가 있다. 지역의 중심 장소나 경관을 다룬 창작 작품을 학위 논문으로 받아들인다든가, 지역문학을 향한 산업적 기획과 같은 내용도 논문 글쓰기 안으로 끌어들이는 일은 작은 보기에 지나지 않을지 모른다.

경북 영양은 경북·대구지역 안에서도 문학문화재에 대한 개발과 관광 자원화가 가장 많이 이루어진 군 지역이다.[25] 오일도 시인의 생가 안내문에는 그를 '민족의 얼과 한이 스며있는 민족시인'으로 뚜렷하게 밝히고 있다.[26] 과연 마땅한 포폄인가 지역 학계 차원에서 충실한 고심이 있어야 할 일이다. 하찮은 본보기라 할지 모르나, 문학비 명문이나 문학기념관 안내문과 같은 부차텍스트가 어쩌면 학술 논문에 견주어 더욱 무거울 수도 있다는 서열의식의 전복은 지역문학 연구에서 필수적이다. 그것은 오랜 세월 문학에 대한 명성과 값어치를 가장 짧게, 가장 강하게 두루 내면화하는 도구인 까닭이다.

이제까지 지역문학 연구는 영역 설정에서부터 의심을 받아 왔다. 따라서 어느 정도 지역문학 연구에 관심을 가진 이도 아직까지 그 가능성을 두고 망설이는 바가 적지 않다. 모험심을 기대하기란 처음부터 어려운 일인지 모른다. 학문적 보편성이라는 덫에 걸린 채 지역문학 연구 자리

---

25) 조지훈, 조세림, 오일도, 이병각, 이문열 관련 문학관광지가 마련되어 있다. 월북시
   인 이병철은 손질을 하지 않고 있다.
26) 『시원을 창간한 시인 오일도』(관광안내 전단), 영양군, 2002.

는 무시당하기 십상이었다. 그러나 학문적 보편성도 마침내 설득력의 문제며, 담론 쟁투의 한 명분이라는 가벼운 생각을 가질 필요가 있다. 이런 마음가짐 위에서 지역문학 연구가는 구체적인 생활세계를 향한 이타적인 가치재로서, 지역문학의 담론적 가능성을 굳게 믿을 일이다.

5. 마무리

문학에서 지역은 운명적이다. 사람의 삶보다 장소가 더 근원적이라 생각하는 이의 눈으로 볼 때, 모든 문학은 늘 장소문학이거나 지역문학이다. 사람은 장소지향적 생물이다. 장소감과 장소성이 삶을 더욱 삶답게 한다. 장소의 외연을 넓힌 것이 지역이다. 지역문학은 장소문학이면서 지연문학이다. 글쓴이는 이 글에서 경남·부산지역문학 연구 경험을 바탕으로 서로 인접성이 큰 경북·대구지역문학과 함께 나눌 수 있을 연구 방향을 공간과 시간, 그리고 방법에 걸치는 세 차원으로 나누어 살폈다. 첫째, 지역문학 연구의 공간 차원은 지역 단위 설정에서부터 지역 인식, 지역문학과 지역문인 규정에까지 걸린다. 지역 단위에서는 현재 국가연합지역, 국가지역, 대지역, 중지역, 소지역의 다섯으로 나누어 연구 내용이나 대상에 따라 부드럽게 적용하는 길이 바람직하다. 그러면서 언어문화물로서 문학사회 고유의 지역 범위와 경계를 고려할 일이다. 지역 인식은 지연을 축으로 개방적으로 나아가야 한다. 지역문학은 지연문학이다. 특정 지역이나 장소에 친밀경험을 구현하고 지역 가치를 마련하는 언어문학, 향유 제도, 물적 토대가 지역문학인 셈이다. 지역문인 또한 그런 지연을 갖춘 이다.

둘째, 지역문학 연구의 시간 차원은 근대다. 근대 기점과 안쪽 시기 구분, 연구 범위, 가치 평가에 이르는 세 문제가 이로부터 말미암는다. 근대는 국가 시간과 지역 시간이 계기적으로 반발·견인, 예속·통합하면서 이중적으로 흘러왔다. 근대 기점 논의와 안쪽 시기 나눔에서 이 점을 힘껏 고려해야 한다. 달리 주요한 문학적 결절점을 중심으로 지역문학의 관계 양상을 조망할 수도 있다. 연구 범위는 근대와 전근대문학에 죄 걸친다. 작가나 작품의 지역성에 대한 가치 평가는 오랜 세월 지역 구성원이 만들어 나가는 지역 구성력의 결과다. 지역이 잘 되는 쪽으로 나아가는 길로 값 매긴다는 원칙을 존중할 일이다.

셋째, 지역문학 연구는 기존 문학연구 방법에 대한 대안학문·대항학문으로서 몫이 크다. 이런 전제 아래 연구 방법에서 강조해야 할 방향은 크게 세 가지다. 일차문헌 발굴과 갈무리가 그 처음이다. 기존 문학 갈래의 경계나 규범을 넘어서 주변문학·하위문학에 대한 적극적인 관심을 가져야 할 일이 둘이다. 이를 위해서 학제적인 방법과 연구제도·내용의 쇄신까지 이끌어 내야 한다. 소비자 수요에 맞추어 집단적 편익을 줄 수 있는 실천 담론 생산으로 나아갈 일이 마지막이다. 지난 시기와 같은 문학의 파편화, 왜곡 현상에서 벗어나 겨레문학의 다채로운 전통과 새로운 진실을 되살릴 때가 되었다.

지역문학 연구는 우리문학의 틀을 완연히 흔들 정도의 것이라고 부풀려서 될 그런 자리는 아니다. 이론과 방법 또한 거듭 마련해야 할 힘든 과제를 안고 있다. 그래도 지역 성찰과 지역 형성을 거쳐 구체적인 생활세계에 뿌리내리려는 연구의 의의와 보람은 뚜렷하다. 지역마다 연구에 대한 관심이 살아나고, 그로 말미암아 지역 간 비교·대조가 이루어질 수 있는 환경 마련도 머지않았다. 경북·대구지역과 경남·부산지역 연구자는 지역문학을 중심으로 국가 경계를 뛰어넘는 보편성과 지역 개별성이라는 모순된 둘을 하나로 묶어야 할 고심 앞에 놓였다. 어느덧 같은 길로 내려선 셈이다.

‖ 참고문헌

김광억(2000), 「지방연구 방법론 개발을 위한 시론」, 『지방사와 지방문화』 2, 역사문화
　　　학회.

김도형 외(1999), 『근대 대구·경북 49인』, 혜안.

김선학·장윤익(2000), 『경주의 소설문학』, 경주대학교 경주문화연구소.

김영철(2002), 「현대시에 나타난 지방어의 시적 기능 연구」, 『우리말글』 25, 우리말글
　　　학회.

김원길·조영일·주영욱 엮음(1993), 『안동시선』, 영남사.

김위현(1988), 『한국지방사료목록』, 예문춘추관.

김정수(1995), 「대구·경북출신 정치엘리트의 형성과 구조」, 『대구·경북사회의 이해』,
　　　한울.

노고수(1991), 『한국동인지80년사연구』, 연문출판인쇄사.

대구경북역사연구회 엮음(2001), 『역사 속의 대구, 대구사람들』, 중심.

대구사회연구소 엮음(1995), 『대구·경북사회의 이해』, 한울.

동해남부시 동인회(1983), 『동해남부시』 2, 을지출판사.

동해남부시 동인회(1984), 『동해남부시』 3, 도서출판 지평.

문무학(1995), 「광복 50주년, 대구 시조 50년」, 『대구문학』 가을호, 대구문인협회.

문선영(2004), 「1950년대 전쟁기 피난문단과 경남·부산지역 아동문학 매체 연구」, 『한
　　　국문학논총』 37, 한국문학회.

박태일(1997), 『두류산에서 낙동강에서―가려뽑은 경남·부산의 시 1』, 경남대학교출판부.

＿＿＿(2004a), 「이순신 담론 연구 1」, 『한국 근대문학의 실증과 방법』, 소명출판.

＿＿＿(2004b), 「인문학과 지역문학의 발견」, 『한국 지역문학의 논리』, 청동거울.

＿＿＿(2004c), 『경남·부산지역문학 연구 1』, 청동거울.

백기만(1959), 『씨뿌린 사람들』, 사조사.

손태룡(1994), 『한국 음악사의 큰별』, 중문출판사.

송창우(2001), 「밀양지역 근현대 문인 인명록」, 『지역문학연구』 7, 경남지역문학회.

여영택(1949), 「경북시단 이야기」, 『경북예술』 6, 예총경북지부.

영양문화원(1988), 『영양시선집』, 경인문화사.

윤장근(1969), 「신문학 60년의 경북 출신 작가」, 『경북예술』 6, 예총경북지부.

이강언·조두섭(1999), 『대구·경북 근대문인연구』, 태학사.

이상섭·권태환 엮음(1998), 『한국의 지역연구』, 서울대출판부.

이순욱(2003), 「1950년대 밀양 지역문학과 매체 발간의 전통」, 『지역문학연구』 8, 경남·부산지역문학회.

이재철(1969), 「신문학 60년의 경북 아동문학」, 『경북예술』 6, 예총경북지부.

이태수(1995), 「대구시단의 현주소와 과제」, 『사람의 문학』 가을호, 도서출판 사람.

이필동(1995), 『대구연극사』, 중문.

전상렬 엮음(1990), 『시인의 고향』, 도서출판 향토.

전상렬(1995), 「초창기부터 1970대까지의 대구 시단 개관」, 『대구문학』 가을호, 대구문인협회.

정영진(1990), 『폭풍의 10월』, 한길사.

정진영(1999), 「영남지역 지방사 연구의 현황과 과제」, 『지방사와 지방문화』 1, 역사문화학회.

정휘창(1995), 「대구의 아동문학 반세기 개관」, 『대구문학』 가을호, 대구문인협회.

조동일(2003), 『지방문학사』, 서울대출판부.

한국향토사연구전국협의회 엮음(1990), 『향토사소사전편람』, 한국향토사연구전국협의회.

허인선생유고간행위원회 엮음(1984), 『허인문고(許人文稿)』, 이문출판사.

『1957 경북종합연감』, 대구일보사, 1957.

『1958 경북종합연감』, 대구일보사, 1958.

『단기 4281년 경북연감』, 영남일보사, 1947.

『단기 4282년 경북연감』, 영남일보사, 1949.

『단기 4284·4285년도 합판 경북연감』, 영남일보사, 1953.

『시원을 창간한 시인 오일도』(관광안내 전단), 영양군, 2002.

근대 영남지역 문인의 사상적 지향과 지역성*

박 현 수

1. 서론

지역문학 연구에서 일차적으로 중요한 것은 지역출신 문인 각각에 대한 심층적인 연구다. 이런 연구는 지역과 관련된 정보를 바탕으로 지역 문인의 생애 및 문학 자료를 폭넓게 제공할 수 있다는 점에서 문학 연구의 발전에 많은 기여를 할 수 있다. 또한 주류적인 문학 연구에서 조명을 받지 못한 문인을 발굴 혹은 재평가하여 문학사의 외연을 넓힐 수 있다는 점에서도 의의를 지닌다.

그러나 지역문인에 대한 개별적 연구가 어떤 큰 흐름 속에 통합되어 거시적 조감도로 수렴되지 않으면 부차적인 자료 제공으로서의 한계를 넘어설 수 없다. 이들 연구가 우리 문학 전체의 문학사적 전망 속에 해당 문인들의 새로운 자리를 마련하고 이들을 새로운 시선으로 주목하게 하지 않는다면 소모적인 연구가 될 수도 있다. 해당 연구가 소모적 작업으로 전락하는 순간 지역 문학 연구는 문학사적 총체성으로부터 고립되

---

* 이 글은 『어문론총』 57(한국문학언어학회, 2012)에 게재한 논문이다.

어 그 자체의 생기와 활로를 잃게 된다.

이런 문제의식을 가지고 이 글은 근대 영남지역, 그중에서도 대구·경북지역 문인들의 개별 연구를 넘어서서 이들의 문학적 사유에 깔려 있는 기본적인 사상적 지향을 살펴보고자 한다. 영남지역 문인들의 사상적 지향을 밝히는 일은 해당 지역의 고유한 문화적 특성, 즉 지역성을 규명하는 데 중요한 역할을 한다. 또한 근대 문인들의 지역성은 그 지역 문화의 기층의식을 반영하고 있다는 점에서 지역문화 연구의 중요한 연구 대상이 아닐 수 없다.

지역성은 고정된 것이 아니라 시기에 따라, 인물에 따라 어느 정도 변화를 하지만 기본적인 상수가 없는 것은 아니다. 대구·경북지역은 많은 근대 문인을 배출한 바 있다. 해방이전에 문단에 이름을 올린 이만 해도 수십 명에 이른다. 그중 전국적인 지명도를 획득한 이만 간단하게 제시하면, 시인으로 이상화, 백기만, 이장희, 이육사, 조지훈, 박목월, 이호우 등이 있으며, 소설가로는 현진건, 백신애, 김동리, 평론가로는 이원조, 김문집 등이 있다. 이들이 형성한 근대 영남지역 문학의 특성은 다양하지만 주된 경향으로서의 문학적 상수를 찾기 어려운 것은 아니다.

이 글은 대구·경북지역을 중심으로 근대 영남지역 문인들의 문학적 사유에 담긴 사상적 지향을 검토함으로써 그 상수가 무엇인지 밝히고자 한다. 이를 위해서는 이 지역의 사상적 경향에 대한 문인의 호응, 그에 따라 나타나는 문학적 경향, 그리고 그에 대한 평가 등이 이루어져야 한다. 이 글은 기존에 이루어진 지역문학의 성과를 십분 활용하여 근대 대구·경북지역 문학의 지역성을 규명하여 문학사적 지형도 속에서 영남지역의 문학적 특성을 살펴보고자 한다.

2. 제3의 전향—탈유가적 전향

대구·경북지역 근대 문인들은 기본적으로 해당 지역의 사상사적 흐름 속에서 성장하여 왔기 때문에 이들의 사상적 지향 역시 그 흐름을 고려 하여야 한다. 그런 흐름이 무엇인지는 이 지역의 사상적 특성을 가장 명 료하게 보여주는 이육사의 수필을 통해 추론할 수 있다.[1] 이육사는 근대 문인으로 등장하기 전에 어릴 때부터 유학적 소양을 몸에 익힌 전통주의자 다. 그는 여섯 살 때 윤리 규범을 강조하는 『소학(小學)』을 배웠다.[2] 그리고 그런 교육 과정은 중국 유명문학가의 작품 암송과 더불어, 『중용』, 『대학』 등의 경서공부로 더욱 구체화된다.

> (가을이 되면—인용자) 여태까지 읽든 外集을 덮어치우고 燈盞불 밑헤서 또다시 經書를 읽기 시작하는 것이었고 그 經書는 읽는대로 連誦을 해야만 十月中旬부터 每月 초하루 보름으로 있는 講을 落第치 안는 것이었다. 그런 데 이 講이란 것도 벌서 經書를 읽는 처지면 中庸이나 大學이면 單卷冊이니 까 그다지 힘드지 않으나 論語나 孟子나 詩傳 書傳을 읽는 선비라면 어느 卷에 무슨 章이 날는지 모르니까, 全秩을 다 외우지 않으면 안됨으로 여간 힘드는 일이 아니였다.[3]

이런 문화적 풍토 속에서 이육사는 유교경전을 읽는 선비가 지녀야 될 기본적인 소양을 갖추게 된다. 그는 이런 과정을 거쳐 자신의 학문에 대 한 성급한 자신감을 가지게 되었다고 회고하고 있다.[4] 이육사의 문화적

---

1) 이육사 관련 부분은 박현수, 『현대시와 전통주의의 수사학』(서울대학교출판부, 2004), 제1부 5장을 요약한 것이다.
2) 이육사, 「剪爪記」, 심원섭 편주, 『원본 이육사전집』, 집문당, 1986, 210쪽(앞으로 이 책 은 『전집』으로 표기). 영남사림파는 『소학』을 기조로 한 유교적 규범의 엄격한 실천 을 강조하였는데, 이런 실천규범의 확립은 도학적 수양론이라는 영남 성리학의 중요 한 특성을 이룬다(금장태, 1990 : 228).
3) 이육사, 「은하수」, 『전집』, 227쪽.

환경은 "저녁 먹은 뒤에는 거리를 다니며 古詩같은 것을 高聲朗讀을 해도 風俗에 괴이할 바 없"5)는, 즉 구성원들 모두가 지향해야 할 문화적 준거가 뚜렷하게 존재하고 있는 곳이었다. 그 문화적 준거를 그는 '무서운 규모'라 부르고 있다.

> 본래 내 동리란 곳은 겨우 한 百餘戶나 되락마락한 곳 모두가 내 집안이 대대로 지켜온 이 따에는 말도 아니고 글도 아닌 **무서운 규모가 우리들을 키워주엇습니다.**6)(강조-인용자)

여기에서 그가 말하는 "말도 아니고 글도 아닌 무서운 규모"는 "너무나 엄한 교육 방법"7)을 뜻하지 않는다. 그것은 개인이 거역할 수 없을 정도로 너무나 확고하게 형성되어 있어 운명적으로 받아들이는 것 이외에는 다른 방법이 있을 수 없는 '아버지의 법'을 의미한다.

이 '무서운 규모(規模)'는 영남지역의 사상적 지향을 결정한 퇴계학의 규모이다. 이 지역에서 근대문학의 기원 역시 이 규모에 의해 기층적 지배를 받을 수밖에 없다. 그리고 그 규모의 중심지는 안동이다. 이곳은 퇴계학의 연수(淵藪)이며 조선조 유교 문화의 중심지다. 언필칭 추로지향(鄒魯之鄕)으로 불리어 온 이곳은 그런 독특한 문화적 환경으로 인하여 '안동문화권'이라는 독자적 문화권으로 설정되기도 하였다(서보월·임세권 외, 1984 ; 오석원, 1986 ; 윤천근, 1989 ; 성병희, 1990 ; 김광억, 1991 ; 문태현, 1994). 그리고 이 문화권의 자장은 안동뿐만 아니라 대구·경북의 전 지역에 미치고 있다.

---

4) 이육사는 "열다섯 애기시절은 '修身齊家治國平天下'의 道를 다 배웠다고 스스로 달떠서 남의 입으로부터 '驕童'이란 譏弄까지도 免치 못하엿"을 정도라고 밝히고 있다. 이육사, 「계절의 오행」, 『전집』, 211쪽.
5) 이육사, 「은하수」, 『전집』, 226쪽.
6) 이육사, 「계절의 오행」, 『전집』, 211쪽.
7) 이육사, 「은하수」, 『전집』, 228쪽.

이런 특성은 퇴계의 문인을 기재한 『도산급문제현록(陶山及門諸賢錄)』에 실린 309명의 제자 중에 안동 이외의 영남지역 출신이 50%에 이른다는 사실과, 그 문하의 여러 계열의 학맥과 도통(道統)이 계속 이어져서 한말에 이르러서는 영남 일대에 지역적으로 매우 다양하게 분포되어 있었다는 사실에서 확인된다(서보월·임세권 외, 1984 : 11-12 ; 오석원, 1986 : 127).

이런 사상적 지향성은 지연적, 혈연적인 연계를 통해 더욱 공고하게 되었다. 퇴계학파는 그 지역의 대표적인 재지사족(在地士族)이 중심이 되어 형성되었고, 서로 중첩적인 혼인관계로 인하여 가산도 상호 수수하게 되었으며, 학문도 외조(外祖) 또는 처부(妻父)의 학통을 이어나갔다(성병희, 1990 : 100). 따라서 그 지역의 사상적 경향은 경제적 지역적 혈연적 관계를 통해 하나의 공고한 사상적 학파로서 '무서운 규모'를 형성하게 되었던 것이다.[8] 이때문에 이 영남지역에 있어서 퇴계의 사상은 "거의 신앙과도 같은 의미"(윤천근, 1992 : 178)를 지닌다는 평가를 받기도 한다. 그래서 영남 계열의 학문에 있어서 이황의 권위나 그의 사상적 특질은 각 학파의 정치·사회적 입장이 어떠하든 끝까지 포기되지 않았던 것이다.

영남지역 유학의 특징은 "퇴계학설을 계승하여 '주리설'이 강조되어 온 점"(오석원, 1986 : 133 ; 유명종, 1984)에 있다. 영남학파의 본류라 할 수 있는 김성일 계열의 유학자들은 이황의 주리적 입장을 수호하고 발전시키는 것을 자신의 책무로 자임하게 되었는데, 이것은 한말에 이르기까지 일관되게 지켜졌다. 영남지역의 지역성을 이해하는 데 이런 사상적 지향을 고려하는 것은 기본적인 사항에 속한다.

근대 문인으로 등단하기 전에 영남지역의 문인들은 퇴계의 주리론이라

---

8) 육사의 외척인 방산(舫山) 허훈(許薰, 1836-1907)이 기에 대한 리의 주재(主宰)를 강조한 한말의 유명한 주리론자였다는 점이나, 외조부 범산(凡山) 허형(許蘅)이 그 영향권에 있는 사림의 중망이었다는 점도 그런 사실을 뒷받침해 준다(유명종, 1985 : 362-365 ; 이동영, 1995 ; 김용직, 1995 참조).

는 사상적 세례를 거치지 않을 수 없었다. 퇴계의 직계 후손인 이육사와 이원조, 퇴계학파의 주류를 형성하고 있는 이현일의 직계후손인 이병각, 이병철, 전통적인 가문 의식을 지니고 있었던 조지훈 등은 그런 세례의 직접적인 영향권 내에 있었다. 이런 직접적인 연계가 아니라도 이 지역 출신의 문인들은 그런 세례로부터 절대적으로 자유롭지 않음은 과장이라 하기 어렵다. 그러나 이육사와 같이 직접적인 회고가 없다는 점에서 그런 특성을 절대적으로 입증하는 것도 쉬운 일은 아니다. 직접적인 언급이 없는 것은 근대에 들어 유교가 반근대적 사상으로 폐기의 대상이 되었기 때문이다. 그럼에도 이들을 막연하게나마 '유학적 지식인',9) 혹은 유가적 지식인이라는 범주에 넣는 것은 그다지 논리의 비약이라 하기 어려울 것이다. 가령 백기만의 경우 자신의 문학적 교양이 유가적 범주에 근원을 두고 있음은 그의 어휘에서 드러나는데, 친구를 사귀는 자신의 성격을 "주리적(主理的) 태도"(김두한 편저, 1998 : 104)로 설명하거나, 시인을 규정함에 있어 '시언지(詩言志)', '사무사(思無邪)'(김두한 편저, 1998 : 90) 등의 어휘를 동원하는 것이 그 예가 된다. 이런 점을 고려할 때 신식교육을 받기 전에 한학을 배운 이상화나 백신애, 이호우 등이 이와 유사한 경우가 될 것이고(김용성, 1984), 나머지도 전반적인 문화적 풍토로 볼 때 기본적으로 유가적 교양을 지니고 있었다고 상정할 수 있다.10) 이런 점을 고려할 때 영남지역의 문인들은 대부분 '유학적 지식인'의 범주에 속한다고 할 수 있다.11)

---

9) '유학적 지식인'은 양반가 출신의 자제로 전통적인 유가 교육을 받았거나, 유학적 소양을 갖춘 계층을 아우르는 개념이다(심상훈, 2004 : 204).

10) 조두섭(2006)은 백기만, 이상화, 이육사, 이병각, 이병철, 조지훈, 이호우, 김윤식, 박목월 등을 유가적 담론과 연계시켜 논의하고 있다.

11) 이런 풍토로부터 자유로운 이로는 집안이 서울 중인 무반 출신인 현진건, 어릴 때부터 대구보통학교라는 신식학교에 다니고 이후 일본 유학을 다녀온 이장희 정도를 들 수 있을 것이다.

그런데 근대 영남지역을 다룰 때 반드시 짚고 넘어가야 할 사항은 이런 유학적 지식인들이 주류를 이루고 있는 영남지역에 사회주의가 전방위적으로 파급되었다는 사실이다. 특히 안동문화권에서 유가적 지식인에 의한 사회주의운동이 활발하게 전개되었다는 사실은 이미 여러 연구로 밝혀진 바 있다.12) 영남지역의 퇴계학파로서 사회주의에 투신한 대표적인 인물은 김재봉, 권오설, 권오직, 이준태, 김남수 등이다. 그 지형도는 다음과 같은 분석에서 짐작된다.

> 이처럼 각 지역에 계파별 사상단체가 결성될 수 있었던 것은 이 지역에 강력하게 뿌리내리고 있었던 유학적 정서 때문일 것이다. 이 지역은 학문적으로 퇴계학통이, 정치적으로 남인이 그 뿌리에 있었다. (…중략…) 외형적인 모습만을 본다면, 학문적으로 정재학파가 강성을 보이는 곳은 화요회계가, 유성룡의 학문을 계승한 지역은 서울계가 각각 사회주의운동을 주도하고 있다. 또한 정치적으로 골수 남인세력의 거주지는 화요회계가, 온건한 남인과 노론계의 중간접점 지역은 서울계가 그 지역 사회주의운동의 중심에 있었다(심상훈, 2004 : 212-213).

이처럼 이 지역의 유가적 지식인들은 기존의 유학사상에 거리를 두며 사회주의로 자신의 사상적 거점을 옮겨갔다. 이런 전향은 당대 문인에서도 동일하게 나타나고 있다. 대표적인 문인으로 이육사와 이원조 형제를 들 수 있다. 이육사와 이원조는 초기부터 마르크시즘에 경도되어 있었다. 이육사는 초기에 마르크시즘에 입각한 평론을 많이 썼다. 1934년 4월 『대중』이란 잡지에 이활(李活), 즉 이육사가 쓴 「자연과학과 유물변증법」(목차엔 「변증법과 자연과학」으로 되어 있다)이라는 글을 필두로 「레닌주의 철학의 임무」 등을 썼다. 이원조 역시 1930년대에 마르크시즘에 입각한 비평활동을 하였다. 그는 카프 회원은 아니었지만 카프문학에 동조하며 이를 옹호하는

---

12) 관련 서지는 심상훈(2004 : 204)에 정리되어 있다.

글을 지속적으로 발표하고 있었다. 이 글은 이런 입장이 이육사나 이원
조에 국한된 것이 아니라, 이상화, 이병각, 이병철, 백기만, 조지훈, 백신
애 등에도 일반적으로 나타난다고 본다. 이상화는 사회주의 계열 문학동
인인 파스큘라와 카프 맹원으로 활동하였다. 이병각, 이병철은 카프 재건
활동에 깊숙이 관여하였으며, 백신애는 사회주의 단체를 결성하여 교직
에서 쫓겨나기도 하였다. 조지훈이 선구적으로 사회주의운동을 항일독립
운동의 시각에서 다룬 것도 이런 영향 때문이라 할 수 있다.13) 이를 정
리하면 다음과 같다.

분야	문인 이력	사상적 지향
시인	이상화(대구, 1901-1943)	파스큘라, 카프(사회주의) 가입
	백기만(대구, 1902-1967)	아나키즘, 사회주의 관심
	이장희(대구, 1900-1929)	금성 동인, 순수서정시적 경향
	이육사(안동, 1904-1944)	의열단 가입, 사회주의 관심
	이병각(영양, 1910-1942)	카프(사회주의) 재건 노력
	조지훈(영양, 1920-1968)	전통지향적, 현실비판적 경향
	박목월(경주, 1916-1978)	순수서정시적 경향
	이호우(청도, 1912-1970)	현실비판적 경향
	이병철(영양, 1921-1994)	조선문학가동맹 활동
소설가	현진건(대구, 1900-1943)	현실비판적 동반자작가
	백신애(영천, 1908-1939)	여자청년동맹 활동
	장혁주(대구, 1905-?)	무정부주의에 관심
	김동리(경주, 1913-1995)	순수문학적, 전통주의적 경향
평론가	이원조(안동, 1909-1955)	사회주의 관심
	김문집(대구, 1907-?)	순수문학적 경향

이 중 전통주의와 사회주의로부터 자유로운 이는 이장희, 박목월, 김
동리, 김문집 등이라 할 수 있다. 이 중 이장희, 김문집은 신식교육을 적

---

13) 조지훈(1996 : 239)은 『한국민족운동사』(1963)라는 책에서 사회주의운동을 3·1운동
실패 이후 새로운 저항방법의 일환으로 사회주의를 받아들였다고 보고 있다.

극적으로 받아들인 환경에서 자랐으며, 박목월, 김동리는 일찍이 김동리의 백형 범부 김정설의 반사회주의적이고 민족주의적인 사유의 영향권 내에 있었다. 이들을 제외하면 대구·경북지역 사회활동가와 마찬가지로 문인들도 유가적 지식인으로서 사회주의운동에 적극적으로 참여하거나 혹은 사회주의적 시각에 동질감을 느끼고 있었다고 할 수 있다.

유학에서 사회주의로의 이동은 일종의 사상적 전향이라 할 수 있다. 우리 문학에서 전향 문제는 주로 카프 해산을 즈음하여 이루어진 카프 문인들의 탈사회주의적 전향이나 일제말기에 이루어진 친일파시즘으로의 전향에 초점을 맞추고 있다. 그런데 앞에서 살펴본 바처럼 근대에 이루어진 탈유가적 전향도 중요한 전향의 하나로 다루어야 한다. 유학사상에 대한 편견으로 이 문제는 근대문학의 차원에서 배제되어 왔으나 이 역시 근대문학의 문제임에는 틀림이 없으며, 또한 문학사상의 차원에서 볼 때 문학사적 중요성을 지니고 있기 때문이다.

3. 탈유가적 전향의 내적 논리

문학에 있어서 탈유가적 전향 문제에 주목한 이로는 김윤식 교수가 처음이 아닐까 한다. 이 문제의 특수성으로 인하여 그런 주목도 최근에야 이루어졌다. 그는 이원조의 비평적 특성을 다루는 자리에서 퇴계 후손이며, 위당 문하생이며, 이른바 국혼을 한 대단한 가문의 이원조가 사회주의, 즉 마르크스주의로 나아간 것을 다음과 같이 해명하고 있다.

> 그렇다면 그(이원조─인용자)가 끊임없이 회복하고자 하는 지향점은 자기를 키워냈던 주자학적 이념의 고귀성에 준하는 그 무엇이 아니겠는가. 이념의 고귀성을 당대에서 찾는다면 마르크스주의밖에 없었다. 마르크스주의를

주자학의 이념성과 등가로 파악할 수 있는 근거는 비단 이원조에서만은 아
닐 터이다. 이념에 대한 등가적 인식방식은 주자학의 이념의 고귀성이 다만
한 가지 표준이었던 까닭이다. 이는 전향문제를 둘러싸고 동양적 지절문제
에 연결시켜 논의된 측면과는 조금 구별될 성질의 것이다(김윤식, 2006 :
288-289).

　이는 이원조가 마르크스주의로 탈유가적 전향을 한 것은 두 사상이
'이념의 고귀성'이라는 등가성을 지니고 있기 때문이라는 해석이다. 이
'이념의 고귀성'을 이육사는 '무서운 규모'라고 표현한 바 있다. 이는 결
국 이원조가 지니고 있는 "이념에 대한 그리움"(김윤식, 2006 : 291)에 대한
지적이다. 주자학(더 정확히 말해서는 퇴계학)의 이념적 고귀성에 존재의 근
거를 두고 살아온 이원조에게 '이념에 대한 그리움'이 생래적으로 주어
졌다는 것이다. 그러니까 근대에 닥친 주자학의 상실은 반드시 그에 합
당할 만한 새로운 사상을 필요로 하며, 바로 그 정도의 '무서운 규모'를
지닌 것이 마르크스주의였다는 말이다. 이런 지향성은 이원조가 해방 이
후 모택동 사상에 공감하는 이유가 되기도 한다.14) 이런 주장은 이원조
가 일제말기 비평을 비판적으로 개관하면서 강조한 "한 개의 원리에 대
한 갈망"15)을 고려하면 어느 정도 타당성을 지닌다. 그러나 사상의 내적
특질을 반영하지 못 하는 이념적 고귀성으로는 동질성을 해명하는 데 한
계가 있을 수밖에 없다.
　두 사상의 동질성을 민족주의에서 찾는 논의도 이와 비슷하다. 가령

---

14) 김윤식(2006 : 141, 266, 302)은 모택동 사상이 주자학적 사상구조와 연관성이 있으
　　며, 모택동 저술 속에 인용된 책이 주자학 계열이 많다는 외국학자의 지적을 근거로
　　들고 있다.
15) "이러한 혼란과 미망과 불안과 동요 가운데서 우리 문학비평이 가장 그리워한 것은
　　한 개의 원리였다. 비록 그것이 도그마라도 좋으니 비평이 제 몸을 붙이고 제 본질
　　적 사명인 비판적이요 영도적인 역할을 할 수 있는 한 개의 원리의 갈망이었다."(이
　　동영 편, 1990 : 232)

"영남의 혁신유림들이 의병투쟁과 항일전쟁을 거쳐 사회주의로 전환해가는 과정을 보면, 비타협적 민족주의라는 공통분모를 찾을 수 있다"(유승완, 2010 : 79)는 논의가 대표적이다. 이런 관점에서 두 사상을 등가로 만들어주는 것은 일제에 대한 저항을 뒷받침하는 민족주의적 논리이다. 창씨개명에 대한 퇴계 문중의 인식을 보여주기 위해 드는 예("니 아나? 성을 가는 것은 개새끼만도 못하데이. 우리는 퇴계할배 자손이기 때문에 왜놈성은 안쓴다 카이."(윤준식, 1994 : 75/유승완, 2010 : 80에서 재인용))가 이런 논리의 내적 특질을 잘 보여준다. 그러나 성리학이나 퇴계학의 본질이 특정 세력에 대한 저항 방식에 논리를 제공해주었다는 점은 어느 정도 타당하지만, 사상의 내적 특질이 민족주의와 무관하다는 점에서 이런 주장에도 한계가 있다. 마찬가지로 사회주의에 있어서도 민족주의적 요소는 오히려 배제의 대상이라는 점에서 민족주의와 사회주의의 관련성은 설득력을 지니지 않는다.[16]

이런 해석들은 두 사상의 동질성을 외적 측면에서 찾는 방식이다. 이런 외적 특성은 사상의 본질적인 특성과 밀접한 관련을 지니지 않고 있다는 점에서 설득력이 다소 부족하다는 비판을 받을 수 있다. 그렇다면 이런 탈유가적 전향을 다루는 데는 아무래도 내적 동질성에서 찾는 것이 더 타당할 것이다. 이 문제를 해결하는 데도 몇 가지 방식이 있다.

하나는 두 사상이 이상주의적 역사주의를 공유하고 있다는 관점이다. 정재학파의 이상룡이 사회주의로 나아가는 동기도 여기에 있다. 그는 '다군(多君)시대-일군(一君)시대-민주시대'의 직선적인 역사관을 지니고 있는데, 이것을 『춘추』의 공양삼세설(公羊三世說)과 연계시켜, 각 시대의 세

---

16) 이는 한반도의 사회주의자는 "모두 민족주의자였고 또 민족주의자이기 때문"에 한반도에는 사회주의가 있은 적이 없다는 주장에서도 확인할 수 있다(이종오, 1993/심상훈, 2004 : 232에서 재인용).

부시대를 '거란세-승평세-태평세'와 관련짓는다. 그리고 이 마지막 단계인 태평세를 『예기』의 '대동(大同)'으로 보고, 이것이 사회주의적 이상과 일치하는 것이라 평가한다.[17] 이는 두 사상이 역사관에 있어서 동질성을 지닌다는 주장이다. 그러나 이것은 두 사상이 추구하는 이상적인 세계의 유사성일 뿐 역사를 바라보는 관점의 동일성은 아니라는 점에서 내적 동일성으로 평가하기에 미흡한 점이 있다.

다른 하나는 그 동질성을 이성중심주의에서 찾는 논의다. 두 사상에 나타나는 이성에 대한 독특한 관점에 주목한 것이다.

> 그러나 사회주의자들의 사고방식에 남아 있는 성리학적 세계관의 잔재는 그들의 사회주의 수용에 독특한 색깔을 부여했다. 성리학이나 사회주의나 모두 인간의 이성에 대해 무한한 신뢰를 보내는 사고체계로서, 끊임없는 도덕적 수양(또는 실천적 단련)을 통해 인간이 완벽한 경지에 도달할 수 있다는 공통점을 지니고 있다. 유교가 이상적인 인간형으로 추구한 성인군자처럼 사회주의자들은 혁명가를 그들의 이상형으로 인식했을 것이다(심상훈, 2004 : 216).

이는 인간의 이성에 대한 절대적인 신뢰를 바탕으로 하여 실천적 국면을 강조한 점에서 두 사상의 공통점을 찾는 논의다. 그러나 합리주의가 타자로 배제하는 것에 주목하지 못하였다는 점에서 이 관점 역시 구체적인 동질성이라 보기 어렵다. 동질성을 이성중심주의에서 찾는다면 퇴계학이나 마르크스주의가 철저한 논리적 정합성에 이론적 준거를 두지 않고, 오히려 신념이나 의지를 더 우위에 두는 사상적 경향을 설명하기 힘들다.

이 글은 두 사상의 본질적인 동질성을 가치지향적 세계인식에서 찾고자 한다. 퇴계는 리(理)와 기(氣)의 개념적 정의를 스스로 부정하면서까지

---

17) 이런 논리는 강유위의 논리를 참조한 것으로 보인다(박원재, 2004 : 392-393 참조).

리에 능동성을 부여하였는데, 리가 스스로 발생할 수 있다거나(理發說), 리가 자체적으로 능동성을 지닌다거나(理動說), 리가 인식 주체인 인간의 마음에 스스로 도달한다는 주장(理到說) 등이 그것이다. 리의 능동성을 주장하는 이런 이론은 형이상인 리와 형이하인 기의 변별성에 심각한 혼란을 가지고 올 뿐만 아니라 논리적 파탄을 자초하는 것이다. 그럼에도 퇴계가 이런 주장을 끝까지 고수하는 것은 이런 주장이 지닌 의의를 그 정도의 이론상의 미비점과 바꿀 수 없다는 의지의 표명이다(윤사순, 1980 : 71). 리를 능동성이 없는 무작위한 존재로 볼 경우 순수선(純粹善)인 리가 악의 원인이 될 수도 있는 기를 제어하지 못하게 되어 그의 도덕률 자체가 와해될 수 있기 때문이다. 바로 여기에서 주리론의 가치지향적인 세계 인식이 도출되는 것이다. 가치지향적이라는 말은 "사실(事實)·기술(記述)적인 방법으로 문제를 처리하지 않고 당위(當爲)·요청(要請)적 방법으로 처리하려는 의도"(윤사순, 1980 : 239-240)를 말한다. 당위·요청적 의도, 즉 자연법칙인 '소이연'보다 도덕률인 '당위연'에 집착하려는 의도가 지배적이라는 뜻에서 이런 태도는 결과적으로 이상주의를 닮게 되지만, 결과의 유사성일 뿐이다.[18]

마르크시즘 역시 유토피아적 충동을 지니고 있다는 점에서 가치지향적인 태도를 견지한다. 학자에 따라 관점이 다르기는 하나 마르크시즘이 유토피아적 요소를 완전히 배제했다고 단언할 수 있는 사람은 없다. 자코비가 마르크시즘과 유토피아가 서로 대립하는 개념이 아니라고 말한 것이 단적인 예가 된다(손철성, 2007 : 113). 아렌트는 마르크스가 이상주의적 시선으로 당대를 해석하고, "자신의 정확한 예측에 유토피아적 특성을 가미"(한나 아렌트, 2005 : 34)하게 된 것을 전통적인 여가 개념의 영향력

---

18) 퇴계학의 가치지향적 특성은 박현수(2004 : 204-205)를 요약한 것이다.

으로 설명한다. 그 원인이 무엇이든 마르크스주의에서 유토피아의 설정
은 동시에 그것의 가치를 최상의 상태로 두려는 욕망을 자극하고, 이것
은 곧 가치지향적 태도로 나타날 수밖에 없다. 마르크시즘에 내재한 이
런 특성은 수용자에게도 이런 자세를 요구할 수밖에 없다. 이는 사회주
의 문학담론에서 당파성에 절대적인 가치를 부여해온 사실이 "기존 사회
주의 이념의 이상주의적 성격과 무관하지 않다."(신승엽, 1993 : 61)는 지적
과도 관련되어 있다. 마르크시즘에서 프롤레타리아에 중요한 역할이 부여
되면서 수용자에게 당파성은 핵심 가치로 부상할 수밖에 없다는 것이다.

가치지향적 세계인식은 구체적인 사회역사적 조건보다 신념이나 의지
를 더 강조한다. 백신애의 소설에 나오는 주인공의 다음과 같은 언급은
사회주의자가 지니는 가치지향적 태도를 잘 보여준다.

> 오-직 당신의 변치 않는 신념! 그 신념에 매진하는 것뿐! 그것이 당신의
> 어머니를 불안에서 구원하는 것이 됩니다. 당신의 갈 길이 얼마나 뜻있는
> 것인가를 잘 이해시킨 후 절대의 불굴의 보조로 걸어 가십시오. 그때는 어
> 머니가 당신을 애호할 것입니다. 굳은 신념! 절대 불굴의 정신! 이것은 또
> 절대의 힘이랍니다. 절대의 힘! 이것이라야 모-든 것을 정복합니다(백신애,
> 2004 : 264).

이는 옛날 사회주의운동의 동지였던 'S'가 '나'에게 던지는 충고의 말
이다. "변치 않는 신념", "절대 불굴의 정신"이라는 것은 사회역사적 토
대와 무관하게 설정된 관념적 가치에 불과하다. 이런 가치에 대한 강조
는 사회역사적 상황에 대한 합리적인 판단, 혹은 논리적 정합성과 무관
하다.[19] 이런 신념이나 의지에 대한 강조는 이육사의 다음 구절과 많이
닮아 있다.

---

19) 마르크스의 저작 내에 존재하는 유토피아적 경향과 반유토피아적 경향의 공존은 수
많은 논리적 파탄을 가져오고 있다(손철성, 2007 : 115).

내가 들개에게 길을 비켜 줄 수 있는 겸양(謙讓)을 보는 사람이 없다고
해도 정면(正面)으로 달려드는 표범을 겁내서는 한 발자국이라도 물러서지
않으려는 내 길을 사랑할 뿐이오. 그렇소이다. 내 길을 사랑하는 마음 그것
은 내 자신에 희생을 요구하는 노력이오. 이래서 나는 내 기백을 키우고 길
러서 금강심(金剛心)에서 나오는 내 시는 쓸지언정 유언(遺言)은 쓰지 않겠
소.20)

자신보다 약자의 위치에 놓인 들개에게 길을 비켜줄 수 있는 겸양을
지녔다고 해도, 정면으로 달려드는 강자인 표범으로부터는 한 발자욱이
라도 물러서지 않으려는 이 자세는 사회주의자의 신념이자 동시에 퇴계
주리론의 신념이다. 이 불굴의 신념으로서의 '금강심'이 퇴계학과 사회주
의를 등가로 만든 것이라 할 수 있다.

또다른 본질적 동일성은 반(反)감정주의적 경향이다. 이런 경향은 가치
지향적 세계인식의 또다른 국면이라 할 수 있다. 사실의 차원보다 가치
의 차원을 중요시하게 되면 감정적 유동성을 부정하고 가치를 일관성 있
게 추구할 수 있는 태도를 선호하게 된다. 이것을 나타낼 수 있는 적당한
용어(그것은 이성중심주의와 다소 차이가 난다)를 발견하지 못하여 여기에서는
'반감정주의'라 명명하고자 한다. 퇴계학은 이를 '리귀기천(理貴氣賤)',21) 즉
'리가 귀하고 기는 천하다'는 말로 간단하게 정리한다. 이런 의식은 ㉮
리는 영원불멸한 실재성(實在性)을, 기는 가변적인 현상성을 지니며, ㉯ 리
는 순선(純善)하고 기는 선악미정(善惡未定)이며, ㉰ 현상적인 기는 본질인
리의 실현을 위한 도구적 위치에 있다는 전제에서 나온다(윤사순, 1980 :
222-223). 이런 논의가 심성론의 차원에 놓이면 리와 기는 각각 이성과
감정에 배당된다. 인의예지를 순선의 상태인 리에 배당하고 언제나 탁해

---

20) 이육사, 「계절의 오행」, 『전집』, 210쪽.
21) '人之一身 理氣兼備 理貴氣賤' 『退溪全書 상권』, 대동문화연구원, 1958, 921쪽.

질 수 있는 칠정을 기에 배당하는 순간, 이성은 존중되어야 하는 존재가
되고 감정은 억제나 억압의 대상이 될 수밖에 없다. 이런 사유가 압축적
으로 드러난 것이 '알인욕존천리(遏人慾存天理)'라는 명제일 것이다. 이는
감정의 차원을 기본적으로 인정하지 않는 관점이라 할 수 있다.

　마르크스주의도 기본적으로 이성주의적 경향을 지닌다는 점에서 반감
정주의적인 철학이다. 헤겔 철학의 이성주의를 비판한 마르크스지만 이
성에 대한 신뢰는 부정하지 않았다. 마르크스의 사회이론을 "이성주의적
낙관론"(선우현, 1999 : 20)으로 규정하는 이때문이다. 감성에 대한 이성의
철저한 승리를 강조한 헤겔의 논리는 마르크스에 와서도 완전하게 소멸
되지 않는다. 사회주의 문학담론에서 이성이나 과학 등에 비하여 감성의
영역은 좁다. 카프 초기 문학논쟁 중 내용과 형식 논쟁도 결국은 이성의
권위와 감성의 자율성에 대한 논쟁으로 해석될 수 있다. 그리고 그것이
전자의 승리로 끝나고 만 것은 마르크스의 기본적 구조로 볼 때 당연한
결과라 할 수 있다. 이후 사회주의 리얼리즘의 도입에 따라 막다른 상황
에 도달한 카프 이론에 낭만주의가 새로운 돌파구로 도입된 것도 이런
문제의 반복이라 할 수 있다. 임화에 의해 이루어진 반성, 즉 "프로시로
부터 부르조아적인 요소인 낭만주의를 비판한다고, 우리들의 시로부터
시적인 것, 즉 감정적, 정서적인 것을 축출"해버린 "말라빠진 목편과 같
은 이른바 뼈다귀시"[22]에 대한 반성은 바로 사회주의 문학담론의 반감정
주의에 대한 반성이다. 카프 문학담론에서 이런 논쟁이 끊임없이 반복되
는 것은 바로 감성의 자율성이 확보되지 않는 이론상의 특성 때문이라
할 수 있다.

　그런데 이러한 내적 동질성은 탈유가적 전향의 독특한 성격을 규정짓

---

22) 임화, 「33년을 통해 본 현대조선의 시문학」, 『조선중앙일보』, 1934.1.1~12 ; 임화문
　학예술전집 편찬위원회, 『임화문학예술전집 4-평론 1』, 소명출판, 2009, 361쪽.

는다. 내적 동질성이 퇴계학과 사회주의를 등가에 놓는 준거가 되면서
동시에 두 사상을 넘나들게 하는 통로 역할을 한다는 점에서, 이것은 두
사상적 지향의 단절보다는 연속성을 보증해주는 기묘한 상황이 벌어지는
것이다. 따라서 탈유가적 전향은 완전한 의미의 퇴계학의 폐기가 아니라
새롭게 선택한 사회주의에 그것의 핵심을 보존한 채 거리를 두는 잠정적
인 전향이라 할 수 있다. 내면적으로 볼 때 이런 전향은 공존의 다른 형
태라 해도 무방할 것이다.

4. 영남지역의 지역성과 근대 문인의 정체성

앞에서 다룬 본질적 동질성을 바탕으로 하여 영남지역의 지역성은 '유
교적 사회주의'에 기반을 둔 보수적 진보주의라는 특수한 성격을 지니게
된다. 이런 성격은 사회주의의 이론적 정합성에 대한 완전한 수용이나
완전한 거부가 아니라 절충적인 입장을 견지하는 데서 비롯되었다. 유교
를 바탕으로 하여 받아들인 사회주의, 유교적으로 해석된 사회주의라는
특성이 가져온 혼종적인 특성이다. 퇴계의 시선과 마르크스의 실천, 이
양립 불가능한 것의 통합이 바로 근대 영남지역의 지역성이다. 이것은
어느 한쪽의 사상에 대한 전면적인 몰입을 방해한다는 점에서 해소되지
않는 이념적 노스탤지어를 상정하게 한다.

이런 특성은 이 지역 문학에서도 독특한 성격을 형성할 수밖에 없다.
이원조의 '제3의 논리'의 기원도 바로 여기에 있다. 이원조의 비평적 입
각점은 독특하다. 그는 카프문학의 이론적 방향에 동조하면서 동시에 그
것과 비판적인 거리를 유지한다. 이 거리는 "이원조의 비평이 카프라는
조직 밖에서 이루어졌다는 사실에 대응한다."(신재기, 1989 : 255) 즉 이원조

는 카프의 문학적 입장에는 동조하지만 카프 조직에 직접적으로 가담하는 것은 유보한 것이다. 또한 카프의 입장에 대한 태도는 완전한 수용도 완전한 거부도 아닌 절충적인 입장을 견지한다. 이것은 이원조 비평 전체에 일관되는 특성이라 할 수 있다. 이런 지향성이 하나의 개념으로 나타난 것이 '제3의 논리'라는 것이다. 일제의 탄압이 극심해지는 1939년에 우리 문단의 '비평정신의 상실', 즉 "비평의 재단성(裁斷性)과 영도성(領導性)의 상실"(이동영 편, 1990 : 165)을 문제 삼고 있는 글에서 이원조는 비평정신을 회복하기 위해서 제3의 입장이 필요하다고 역설하였다. 비평에 있어서 이것은 비평 주체나 객체와 거리를 두고 "우리 문학을 영도하려는 그 역사적인 시대의식 또는 사회의식"(이동영 편, 1990 : 166)이다. 즉 문학 밖에서 문학을 영도할 수 있는 논리를 가리킨다. 이것은 해방 이후에 그가 다시 설명하고 있는 "도그마라도 좋으니 비평이 제 몸을 붙이고 제 본질적 사명인 비판적이요 영도적인 역할을 할 수 있는 한 개의 원리"(이동영 편, 1990 : 232)이다. 이것은 비평의 어느 구체적인 공간에 자신의 정신적 좌표를 놓지 않으려는 의식의 발현이다. 구체적으로 존재하는 어떤 이념에도 완전한 몰입을 하지 않기에 그에게는 늘 제3의 논리가 필요했던 것이다. 해방 이후 이원조의 인민민주주의 민족문학론이 박헌영의 유연한 사회주의 이론과 맥을 같이 한 것도 이때문이라 할 수 있다.

이런 지향성은 문학 창작에 있어서도 독특한 색채를 부여한다. 영남지역 근대문인들의 작품들은 한 사람의 작품이라 보기 힘들 정도로 다양한 유형의 문학적 경향들을 보여준다. 가장 대표적인 문인으로 이상화나 이육사, 백기만 등을 들 수 있다. 50편에 못 미치는 이들의 시는 퇴폐주의, 민족주의, 사회주의적 색채가 섞여 있어 작품 경향을 일목요연하게 정리하는 일이 불가능하다. 조지훈, 이병각, 이병철의 시에 현실비판적 경향과 전통주의적 경향이 혼재한 것도 마찬가지다. 이는 하나의 절대적 이

넘으로 귀일할 수 없었던 근대 영남 문인들의 사상적 진동의 결과라 할 수 있다.

이런 지역성은 유가적인 미의식에 기반한 절제의 미학을 통해 몇 개 되지 않은 작품 중에서도 절창을 만들어 내게 하였다는 점에서 긍정적인 작용을 하기도 한다. 이상화의 「빼앗긴 들에도 봄은 오는가」, 이육사의 「절정」, 「광야」, 「청포도」 같은 작품이 대표적인 예가 된다. 이들 작품의 형식적 안정성, 그리고 그 속에 담긴 의지적인 태도, 메시지의 강렬함 등은 유교적 사회주의, 즉 보수적 진보주의의 문학적 번역이 지닌 전형적인 특징을 보여준다.

그러나 이런 지역성은 동시에 영남지역 근대 문인들이 근대문학의 대표적인 문인으로 성장하는 데 제약을 가하기도 한다. 그것은 가치지향적인 세계인식이나 감정에 대한 폄하가 근대 문학의 미적 자율성이라는 근원적인 특성과 괴리를 지니고 있기 때문이다. 이광수가 「문학이란 하오」(1916)에서 강조한 것도 문학의 핵심에 인간의 감정을 정초하는 일이었다. 이광수는 지(知), 정(情), 의(意)에서 정이 지와 의의 노예에 불과하던 것이 문예부흥 이후로 독립적인 지위를 획득하였음을 강조하고 있다. 이는 감정이 도덕과 종교로부터 자율성을 획득하는 것이 근대문학의 기본 조건임을 밝힌 것이다.

이런 조건을 고려할 때 영남지역의 지역성은 근대 문학의 기본적인 규정에 있어서 일종의 결함으로 인식될 수 있다. 감정의 자율성을 인정하지 않는 것(이것을 부추기는 것이 또한 가치지향적 의식이다)은 감정을 윤리나 종교에 종속시키고 있다는 뜻이다. 이것은 지, 정, 의가 혼용한 상태로 존재하는 전근대적 의식의 반영이다. 이런 분위기에서 전문적이고 분화된 문인이 탄생하기 힘들 것이다. 한국시인협회가 선정한 한국의 10대 시인23) 중에 대구 경북 출신 시인으로 유일하게 선정된 이가 박목월인 것은 그가 유교적 교양으로부터 비교적 자유로웠기 때문이었다고 할 수 있다. 유교적 사회주의, 그리고 그것의 본질로서의 가치지향적 세계인식과 반감정주의라는 지역성은 전문화된 근대 문인의 탄생, 미적 자율성을 옹호하는 근대 문학의 본격적인 출발에 장애가 되었음에 틀림없다.

해방기까지 유지되던 이러한 지역성은 사회주의의 소멸로 보수성만 남기게 되었다. 사회주의에 동조하였던 문인들이 대거 월북하고 사회주의가 자리를 잡을 수 없는 사회적 상황은 유교적 사회주의, 혹은 보수적 진보주의에서 사회주의와 진보주의를 삭제하게 만들었던 것이다. 그래서 현재 이러한 보수성이 영남지역 문학의 주류적인 성격으로 자리잡게 되었다. 이 지역의 시가 서정시 위주로, 소설이 순수문학 위주로 흘러가고 있는 것도 이때문이라 할 수 있다.

5. 결론

지금까지 우리는 대구·경북지역을 중심으로 근대 영남지역 문인들의 문학적 사유에 담긴 사상적 지향을 검토하고, 이를 바탕으로 근대 대구·경북지역 문학의 지역성을 규명하여 문학사적 지형도 속에서 영남지역의 문학적 특성을 살펴보았다.

그 결과 영남지역 근대 문인들은 이 지역의 사상적 지향, 즉 퇴계의 주리론이라는 사상적 세례를 받은 유학적 지식인이라는 사실을 확인할 수 있었다. 또한 이들은 유가적 사유로부터 거리를 유지하며, 이 지역에

---

23) 한국시인협회가 2007년 10월에 문학평론가를 겸하고 있는 국문학과 교수에게 설문 조사하여 선정한 10대 시인은 김소월, 한용운, 서정주, 정지용, 백석, 김수영, 김춘수, 이상, 윤동주, 박목월 등이다. 필자는 윤동주 대신 유치환이 적절하다고 생각한다.

전방위적으로 파급되었던 사회주의적 사유에 적극적인 관심을 지니고 제 3의 전향이라 부를 사상적 변화를 보여주었다는 사실도 확인할 수 있었다. 이들의 전향 논리는 두 사유가 공통적으로 지니고 있는 가치지향적인 세계인식, 반감정주의에 기반하고 있다. 그러나 이런 전향은 유가적 사유의 완전한 이탈이 아니라 그것의 핵심을 보존한 잠정적인 이탈이라 할 수 있다. 이것을 이 글은 '유교적 사회주의', 즉 '보수적 진보주의'라 명명했다. 이런 사상적 지향은 어느 한쪽의 사유에 대한 전면적인 몰입을 방해한다는 점에서 해소되지 않는 이념적 노스탤지어를 지닐 수밖에 없다.

이런 독특한 지역성으로 인하여 영남지역 근대 문인의 작품 경향은 혼종성을 지닐 수밖에 없었다. 하나의 절대적 이념으로 귀일할 수 없었기 때문에 한 작가 내에 다양한 문학적 경향이 혼재하거나 짧은 시기에 다양한 변화를 보일 수밖에 없었다는 것이다. 그럼에도 그 공통분모가 탁월한 작품을 생산하는 순기능을 발휘하기도 하였다. 그러나 전체적으로 이런 지역성은 감정의 자율성을 기반으로 하는 근대 문학의 본질과 어울리지 못함으로써 탁월한 근대 문인을 배출하는 데 제약으로 작용했다.

그러나 이런 지역성은 미적 자율성을 기본적인 가치로 하여 성장한 근대 문학이 다다른 미학주의의 한계를 넘어서는 데 일종의 나침반 역할을 할 수 있다는 점에서 전적인 결함으로 다룰 수는 없을 것이다. 문학이 미적 자율성에 갇히어 작가가 일종의 기술자로 전락하여 총체적인 삶을 재현하지 못할 때, 지·정·의의 분리 이전의 문학은 새로운 문학을 위한 자양분이 될 수 있기 때문이다.

‖ 참고문헌

1. 기본자료

김두한 편저(1998), 『백기만전집』, 대일.
심원섭 편주(1986), 『원본 이육사전집』, 집문당.
이동영 편(1990), 『오늘의 문학과 문학의 오늘-이원조문학평론집』, 형설출판사.
조지훈(1996), 『조지훈전집』, 나남출판.
최혜실 편(2004), 『아름다운 노을』 범우사.

2. 단행본

김용성(1984), 『한국현대문학사탐방』, 현암사.
김윤식(2006), 『해방공간 한국 작가의 민족문학 글쓰기론』, 서울대학교출판부.
박현수(2004), 『현대시와 전통주의의 수사학』, 서울대학교출판부.
백신애(2004), 「혼명에서」, 최혜실 편, 『아름다운 노을』, 범우비평판한국문학.
선우현(1999), 『사회비판과 정치적 실천』, 백의출판사.
유명종(1985), 『조선후기 성리학』, 이문출판사.
윤사순(1980), 『퇴계철학의 연구』, 고려대출판부.
임화문학예술전집 편찬위원회(2009), 『임화문학예술전집 4-평론 1』, 소명출판.
조두섭(2006), 『대구·경북 현대 시인의 생태학』, 역락.
Arendt, Hannah, 서유경 옮김(2005), 『과거와 미래 사이』, 푸른숲.

3. 일반논문

금장태(1990), 「영남성리학의 전통과 쟁점」, 『민족문화논총』 11집, 영남대학교민족문화
　　　연구소.
김광억(1991), 「전통문화의 현재적 논의」, 『안동문화연구』 5집, 안동문화연구회.
김용직(1995), 「일제 암흑기 상황과 한국문학」, 『현대시』.
문태현(1994), 「안동문화의 정체성 확립에 관한 몇가지 쟁점」, 『안동문화』 15, 安東大學
　　　校附設 安東文化研究所.
박원재(2004), 「석주(石州) 이상룡(李相龍)의 현실인식과 유교적 실천론-정재(定齋)학파
　　　의 유교개혁론(1)」, 『오늘의 동양사상』, 11집, 한국동양철학회.

서보월・임세권 외(1984), 「안동문화의 성격 규명과 안동문화권 설정에 대한 토론」, 『안동 문화』 5, 안동대.

성병희(1990), 「안동문화권 형성과정과 발전방향」, 『안동개발연구』 1, 安東大學校 安東地域社會開發研究所.

손철성(2007), 「마르크스의 반유토피아주의와 그 원인에 대한 연구」, 『윤리교육연구』, 12집, 한국윤리교육학회.

신승엽(1993), 「새로운 출발점으로서의 민족문학」, 『민족문학사연구』 3권 1호, 민족문학사연구소.

신재기(1989), 「이원조 비평의 전환논리」, 『문학과 언어』 10집, 문학과언어학회.

심상훈(2004), 「1920년대 경북 북부지역 유학적 지식인들의 사회주의운동과 성격」, 『국학연구』 4집, 한국국학진흥원.

오석원(1986), 「퇴계학파의 형성과 전개－안동지방을 중심으로－」, 『동양철학 연구』 7, 동양철학연구회.

유명종(1984), 「嶺南退溪學派의 主理說形成」, 『석당논총』 9, 동아대학교석당학술원.

유승완(2010), 「사회주의적 근대기획 연구 : 박헌영・신남철・박치우・김태준을 중심으로」, 성균관대학교 일반대학원.

윤천근(1989), 「안동의 문화와 사상」, 『안동문화』 10, 安東大學附設 安東文化研究所.

_____(1992), 「김성일 문파에 대한 연구」, 『안동문화』 13, 安東大學附設 安東文化研究所.

이동영(1995), 「旺山 許薦의 생애와 사상」, 『선주문화연구총서』 3, 금오공대.

대구·경북지역어 연구 양상과 대구 문화*

김 무 식

1. 들머리

말은 말할이 사이에 서로 의사소통을 위한 도구일 뿐만 아니라 이를 통해 그 사회의 역사와 문화 그리고 사회의 여러 현상을 이해할 수 있다는 점에서 매우 중요하다. 말이 이러한 특징을 지니듯 지역어 자료도 그 지역사회의 역사와 문화 그리고 여러 사회 현상을 이해할 수 있으므로 그 가치는 매우 크다.

이 글에서는 지금까지 대구·경북지역어를 대상으로 연구한 연구 양상을 살펴보고 이를 통해 이 지역어에 대한 연구가 다른 지역어의 연구와 어떤 차이를 보이며 어떤 양상을 보였는지 살펴보고자 한다.[1] 이를 위해 시기별로 이 지역어에 관한 연구 결과를 살펴볼 것이며 특히 지역어와 지역문화라는 잣대 속에서 이를 심층적으로 살펴보고자 한다.

---

* 이 글은 『어문론총』 55(한국문학언어학회, 2011)에 실린 논문을 다듬은 것이다.

1) 이 지역어를 대상으로 한 자료는 매우 많으며 필자가 수집하지 못한 자료도 많을 것이다. 이 글은 주제발표논문으로 이루어졌기에 개별 논의에 대한 언급은 가능하면 배제했음을 밝힌다. 혹여 빠진 부분이나 잘못 이해한 부분이 있다면 양해를 구하고자 한다.

먼저 각 시기별로 이 지역어를 대상으로 연구한 결과를 살펴봄으로써 이 지역어 연구에서 주된 관심사나 연구의 흐름을 알 수 있을 것이며 이를 통해 이 지역어 연구에서 나타나는 주요 흐름이 이 지역과 어떤 관련성이 있는지 살필 것이다. 또 이런 연구 경향이 국어학사나 지역어연구사에서 어떤 의미를 가지며 앞으로 어떤 부분에서 더 연구가 필요하고 어떤 부분에서는 그 연구가 소략했는지 그 양상을 살펴서 그 원인에 대해서도 구명하고자 한다. 또, 지역어는 이 지역의 문화적 요소를 가장 많이 반영하고 있는 자료이므로 이런 부분에 대한 연구가 어떻게 이루어졌으며 이런 지역문화와 이 지역어의 연구사와의 관련성 등을 살펴봄으로써 이 지역어에 반영된 지역문화의 특징을 살펴보고 이를 통해 이런 연구의 방향성을 제시하고자 한다.

2. 지역어와 지역문화

2.1. 방언과 지역어

모든 언어는 그 수가 많든 적든 간에 하위 방언으로 구성될 뿐만 아니라 방언은 균질한 한 언어로부터 지리적 요인 또는 사회적 요인에 의하여 분화가 이루어진 언어의 변이체이다. 이런 점에서 볼 때, 방언은 지리적 요인 또는 사회적 요인에 의하여 분화된 언어형식으로 방언 스스로 독자적인 언어체계를 가진 것이며(이상규, 2003 : 22), 이들 방언은 모두 대등한 자격을 지닌 말이다.

이러한 학술적인 접근 외에도 방언은 널리 사용되는 어휘이며 간혹 사투리와 같은 의미로 쓰이기도 한다. 방언을 지위가 낮은 사람이 사용하는

세련되지 못하고 품위가 없는 말이거나 표준어(공용어)2)에 대응되는 지역
어라는 뜻으로 사용되기도 하지만 언어학에서는 이런 의미로는 더 이상
사용하지 않고 사투리와 구별하여 가치중립적인 의미로 사용하는 것이 일
반적이다.3) 방언이 자연적인 사회 활동에 의하여 형성된 말이라면 표준어
는 국어 정책적 측면에서 이루어진 인공적이고 추상적 성격을 지닌 말이
다. 우리 국어의 경우 표준어는 서울 지역어를 기반으로 이루어졌으므로
서울말과 가깝기는 하지만 서울말과 일치하지는 않으며 이런 점에서 표준
어와 일치하는 방언은 없다고 할 수 있다. 국어라고 할 때 표준어를 지칭
하기도 하지만 표준어는 국민들의 원활한 의사소통을 위해 만들어진 인공
적인 말이며 그 자체로서 독립된 체계와 성문화된 규범을 가지고 있으므
로 넓은 의미에서 볼 때 표준어도 국어 방언의 하나로 볼 수도 있다.

방언의 다른 말4)로 사용되었던 지역어(地域語)라는 이름도 1980년대를
거치면서 학술적인 술어로 자리를 잡게 되었다. 대구·경북지역어를 대
상으로 연구한 성과 중에서 지역어란 이름을 가장 먼저 사용한 것은 배
대온(1979)이다. 이러한 술어의 사용과 함께 80년대를 거치면서 최근에는
학술적인 술어로 정착되게 되었으며 국어사전에서 풀이한 이 어휘의 의
미를 제시하면 다음과 같다.

> (1) ㄱ. 표준국어대사전 : 어떤 한 지역의 말. 주로 방언 구획과는 관계없
> 이 부분적인 어떤 지역의 말을 조사할 때에 그 지역의 말을 이른
> 다. 경주 [지역어] / 지난 방언 조사는 강화도 [지역어를] 대상으
> 로 실시되었다.

---

2) 지금부터는 모두 공용어라는 이름 대신 표준어로 통일하여 사용함을 밝힌다.
3) 방언과 사투리, 방언과 표준어에 대한 개념은 앞의 책 이상규(2003 : 21-45)를 참고
하기 바람.
4) 방언과 같은 의미로 사용되었던 어휘는 '사투리, 시골말, 토박이말, 무쩐말, 엇진말,
지방말, 지역어' 등이 있다(이상규, 2003 : 21).

ㄴ. 우리말큰사전 : 어떤 한 지역의 말.

ㄷ. 금성국어대사전 : 임의의 어떤 한 지역의 언어 체계. 주로 일정한 방언 구획과는 직접적인 관계없이 부분적인 어떤 지역의 언어를 조사할 때에 그 지역의 언어를 이름.

위의 사전에 제시된 풀이를 검토할 때 지역어는 적어도 주로 방언 구획과는 직접적인 관계가 없는 어떤 한 지역의 말을 가리키는 것임을 알 수 있다. 원래 방언이란 술어와 지역어란 술어가 같이 사용되다 방언 구획이라는 문제가 제기되자 방언 구획 문제를 피해가기 위한 방편으로 마련된 술어가 바로 지역어이다. 즉 'ㅇㅇ지역어'는 특정 지역의 말을 방언 구획에 의한 방언권과는 무관하게 'ㅇㅇ지역'에서 사용되는 국어 또는 말이라는 의미로 상정할 수 있다. 따라서 지역어라는 술어는 방언 구획을 고려하지 않은 채 특정 지역의 말을 하나의 독립된 언어체계로 바라보는 것이며 지역어연구는 이런 지역어를 대상으로 전체 체계를 기술하거나 특정 언어 현상을 연구하는 영역이라고 할 수 있다.

2.2. 지역어와 그 문화

특정 사회집단이나 국가, 민족을 이해하는 첫 걸음은 그 구성원이 사용하고 있는 말의 습득과 이해로부터 시작되며 이는 말이 지니고 있는 문화적 특성과 중요성에 대해 웅변하는 증거이다. 또 일상생활에서 '한국어문화권, 중국어문화권, 일본어문화권, 독일어문화권, 영어문화권' 등으로 사용되는 것을 보더라도 말은 그 자체로서도 문화이자 전체 문화를 구성하고 있는 한 하위 영역이기도 하다.

다음은 문화 및 언어문화에 관한 사전적 풀이 내용이다.

(2) 문화의 사전적 풀이

ㄱ. 표준국어대사전 : 자연 상태에서 벗어나 일정한 목적 또는 생활 이상
   을 실현하고자 사회 구성원에 의하여 습득, 공유, 전달되는 행동 양
   식이나 생활양식의 과정 및 그 과정에서 이룩하여 낸 물질적·정신
   적 소득을 통틀어 이르는 말. 의식주를 비롯하여 언어, 풍습, 종교,
   학문, 예술, 제도 따위를 모두 포함한다.
ㄴ. 금성국어대사전 : 사회 구성원에 의하여 습득·공유(共有)·전달되는
   행동 양식 내지 생활 양식의 총체(總體). 자연 상태와 대립되는 것이
   며 또한, 그것을 극복한 것임. 언어·풍습·도덕·종교·학문·예술
   및 각종 제도 따위.
ㄷ. 위키백과사전 : 문화는 일반적으로 한 사회의 주요한 행동 양식이나
   상징체계를 말한다. 문화란 사회사상, 가치관, 행동양식 등의 차이에
   따른 다양한 관점의 이론적 기반에 따라 여러 가지 정의가 존재한다.
   인류학자들은 정형화할 수 있고 기호로서 의사소통할 수 있는 모든
   인간의 능력을 문화로서 정의한다. 한편, 동물학에서는 문화를 동물
   생태계에서 위치하고 있는 인류의 행동 양식으로 이해하기도 하며,
   고고학은 역사적 유적에 집중한다. 또한 사회인류학은 사회 제도와
   인간의 상호관계로서, 문화인류학에서는 규범과 가치로서 문화를 다
   룬다.

(3) 언어문화의 사전적 풀이

ㄱ. 표준국어대사전 : 일상의 언어생활 또는 언론, 문학, 출판 등 언어에
   의하여 이루어지는 모든 문화를 통틀어 이르는 말.
ㄴ. 금성국어대사전 : 일상의 언어생활 또는 문학·연극·매스커뮤니케이
   션 등 언어에 의하여 이루어지는 모든 문화를 이르는 말.
ㄷ. 조선어대사전 : 말을 하고 글을 쓰는 데서 언어규범을 지키고 보장하
   는 언어사용의 문화.

위에 제시한 사전적 풀이를 검토하면 문화는 학문의 분야에 따라 다른
성격을 지니기는 하지만 적어도 그 사회를 구성하고 있는 인류가 습득하
고 공유하여 전승시켜온 주요 행동·생활양식이나 이를 통하여 이루어진
물질적·정신적인 것을 가리키는 말이다. 이런 문화를 구성하는 요소 중

의 하나인 언어문화는 말을 매개로 하여 이루어지는 모든 문화를 가리키며 이에는 일상의 언어생활을 비롯하여 문학, 연극, 매스커뮤니션 등과 같은 다양한 문화재가 있다. 이러한 문화는 그 사회구성원의 특징에 의하여 문화의 성격이 다르듯이 언어문화도 특정 국어나 특정 국어의 지역어의 차이에 따라서도 문화의 차이가 나타남은 자명한 일이다. 이런 점에서 대구·경북지역어도 이 지역어만이 가지고 있는 말의 특징이 있을 것이며 이 지역어를 매개로 한 고유의 언어문화 현상도 있을 것이다. 즉, 대구·경북지역어를 매개로 한 모든 언어문화 활동이 포함되는데 이는 이 지역어학, 언어교육, 문학, 민속학, 연극학, 영화학 등과 같이 이 지역어와 관련되는 다양한 형태의 문화 활동이 모두 포함된다. 다만 이 글에서는 주로 이 지역어학과 관련된 내용을 중심으로 그동안의 연구 성과를 검토하고 이를 통해 이 지역어를 매개로 하는 지역어문화의 연구에 대한 전망을 해보고자 한다.

한편, 언어문화와 관련된 연구 활동은 크게 보아 다음과 같이 소급될 수 있다. 첫째, 지역어 그 자체가 언어문화이므로 이 지역어를 연구 대상으로 하여 이루어진 연구 활동과 다른 문화적 요소와 관련된 연구로 구분할 수 있으며 이는 각각 기존의 이 지역어와 관련된 방언학의 연구와 언어와 문화의 관련성을 연구한 분야로 구분할 수 있다. 이 방법은 언어문화의 개념에 대해 좁은 의미로 파악하느냐 넓은 의미로 파악하느냐 하는 문제로 귀결될 수 있는 문제이다.

둘째로 특정 개별 주제를 중심으로 언어문화를 연구하는 방법이다. 이는 언어문화 현상에 대해 관심이 있는 특정 주제를 선정하여 이를 중심으로 언어문화를 깊이 있게 연구하고 이를 통해 일반화를 시도하는 방법과 특정 주제를 선정하지 않고 일반적인 언어문화 현상을 있는 그대로 관찰하고 기술하는 방법이다.5) 이런 연구 방법은 각각 특정 주제를 대상으로 심화함으로써 언어문화 간의 관계를 명확히 할 수 있는 이점을 얻을 수 있거나 특정 지역을 중심으로 연구함으로써 언어문화 간의 관계를 알 수 있다는 이점이 있기도 하다.

2.3. 대구·경북지역어와 그 특징

이미 앞 절에서 논의한 대로 최근에 설정된 '지역어'란 술어는 방언구획을 전제로 하는 것이 아니므로 대구지역어 또는 경북지역어로 설정한다고 하더라도 결코 낯설거나 이상한 술어는 아니다. 다만 이 두 술어모두 행정단위를 대상으로 그 행정단위 내에서 사용되는 말을 가리킨다면 이 지역어와 행정단위가 일치하지 않을 수도 있으며 이를 고려한다면 그렇게 바람직한 술어는 아니라고 할 수 있다.6) 그렇지만 앞에서도 논의했듯이 행정단위가 현실 생활에서는 여러 가지 측면에서 기능을 발휘하고 있다는 점을 고려한다면 이러한 행정단위를 매개로 한 술어도 그 의미가 있음은 분명하다.

이 두 지역을 나타내는 지도를 보면 다음과 같다.

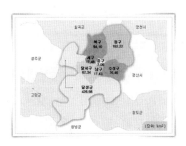

[그림 1] 경상북도지도와 대구광역시지도7)

---

5) 이에 대해서는 왕한석(2009 : 7)에서 이미 기술된 바 있다.
6) 이 문제에 대해서는 이상규(2000 : 517)에서 이미 지적된 바 있다.

대구 및 경북지역어에 대한 기존의 연구는 방언사, 방언구획을 포함하여 음운, 문법, 어휘연구에 이르기까지 많은 연구가 이루어져 있어서 이두 지역어에 대한 포괄적인 기술이 가능할 만큼 많이 이루어졌다.8) 종래이 지역어에 대한 연구는 행정단위를 중심으로 이루어진 경북방언 또는경북지역어라는 이름 아래 이 지역어의 음운·문법·어휘적 특징을 중심으로 기술이 이루어졌다. 경북지역어에 대한 종합적인 기술은 방언학 관련 개론서나 이상규(1995 ; 1998 ; 2000)에 비교적 자세히 정리되어 있어서일반적인 논의는 덧붙일 필요성을 느끼지 못한다. 물론 이러한 논의도개별 하위 지역어를 중심으로 볼 때 이러한 일반적인 기술 내용이 세부적으로 일치하지 않는 부분도 있다. 이는 언어의 분화양상과 방언의 속성, 경북지역의 지형적 특성을 고려한다면 충분히 이해되며 개별하위 지역어에 대한 세부 논의만이 더 필요할 뿐이다. 경북지역어라는 관점에서볼 때 대구지역어는 상하개념으로 파악되며 기존의 경북지역어의 특징에서 대구지역어만이 갖는 특징으로 좁혀질 수 있으므로 이론의 여지가 상대적으로 줄어들 것이다.

그럼 대구지역어는 무엇인가?

이 문제는 어쩌면 매우 간단한 문제로 판단되는데 이는 대구지역어를단순히 현재의 대구광역시권역으로 보면 해결될 문제이기 때문이다. 그렇지만 역사적으로 접근하면 이 문제도 결코 간단하지 않다. 가까이는1995년에 달성군이 대구광역시에 편입된 사실과 1981년 대구직할시가되면서 편입된 달성군의 월배, 성서, 공산면과 칠곡군의 칠곡읍, 경산군의 안심읍이 문제가 될 수 있다. 더욱이 대구시로 이름이 바뀌기 전의

---

7) 이 자료는 각각 경상북도와 대구광역시의 누리집(Homepage)에서 인용했다.

8) 20세기 들어와서 대구·경북지역어를 대상으로 연구하거나 조사한 결과물은 모두 515편 정도로 추정된다.

대구부 시절로 나아간다면 더 문제는 복잡해질 수 있는 것이 이 문제이다. 이러한 행정단위 문제를 떠나서 국어학적으로도 문제는 있을 수 있는데, 단순히 대구지역어를 행정단위를 전제로 볼 것인지 아니면 대구말씨라는 관점에서 볼 것이냐에 따라 그 성격이 달라지기 때문이다. 따라서 이 글에서는 이 부분에서 어떤 쪽을 택하더라도 문제가 있으므로 지역어라는 명칭이 방언경계와 무관하게 사용되는 점을 고려하여 현재 시점의 대구광역시를 경계로 하는 언어로 정의하고자 한다.

그렇다면 대구지역어는 어떤 특징을 지닌 말인가?

지금까지 축적된 연구 성과를 바탕으로 대구지역어의 음운, 문법, 어휘적 측면에서의 특징을 기술하고 그 얼개를 짜는 일은 그리 어려운 일은 아니기에 이 글에서는 그 대강의 논의마저 줄이고 이상규(2000)로 대신하고자 한다.9)

3. 대구·경북지역어의 연구 성과와 그 양상

이 절에서는 기존의 논의에서 주로 다루었던 경북지역어의 연구 성과를 살펴보고 다시 대구지역어만을 연구 대상으로 다룬 성과에 대해서 살펴봄으로써 이 두 지역어에 대한 연구사적 특징을 살펴보고자 한다. 또 지역어와 문화적 속성과의 관련성을 대해 연구한 논의에 대해서도 살펴봄으로써 지역어와 지역문화의 상관성에 대해 연구사적으로 어떤 경향을 나타내는지 살펴보고자 한다.

---

9) 이는 이상규(2000 : 517-544)를 중심으로 그 대강의 얼개를 그려볼 수 있기에 이로 미룬다. 이 논의에서는 경북지역어의 음운·문법·어휘에 대한 특징을 비교적 자세히 제시하고 있으므로 이를 중심으로 얼개를 짜는 일은 어렵지 않은 일이다.

3.1. 경북지역어의 연구사

3.1.1. 경북지역어 연구의 약사

경북지역어에 대한 방언연구사의 기술은 최명옥(1986)과 이상규(1992)에서 이루어졌으며 최명옥(1986)에서는 연구사적 구분으로 세 단계로 구분하여 기술하고 있고 이는 이상규(1992)에서도 최명옥(1986)의 시대 구분을 바탕으로 논의를 전개했다. 이를 살펴보기 위해 최명옥(1986)의 시대구분을 제시하면 다음과 같다.

(4) 최명옥(1986)의 시대구분

ㄱ. 제1단계(1910~1950년) : 일제하 역사언어학적 방언 연구
　　ㅡ개체사적 연구
ㄴ. 제2단계(1950~1970년) : 구조기술언어학적 방언 연구
　　ㅡ방언연구의 소강기
ㄷ. 제3단계(1970~) : 구조주의방언학 및 생성방언학적 연구
　　ㅡ방언연구의 활성기

위의 시대구분은 80년대 중반 또는 90년대 초반까지의 연구 성과를 바탕으로 한 연구사이며 이러한 시대구분은 방언연구에 도입한 언어이론의 적용과 관련 지워 구분한 것이다. 이러한 태도는 전반적인 시대 구분의 잣대로 사용하는 데는 큰 문제가 없지만 국어학사와 달리 초창기에 상대적으로 연구자 및 관심의 부족으로 연구가 성글게 된 것은 어쩔 수 없는 일로 판단된다. 이상규(1992)의 연구사 검토 이후의 연구 성과를 살펴보기 위해 연도별, 주제별로 이 지역어 관련 연구물을 계량화하여 제시하면 다음과 같다.

연대	음운론		문법론	어휘론	지역어 조사	구획/ 경계	문헌 연구	일반론	계
	음(성)운	초분절소							
1910~49년	1				1			8	10
50년대~	2	7							9
60년대~	3	7	6	1	5	2	1	1	26
70년대~	12	10	12	3	2	3		6	48
80년대~	32	13	23	3	3	2	6	6	88
90년대~	40	34	29	10	9	8	8	12	150
2000~09년	37	29	24	38	28	5	7	26	194
계	127	100	94	55	48	20	22	59	525
	227								

[표 1] 경북지역어의 연도별, 주제별 연구결과표

위의 [표 1]을 통해 볼 때 시간이 흐름에 따라 연구량의 절대 수치는 매우 가파르게 상승하고 있음을 볼 수 있다. 50년대부터 90년대에 이르기까지는 거의 매 기간마다 연구량이 그 이전의 양에 비해 한 배 정도의 비율로 증가하고 있음을 볼 수 있으며 2000년대에는 연구량의 증가비율이 그 이전에 비해 다소 둔화된 모습을 보이고 있다. 이는 학계의 연구 인력의 양성과도 관련이 있는 것으로 판단되는데 70년대부터 방언 연구에 관심이 고조되기 시작한 이래 연구 인력이 확충되면서 절대적인 연구량이 늘어날 수 있었지만 90년대로부터 2000년대에 이르기까지 연구량의 증가 비율이 상대적으로 낮은 것은 방언 및 지역어 연구에 대한 열기가 상대적으로 약화되고 신규 연구 인력의 수혈이 줄어들어 연구력이 약화되고 절대적인 연구량의 증가도 낮아진 것으로 판단된다. 이는 1990년대와 2000년대의 연구량의 비교를 통해서 드러난다. 2004년부터 국립국어원에서 실시하고 있는 지역어조사 사업에 따른 조사보고서나 이와 관련된 노작물을 제외한다면 2000년대는 1990년대에 비해 연구량이 크게 달라지지 않았음을 볼 수 있다.

연대에 따른
연구량 증감 그래프

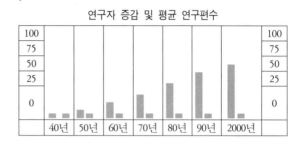

연구자 증감 및 평균 연구편수

	40년	50년	60년	70년	80년	90년	2000년	
100								100
75								75
50								50
25								25
0								0

　이러한 연구량의 절대적인 증감의 원인이 단순히 방언학에 대한 관심이나 연구 인력의 확충에 따라서 늘어난 것인지 아니면 다른 원인에 기인하는지를 살펴보기 위해 각 연대별로 연구 인력의 증감에 대해서 살펴보면 다음과 같다. 40년대 이전에는 모두 4명의 연구자에 의해 이루어졌으며 1인당 평균 2.5편을 저술했으며, 50년대에는 7명에 의해 이루어졌는데 1인당 평균 저술은 1.3편이, 60년대에는 13명에 의해 이루어졌는데 1인당 평균 저술은 2.0편이, 70년대에는 34명의 연구자에 의해 이루어졌으며 1인당 평균 저술은 1.4편이, 80년대에는 48명의 연구자에 의해 이루어졌으며 1인당 평균 저술은 1.8편이, 90년대에는 61명의 연구자에 의해 이루어졌으며 1인당 평균 저술은 2.5편이, 2000년대엔 75명의 연구자에 의해 이루어졌으며 1인당 평균 저술은 2.6편이다. 위의 자료를 통해 볼 때, 경북지역어에 대한 연구자의 수가 절대적으로 늘어나기도 했지만 1인당 평균 저작물 수가 꾸준히 늘어났음을 알 수 있고, 90년대 이후에도 비슷한 양상은 지속되고 있다. 이는 90년대 이후에는 이 분야에 신규 연구 인력의 수혈이 부족함을 드러내는 지표이기도 하다. 이런 연구 인력의 지표를 본다면 이상규(1992)에서 70년대 이후를 방언연구의 활성기로

잡았지만 90년대 중후반 이후부터는 활성기라고 할 수가 없다. 적어도 2000년대 이후의 연구 성과물은 이전의 시기에 비해 수적으로나 질적으로 뒤지는 연구는 아니지만 연구 인력 측면에서 봤을 때 신규 연구 인력의 진입이 정체된 상황을 고려한다면 지역어 연구에서 새로운 정체기로 판단할 수 있는 측면이다.

앞의 [표 1]을 보면 시대적인 지표뿐만 아니라 주제에 따른 지표도 확연히 드러남을 알 수 있다. 지금까지 이루어진 525편을 대상으로 주제별 편중도를 살펴보면 음운론 분야가 43.4%, 문법론 분야가 17.9%, 어휘·의미론 분야가 10.5%, 지역어조사가 9.1%, 일반론이 11.2%, 문헌연구가 4.2%, 방언구획이나 경계 분야가 3.8%를 차지하고 있으며 음운론 분야에서도 주로 성조를 다룬 초분절요소가 전체 연구량 대비 19.1%를 차지하고 있어서 그 편중도가 매우 심함을 알 수 있다.

앞의 자료를 통해서 분명히 알 수 있듯이 가장 두드러진 분야는 음운론 분야이다. 60년대와 2000년대를 제외하면 음운론 분야는 모두 연구량의 거의 절반에 해당할 정도로 비중이 높은 것이 특징이다. 이는 일차적으로 연구자들에게 이 분야의 주제가 그 원인이 어디에 있든 더 매력적이고 이 지역어의 연구에서 상대적으로 더 중요하게 다가갔다고 판단할 수 있다. 특히 음운론 분야의 비중이 상대적으로 더 높아지게 된 배경 중의 하나는 이 지역의 초분절소인 성조 현상에 대한 관심이 상대적으로 높고 이에 대한 해결이 아직도 제대로 이루어지지 않은 점을 들 수 있다.

또 다른 요인은 음운현상이 다른 지역어와의 차별성이 분명하고 구조주의 언어학의 도입과도 무관하지 않을 것으로 판단되며 특히 중부지역어와의 차별성이라는 측면에서 볼 때 음운현상이나 음운체계의 차이가 두드러지는 점도 그 요인 중의 하나로 판단된다. 이 지역어의 특징인 성조 문제나 여러 가지 음운현상을 고려할 때 음운론 분야의 연구 비중은 앞으로도 상당 기간 동안 확연히 줄어들지는 않을 것으로 판단된다.

언어학의 기본 영역 중에서 가장 연구량이 미흡한 부분은 어휘·의미론 분야이다. 60년대에서 80년대에 이르는 시기에는 이 분야 연구량의 증감에는 뚜렷한 경향을 추출할 수 없으며 오히려 80년대에는 이 분야의 비중이 더 줄어든 경향마저 보이고 있다. 이런 경향이 90년대 접어들어 그 비중이 늘어나기 시작해서 2000년대에는 그 비중이 상당히 늘어난 경향을 볼 수 있다. 이처럼 2000년대 접어들어 어휘 및 의미론 분야의 비중이 상대적으로 많이 늘어난 것은 방언조사나 조사된 자료의 활용이 용이했고, 그동안 축적된 방언학 관련 연구가 있었기에 가능했던 것으로 판단된다. 또 그동안 이 분야에서 연구의 편중성이 심화된다는 학계의 반성도 일조를 한 것으로 판단된다. 이와 함께 방언 및 지역어 일반론에 대한 연구도 확대되었음을 볼 수 있는데 이런 현상도 그동안 축적된 세부 분야별 연구 성과가 있었기에 가능했던 것으로 판단된다. 다른 주제는 시대별 흐름에 대해 큰 차이를 보이지 않지만 문법론 분야는 오히려 전체 연구결과물 속에서 그 비중이 상대적으로 줄어들고 있음을 볼 수 있다. 이는 문법론 분야의 연구결과물의 절대치가 줄어든 것이 아니라 상대적으로 다른 분야의 연구물이 증가하면서 그 비중이 줄어든 결과이다.

3.1.2. 90년대 이후의 연구 경향[10)]

90년대 음운론 영역의 연구는 이전 시대에 이루어진 개별 음소나 개별 지역어에 대한 음운현상의 연구는 계속 이어졌지만 가장 두드러진 점

---

10) 이 절에서는 주목할 만한 개별 연구의 성과는 논의를 생략하기로 한다. 이러한 논의가 마땅히 이루어져야 하지만 이 글에서는 이런 세세한 논의보다 그 흐름만 파악하고 세부적인 논의는 국립국어원에서 발간되는 국어학연감을 참고하기 바란다.

은 초분절소인 성조 및 음운사와 관련된 연구였다. 즉, 이전 시기의 연구처럼 개별지역어에 대한 음운체계와 그에 따른 음운현상에 대한 연구, 어중유성자음 문제, 유기음화, 경음화, 모음조화, 이중모음 등에 관한 연구가 단편적으로 이루어졌다. 가장 두드러진 분야는 성조 분야인데 지역에 따른 성조의 음성적 실현 양상에서부터 성조 기술방법론, 다른 지역과의 성조실현형의 비교, 중세국어와의 비교, 복선음운론적 관점에서의 기술에 이르기까지 매우 다양하게 나타난 시기였다. 이러한 성조 분야의 연구는 2000년대에도 이 경향이 지속되었는데 이 시기에는 성조사에 대한 관심이 커졌고 다른 지역과의 비교, 억양과의 관련성 문제, 문장에 따른 성조의 실현 양상 등으로 그 관심이 넓어진 시기였다. 또, 90년대에 접어들면서 이전 시기에 비해 두드러지게 등장하기 시작한 방언음운사에 관한 관심도 더 심화·확대되었으며 2000년대에도 이런 경향은 이어졌다. 또, 80년대부터 도입되기 시작한 실험음성학적 기법에 의한 방언음운론의 연구 성과는 90년대, 2000년대를 지나면서 더 확대되었고 이는 음운론 전반으로 확산되는 양상을 보이고 있다. 이러한 논의에도 불구하고 여전히 개별지역에 대한 음운목록에 대한 문제, 성조영역에서는 성조소의 설정, 표면성조형의 기술 문제, 하위 지역어에 따른 성조 실현 양상 문제, 중세국어와의 관련성 문제, 성조기술상의 표시 문제 등에 이르기까지 논의가 되어야 할 부분은 매우 많은 것으로 판단된다. 또 일반 지역어조사와 함께 구술발화에서의 음운현상, 세대차나 계층에 따른 사회언어학적 측면에서의 접근도 필요한 부분이다.

이상규(1992)에서 지적한 바와 같이, 이 지역어에 대한 격어미 및 활용어미체계에 대한 연구는 70년대 중후반부터 80년대를 거치면서 그 기초를 놓고 확대·생산했다면 90년대와 2000년대에는 이런 기초적 작업 위에 형태론적 분석과 기능에 대해 지역어 중심으로 더욱 심화된 시기였으며 이를 바탕으로 통사·화용론적 층위로까지 그 관심이 확대된 시기였다. 이 시기의 주된 관심사는 높임법, 활용어미체계와 그 기능, 시제, 피·사동법, 부정법 등이었다. 이러한 문법론 분야의 관심에도 불구하고 여전히 이 지역어의 한 특징으로 판단되는 형태소의 융합에 의한 축약형에 대한 형태소의 분석과 그 기능에 대한 논의는 여전히 미흡하고 더 관심을 가져야 할 부분으로 판단된다.

어휘·의미론 분야의 연구는 이전 시기에 비해 외적인 양의 증가는 이루어졌지만 여전히 더 많은 관심을 가져야 할 부분 중의 하나이다. 90년대에는 방언사적 관점에서 다룬 어휘론과 개별 지역에 나타난 어휘 및 방언 어휘의 분화 양상에 대해 주목한 연구가 대부분이었고 그 양도 많지 않은 편이었다. 이런 경향은 2000년대에도 그대로 이어졌으며, 여기에 호칭어에 대한 관심과 어휘지도를 통한 방언구획 및 어휘분화 양상에 대한 연구가 추가되었다. 이전 시기에 비해 어휘·의미론 분야의 관심이 확대된 것은 분명하지만 이 분야에 대한 체계적인 연구는 상대적으로 미흡한 편이다. 이전 시기부터 이루어져 왔던 개별 지역어의 특징적인 어휘체계에 대해 연구한 결과가 많으며 이 시기에 나타나기 시작한 어휘의 분화양상에 대한 논의가 더욱 확대될 때 이 분야의 연구 성과가 더 확연해질 것으로 판단된다.

이 시기에 이루어진 다른 특징적인 연구는 문헌자료에 반영된 방언 및 문학 작품 속의 방언에 관한 연구, 방언 속에 반영된 삶과 문화에 관한 연구, 방언사전의 편찬, 국립국어원에서 시행하고 있는 지역어조사 사업 및 민족생활어조사 사업이다. 이 가운데 방언사전의 편찬은 이미 이루어진 방언조사와 지금까지 이루어진 연구를 종합한 산물이기에 매우 중요한 의미를 지니는 것으로 판단되며 국립국어원에서 시행하고 있는 지역어조사 사업이나 민족생활어조사 사업도 이 사업이 종료되어 더 많은 연구자가 이 자료를 접하거나 일반인이 쉽게 접근할 수 있다면 지역어 연구자에게 더 많은 연구의 편의성을 제공하여 방언 연구에 자극제가 될 것이다. 특히, 기존의 방언조사와 달리 지역어조사에는 구술발화가 담겨 있을 뿐만 아니라 음성파일까지 제공할 예정이어서 연구자에게 방언연구의 또 다른 영역을 제공할 수 있을 것으로 판단된다. 또 일반인들에게도 이런 자료가 공개될 때 순수학문으로만 머물러 있던 국어학 분야의 연구 성과가 일반인들에게 제공되어 개별지역어는 물론 중방언권, 나아가 국어학 분야에 관한 관심을 불러일으키고 지역어문화에 대한 관심을 일으킬 수 있는 좋은 계기가 될 것이다. 이 시기에 많이 전개된 문헌자료 및 문학작품 속에 담긴 방언에 대한 연구와 이들 방언을 통한 삶의 양식과 문화에 대한 논의는 방언학 연구의 외연을 더 넓혔으며 이런 연구는 더 체계적으로 확대·생산할 필요가 있을 것으로 판단된다. 또 이 연구에서 는 기존의 문학작품 속에서의 방언이 배경 지역어를 얼마나 합리적으로 수용하고 있는지도 살펴봄으로써 국문학과 국어학의 상호보완성을 확인 할 수 있을 것이라는 측면에서도 많은 연구가 필요한 부분이다.

3.2. 대구지역어 연구와 그 흐름

대구지역어라는 범주 속에 포함될 수 있는 연구물은 지금까지 연구된 연구결과물의 세부 내용에 부분적으로 언급된 연구까지 고려한다면 그 외연이 넓어질 수 있지만 연구의 초점을 이 지역으로 한정시키면 그 범 위는 매우 제약되어 있다. 대구·경북지역어의 연구물 515편 중에서 대 구지역으로 초점이 맞추어진 연구물은 대략 52편이다.[11]

---

11) 앞에서도 말했지만 이 수치는 연구물에 부분적으로 언급된 세부 내용까지 고려한다면 더 넓어질 수도 있겠지만 여기서는 대구지역어를 중심으로 기술한 연구만을 대상으로 한 수치이다.

이를 시기별로 표로 제시하면 다음과 같다.

연대	음운론		문법론	어휘론	지역어 조사	구획/ 경계	문헌 연구	일반론	계
	음(성)운	초분절소							
1910~49년								1	1
50년대~		1							1
60년대~		1	1		4				6
70년대~	1	1	1						3
80년대~	2		3						5
90년대~	4	11	1						16
2000~09년	8	6	1	3				1	19
계	15	20	7	3	4			2	51
	35								

[표 2] 대구지역어의 연구 현황표

위의 [표 2]를 통해 볼 때 대구지역어의 연구 경향도 경북지역어의 연구 경향과 비교해 볼 때 크게 다르지 않음을 볼 수 있다. 세부지역어에 대한 연구이므로 연구의 범위도 제약되는 것이 일반적이지만 음운론의 편중 현상이 매우 심한 편이다. 이 중에서도 초분절소와 관련된 논의가 가장 많은 비중을 차지하며 여기서는 성조의 실체, 성조와 억양과의 상관성, 성조와 음운현상과의 관련성, 다른 지역 성조와의 비교 연구 등이다. 일반 음소와 관련해서는 주로 단모음의 중화와 관련된 연구 및 음운현상과 관련된 예가 대부분이다. 더욱이 이 지역어에서는 자음체계상으로 치조마찰음의 된소리는 존재하지 않으므로 이런 논의는 논의 자체가 이루어지지 않았다. 또 문법론에 대한 연구는 높임법, 서법, 굴곡어미 정도로 요약될 수 있을 정도로 소략하며 어휘·의미론에 관한 연구도 같은 경향을 보인다. 이런 사실은 이 지역이 일찍부터 대도시로 발전하면서 외지인과 접촉이 많다는 사실로 인해 방언조사 지역에서 제외된 사실이 많았기에 이런 결과를 가져온 것으로 판단된다. 더욱이 이런 사실과 함

께 인접하는 지역어를 대상으로 논의를 하면서 대구지역어에 대한 논의
도 부가적으로 하는 경우가 많아서 이런 현상이 빚어진 것으로 판단된
다. 이는 가장 기초적인 논의라고 할 수 있는 이 지역어의 음운에 대한
논의가 나성숙(1974)이 유일하다는 점에서 짐작하고도 남음이 있으며 이
연구도 일본에서 발표된 점은 시사하는 바가 크다.12)

위의 연구 경향을 통해서도 알 수 있지만 지금까지 대구방언 또는 대
구지역어라는 이름 아래 이루어진 연구는 존재하지만 적어도 대구지역어
가 갖는 음운, 문법, 어휘체계나 그 특성 그리고 대구지역어와 대구문화
가 갖는 문화적 속성에 대한 연구는 거의 없거나 매우 미미하다. 더욱이
경북지역어에 대한 연구결과와 비교해 보아도 큰 차이점을 발견하기가
힘든 부분이다. 이런 점에 비춰 볼 때, 대구 또는 경북지역어를 연구하는
연구자들도 대구지역어라는 속성에 대해 한 번쯤 고민하고 더 깊이 있게
이 문제를 다루고 관심을 더 기울여야 할 부분이다. 한편 지방화 시대,
지역문화, 지역축제를 지방자치 단체에서 매우 강조하면서도 어쩌면 가
장 고유하고 오래된 문화재이면서도 현재 그대로 통용되고 있는 지역어
에 대한 규정이나 특징을 기술한 실체조차 없다는 것은 문제라고 하지
않을 수 없다.

또 대구에 영남감영이 옮겨온 이래로 경상도에서 대구가 차지하는 비
중과 일제 강점기와 해방이후의 대구라는 지역공간과 문화, 그리고 지역
어와의 관련성에 대한 논의는 보이지 않는다. 근대화가 이루어지기 전까
지 경상도에서 대구지역어가 차지하는 비중은 어느 정도였을까? 적어도
근대화 이전 시기에 지역어의 세력에 관한 판도는 어떠하며 그런 그림

---

12) 이런 기초적인 논의가 국내의 방언연구자에게서 이루어진 것이 아니라 국외의 논의
에서 처음으로 이루어졌다는 것은 그만큼 이런 논의 자체가 국내의 방언연구자로부
터 외면을 받았는데 이는 이런 논의가 국내 연구자에게서는 그 필요성을 느끼지 못
할 정도로 이는 기본 명제로 인식을 했다는 증거로 볼 수도 있다.

가운데서 대구지역어의 위상에 대한 논의가 필요할 것이다. 흔히, 경구개음화와 움라우트 현상에 대해 남쪽으로 갈수록 더 심화되고 북쪽으로 갈수록 약화된다는 것은 이미 일반화된 통설이다. 그렇다면 이 두 음운현상의 핵방언은 어디일까? 그야말로 남쪽 바닷끝에서 시작하여 위로 북상을 했는지 아니면 경상도방언의 특정 핵방언에서 발현하여 확산된 것인지도 생각해볼 일이다.

3.3. 지역어와 지역문화의 상관성

3.3.1. 지역어 및 지역문화 연구

이 절에서 말하는 지역문화라는 개념은 순수 국어학 또는 방언학의 연구 성과를 제외한 부분을 가리키는 말로 한정하고자 한다. 이런 관점에서 본다면 이 부분의 연구는 순수 국어학의 영역이라기보다 다른 학문영역과의 관련성 속에서 연구되는 협동연구나 관련 응용국어학의 영역에 가까운 내용이다. 대구·경북지역어와 관련 지역문화를 담고 있는 연구 결과는 대략 48편에 이르며[13] 이를 영역별로 나누어 표로 제시하면 다음과 같다.

---

13) 실제 내용을 기준으로 하면 이 부류에 들어갈 수 있는 노작이 더 많을 수 있겠지만 여기서는 주로 논의의 초점이 어디에 있느냐를 기준으로 삼았다. 실제로 순수 음운·문법·어휘영역의 논의에서도 이러한 문화적 부분이 간간히 언급된 경우를 볼 수 있기 때문이다.

주제	지역어 종합	친족어휘	높임법	어휘와 문화	문헌속의 지역어와 문화	
					고문헌	근·현대문학
70년대	1	1		1		
80년대		2	1	1		
90년대	2	1		5	5	1
2000년대	1	8	4	3	1	10
계	4	12	5	10	6	11

[표 3] 연대별·주제별 지역어와 문화 관련 연구결과표

위의 표에서 알 수 있듯이 각 주제별로 분류된 연구결과는 대체로 1990년대에 접어들면서부터 활발한 논의를 보이기 시작함을 알 수 있다. 60년대나 70년대, 80년대에도 국어학 영역에서 본다면 이런 분야의 논의가 이루어졌지만 방언학이나 지역어 연구에서의 논의라기보다 순수 국어학의 영역에서 논의가 이루어졌기 때문에 이런 경향을 찾아보기가 힘든 것이다. 이런 연구는 적어도 국어학 내적으로 그 지식체계가 축적되어 이를 바탕으로 논의가 가능할 때 주변의 응용국어학 쪽으로 나아갈 수 있다는 점을 고려하더라도 방언학 및 지역어학이 성립된 초창기에는 그 논의의 관심사에서 밀릴 뿐만 아니라 논의를 위한 바탕도 결여되어서 논의가 쉽지 않았을 것으로 판단된다. 이런 점에서 이 분야의 연구가 최근에 많이 나타난 점은 선행 국어학의 연구가 있었고 이 분야의 자료 및 지식체계의 축적이 있었기에 가능했던 것이다.

대구지역어 및 대구지역문화와 관련된 저작물은 매우 제한되어 있다. 이러한 연구는 천시권(1971 ; 1976 ; 1980), 현풍곽씨 한글편지 자료를 연구한 일련의 백두현(1997 ; 1998 ; 1999 ; 2005), 문학과 관련된 연구로 이상규(1999 ; 2001ㄱ ; 2001ㄴ), 김태엽(2005 ; 2007), 김무식(2007)의 논의를 들 수 있을 정도이다. 물론 이밖에도 단편적으로 언급된 논의는 더 확보할 수 있

겠지만 이처럼 연구의 초점을 맞춰 논의한 경우는 더 찾기가 힘들 정도로 이제 이 분야에 대한 연구는 이제 겨우 첫걸음을 디딘 단계이다.

3.3.2. 지역어와 지역문화의 상관성, 그 연구 방법

지역어, 나아가 방언과 같은 말의 연구에서 그 현상을 설명하고자 할 때는 일차로 언어 내적 설명이 이루어져야 하며, 이럴 때 언어학자는 가장 행복하다. 더욱이 현대 언어학이 정립된 이래 언어 외적인 문제로 언어 현상을 설명하려는 태도는 바람직하지 않은 태도로 여겨왔고 지금도 이 사실은 변함이 없는 언어학의 기본 명제 중의 하나이다. 이런 관점에서 볼 때 지역어 연구를 지역문화와 관련지어 설명하려는 태도는 얼핏 모순되는 방법일 수도 있다. 이러한 모순에도 불구하고 지역어와 지역문화의 관련성에 대해 중시하고 논의를 하는 것은 단순히 언어 현상을 설명하는데 언어학의 기본적 태도를 버리자는 이야기가 아니라 단지 이러한 언어학의 기본 설명 방법은 일차적이고 기본적인 설명 태도로서 그 의미를 가지며 단지 지역문화와의 상관성이라는 관점에서 그 설명의 틀을 하나 더 만들자는 뜻이며 이를 통해 언어학과 문화와의 상관성의 연구를 통해 언어학의 외연을 더 넓히자는 이야기이다.

말								
음성층위	음운층위	형태층위	통사층위	어휘층위	화용층위	문화 요소a	문화 요소b	문화 요소c
음성규칙	음운규칙	형태규칙	통사규칙	어휘규칙	화용규칙	문화규칙		
언어학적 층위						문화적 층위		
언어·문화적 층위								

[표 4] 언어와 문화의 상관성

위의 도표에서 알 수 있듯이 언어학적 층위는 언어학적 논증을 그대로 하는 것이며 여기에 추가적으로 문화요소 측면에서 논거를 더 확보하여 그 설명의 틀을 다양화하자는 방법이다. 예를 들어, 지역어나 방언학의 연구에서는 이미 기존의 방언학 연구에서 중시하고 있는 요소인 '혼인, 교육, 시장, 생업, 교통 및 도로망, 민속, 종교' 등과 같은 제 요인을 규칙화하여 언어 내적 논증에 추가적으로 언어외적 요소인 문화요소를 규칙화하여 논거로 이용하자는 취지이다. 이런 관점은 기존의 이 분야의 연구에서도 확인할 수 있는 부분이며 이를 통해 학제 간의 연계성을 높이고 문화라는 관점 아래 언어학이 사람과 문화를 이해하는 데 실질적인 도움을 줄 수 있는 길이기에 의미가 높다고 할 수 있는 부분이다.[14] 또 언어내적 설명에 언어외적 논거까지 덧붙는다면 더 확고한 논증이 될 수 있다는 점에서 이 방법은 의미가 있는 것이다.

이 지역어를 대상으로 한 연구 중, 안귀남(2007)[15]은 문경지역어의 친족호칭어의 분화양상에 대한 논문인데 이 연구는 이러한 연구 경향을 잘 드러내는 연구 중의 하나이다. 이 연구는 문경지역어를 핵방언권과 전이지역으로 나누고 이를 언어학적으로 설명하려 한 논문이다. 일차적으로 이 연구에서는 언어학적 관점에서 설명하고 있지만 현리지역에 등장하는 어형에 대해서는 문화적인 인자로 설명하고 있다. 안귀남(2007 : 43)에 제시된 호칭어 '형수(兄嫂)' 관련 어휘를 제시하면 다음과 같다.

(5) 형수

ㄱ. 형순님(벌바위, 교촌)

---

14) 이런 관점에서 볼 때, 김완진(1979)의 연구결과는 이른 시기에 그 방향성을 제시한 연구이기도 하다.

15) 기본적으로 이 글에서는 안귀남(2007)의 논의나 이문규(2002)의 논의에 대해 그 논증의 타당성이나 결론의 타당성에 대해 논의하고자 하는 것이 아니다. 다만 이 글의 전개에 편의를 위하여 두 필자의 논문을 예로 들었을 뿐이다. 혹여 필자가 든 의도와 달리 두 논문의 필자에게 누가 가는 부분이 있다면 모두 필자의 잘못이다.

　ㄴ. 형수님(수예)
　ㄷ. 형수씨(각서)
　ㄹ. 아지매(각서, 완장, 유곡, 적성, 위만)
　ㅁ. 형수(완장, 유곡, 적성, 위만)
　ㅂ. 새아지매(현리)

　위의 예 (5ㅂ)은 안동방언적 요소를 나타내는데 이는 지리적 요인과 함께 현리 지역이 지니고 있는 마을의 성격, 즉 영남의 퇴계학맥과 혼반을 맺고 형성된 동성 마을이라는 특징에서 찾고 있음을 볼 수 있으며 이는 이런 현상을 설명하는데 매우 유용한 기제임을 증명한 것이다.

　이문규(2002)는 대구방언과 안동방언의 성조체계를 비교한 연구인데 이문규(2002 : 116)의 자료를 가져오면 다음과 같다.

　　(6) '안+후속 성분'의 표면 성조형

　　ㄱ. 대구 방언
　　－안+상승조형 : 안곱다[HL2], 안곱으이[HL3], 안곱드라[HL3]
　　－안+저조형 : 안뽑는다[HL3], 안뽑으이[HL3], 안뽑드라[HL3]
　　－안+고조형 : 안잡는다[L2HL], 안잡으이[LHL2], 안잡드라[L2HL]

　　ㄴ. 안동방언
　　－안+상승조형 : 안곱다[LHL], 안고우이[L2HL], 안곱드라[L2HL]
　　－안+저조형 : 안뽑는다[L2HL], 안뽑으이[L2HL], 안뽑드라[L2HL]
　　－안+고조형 : 안잡는다[L2HL], 안잡으이[L2HL/LHLL], 안잡드라[L2HL]

　이 연구는 두 방언의 비교를 위해서 많은 실례를 들어서 설명을 하였고 그 결과 두 방언의 성조는 기본적으로 같은 유형으로 결론을 짓고 있으며 다만 '안－부정문'과 설명의문문의 성조에서 차이가 나타남을 지적하고 있다. 같은 필자는 대구방언의 경우 운율구 내의 성조가 어절의 구성요소와 관계없이 단일화 경향을 보이는 것으로 설명하고 있으며 이는 경남방언의 영향으로 설명하고 있다. 이 논의에서도 경남방언의 영향관계에 대해 언어학적 논거뿐만 아니라 어떤 경로를 통해 경남방언의 성조가 영향을 끼쳤는가 하는 문제를 추가했다면 더 확고한 논증과 함께 문화적 지도까지 살펴볼 수 있었을 것이다.[16]

다음은 동사 '모르다(不知)'의 경북·경남지역어에 대한 군 단위별 실현 음성형을 한국방언자료집에서 인용한 것이다.

(7) 모르(不知)-지/ -더라/ -으면 / -(아/어)서[17]
(영풍)모르'고/ 모르드'라/ 몰라스/ 모르'므 (봉화)모르'고/ 모르드'라/ 모링'이/ 모르'므 (울진)모'리고/ 모'르드라/ 모'리는/ 몰레스 (문경)모'리고/ 모리드'라/ 모리'므/ 몰라스 (예천)모리'고/ 모리드'라/ 모리'므/ 몰라서 (안동) 모르'고/ 모르'드라/ 모르'만/ 몰라스 (영양)모르'고/ 모르드'라/ 모리'믄/ 몰라스 (상주)모리'고/ 모리드'라/ 모리'므/ 몰라스 (의성)모리'지/ 모리드'라/ 모리'믄/ 몰라스 (청송)모리'고/ 모리드'라/ 모'리모/ 몰라스 (영덕)모리'고/ 모리드'라/ 모리'믄/ 몰레스 (금릉)모르'고/ 모르드'라/ 모르'므/ 몰라스 (선산)모르'고/ 모르드'라/ 모르'므/ 몰라스 (군위)모리'고/ 모리드'라/ 모리'므/ 몰라스 (영일)모리'고/ 모리드'라/ 모리'마/ 몰라스 (성주)모리'고/ 모리드'라/ 모리'므/ 몰라스 (칠곡)모르'고/ 모르드'라/ 모르'믄/ 몰라스 (경산)모리'고/ 모리드'라/ 모리'마/ 몰라스 (영천)모리'고/ 모리드'라/ 모리'마/ 몰라스 (고령)모르'고/ 모르드'라/ 모르'므/ 몰라스 (달성)모리'고/ 모리드'라/ 모리'므/ 몰라스 (청도)모리'고/ 모리드'라/ 모리'마/ 몰라스 (월성)모르'지/ 모리드'라/ 모리'믄/ 몰라스

(8) 모르(不知)-지/ -더라/ -으면 / -(아/어)서
(거창)모리'지마는/ 모르'드라/ 모르'멘/ 몰라'스 (합천)모르'지마는/

---

16) 물론 이문규(2002)의 논의는 성조 문제 자체로도 그 논의가 매우 복잡할 뿐만 아니라 문화적 설명의 기제를 덧붙이는 것이 오히려 더 논의의 초점을 흐렸을 수도 있었기에 이 기제를 포기했을 것으로 판단된다.
17) 모음 'ㅡ'와 'ㅓ'의 중화형은 'ㅡ'모음으로, 모음 'ㅔ'와 'ㅐ'모음의 중화형은 'ㅔ'모음으로 표기했음을 밝힌다.

모르'드'라/ 모리'믄/ 몰라'스 (창녕)모르'지/ 모르'드라/ 모르'메는/
몰라'스 (밀양)모리'지마는/ 모르'드'라/ 모르'멘/ 몰라'스 (울주)모리'
지/ 모리'드라/ 모리'몬/ 몰라'스 (함양)모르'지/ 모르'더라/ 모르'면/
몰라'서 (산청)모르'지/ 모리'드라/ 모르'멘/ 몰라'스 (의령)모르'지/ 모
르'드라/ 모르'멘/ 몰라'스 (하동)모리'지/ 모리'드라/ 모리'믄/ 몰라'
스 (진양)모리'지/ 모리드'라/ 모리'모/ 몰라'스 (함안)모르'지/ 모르'드
라/ 모르'면/ 몰라'스 (의창)모르'지마는/ 모르'드라/ 모르'모/ 몰라'스
(김해)모르'진/ 모르'드라/ 모'루'믄/ 몰라'스 (양산)모리'지/ 모르'드라/
모루'믄/ 몰라'스 (사천)모리'지/ 모리'드라/ 모리'믄/ 몰라'스 (고성)모
리'지/ 모리'드라/ 모리'멘/ 몰라'스 (남해)모리'지마는/ 모리'드라/ 모
리'모/ 몰라'스 (통영)모리'지/ 모리'드라/ 모리'모/ 몰라스 (거제)모리'
지마는/ 모리'드라/ 모리'모/ 몰라'스

이미 다른 논의에서도 알 수 있지만 얼핏 보면 단순할 것만 같은 위의
자료 (7)과 (8)의 자료를 성조 문제에서도, 동사의 표면음성형을 두고 보더
라도 쉽게 해석이 가능한 부분은 아니다. 위의 자료에서 표면음성형의 경
우 전설모음화가 실현된 어형인 '모리다'형과 그렇지 않은 '모르다' 어형
으로, 성조의 실현형으로 각각 구분지어서 지도에 표시하면 다음과 같다.

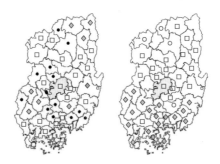

[그림 2] '모르다'의 음성형(왼쪽)과 성조실현(오른쪽)
음성형 : □(모리다)/ ●(모르다)/ ◆(혼합형)

위의 [그림 2]에서 보듯이 용언 '모르다'의 성조형의 실현은 비교적 지리적 분포로 볼 때 그 설명이 어느 정도 가능성이 보이지만 전설모음화와 관련된 음성형은 지리적으로 설명이 쉽지 않은 양상을 보인다. 물론 이 두 현상을 단순히 한 어휘를 대상으로 해서 일반화하는 데도 설명을 하는 것이 쉽지 않음을 볼 수 있으며 전체로 확대한다면 더 어려운 문제에 부딪칠 수 있을 것이다. 특히, 어휘나 문법 층위에서 서로 관련이 있는 지역도 음운현상과 관련된 문제에서는 다르게 나타날 수 있는데 이런 문제점을 문화층위에서 해결할 수 있는 방법을 모색하는 것은 어떨지 모르겠다.

어쩌면 이런 문제가 언어학자의 고민의 첫 출발점이자 마지막 종착점이 아닐까?

4. 마무리

자연어의 기본 속성은 바뀌고 그에 따라 예상하지 못한 변이형이 생기는 일이며 이를 뒤쫓아 가면서 규칙을 찾고 정리하는 일이 언어학자의 몫임은 누구나 알고 있는 자명한 일이다. 모든 말이 그렇지만 지역어와 방언학 관련 자료는 더욱 이런 현상이 심한 편이다. 이 글에서는 대구·경북지역어의 연구 성과의 조망을 통해 앞으로 연구에 도움을 받을 뿐만 아니라 지역어와 지역문화라는 주제 아래 이 지역어에 대한 논의를 하려고 했다. 주제발표라는 논제의 제약과 시간상의 제약으로 인해 개별 연구 성과에 대한 논의는 제대로 언급하지 못했다. 지역어와 지역문화라는 시각 속에서 이 지역어에 관한 연구 성과를 조망한 결과 지역문화라는 구호는 일상 속에 난무하지만 이런 문화의 가장 첨병인 개별지역어에 대한 조망이나 지역어문화에 대한 연구는 매우 드물었다. 이런 점은 이쪽에 관심을 가진 연구 인력이나 개별 지방자치 단체에서도 관심을 갖고 접근해야 될 것으로 판단되는 부분이다. 다만, 이런 논의가 지역어와 지역문화에 대한 관심을 갖는 계기가 되고 이 방면의 연구가 더욱 확산될 수 있기를 기대하며 문화 층위에서 지역어를 접근하는 것은 적어도 지역어 연구에서는 많은 도움이 될 것으로 판단된다.

‖ 참고문헌[18]

국어국문학회(1990), 『방언학의 자료와 이론』, 지식산업사.

김무식(2008), 「국어연감－방언－」, 『국어연감』, 국립국어원.

김완진(1979), 『문학과 언어』, 국어학연구총서 7, 탑출판사.

백두현(1994), 「경상방언의 통시적 연구성과와 그 전망」, 『인문과학』 10, 경북대학교.

안귀남(2007), 「방언지도를 통해본 문경지역 친족호칭어의 분화양상」, 『어문론총』 46, 한국문학언어학회.

왕한석(2009), 「한국의 언어문화 연구를 위한 몇 가지 제언」, 『세계한국어문학회 학술대회 발표문』, 세계한국어문학회.

이문규(2002), 「대구방언과 안동방언의 성조 비교 연구」, 『어문학』 77, 한국어문학회.

이상규(1992), 「경북방언 연구의 성과와 전망」, 『남북한의 방언 연구』, 경운출판사.

_____(2000), 『경북방언사전』, 태학사.

_____(2000), 「경북방언의 특징」, 『경북방언사전』, 태학사.

_____(2003), 『국어방언학』, 학연사.

최명옥(1986), 「동남방언의 연구와 특징에 대하여」, 『새국어생활』 7, 국립국어원.

---

18) 본 연구의 논의와 직접 관련된 저작물만 제시하며 나머지는 국립국어원에서 발행한 '국어학연감'과 이상규(1992, 2003)를 참고하기 바람.

낙동강과 그 연안지역의 공간 감성과 문학적 소통*

1. 문제의 제기

오늘날 우리는 직선적 사유에서 곡선적 사유에로의 전환을 요구받고 있다. 직선(直)에서 곡선(曲)에로의 전환은 속도보다 여유를, 질러가기보다 돌아가기를 주목한다는 것을 의미한다. 고속도로가 보여주는 것처럼 질러가기에는 산을 뚫거나 강심에 다릿발을 세우는 것과 같은 폭력과 파괴가 있다. 이에 비해 강이 보여주는 돌아가기에는 평화와 생태가 존재한다. 이 돌아가기에 입각한 사유는 오늘날 우리 사회가 주목하고 있는 '느림'의 미학과 깊은 연관성을 지닌다. 관에서 진행하는 옛길 복원 사업이나 학계 일각에서 이루어지고 있는 九曲文化에 대한 관심도 그 맥락을 같이 한다.

속도를 지향하는 근대의 저편에 있는 것이 바로 강이다. 강은 산이 가로놓이면 돌아가고, 낮은 곳이 있으면 거기로 흘러 수많은 支川을 통합한다. 이러한 겸손과 수용의 미덕이 소통의 기본적인 요소라 한다면, 강

---

* 이 글은 『한국한문학연구』 52(한국한문학회, 2014)에 게재한 논문이다.

을 중심으로 인간이 서로 소통하며 생활을 영위하는 것은 지극히 당연한 일이다. 강은 분명 차안과 피안을 구분하지만, 나루를 통해 좌우가 소통하고, 배를 타고 오르내리며 상하가 소통한다. 이 과정에서 사람들은 정보와 상품을 교환하기도 하고, 이를 훨씬 뛰어넘어 사람과 자연, 내륙과 내륙, 내륙과 해양을 상호 소통시켜 새로운 문화를 창출하기도 한다.

길 역시 소통을 위해 조성된 것이다. 길은 모이기도 하고 흩어지기도 하지만, 강을 따라 만들어지는 것이 예사이다. 조선시대의 公路인 영남대로를 보면 이것을 바로 알 수 있다. 영남대로 셋 가운데 중도는 '부산-밀양-청도-대구-인동-선산-상주-조령-음성-이천-광주'를 거쳐 한양에 이르는 열나흘 길이다.1) 부산에서 조령까지 영남을 통과하는 길은 대체로 낙동강과 연해 있다. 이것은 육로와 수로가 서로 다르지만, 밀접한 관계를 가지면서 소통의 기능을 담당하고 있다는 것을 알게 한다.

영남의 강 낙동강은 좌도와 우도의 문화를 동서로 실어 나르기도 하고, 조령을 넘어 영남과 기호의 문화를 남북으로 실어 나르기도 하지만, 동시에 영남의 좌우를 구분하는 경계선이기도 하다. 경계에 대한 인식은 필연적으로 경쟁과 갈등 관계에 놓이기도 한다. 기호학파와 영남학파, 퇴계학파와 남명학파 사이에 있었던 경쟁과 갈등이 이것을 실증한다. 대왜 관계에 있어서도 사신과 무역상이 강을 오르내리며 소통하기도 하지만, 왜적들이 주 침입로로 낙동강을 활용하면서 심각한 갈등의 현장이 되기도 했다.

낙동강은 영남지역 문학의 주요 생성공간이다. 일찍이 崔致遠(孤雲, 857~?)은 낙동강 하류 지역에 해당하는 黃山江의 臨鏡臺에 올라 강물을 바라보

---

1) 영남대로 가운데 '좌도'는 '울산-경주-영천-의흥-의성-안동-풍기-죽령-단양'을 거쳐 한양까지 이르는 '열닷새길'이고, '우도'는 '김해-현풍-성주-김천-추풍령-영동-청주-죽산-양재'를 거쳐 한양에 이르는 '열엿새길'이다. 영남대로에 대해서는, 최영준(2004), 신정일(2001), 박창희(2012), 도도로키 히로시(2000), 김재홍·송연(2005) 등에 자세히 소개되어 있다.

며 노래한 바 있다. "안개 낀 봉우리는 우뚝우뚝하고 강물은 출렁출렁, 거울 속의 人家는 푸른 봉우리를 마주하고 있네. 외로운 돛배는 바람을 안고 어디로 가는고? 날아가던 새는 갑자기 자취마저 없구나."2)라고 한 것이 그것이다. 최치원은 임경대에 올라 낙동강 주위의 경관과 그 사이로 흐르는 강물, 강물 위를 미끄러지듯 가는 배와 그 위를 나는 새 등으로 낙동강 정경을 묘사했다. 이는 문헌을 통해 발견할 수 있는 낙동강에 대한 최초의 문학적 형상이다.

그동안 낙동강에 대한 문학적 관심은 지극히 제한적으로 이루어져왔다. 낙동강 하구의 서경 한시를 주목한 논의(金喆凡, 1995), 김종직을 중심으로 한 낙동강 중류지역의 문학사상을 밝힌 논의(이종호, 2010), 조선중기 낙동강 중류지역의 문학 활동을 다룬 논의(정우락, 2010), 낙동강 연안의 창작 공간 일부에 대한 논의(황위주, 2008), 상주지역을 중심으로 한 시회에 대한 논의(權泰乙, 1992 ; 손유진, 2010) 등이 그것이다. 이들의 논의가 낙동강을 문학 생성공간으로 인식하고 있다는 측면에서 주목할 만하지만, 문학 활동을 중심으로 한 소통이 구체적으로 낙동강에서 어떻게 이루어지고 있는가 하는 데까지는 나아가지 못했다.

이 글에서는 조선시대 낙동강과 그 연안지역이 지닌 문학적 소통을 주목한다.3) 이를 위하여 먼저 낙동강이 영남에 있어 어떤 문화지리학적 위치에 놓여 있는가 하는 부분을 따져서 논의의 기반을 마련한 다음, 낙동강과 그 연안의 주요 문학 공간을 검토할 것이다. 문학적 소통이 문학 행위를 통해

---

2) 崔致遠, 『孤雲集』 卷1, 「黃山江臨鏡臺」, "煙巒簇簇水溶溶, 鏡裏人家對碧峯. 何處孤帆飽風去? 瞥然飛鳥杳無蹤."

3) 이 같은 문제의식은 그동안 지리학계나 역사학계에서 낙동강을 영남의 좌우를 나누는 '경계' 일변도로 이해해 온 것에 대한 문학적 문화적 성찰이기도 하다. 이때문에 이 글에서는 '문화적 접경론'에 입각한 江岸學을 적극적으로 수용한다. 문화적 접경론은 경계와 소통의 의미를 동시에 지닌다.

가능하므로 작가들은 낙동강과 그 연안지역에서 어떠한 공간 감성을 지니
는가 하는 것은 이 글의 주된 관심사가 된다. 여기서 나아가 이 글의 최종
목표인 낙동강의 문학적 소통과 이에 대한 성격을 살피게 될 것이다.

이 글은 낙동강과 그 연안지역의 문학을 다루되 소통 부재로 인해 발생
하는 문제도 함께 주목한다. 공간 감성을 논의하면서 사회적 측면을 동시
에 고려한 것은 바로 이때문이다. 영남의 문인들은 이 같은 소통 부재에도
민감하게 반응하며 공간에 대한 사회 감성도 아울러 표출하였다. 이는 소
통을 위한 일련의 노력과 그 결과를 역으로 보여준 것이라 할 수 있다. 이
글은 이러한 사정을 염두에 두면서 낙동강과 그 연안지역의 공간 감성을
다루되, 본격적인 낙동강 문학 연구를 위한 하나의 단초를 마련하는 데 그
친다. 즉, 이 글이 이 방면에 대한 서론 역할을 수행한다는 것이다.

2. 영남과 낙동강

영남은 '嶺之南' 혹은 '大嶺之南' 등으로 표현되듯이 鳥嶺과 竹嶺의 남
쪽 지역으로 태백산맥과 소백산맥 사이에서 고립적 형태로 존재한다. 즉
북쪽으로는 태백·소백산맥에 가로 막혀 그 너머의 한강 유역권과 경계
를 이루고, 동쪽으로는 태백산맥에 가로 막혀 그 너머의 동해안권을 형
성한다. 서쪽으로는 소백산맥이 가로막아 금강 및 영산강 유역권과 경계
를 이루며, 남쪽으로는 남해와 경계를 이루며 남해안권을 형성한다. 흐르
는 산맥 가운데 낮은 곳을 골라 竹嶺과 鳥嶺(새재) 등의 고개가 생겨 남북
의 소통로 역할을 하기도 하지만, 험준한 산맥으로 둘러싸인 자연환경으
로 영남은 고립될 수밖에 없었다.[4]

영남지역이 외부로 고립되어 있다면 그 내부는 어떠한가. 태백산맥과

소백산맥의 지맥이 가운데로 흘러 선산의 금오산과 성주와 합천의 가야산, 군위와 의흥의 팔공산, 대구와 현풍의 비슬산 등 높고 낮은 산들을 만들어 영남지역의 내적 분화를 이루기도 하지만, 낙동강을 중심으로 일체감을 형성한다. 李瀷(星湖, 1681~1763)은 낙동강이 지닌 이러한 지리적 일체감 때문에 영남지역은 이익 당대까지 五倫이 살아 있었으며, 儒賢이 대대로 일어나 聲敎를 이룰 수 있었고, 또한 신라가 천년을 유지할 수 있었다고 했다.5) 사방의 크고 작은 하천이 모두 낙동강으로 흘러들어가는 산천의 형세를 주목한 것이다. 15세기에 편찬한『세종실록지리지』와 19세기에 편찬한『임하필기』에는 낙동강을 이렇게 소개하고 있다.

(가) 큰 내는 셋인데, 첫째가 낙동강이다. 그 근원이 셋으로, 하나는 봉화현 북쪽 태백산 黃池에서 나오고, 하나는 문경현 북쪽 草岾에서 나오고, 하나는 순흥의 소백산에서 나와서, 물이 합하여 상주에 이르러 낙동강이 된다. 선산에서 餘次尼津, 인동에서 漆津, 성주에서 東安津, 가리현에서 茂溪津이 되고, 초계에 이르러 합천의 南江 물과 합하여 甘勿倉津이 되고, 영산에 이르러 또 진주 南江의 물과 합하여 岐音江이 되며, 칠원에서는 듕叱浦가, 창원에서는 主勿淵津이 되어 김해에 이르고, 밀양 凝川을 지나 磊津이 되고, 양산에서 伽倻津이 되고, 黃山江이 되어, 남쪽으로 바다에 들어간다.6)

(나) 낙동강은 그 근원이 안동의 태백산 黃池에서 발원하여, 산을 뚫고 흐르기 때문에 그 이름을 穿川이라고도 한다. 天淵臺를 경유하여 濯纓潭이 되고 다시 伽倻川을 지나 朴津이 되어 晉江과 만난다. 그런 다음 狐浦를 지나 月堂津이 되어 다시 흩어져서 三叉河가 된다. 금호강은 그 근원이 청송의 보현산에서 나와서 하빈의 古縣을 경유하여 서쪽에서 낙동강과 서로 만

---

4) 낙동강 유역의 지리적 기초에 대해서는 金宅圭 외(1996 : 32-92) 참조.
5) 李瀷, 「嶺南五倫」(『星湖僿說』經史篇) 참조.
6) 『世宗實錄地理志』「慶尙道」, "大川三, 一曰洛東江, 其源有三, 一出奉化縣北太伯山 黃池, 一出聞慶縣 北草岾, 一出順興 小白山, 合流至尙州爲洛東江. 善山 爲餘次尼津, 仁同爲漆津, 星州爲東安津, 加利縣爲茂溪津, 至草溪, 合陜川 南江之流爲甘勿倉津, 至靈山, 又合晉州 南江之流, 爲歧音江, 漆原爲亐叱浦, 昌原爲主勿淵津, 至金海過密陽 凝川爲磊津, 梁山爲伽倻津, 爲黃山江, 南入于海."

나며, 黃芚江은 그 근원이 무주의 덕유산 佛影峯에서 나와서, 합천에 이르러
澄心川을 지나서 鎭川으로 들어갔다가 玄倉에 이르러 낙동강과 만난다. 그
리하여 태백산과 소백산, 조령과 죽령의 이남과 속리산, 황악산, 대덕산, 덕
유산, 장안산, 지리산 이동과 고초산, 백암산, 취서산, 구룡산, 원적산 이서
의 모든 산의 물이 이 강으로 흘러든다.[7]

(가)는 『세종실록지리지』에서 소개한 낙동강이다. 여기서는 영남의 대천
을 낙동강, 남강, 황강으로 들고 이 가운데 낙동강을 첫째로 꼽았다. 이에
의하면 낙동강의 근원은 태백산의 황지, 문경 북쪽의 초점, 소백산 등 세
곳에 있으며, 이들 근원에서 흘러온 물이 상주에 이르러 낙동강이 된다고
했다. 우리는 여기서 상주에서 비로소 '낙동강'이라는 이름을 얻게 된다는
것을 알게 된다. 상주의 고호가 '洛陽' 혹은 '上洛'이었으니 낙동강은 이곳
의 동쪽을 흐르는 강이라는 뜻이다. 이렇게 보면 낙동강은 상주가 그 기점
이며 길이는 700리가 된다.[8] 낙동강은 하류로 내려가면서 지역에 따라 다
양한 진을 형성하였다. 인동의 '칠진', 창원의 '주물연진' 등 허다한 진이
그것이다. 낙동강의 하류는 황산강이라는 다른 이름으로 불리기도 했다.

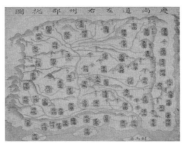

[그림 1] 『동여비고』 「경상도좌우주군총도」

---

7) 李裕元, 『林下筆記』 13, 「文獻指掌編」.
8) 낙동강이 상주의 낙동에서 시작한다고 생각했으므로 오랫동안 낙동강 700리로 회자
되었고, 상주시 사벌면 퇴강리 낙동강 둑에는 '낙동강 칠백리 이곳에서 시작되다'라
는 표석이 세워지게 되었다.

(나)는 李裕元(橘山, 1814~1888)이 『임하필기』에서 소개한 낙동강이다. 여기서 그는 낙동강의 근원을 『세종실록지리지』에서 셋으로 제시한 것과 달리 태백산 황지로 단일화하고 있다. 『택리지』나 『연려실기술』 등 조선 후기 인문지리서에도 이러한 생각이 넓게 퍼져 있었다. 이때문에 낙동강의 발원지를 황지로 보는 것은 역사적인 의미나 상징성이 크다고 하겠다.[9] 황지를 낙동강의 기점으로 보면 그 길이는 1,300리가 된다.[10] 이유원이 언급하고 있듯이 낙동강은 금호강과 황둔강 등을 흡수하여 바다로 흐르는데, 태백산·소백산·조령과 죽령 以南, 속리산·황악산·대덕산·장안산·지리산 以東, 고초산·백암산·취서산·구룡산·원적산 以西의 물이 모두 낙동강으로 유입되어 큰 강을 이루어 바다로 흘러간다.

낙동강을 중심으로 영남을 좌우로 나눌 때는 낙동강 700리 설이 기준이 된다. 이때문에 상주를 중심으로 하여 위로 올라가 풍기와 문경을 상한선으로 하고, 아래로 내려가 김해와 동래를 하한선으로 하여, 그 이동을 영남좌도 혹은 강좌지역이라 하고 이서를 영남우도 혹은 강우지역이라 하였다. 이처럼 낙동강을 중심으로 한 이분법적 영남 이해는 오랫동안 지속되었다. 영남에 대한 이러한 좌우 구분법이 일반화되었기 때문에, 1682년(숙종 8)에 제작된 것으로 보이는 『東輿備攷』 「慶尙道左右州郡摠圖」 (그림 1)에는 낙동강을 중심으로 영남을 좌우로 표시할 수 있었다.

영남을 좌우로 나누어 이해하는 것은 영남지역을 양분하여 그 이질성을 파악하는 데 매우 효과적이다. 역사학자 李樹健이 이황과 조식을 영남학파의 양대 산맥으로 보고, 이를 비교하면서 이 두 지역의 차별성을

---

9) 황지를 낙동강의 발원지로 보는 것은 조선조에 일반화되어 있었는데, 김종직은 「洛東謠」에서 "황지의 원천은 겨우 술잔 넘치더니, 이곳에 흘러 와선 어이 그리 넓고 큰가."라고 하였고, 유심춘은 「龍州泛舟」에서 "황지의 강물 깊고 또 넓어 분주히 흘러 이곳에 이르러 東湖가 되었네."라고 하였다.

10) 현재 태백산 황지에는 '洛東江 千三百里 예서부터 시작되다'라는 표석이 세워져 있다.

언급한 것은 그 대표적인 예가 된다. 그는 좌우지역이 갖는 지역의 역사적 특징이나 자연환경 및 俗尙에 이르기까지 대립되어 있다고 보고, 이에 입각하여 이황과 조식의 학문을 이해하고자 했다. 즉 강좌가 진한에서 신라로 발전한 지역이며 고려와 조선시대를 통해 중앙정부와 관권에 대한 반항 사례가 거의 없는데 비해, 강우는 변한에서 가야 및 신라에 병합된 지역으로 역대정권 및 관권에 대한 저항 및 반항사례가 빈발하였다는 것이다. 이것이 결국 이황과 조식의 사상에 일정한 영향을 미쳤을 것이라는 추론이다.11)

낙동강을 경계로 한 좌우 구분법은 퇴계학파와 남명학파를 중심으로 한 영남학파의 사상적 특성을 파악하는 데 매우 효과적이다. 그러나 낙동강 연안지역은 대립적 시각으로만 이해할 수 없는 부분이 있다. 이 같은 문제를 해결하기 위해 제출된 것이 '문화적 접경론'에 입각한 江岸學이다. 강안학은 낙동강의 연안지역이 갖고 있는 지리적 사상적 특수성을 고려하여 낙동강 중류 그 연안지역이 주요 대상이 된다.12) 이 지역은 기호학과 영남학 및 퇴계학과 남명학이 소통하는 會通性, 博學에 바탕 한 실천정신을 지닌 實用性, 세계에 대한 새로운 인식을 지닌 獨創性이 그 주요 특성으로 파악된다.13)

낙동강은 강의 좌안과 우안의 '경계'이면서 동시에 좌우를 '소통'시킨다. 지금까지 '경계'에 초점을 두고 영남을 이해했다면, 강안학은 '경계'

---

11) '영남학파의 2대산맥 : 퇴계와 남명의 비교'에 대해서는, 李樹健(1995 : 329-339) 참조
12) 강안학의 범위는 낙동강 본류가 시작하며 '낙동강'이라는 이름을 획득한 지역인 상주를 중심으로 위로는 풍기와 문경, 아래로는 부산과 김해까지 확대 적용될 수 있다. 이 지역이 모두 낙동강의 연안지역이며, 강좌와 강우지역과는 다른 문화적 특성을 지닌다.
13) 鄭羽洛(2008). 이 논의에서 촉발되어 지역적 범위에 있어 다소 차이가 있기는 하나, 조선시대 낙동강 중류지역의 유학을 의미하는 '洛中學'이라는 용어로 구체화되기도 했다. 낙중학에 대해서는 홍원식(2012)을 참조할 수 있다.

의 측면과 '소통'의 측면을 동시에 주목하면서 영남학을 새롭게 이해하자는 제안이다. 漕運의 발달로 商船과 鹽船이 오르내리고, 관인과 사신도 그들의 업무를 수행하기 위하여 주로 낙동강을 이용하였다. 문인들이라고 해서 다르지 않다. 李珥(栗谷, 1536~1584)는 장인 盧慶麟(四印堂, 1516~1568)이 성주목사로 재직할 당시 강안지역인 성주에 와서 머물면서 「遊伽倻山賦」를 지었고, 金尙憲(淸陰, 1570~1652)과 李植(澤堂, 1584~1647) 등 기호의 많은 문인들도 낙동강을 소재로 한 작품을 남겼다.[14] 낙동강 뱃길을 이용하였음은 물론이다.

강안지역의 영남 문인들 역시 기호지역과 적극적으로 소통해갔다. 柳成龍(西厓, 1542~1607)의 제자로 남인인 鄭經世(愚伏, 1563~1633)는 노론인 宋浚吉(同春堂, 1606~1672)을 사위로 맞았고, 영남의 학자 黃耉老(孤山, 1521~1567)는 기호의 학자 李瑀(玉山, 1542~1609)를 사위로 맞이한 것과 같이 강안지역에서는 혈연적 소통도 이루어졌다. 이처럼 지역을 넘나드는 공간적 소통은 자연스럽게 문학적 소통을 가능케 했다. 시를 주고받는 것은 물론이고 墓道文字 등을 서로 쓰면서 소통 문화를 만들어갔던 것이다.

낙동강을 중심으로 한 좌우의 학문적 사상적 소통도 활발하게 이루어졌다. 영남학의 양대산맥을 이룬 강좌의 이황과 강우의 조식을 주목하는 것은 매우 유용하다. 좌우가 구분되는 동시에 사상적 성격도 상당한 차별성을 지니고 있기 때문이다. 이를 전제로 강안지역의 학자들을 볼 때, 퇴계학과 남명학 모두를 수용한 학자들이 적지 않았다. 고령의 吳澐(竹牖, 1540~1617), 성주의 金宇顒(東岡, 1540~1603)과 鄭逑(寒岡, 1543~1620) 등은 그 대표적이다. 이들은 '山海堂에 오르고 退陶室로 들어갔다(오운의 경우)',[15] '退陶

---

14) 李植이 강안지역에 위치한 도동서원과 자계서원에 대하여, "嶺洛東南美, 宗工夙炳靈. 千秋雲水白, 一代簡編靑. 舊俗存祠院, 危時想典刑. 紛紛衿佩者, 誰復嗣遺馨(『澤堂集』 卷2, 「兩書院」)라고 노래하면서, 김굉필과 김일손의 학문을 극찬한 것도 같은 경우에 해당한다.
15) 趙亨道, 『竹牖集·附錄』 上, 「士林祭文」. "升山海堂, 入退陶室."

의 바른 맥을 종신토록 사모하였고, 山海의 높은 기풍을 각별히 흠모하였다(김우옹의 경우)',16) '山海堂 안에서 스승을 모시었고, 天淵臺 위에서 양춘의 봄을 끌어왔다(정구의 경우)'17)라고 평가받으면서, 퇴계학과 남명학의 회통성을 보였던 것이다.

영남은 사방이 산악과 바다로 가로막혀 고립되어 있지만, 그 안에 낙동강이 'ㄷ'자로 흐르며 영남의 열읍을 지나간다. 낙동강은 본류가 시작되는 상주를 중심으로 볼 때 그 물이 한 방울도 다른 지역으로 빠져나가지 않는데, 이러한 지리적 특성을 갖고 영남은 지역의 독특한 문화를 형성해 갔다. 기호지역의 문화가 조령이나 죽령을 넘어 강물을 따라 빠른 속도로 지역 내로 유입되었고, 그 영향은 내륙에 비해 강안지역이 훨씬 강하였다. 아울러 강안지역은 퇴계학이나 남명학의 거점인 안동과 진주 사이에 위치하고 있어 이 지역의 선비들은 퇴남학을 회통하고자 하는 성격 또한 지니고 있었다. 회통이 소통을 기반으로 하고 있다는 측면에서 낙동강은 새롭게 주목받아 마땅하다.

3. 낙강시회와 공간 감성

낙동강과 그 연안지역은 영남의 내외를 막론하고 작가들에게 있어 매우 중요한 문학 생성 공간 구실을 하였다. 작가들은 이 공간을 통해 때로는 자연이 제공하는 아름다운 풍경을 낭만적으로 인식하며 문학적으로 형상하기도 하고, 흐르는 물에서 道德聲을 들으며 성리학에 기반한 도학적 감성을 유감없이 표출하기도 했다. 이 뿐만이 아니다. 이 공간에서 서

---

16) 鄭逑, 『寒岡集』 卷1, 「挽金東岡」, "退陶正脈終身慕, 山海高風特地欽."
17) 鄭經世, 『愚伏集』 卷2, 「鄭寒岡挽詞」, "山海堂中侍燕申, 天淵臺上把陽春."

울과 지방, 관료와 민중 사이에 발생하는 불평등을 감지하면서 사회적 문제를 제기하기도 했다. 본 장에서는 낙동강 자체에 주목하고, 그 江上에서 벌인 작가들의 船遊詩會를 중심으로 살핀다. 이를 통해 낙동강의 공간 감성이 자연스럽게 드러나게 될 것이기 때문이다.

우선 낙동강 시회를 의미하는 洛江詩會[18]를 개관할 필요가 있다. 이 시회는 1196년 李奎報(白雲, 1168~1241)가 상주 犬灘을 중심으로 시작한 이래, 1622년 李埈(蒼石, 1560~1635) 등이 시회를 열면서 누대로 계승되어 1862년 柳疇睦(溪堂, 1813~1872)의 낙강시회에 이르렀고, 낙동강 지류인 금호강을 중심으로 한 峨洋吟社는 지금까지 계속되고 있다.[19] 이로 보면 낙강시회는 700년이 훨씬 넘게 지속된다고 하겠다. 낙동강에 승경이 많으니 선유시회를 여는 것은 지극히 자연스럽다고 할 것인데, 蘇軾(東坡, 1037~1101)의「赤壁賦」에 영향을 받아 주로 7월 旣望에 개최하였으며, 참가자가 많은 경우 분운 자체를 아예「적벽부」로 하였다.

조선시대에 들어 낙동강 상류지역에서는 李賢輔(聾巖, 1467~1555)와 李滉(退溪, 1501~1570)이, 낙동강 본류가 시작되는 상주와 그 인근지역에서는 李埈(蒼石, 1560~1635)과 鄭經世(愚伏, 1563~1633) 및 그 후인들이, 대구 인근에서 시작하여 낙동강 중하류 지역에서는 鄭逑(寒岡, 1543~1620)를 중심으로 한 한강학단이 선유를 즐기면서 활발한 시회를 개최하였다. 이를 통해 영남의 선비들은 교유의 편폭을 넓혀갔고, 낙동강에 특별한 관심을

---

18) 낙동강은 '洛江'으로도 널리 불렸고, 상류에서는 '洛川'으로 불리기도 했다. 시회의 경우, '洛江泛月詩', '洛江分韻' 등 '낙강'이라는 용어로 일반화되어 있었으므로, 이 글에서도 시회는 '낙강'으로 줄여 표현한다.

19) 峨洋吟社는 해방 이후에 결성되어 오늘에 이르고 있는데, 처음에는 소식의 적벽유에 근거하여 7월 기망에 선유시회를 열었다. 그러나 지금은 선유시회가 개최되지 않고 淡水會 산하로 이관되어 1년에 네 차례의 한시 백일장이 열린다. 아양음사의 회원들이 세운 금호강변의 아양루는 2001년 9월에 대구시가 아양음사의 회원들로부터 기부를 받아 관리하고 있다.

가지면서 강에서 촉발된 공간 감성을 작품에 담았다.[20]

지금까지 확인된 낙강시회는 61회이다.[21] 그러나 이것은 일부에 지나지 않는다. 영남 문집 가운데 한시 및 산문의 제목이나 내용 중에 '泛舟'나 '泛月'이 들어가는 작품이 다수 존재하고 있으며, 고문서 형태로 남은 詩卷도 상당수 있기 때문이다. 낙강시회는 이규보나 안축 등 고려시대 신흥사대부로부터, 유호인 등 영남 사림파, 이현보, 이황, 정구, 이준, 정경세, 장현광, 조임도, 배상룡, 정종로, 유주목 등으로 이어지는 영남학파의 인사들이 중심을 이룬다. 이들은 낙동강을 선유하면서 이 공간에 대하여 낭만과 도학, 그리고 사회 감성을 지녔던 바, 이를 중심으로 살펴보기로 한다.

첫째, 낭만 감성에 대해서다. 이것은 영남 문인들이 낙동강을 통해 느꼈던 가장 강한 감성이라 할 수 있다. 낙강시회가 7월 기망에 주로 이루어지는 것에서 볼 수 있듯이 이들은 蘇軾(東坡, 1037~1101)의 적벽유를 상상하며 시회를 열었다. 1561년 李滉(退溪, 1501~1570)은 李德弘(艮齋, 1541~1596) 등과 더불어 濯纓潭에 배를 띄워 강물을 거슬러 오르며 소식의「전적벽부」를 읊조렸고,[22] '淸風明月'을 분운하여 시를 짓기도 했다.[23] 여기서 우리는 낙강시회에서 소식의「적벽부」가 얼마나 중요하게 작용하였는가 하는 것을 알 수 있다. 낙강시회 가운데 낭만 감성이 가장 강하게 작동한 경우는 李賢輔(聾巖, 1467~1555)의 선유일 듯하다. 다음 작품을 보자.

---

20) 낙동강 선유시회는 정우락(2010 : 217-223)에서 대체적인 면모를 알 수 있다.

21) 이 숫자는 權泰乙(1992)이 상주를 중심으로 조사한 시회 51회에, 李賢輔, 李滉, 鄭逑, 徐思遠, 鄭樟, 李埈, 許命申, 趙任道, 裵尙龍, 李頤淳 등이 주동한 시회를 추가한 것이다.

22) 李德弘의 전언에 의하면, 당시 이황은「전적벽부」를 읊조린 후, "蘇公雖不無病痛, 其心之寡欲處, 於苟非吾之所有, 雖一毫而莫取等句, 見之矣. 又嘗謫去. 載棺而行, 其脫然不苟如此(『艮齋集』卷6,「溪山記善錄」下)"라고 하였다고 한다.

23) 이러한 사실은 낙강시회에서 꾸준히 계승되는데, 1622년에 이준 등이 상주 낙강시회를 개최하면서 아예「전적벽부」를 분운한 것에서도 이러한 사실을 확인할 수 있다.

江心廣石名是簞　　　강 가운데 넓은 돌 簞石이라 이름 하는데

不煩肆筵而設席　　　번거롭지 않게 자리를 마련하여 앉았네.

舍舟移登重設酌　　　배에서 내려 올라가 거듭 술자리를 베푸니

環坐四隅如堂角　　　사방에 삥 둘러앉은 것이 당각 같구나.

興酣叵酒各不辭　　　술기운이 오르니 술잔을 사양하지 않고

酒盡廚奴招呼急　　　술이 다하니 주노 부르는 소리가 급하구나.

樽前爛熳或自歌　　　술동이 앞은 어지러운데 혹 스스로 노래하고

伭伭屢舞誰勸促　　　선선히 춤을 추니 누가 권해서인가.

誰是地主誰是民　　　누가 원님이고 누가 백성인가

區區禮數都抛却　　　구구한 예의는 모두 던져 버렸다네.

或壻扶翁相對舞　　　사위는 장인을 잡고 서로 춤을 추고

或婢擧觴同酬酢　　　계집종도 술잔을 들어 함께 주고받는다네.24)

　　이현보는 분강 위에 愛日堂을 지어놓고 1544년 4월 23일 簞石 일대를
선유한다. 이때 지은 시가 「醉時歌, 書示座上諸公」인데 위의 시는 그 일
부이다. 당시 예안현감 任鼐臣과 孫壻 黃俊良이 함께 하였다. 술과 노래
가 어우러지고 翁胥 사이인 이현보와 황준량이 서로 손을 맞잡고 춤을
춘다. 그리고 歌婢와 함께 잔을 주고받기도 한다. 이렇게 어울려 노는 풍
류 속에는 귀천이 따로 없어 이현보는 '누가 원님이고 누가 백성인가'라
고 했다. 낭만 감성이 극대화된 것이다. 뒷날 이황과 벌인 점석에서의 선
유도 이러한 감성이 크게 작동하여, 나뭇가지로 조그마한 뗏목을 만들어
그 위에 술잔을 올려 아래쪽에 있는 이황에게 보내었고, 이에 대하여 이
황이 시를 짓자 그 또한 여기에 차운했다.25)

　　둘째, 도학 감성에 대해서다. 낙강시회에서의 도학 감성은 강 이름과
결부되어 있다. 낙동강의 '洛'은 河圖洛書의 '洛'이며 동시에 濂洛關閩과
伊洛의 '洛'으로 생각했던 것이다. 이처럼 이 지역 문인들은 낙동강의 지

---

24) 李賢輔, 『聾巖集』 卷1, 「醉時歌, 書示座上諸公」.

25) 李賢輔, 『聾巖集』 卷1, 「雨餘泛舟遊簞石, 次景浩」 小序 참조.

명 자체가 유학의 근원이나 程朱學과 연관되어 있다고 보고, 이에 따라 도맥도 영남의 이황에게까지 이어진다고 생각했다. 이러한 정신사적 흐름 속에 선유를 즐기는 자신들이 있다고 믿었으니 여기에는 그들의 도학적 자부심이 깊이 내장되어 있을 수밖에 없었다. 1622년 7월 기망, 이준은 동지 20여 인과 함께 낙동강에 배를 띄우고 시회를 열어 '秋'자 운을 얻어 배율 20운을 짓는다. 여기에도 물론 이락을 연원으로 하는 '洛意識'이 존재한다.

此江本伊洛	이 강은 본디 伊洛이라
人物皆鄒魯	인물이 모두 鄒魯와 같네.
竹溪闡文風	晦軒은 문풍을 천양하고
圃翁志東周	圃隱은 東周에 뜻을 두었네.
群才泛佔畢	여러 인재가 佔畢齋를 따랐으니
寒蠹德業優	寒暄과 一蠹가 덕업으로 뛰어났었네.
偉哉玉山翁	위대하도다, 晦齋여!
瑞世爲天球	상서로운 세상의 보배로운 구슬이었네.
退溪開的源	退溪가 연원을 여니
河海紀細流	세류가 모여 큰 바다를 이루었네.
厓栢與鶴翁	西厓와 鶴峰은
造詣邈寡儔	조예가 깊어 짝할 이가 드물고
淑氣所扶興	맑은 기운이 응결되어
群哲前賢侔	여러 철인이 전현과 덕을 같이한다네.26)

여기서 보듯이 李埈(蒼石, 1560~1635)은 낙동강을 '伊洛'의 '洛'으로 인식하고 있었다. 이락은 黃河의 지류인 伊河와 洛河를 지칭하는 것으로 여기에 고향을 둔 程顥와 程頤의 학문을 의미한다. 이를 계승·발전시킨 사람이 주희이니 이락은 정주학에 다름 아니다. 이준은 이들의 학문이 죽

---

26) 李埈 외, 『洛江泛月錄』 15쪽.

계에 살았던 회헌 안향, 포은 정몽주, 점필재 김종직, 한훤당 김굉필과
일두 정여창, 회재 이언적, 퇴계 이황, 서애 류성룡과 학봉 김성일 등으
로 그 맥이 흘러 내려왔다고 했다. 여러 철인이 앞의 현인과 덕을 같이
한다고 하면서 면면히 이어지고 있음을 보였다. '물의 흐름'과 '도의 흐
름'을 동일시한 것이다. 우리는 여기서 이들의 분명한 도통의식과 함께,
낙동강을 중심으로 도학 감성이 어떻게 형성되고 있었던가 하는 부분을
분명하게 확인하게 된다.[27]

셋째, 사회 감성에 대해서다. 낙동강은 역대로 국경선을 다투던 치열
한 전장이기도 했다. 『삼국사기』 「탈해이사금」 조에서 '阿湌 吉門이 黃山
津口에서 가야병과 싸워 1천여 명의 목을 베었다.'[28]라고 한 대목에서
이러한 사실을 명확히 알 수 있다. 임진왜란 때는 왜군의 주력부대가 낙
동강을 거슬러 올라오면서 국토를 유린하기도 하였으니, 작가들에게 있
어 낙동강은 현실인식을 예각화하는 공간이기도 했다. 따라서 낙강시회
에 참여한 작가들도 험난한 경험을 간직한 낙동강을 떠올리지 않을 수
없었다. 1607년 9월 상주목사 金庭睦(1560~1612) 등이 참여한 낙강시회에
이러한 경향이 두드러진다. 이들은 聯句 형식으로 시를 지으면서 '시절은
저무는 가을인데, 산하는 百戰 끝에 남아있네.'[29]라고 하였다. 임진왜란
이 떠올랐기 때문이다. 이어 시상을 이렇게 전개하였다.

　　訓謨味菊爹　　　　성인의 가르침은 고기를 맛보는 듯하지만

---

27) 낙동강 연안에 살았던 지식인들은 이 같은 생각을 일반적으로 가졌던 것으로 보인
　　다. 張顯光(旅軒, 1554~1637) 역시 「不知巖精舍記」(『旅軒集』 卷9)에서 "당 아래로 흐르
　　는 강은 바로 낙동강의 하류이다. 伊洛은 송나라 諸賢들이 일어나신 곳인데, 강의 이
　　름이 우연히 그와 같아, 正脈의 흐름이 洙水와 泗水의 연원으로 거슬러 올라가는 것
　　을 생각할 수 있다."라 한 바 있다.
28) 金富軾, 『三國史記』 「脫解尼師今」, "阿湌吉門, 與加耶兵, 戰於黃山津口, 獲一千餘級."
29) 金庭睦 외, 『壬戌泛月錄』 58쪽, "節序三秋暮, 山河百戰餘."

世事任蘧蒢　　　세상일은 아첨하는 무리들이 맡고 있네.
洞視今古馬　　　예나 지금이나 훤히 보이는 말을
肯爲朝暮狙　　　아침 저녁 원숭이라 우긴다네.
昇沈皆命也　　　세력의 성쇠는 모두 운명이거늘
顚沛始歸㱇　　　쓰러지고 넘어진 뒤라야 비로소 돌려놓을 것인가!
舊約尋鷗鷺　　　옛 약속은 갈매기와 해오라기 찾는 것이니
浮名視土苴　　　헛된 이름이야 거름풀처럼 여긴다네.30)

　이 시는 상주목사 金庭睦과 장령 趙翊, 수찬 李埈, 도사 全湜, 군수 趙
湜, 판관 金憲, 진사 黃時幹 등이 도남서원 앞에서 배를 띄우고 지은 聯句
중 일부이다. 첫째·넷째·다섯째·여덟째 구는 이준이 지은 것이고, 둘
째·셋째·여섯째 구는 조익이 지은 것이다. 이 시회의 구성원들이 관리
였으므로 낙강시회에서 이들은 자연스럽게 국가적인 문제를 떠올렸다.
또한 시회를 연 때가 임진왜란이 끝난 지 그리 오래지 않았기 때문일 것
이다. 이들은 위의 시에서 자신의 영달을 위해 아부하는 신하, 말을 원숭
이라 우기는 무례한 신하들을 지적하면서 늦기 전에 성찰할 것을 촉구하
고 있다. 낙동강은 이처럼 나라를 근심하는 주요 공간이 되기도 했던 것
이다.

　낙동강 江上에서 개최되는 낙강시회는 이규보 시대부터 시작하여 19세
기 후반까지 지속되었고, 오늘날도 변형된 형태로나마 존재하고 있다. 영
남의 문인들은 소식이 적벽에서 그러했던 것처럼 주로 낙동강을 중심으
로 낭만 감성을 촉발시켰다. 그러나 다른 한편으로 낙동강이라는 명칭이
부여하는 '洛意識'을 분명히 하기도 했다. 이러한 의식은 伊洛의 정주학
을 연원으로 하여 정몽주와 이황 등을 거쳐 영남으로 이어지는 도맥이
선유를 하는 그들에게로 계승되고 있다는 자부심의 결과이기도 했다. 이

---

30) 金庭睦 외, 『壬戌泛月錄』 59쪽.

러한 자부심은 문인들에게 있어 도학 감성이 내적으로 작동한 결과임은 물론이다. 낙강시회에는 사회 감성도 아울러 나타나고 있었다. 낙동강은 임진왜란 등 고난의 경험을 간직하고 있었기 때문이다.

4. 강안지역의 공간 감성

낙동강 연안지역의 대표적인 문학 생성공간은 나루와 누정이다. 나루는 水運을 통해 각종 물품을 교환하면서 이 지역 사람들의 생활을 가능케 했고, 그 연안에 건립된 누정은 遊息과 驛站의 역할을 동시에 하면서 낙동강을 이용하는 사람들에게 다양한 편익을 제공했다. 내성천이나 위천, 황강과 금호강 등 낙동강으로 흘러드는 다수의 지류에도 나루가 있었고, 그 천변을 중심으로 수많은 누정이 건립되어 있었다. 이렇게 보면 나루와 누정은 강과 불가분의 관계에 놓인 것이라 하지 않을 수 없다. 낙동강을 다루면서 나루와 그 연안을 먼저 주목하는 이유가 바로 여기에 있다. 일찍이 權近(陽村, 1352~1409)은 「月波亭記」에서 다음과 같이 언급한 적이 있다.

> 善州 동쪽 5리쯤에 餘次라는 나루가 있는데, 尙州 낙동강이 남쪽으로 흐르는 곳이다. 상주에서 남쪽으로 가는 여행객도 여기에 와서 역참을 정하게 되니 실로 요충지라고 하겠다. 이 나루 동쪽에 자그마한 산이 강가에 솟았는데, 全州가 본관인 李文挺 군이 이 고을을 다스리면서 비로소 여기에다 정자를 짓고 月波亭이라 불렀으나, 세월이 오래되어서 이미 없어졌다.[31]

---

31) 權近, 『陽村集』卷13, 「月波亭記」, "善州之東五里許有津, 曰餘次, 自尙之洛水而南流者也. 賓客之由尙而之南州者, 亦至是站焉, 實要衝也. 津之東, 有小山臨峙, 昔全人李君文挺爲宰, 始構亭, 號月波, 歲久已廢矣."

선주는 지금의 선산을 말한다. 이곳에 여차나루가 있어 여행객들이 와서 머무는 교통의 요충지라 하였다. 그리고 그 동쪽 강가에 정자가 있었다고 하면서 나루와 정자를 일련의 상관성 속에서 이해하고 있다. 지금까지 확인되는 낙동강의 대표적인 나루로는 광석, 의천, 하회, 삼강, 하풍, 낙동, 왜관, 강정, 사문진, 개포, 대암, 율지, 박진, 기강, 정암, 도흥, 웃개, 본포, 뒷기미, 삼랑, 작원, 가야진, 물금나루 등을 들 수 있다. 그리고 일제강점기에 편찬한 李秉延(1894~1977)의 『朝鮮寶興勝覽』에는 영남의 누정이 1295개나 된다. 이들이 모두 낙동강과 연관되어 있는 것은 아니지만 영남지역 누정의 대체적인 양적 규모를 알게 한다.[32] 나루와 누정은 작가들의 감성을 자극하기에 족한 공간이다. 이 역시 앞서 언급한 낙강시회의 공간 감성과 같이 셋으로 나누어 살펴보기로 한다.

첫째, 낭만 감성에 대해서다. 낙동강 연안에 건립된 누정에도 이 감성이 작동하지 않는 것은 아니나 나루는 특별하다. 모든 나루가 그렇듯이 여기에는 사람들의 만남과 이별이 있었기 때문이다. 예컨대, 鄭逑(寒岡, 1543~1620)가 함안군수직을 그만두고 고향으로 돌아올 때 '(나는) 고을 사람들에게 전송하는 것을 허락하지 않았으나 평소에 상종하던 많은 士友들이 강가에 나와서 작별하였는데, 술잔을 기울이며 시를 짓기도 하고 혹은 노래를 불러 석별의 정을 나타내기도 하였다.'[33]라고 기술하고 있다. 여기서 강가라고 함은 물론 강가의 나루를 말하는 것일 터인데, 이러한 이별의 장면은 나루에서 흔히 볼 수 있는 것이다. 만남과 이별은 선

---

32) 낙동강 연안에 건립된 누정을 『朝鮮寶興勝覽』에 의거해 몇 지역을 조사해보면, 낙동강 본류가 시작하는 곳인 상주는 觀水樓 등 39개소, 의성은 聞韶樓 등 61개소, 선산은 梅鶴亭 등 32개소, 김천은 樓霞亭 등 33개소, 성주는 四望亭 등 45개소, 합천은 涵碧樓 등 96개소, 창녕은 不日樓 등 47개소, 의령은 鼎巖樓 등 70개소, 함안은 合江亭 등 112개소, 창원은 觀海亭 등 44개소에 달한다.

33) 鄭逑, 『寒岡集』 卷10, 「咸州志序」, "不許郡人之相送, 而平日相從士友, 猶多來別於江上, 把酒賦詩, 或詠歌以道其懷."

비 사이에만 있는 것이 아니다. 다음 작품을 보자.

過雨霏霏濕江樹	지나는 비 부슬부슬 강가 나무를 적시고
薄雲洩洩凝晴光	얇은 구름 즐겁게 햇빛 머금고 있네.
黃山江深不可渡	황산강이 너무 깊어 건널 수 없는데
回望百里雲茫茫	돌아보니 백 리에 구름만 아득하구나.
江頭兒女美無度	강 머리의 예쁜 여자
臨流欲濟行彷徨	물가에 다다라 오가며 건너려하네.
鳴鳩乳燕春日暮	우는 비둘기, 어미 제비, 봄날은 저무는데
落花飛絮春風香	떨어지는 꽃과 날리는 버들가지는 춘풍에 향기롭네.
招招舟子來何所	불러보노라 뱃사공, 어디서 오는고?
掛帆却下魚山莊	돛 달고 곧 어산장을 내려오네.
問之與我同去路	물어보니, 그 여자 나와 갈 길이 같아
遂與共坐船中央	드디어 배 복판에 함께 앉았네.
也知羅敷自有夫	나부는 스스로 남편 있는 줄 알거늘
怪底笑語何輕狂	웃는 모습과 말씨가 얼마나 경솔한가.
藐然不願黃金贈	황금으로 선물 줄 생각은 전혀 없고
目送江岸雙鴛鴦	강 언덕에 한 쌍의 원앙새에 눈길 보내네.
君乎艤舟我豈留	그대여 배 대어라, 내 어찌 머무르리
我友政得黃芧岡	내 친구가 정녕 황모강에서 기다리거늘.[34]

鄭誧(雪谷, 1309~1345)가 지은 「黃山歌」다. 낙동강 하류의 임경대 앞의
나루에서, 정포는 우연히 함께 배를 타게 된 젊은 여성을 만났다. 그 여
성은 남편이 있지만 정포에게 추파를 던지며 유혹해 왔고, 이에 정포는
강안의 원앙새를 보며 마음을 다잡았다. 이와는 달리 정포의 위 시에 대
하여 차운한 南九萬(藥泉, 1629~1711)은 "내 주머니 속을 더듬었으나 줄
만한 물건 없지만, 강 물결에 노니는 원앙새는 배우지 않으리. 岐路에 어
찌 떠나가고 머무름 아까워하랴, 채찍을 재촉하며 급히 앞산 등성이를
지나가네."[35]라고 했다. 정포의 고지식함을 은근히 비판한 것이다. 나루

---

34) 徐居正 등, 『東文選』 卷7, 「黃山歌」.

는 이처럼 남녀를 중심으로 한 만남과 이별이 가득한 감성 공간이었던 것이다.

둘째, 도학 감성에 대해서다. 도학 감성은 나루보다 주로 강안에 건립된 누정을 통해서 더욱 효과적으로 표출되었다. 누정에서 조용히 물결을 관찰할 수 있기 때문이다. 강가에 건립된 누정에 한정해서 보면, 누정이 강물을 잘 내려다 볼 수 있는 곳에 건립되어 있으며, 물이 마음의 상징체로 인식되어왔기 때문에 가능하다. 앞서 살핀 낙강시회의 도학 감성이 '물의 흐름'을 염두에 둔 '도의 흐름'에 초점이 놓인 것이라면, 누정에서의 도학 감성은 天理가 流行하는 '마음'을 포착하는 데서 발생한다. 낙동강 연안에는 누정이 여럿 있지만, 상주의 觀水樓는 그 대표적이다. 다음자료를 보자.

> 저 觀水 두 글자의 편명을 보면서 그 뜻을 생각하게 되면, 자기도 모르게 경치와 뜻이 융합되어 거의 道體의 보이지 않는 오묘함을 깨닫게 된다. 아! 물이 밤낮으로 그치지 않고 도도히 흘러가는 것은 천도가 계속 가고 와서 스스로 쉬지 않는 것과 같으며, 물이 여러 흐름을 포용하여 깊은 연못을 이루어 지극히 맑은 것은 내 마음속에 만상을 함유하고 있으면서도 담담히 虛靜한 것과 같다. 하물며 봄의 물이 처음 흐를 때 돛대가 경쾌하여 노를 밀고 당기는 힘을 들이지 않아도 되니, 이것은 仁體가 드러나 자연이 유행하는 큰 활용에 비유할 수 있다. 강의 원천이 심원하고 광대하기 때문에 이로부터 또한 넓게 퍼져 넘실거리게 된다. 4-5백 리를 지나서 바다에 들어가도 그칠 줄을 모르게 되나니, 이것으로 군자의 학문을 증험할 수 있다. 학문의 근본이 성대하기 때문에 그 덕이 날로 나아가되 스스로 궁함이 없을 따름이다.[36)]

---

35) 南九萬, 『藥泉集』卷1, 「梁山次韻鄭誧黃山歌」, "我探囊中無可贈, 不學江波野鴛鴦. 臨岐何用惜去留, 催鞭忽過前山岡."

36) 權相一, 『淸臺集』卷11, 「觀水樓重刱記」, "見夫觀水二字之扁名而思其義, 不覺其景與意會, 而庶幾有悟於道體, 不可見之妙焉. 噫! 水之不舍晝夜而滔滔流去者, 有似乎天道之往過來續, 自無停息也. 水之包容衆流而淵澄洞澈者, 有似乎吾心之中含萬象湛然虛靜也. 況春水初生, 舟檣輕快, 而不費乎推移牽挽之力, 此可以取喩於仁體之呈露, 而大用之自然流行也. 江之發源, 旣遠而大, 故自此

權相一(淸臺, 1679~1759)이 쓴 「觀水樓重刱記」의 일부이다. 강안에 건립
된 관수루는 그 이름 때문에 '성리학적 觀水法'에 의해 이해되어 왔다.
즉 성리학자들은 물의 맑은 점을 취해 마음에 비유하거나, 그치지 않는
점을 취해 학문의 지속성을 강조하거나, 물결을 보면서 도의 근원을 생
각하거나, 마침내 바다를 이루는 것을 보면서 학문의 성대함을 즐겨 비
유해 왔던 것이다. 권상일 역시 관수루에 올라 물을 보면서 물에는 도체
의 오묘한 곳에 있다는 점, 물의 흐름은 천도와 같이 잠시라고 쉬지 않
는다는 점, 흐르는 물은 깊은 연못을 이루어 마음의 본체와 같이 虛靜한
곳을 만든다는 점, 물이 불어나면 배를 자연스럽게 띄울 수 있듯이 仁體
도 자연스럽게 유행된다는 점, 물이 흘러 바다를 이루듯 군자의 학문도
무궁하다는 점 등을 두루 제시하였다. 그가 여기서 제시하고자 하는 것
은 바로 '마음'이었다. 즉 '관수'는 바로 도학적 '觀心'이었던 것이다.

셋째, 사회 감성에 대해서다. 낙동강은 수운의 발달로 漁船은 물론이고
商船과 客船도 줄을 이었다. 『세종실록』에서 "수로로 배가 다닐 만한 때
이면, 물가의 각 고을 官船이 洛東江으로부터 올라와 尙州의 守山驛에 이
르러 육지에 내려, 다시 육로를 따라 草站을 넘어 忠州의 金遷川에 이르
러 배를 타고 서울로 오게 됩니다."[37]라고 기록한 데서도 낙동강 뱃길의
중요성을 알게 한다. 그러나 낙동강을 이용한 영남의 물자 실어 나르기
는, 지역민에게 있어 착취로 인식되기도 했다. 즉 서울과 지방, 관리와
백성이라는 경제적 신분적 불평등을 자각하는 계기가 되었던 것이다. 金
宗直(佔畢齋, 1431~1492)의 「洛東謠」는 이러한 측면에서 창작되었다.

而又浩浩焉洋洋焉. 過四五百里注海而不知止焉, 此可以取驗於君子之學, 根本盛大, 故日進其德而
自無窮已也."
37) 『世宗實錄』世宗5年 癸卯, "若水路可以行船時, 則以水邊各官官船, 從洛東江上來, 至尙州守山驛
下陸, 更從陸路, 踰草站至忠州金遷川, 乘船達于京."

黃池之源纔濫觴	황지의 원두 겨우 잔에 넘칠 정도였으나
奔流到此何湯湯	마구 달려와 여기에 이르러 넓기도 하네.
一水中分六十州	한 줄기 낙동강이 육십 고을을 나누니
津渡幾處聯帆檣	얼마나 많은 나루에서 돛단배를 이었던가.
海門直下四百里	바닷길로 바로 달려 사백 리 물길
便風分送往來商	바람 타고 왕래하는 상선들 분주하네.
朝發月波亭	아침에 월파정을 떠나서
暮宿觀水樓	저녁에는 관수루에서 묵는다네.
樓下網船千萬緡	누 아래 官船에는 천만금이 실렸으니
南民何以堪誅求	남쪽 백성들은 가렴주구를 어이 견디리.
餠罌已罄橡栗空	쌀독도 비었고 도토리와 밤도 없는데
江干歌吹椎肥牛	강가엔 풍악 울리며 살찐 소 잡는구나.
皇華使者如流星	나라의 사신들은 유성과 같지만
道傍髑髏誰問名	길가의 해골들은 누가 있어 이름을 물을까?
少女風王孫草	서풍이여, 왕손초로 불지어다.
遊絲澹澹弄芳渚	아지랑이 아물거리며 봄 물가를 희롱하고
望眼悠悠入飛鳥	내 눈 속으로는 유유히 나는 새 들어오네.
故鄉花事轉頭新	고향의 꽃소식 조만간 새롭겠지만
凶年不屬嬉遊人	흉년이라 유람하는 사람도 볼 수가 없으리.
倚柱且高歌	기둥에 기대어 소리 높여 노래하나니
忽覺春興慳	춘흥이 일어나지 않는 것을 홀연히 알았다네.
白鷗欲笑我	갈매기도 나를 비웃으려는 듯
似忙還似閑	바쁜 듯도 하고 한가한 듯도 하구나.[38]

이 시에서 보듯이 김종직은 가장 먼저 낙동강의 형세를 주목하고 있다. 황지에서 발원하여 영남 60주를 둘로 나누고 마침내 바다로 흘러든다고 했다. 이렇게 강은 흐르는데 그 강가 나루터에는 돛단배가 수없이 이어지고, 강을 왕래하는 상인이 분주하다고 했다. 여기까지 시상을 전개시킨 김종직은 관수루 아래의 官船 위에 실린 천만 량이 남쪽 백성들로부터 가렴주구 한 물건이라 했다.[39] 그의 사회 감성이 얼마나 날카로운

---

38) 金宗直, 『佔畢齋集』 卷5, 「洛東謠」.

지를 바로 알 수 있다. 즉 경제적 불평등이라는 모순적 사회 현실을 간
파한 것이다. 이러한 모순을 '강가의 풍류'와 '길가의 해골'로 대립화 하
였다. 이와 같은 상황에서 고향을 떠올렸으니 마음이 아프지 않을 수 없
었다. 김종직의 누정을 통한 사회 감성은 낙강시회의 그것에 비해 더욱
강렬한 것이었고, 사림파로서의 사회의식을 분명히 드러낸 것이라 하겠다.

낙동강 연안에는 수많은 나루와 누정이 있었다. 이러한 공간을 통해
느끼는 감성은 앞서 살핀 낙강시회의 그것과는 다른 지점이 있었다. 이
것은 작가들이 강상에 배를 띄우고 느끼는 것과 서로 다른 감성적 환경
때문일 것이다. 낭만 감성은 나루를 통해 더욱 적극적으로 나타났는데,
이곳은 사람들이 만나고 헤어지는 대표적인 공간이었기 때문이다. 누정
에서는 도학 감성과 함께 사회 감성도 두루 나타났다. 누정 아래로 흐르
는 낙동강의 물을 보면서 천리가 유행하는 '마음'을 떠올리기도 하고, 서
울로 운반되는 수많은 물품들을 보면서 서울과 지방, 관리와 백성의 심
각한 불평등을 자각하기도 했다.

5. 문학적 소통과 그 성격

우리는 앞서 낙동강 위에 배를 띄우고 개최하였던 낙강시회와 강안지
역의 나루 및 누정을 중심으로 작가의 공간 감성이 어떻게 작품으로 형

---

39) 尹鉉(1514~1578)은 「嶺南歎」(『菊磵集』 卷中)에서 16세기 중엽 영남의 피폐상을 전하
며 그 원인을 "병수사 진영장 제멋대로 탐학하는 무리들(領鎭率貪縱), 수령들도 자상
한 분 아니로다(長民非慈祥). 한결같이 백성의 고혈만 쥐어짜니(同然浚膏血), 눈앞의 고
통 치료할 자 누구던가(誰醫眼前瘡)?"라고 하였다. 윤현은 이러한 사정 역시 조정과의
소통부재에 있다고 보고, "천리 길 가로 막혔는데(堂下隔千里), 구중궁궐은 어찌도 아
득하기만 한가(九重何茫茫)."라고 하면서 임금이 이러한 사실을 제대로 알아야 한다
는 것을 강조하였다.

상화 되었는지를 살펴보았다. 그렇다면 이들 낭만 감성과 도학 감성, 그리고 사회 감성을 기반으로 한 공간 감성이 문학적 소통과 어떻게 연관되어 있는가. 여기서 제시된 세 감성이 구체적으로 무엇과 무엇을 소통시키는 데 작동하며, 소통이 부재한 현실 속에는 또 어떠한 감성이 주로 작동하는가. 본 장은 이러한 문제를 중심으로 논의한다.

낙동강은 분명 좌우를 경계 짓는 역할을 한다. 『세종실록』 세종 26년 7월 28일조에 '낙동강의 동쪽을 경상좌도라 하고, 낙동강의 서쪽을 경상우도'라고 한다면서 좌도에 있는 海平縣과 우도에 있는 若木縣의 소속이 잘못되어 백성들의 어려움과 고통이 심하다며 바로 잡아주기를 바라고 있는 데서도 이를 확인할 수 있다.[40] 효율적인 통치를 위해 좌우를 구분하고 있음에도 불구하고, 위로는 조정에서 관리가 조령을 넘어 뱃길로 영남지역으로 들어오고, 왜와 조선 사이의 사신도 낙동강을 이용하여 오르내렸다. 그리고 좌안과 우안에 있는 수많은 나루터를 이용하여 상선들이 오가며 좌도와 우도의 문화를 소통시켰다. 문학적 소통은 이 과정에서 이루어졌다고 하겠는데, 이를 자연과 인간의 관계 속에서 살펴보기로 한다.

우선, 자연과 인간의 소통을 들 수 있을 것이다. 이것은 낭만 감성과 도학 감성이 주로 작동한 결과다. 도학 감성을 중심에 두면, 유가에게 제시하는 比德의 미의식이 이것을 가능케 했다. 공자가 『논어』에서 樂山樂水를 통해 인간이 마땅히 지녀야 할 仁知를 강조한 이래, 성리학자들은 이를 통해 合自然의 이념을 실현하고자 했다. 우리는 여기서 자연과 인간의 이념적 관념적 소통을 확인할 수 있다. 이러한 소통은 낙동강을 창작공간으로 한 문학에 두루 나타난다. 1601년 徐思遠(樂齋, 1550~1615) 등

---

40) 『세종실록』 권105, 세종 26년 갑자(1444, 정통 9) 7월 28일조 참조.

이 낙동강의 지류인 금호강에서 시회를 열었는데, 당시 정구의 제자 李天培(三益齋, 1558~1604)는 다음과 같은 작품을 지었다.

清流涵麗景	맑은 물결에 고운 경치 담겨 있고
遠岫生雲烟	먼 산 계곡에서 구름 안개 피어나네.
柔櫓擊空明	부드러운 노로 달빛 비친 물결을 젓노라니
滿船俱英賢	배에 가득한 이는 모두 어진 선비.
搖搖棹復棹	흔들거리며 노를 젓고 또 저으니
點點山連山	점점이 산과 산이 연달아 있네.
雲影淨如掃	구름 그림자는 쓸어낸 듯 맑고
天光凝碧漣	하늘빛은 푸른 물결에 비치네.
撑蒿驗用力	상앗대를 저으며 힘써 나아가노라니
俯仰知淵天	올려보고 내려보니 생기 활발함을 알겠네.
豪思若雲湧	호탕한 마음은 구름이 솟아오르는 듯
此身挾飛仙	이 몸은 나는 신선을 옆에 끼었다네.[41]

이천배는 금호강 시회에 참여해서 '烟'자 운을 얻어 위와 같은 작품을 남겼다. 그는 이 시에서 깨끗한 강물 위에 하늘빛 구름 그림자가 유행하고 있음을 보였다. 주자가 「觀書有感」에서 '天光雲影共徘徊'라고 한 구절을 용사하여 유행하는 천리를 표현하고자 했다. '俯仰知淵天'의 '연천' 역시 '鳶飛戾天 魚躍于淵'의 '연'과 '천'으로 기운이 생동하는 活潑潑의 경계를 나타낸 것이다. 이로써 자연과 인간은 생기로 소통하게 되고 마침내 합일을 이룩한다. 이러한 성리학적 상상력은, 같은 시회에 참여했던 張乃範(克明堂, 1563~1640)의 '度內鳶魚理', 鄭錘(養拙齋, 1573~1612)의 '道人樂鳶魚' 등 허다한 시구에서 반복적으로 등장한다.[42]

---

41) 李天培, 『三益齋集』 卷1, 「萬曆二十九年辛丑暮春之念三日, 與張旅軒德晦, 徐樂齋行甫, 呂鑑湖聖遇, 郭敦夫, 李士彬, 宋仲裕, 張正甫, 鄭君燮, 李學可, 鄭振甫, 徐進甫, 都廷彦二十三人, 船遊於達城琴湖之江, 以朱子詩, 出載長烟重, 歸棟片月輕, 千巖猿鶴友, 愁絶棹歌聲句, 分韻得烟字」.
42) 낙동강을 중심으로 한 자연과 인간의 소통은 이를 훨씬 뛰어넘기도 한다. 金埉(潛谷,

다음으로, 인간과 인간의 소통을 들 수 있다. 이 소통의 내적 기제 역시 낭만 감성과 도학 감성에 있다. 인간과 자연의 소통이 일방적이고 관념적이라면, 인간과 인간의 소통은 쌍방적이고 현실적이다. 특히 인간 사이의 소통은 사회를 구성하는 사람들 간의 협력과 협조를 전제로 하기 때문에 전통사회에서는 이를 매우 중시했다. 소통이 부재할 때는 사회 감성도 아울러 발생했다. 이러한 사실을 염두에 두면서 인간 사이의 소통을 시공간적 측면에서 살펴보기로 한다.

첫째, 공간적 소통에 대해서다. 기호지역과의 소통은 梅鶴亭의 경우를 중심으로 보자. 이 정자는 경상북도 구미시 고아읍 예강리 낙동강 변에 위치하고 있으며, 草聖으로 칭송되는 황기로가 훗날 그의 사위 이우에게 물려준 것으로 江岸第一名區이다. 이곳을 통해 양 지역의 문인들은 그들의 낭만 및 도학 감성을 적극적으로 형상화하였다. 매학정 관련 작품을 남긴 문인들을 보면 宋純(俛仰亭, 1493~1583)이나 林億齡(石川, 1496~1568)처럼 호남인이 있는가 하면, 李楨(龜巖, 1512~1571)과 黃俊良(錦溪, 1517~1563)과 같이 영남인도 있고, 李珥(栗谷, 1536~1584)처럼 기호인도 있다. 노론의 영수인 宋時烈(尤庵, 1607~1689)이 있는가 하면, 소론의 중심인물인 趙持謙(迂齋, 1639~1685)도 있고, 남인 선비 趙任道(澗松, 1585~1664)도 있다. 매학정을 이우가 소유하였으니 기호 노론계열의 문인들이 중심이 되지만 그 정자의 소재지가 영남이기 때문에 영남의 문인들도 이곳을 방문하여 다양한 작품을 남겼던 것이다(정우락, 2010 : 245-250). 이로써 매학정은 자연스럽게 강안지역의 대표적인 소통 공간이 될 수 있었다.

낙동강을 중심으로 한 좌우의 소통은 영남의 양대 학파라 할 수 있는

1580~1658)의 경우 낙동강 하류에 위치한 가야진에서 하늘과의 소통을 위한 기우제를 지내기도 하였기 때문이다. 『潛谷續稿』에 보이는 당시의 제문은, "大嶺之南, 沃野千里. 人賴神休, 厚其生理. 如何連歲, 旱乾若是. 百萬開口, 方呼庚癸. 粢盛不備, 惟神之恥. 願享精禋, 一決江水."이다.

퇴계학파와 남명학파 사이에서 이루어졌다. 앞서 살폈듯이 이 지역에는
이황과 조식을 함께 스승으로 모신 문인들이 많았을 뿐만 아니라 李秀鎭
이나 李遠慶 등에게서 볼 수 있듯이 이황을 제향한 도산서원이나 조식을
제향한 덕천서원을 두루 찾아 사모와 그리움의 정서를 극진히 표하기도
했다.43) 특히 강안의 성주지역은 퇴남학의 회통이 가장 활발하게 이루어
지던 지역이다. 이황의 제자 황준량과 조식의 제자 오건이 1560년을 전
후로 이 지역에 부임하면서 이러한 성향을 더욱 강하게 보였고, 이로써
정구나 김우옹과 김담수 같은 회통적 성향을 지닌 인물들이 출현할 수
있는 기틀을 마련할 수 있었다.

낙동강의 공간적 소통은 국제적으로 확장되기도 했다. 김종직이 「仁同
客舍記」에서 '仁同은 낙동강 동편에 있는 嶺南 中路의 요충지로서 일본·
유구·九州 세 섬나라의 오랑캐들이 보물을 받들고 重譯을 거쳐 조공 오
는 자를 조석으로 맞이하고 전송하여 사철 끊이지가 않는 곳'44)이라고
한 데서 이를 바로 알 수 있다. 金誠一(鶴峰, 1538~1593)은 일본으로 사신
을 가면서, "묻노라 낙동강 물이여, 어느 때 나의 고향 청하성을 지나왔
나? 내 지금 너와 함께 바다로 나가면서, 천릿길을 함께 가니 더욱 정이
드누나."45)라고 노래하기도 했다. 이처럼 낙동강은 국제적 소통에 따른
낭만 감성을 자극하던 공간이기도 하였다.

---

43) 성주의 읍지인 『성산지』에 의하면 이수진은 임자년(1792)에 陶山書院을 배알하고, 이
　　황이 자연에 묻혀 살았던 즐거움을 두루 보고 돌아와서, "만세토록 전하여도 폐단이
　　없을 것은 퇴계선생의 학문이로다."라고 하였고, 이원경은 두류산 기슭의 덕천서원
　　을 찾아, "두류산 아래로 높은 선비 찾았더니(頭流山下訪高人), 적막한 물가에 띠풀 집
　　쓸쓸하네(茆屋蕭條寂寞濱). 두어 번 새소리에 맑은 낮 고요한데(啼鳥聲數淸晝靜), 복사꽃
　　흘러오니 무릉도원 봄이로다(桃花流水武陵春)."라는 시를 지었다.
44) 李德懋, 『青莊館全書』 卷69, 「琉球使」, "佔俾齋仁同客舍記曰, 仁同, 濱于洛之東涯, 據嶺南中路
　　之要衝, 日本琉球九州三島之夷, 奉琛重譯而至者, 朝迎夕送, 四時不絶."
45) 金誠一, 『鶴峰逸稿』 卷2, 「過梁山龍堂」, "爲問洛東大江水, 幾時過我青霞城. 我今與汝同歸海,
　　千里相隨應有情."

둘째, 시간적 소통에 대해서다. 소식의 赤壁遊는 낙강시회에서 지속적
으로 상기되었다. 일방적이기는 하나 이것 역시 시간적 소통에 다름 아
니다. 柳珍(修庵, 1582~1635)이 「赤壁賦」의 '蘇'자 운을 얻어 '임술년 달은
열엿새, 적벽강에 일찍이 소동파가 배를 띄웠지. 천 년의 아름다운 기회
만나, 한 척의 조각배 평평한 호수에 띄웠네. 옛 사람 비록 못 보아도 멋
진 일은 진실로 한 가지라네.'46)라고 한 데서 이러한 생각을 분명히 읽
을 수 있다. 소식의 적벽유를 생각하면서 고인과 소통하고자 했는데, 여
기에 낭만 감성이 작동했음은 물론이다.

그러나 낙동강 연안의 선비들은 적벽유의 낭만 감성에만 머무르지 않
았다. 낙동강 승경이 적벽에 비해 전혀 모자라지 않을 뿐만 아니라, 伊洛
의 연원을 거슬러 올라가는 실마리가 여기서 제공된다고 믿었기 때문이
다. 바로 도학 감성이 작동한 것이다. 강 이름에 연유한 洛意識은 위로
이락으로 거슬러 오르고 아래로 그들이 사는 당대까지 이어진다고 생각
했다. 이러한 생각에 근거하여 李象靖(大山, 1711~1781)은 「沂洛編芳序」에
서 정구가 함안의 龍華山 아래서 선유한 것을 들어, 정구가 이황의 적전
으로 낙동강 일대가 도학의 연원이 되게 했다고 발언할 수 있었다. 趙天
經(易安堂, 1695~1776)이 「洛江泛月續遊詩序」에서, 낙동강을 통해 伊洛의 眞
源을 거슬러 오른다고 생각한 것도 같은 맥락에서 이해된다(정우락, 2010 :
241-242).

시간적 소통은 당대인이 전대인의 문화를 계승하는 것으로 나타나기도 했
다. 이황은 1562년 가을에 金誠一(鶴峰, 1538~1593) 및 金富倫(雪月堂, 1531~
1598) 등과 선유를 계획하였으나 날씨로 인해 실행으로 옮기지 못한 적이
있었다. 이를 생각하며 김성일은 여러 동지들과 낙동강 상류 적벽에서

---

46) 柳珍, 『壬戌泛月錄』 22면, 「得蘇字, 初賦五言詩, 不滿於意, 更賦七言, 而初作亦不敢隱, 竝附錄
于下」, "壬戌旣望, 赤壁曾泛蘇. 千載遇佳期, 一葉凌平湖, 古人雖不見, 勝事眞相符."

시회를 열었다. 당시의 사정을 김성일은 "맑고도 깨끗했던 선생의 모습을 다시 뵐 수가 없어, 선생께서 남긴 시편을 거듭해서 읊으며 나도 모르게 눈물이 글썽였다. 이에 드디어 좌우 사람들에게 권하여 모두 그 詩韻을 따라서 시를 읊게 했다."[47)]라며 「遊赤壁記」를 썼다.

낙강시회가 대를 이어 꾸준히 계승되면서 고금의 소통을 가능케 하기도 했다. 1588년 7월에 정구는 함안군수를 그만두고 낙동강 개산포에서 시회를 열어 '萬頃蒼波欲暮天'을 분운했다. 이 시회가 그의 문인세대에도 지속되어 정구의 아들 鄭樟(晚悟齋, 1569~1614)을 비롯해서 李道孜(復齋, 1559~1642), 李道由(滄浪叟, 1566~1649), 李堉(心遠堂, 1572~1637) 등이 참여하여 「追次洛江韻」을 지으며 선대의 시회를 이어나갔다. 뿐만 아니라 1622년 7월에 있었던 이준의 낙강시회는 하나의 모범이 되어 꾸준히 계승되었다. 1770년에 趙天經(易安堂, 1695~1776) 등이 낙강시회를 열고, 당시 지은 시를 모아 책으로 엮은 후 서문을 지어 '洛江泛月續遊詩序'라 하였다. '續遊'라는 용어에서 볼 수 있듯이 이들은 선배들의 시회문화를 이어가고자 했던 것이다.

이처럼 낙동강을 중심으로 자연과 인간, 인간과 인간은 상호 소통하였다. 인간 사이의 소통은 그 소통이 공간적으로 이루어지기도 하고 시간적으로 이루어지기도 했다. 경중의 차이는 있을 수 있지만, 낭만 감성과 도학 감성은 소통의 내적 기제 역할을 담당했다. 그러나 사회 감성의 경우는 사정을 달리한다. 이 감성은 주로 소통의 부재에서 발생하기 때문이다. 서울과 지방, 관리와 민중 사이에서 이것은 구체적으로 확인된다. 우리는 여기서 鄕과 民의 입장에 서 있었던 초기 영남 사림을 떠올리지 않을 수 없다. 낙동강은 바로 이들의 성장과 밀접한 관련이 있기 때문이다.

---

47) 金誠一, 『鶴峰集』 卷5, 「遊赤壁記」, "氷壺秋月, 不可復見, 三復遺詞, 不覺感淚潸如也. 遂屬左右, 咸依韻敬賦焉."

조선시대 낙동강 연안에 살았던 선비들은 강한 동류의식을 지니고 있
었다. 이들은 영천의 정몽주, 선산의 길재, 밀양의 김종직, 성주의 김맹
성, 달성의 김굉필 등으로 이야기되는 사림파의 성장을 깊이 인식하고
있었다. 우리는 여기서 김종직을 다시 주목하지 않을 수 없다. 무오사화
가 일어날 수 있었던 결정적인 계기가 되었던 그의「弔義帝文」도 낙동강
을 배경으로 창작되고 있기 때문이다. 그 서문을 잠시 들어보자.

> 정축년 10월 일에 내가 密城으로부터 京山을 경유하여 踏溪驛에서 자는
> 데, 꿈에 한 神人이 七章服을 입고 헌걸찬 모습으로 와서 스스로 말하기를
> "나는 楚 懷王의 손자 心인데, 西楚霸王 項籍에게 시해되어 郴江에 빠뜨려졌
> 다."라고 하고는, 언뜻 보이다가 이내 보이지 않았다. 나는 그 꿈을 깨고 나
> 서 깜짝 놀라 말하기를 "회왕은 南楚 사람이고, 나는 東夷 사람이니, 지역의
> 거리는 만여 리일 뿐만이 아니요 세대의 선후 또한 천여 년이나 되는데, 꿈
> 자리에서 서로 만나게 되었으니, 이것이 그 얼마나 상서로운 일인가. 또 史
> 書를 상고해 보면 江에 던졌다는 말은 없는데, 혹시 項羽가 사람을 시켜 비
> 밀히 擊殺하여 그 시체를 물에다 던져버렸던가. 이것을 알 수 없다."라고
> 하고 마침내 글을 지어 조문하였다.[48]

위에서 언급된 밀성(밀양)과 경산(성주)은 모두 강안지역이다.[49] 김종직
은 1457년(27세)에 성주의 踏溪驛에서 자면서 꾼 꿈을 소재로 해서「조의
제문」을 짓는다. 세조의 왕위찬탈을 풍자해서 지은 글로 많이 알려져 있
는 이 글은 조선시대 최대의 필화사건이 되었다. 김일손이 이 글을『성

---

48) 金宗直,『佔畢齋集』附錄「戊午史禍事蹟」, "丁丑十月日, 余自密城道京山, 宿踏溪驛, 夢有神人,
被七章之服, 頎然而來, 自言楚懷王孫心, 爲西楚伯王項籍所弑, 沉之郴江, 因忽不見, 余覺之, 愕
然曰, 懷王, 南楚之人也, 余則東夷之人也, 地之相去, 不翅萬有餘里, 世之先後, 亦千有餘載, 來感
于夢寐, 兹何祥也. 考之史, 無投江之語, 豈羽使人密擊, 而投其尸于水歟, 是未可知也, 遂爲文以
弔之."

49) 김종직은 강안지역에서 나고 활동했다. 그의 아버지 金叔滋(江湖, 1389~1456)는 선
산과 성주에서 교수직을 맡았고, 고령에서는 현감직을 수행한 적이 있다. 이때 김종
직도 아버지를 따라 와서 글을 읽었다.

종실록』이 편찬될 때 사초에 신자, 이를 빌미로 李克墩과 柳子光 등은 연산군을 충동하여 무오사화를 일으켜 사림파를 제거하고, 이로써 그들의 정치적 입지를 굳히고자 했다. 김종직은 이때문에 부관참시 당하게 되고 그의 많은 제자들이 희생된다.

김종직의 흔적은 낙동강과 그 연안지역에 즐비하다. 강안지역의 대표적인 산인 가야산의 경우, 김종직의 제자 김일손이 이 산을 유람하면서 「伽倻山海印寺釣賢堂記」를 남겨 그 사정을 알게 한다. 그는 이곳을 찾아 스승 김종직이 찾았던 조현당에서 스승의 시 뿐만 아니라 동문인 金孟性(止止堂, 1437~1487), 兪好仁(㵢溪, 1445~1494), 表沿沫(藍溪, 1449~1498) 등의 시를 발견하고 기뻐했다. 김종직 스스로도 문인 김맹성이 고향 성주로 돌아갈 때, "가야산엔 모난 곳과 평평한 곳 있어, 그곳에 고사리며 온갖 풀 있다네. 가야산엔 연못이며 여울이 있어, 그곳엔 물고기와 마름풀이 있다네."[50]라는 시를 지어 전송하기도 했다.

관수루 역시 낙동강과 영남 사림파의 성장이 어떠한 관계에 놓여있는가 하는 것을 여실히 보여주는 곳이다. 앞서 제시한 김종직의 「낙동요」도 바로 이 관수루에서 지은 것이거니와 그의 제자들 역시 대거 이 누각에 올라 작품을 남겼다. 兪好仁(㵢谿, 1445~1494)의 「觀水樓十絶」[51]과 「次洛江觀水樓韻」,[52] 金馹孫(濯纓, 1464~1498)의 「與睡軒登觀水樓」와 權五福(睡軒, 1467~1498)의 이에 대한 차운시 등이 모두 그러하다. 16세기에는 李瀣(溫溪, 1496~1550)가 「登觀水樓次安公韻」[53]을, 李滉이 「洛東觀水樓」[54]와 「登

---

50) 金宗直, 『佔畢齋集』 권5, 「送善源還伽倻舊居」, "倻山有紀堂, 有薇有瑤草. 倻水有潭瀨, 有魚有荇藻."

51) 兪好仁, 『㵢谿集』 卷2, 「觀水樓十絶」.

52) 兪好仁, 『㵢谿集』 卷2, 「次洛江觀水樓韻」.

53) 李瀣, 『溫溪集』 卷1, 「登觀水樓次安公韻」.

54) 李滉, 『退溪集』 卷1, 「洛東觀水樓」.

尙州觀水樓」[55)]라는 작품을 남겨 낙동강과 그 연안지역이 사림파의 성장에 있어 어떤 위치에 놓여 있는가 하는 것을 보여주기도 했다.

사림파는 지역에 거점을 마련하고 훈구파와 대립하면서 시련 속에서 성장하였다. 낙동강이 사림파의 성장에 밀착되어 있으므로 여기서 느낀 이들의 공간 감성은 사회적일 수밖에 없었다. 이 때문에 김종직은 「낙동요」를 지어 대립적 심상으로 당대의 사회적 모순을 드러낼 수 있었는데, 이것은 소통이 부재한 시대에 소통을 위한 일련의 노력이라 해야 할 것이다. 이황과 조식을 중심으로 한 영남학파가 성립하였을 때도 사회적 모순에 기반한 사회 감성이 드러나지 않는 바 아니나, 주로 낙동강과 그 연안의 문인들은 도학 감성과 낭만 감성을 작동시키며 문학적 소통을 이룩해갔던 것으로 보인다. 이것은 시간이 지나면서 낙동강 중심의 비판정신이 다소 후퇴되었다는 것을 의미한다.

낙동강은 자연과 인간의 소통은 물론이고, 인간과 인간의 소통도 가능케 했다. 인간 사이의 소통은 공간적으로는 기호와 영남, 영남 내에서는 좌도와 우도의 소통이 이루어졌다. 이 소통은 대왜 관계 속에서 국제적인 것으로 확장되기도 했다. 여기에 중요하게 작동한 공간 감성은 낭만 혹은 도학 감성이었다. 그러나 소통이 부재하는 상황에서는 사회 감성이 발생되기도 했다. 특히 영남 사림파의 성장과 낙동강은 밀접한 연관성이 있다고 하겠는데, 영남 사림파의 영수 김종직은 여기에서 사회적 불평등을 인식하면서 비판정신을 예각화하기도 했다. 이로써 우리는 낙동강이 소통과 불통의 긴장 관계 속에 놓여 있었던 점도 확인하게 된다.

---

55) 李滉, 『退溪集』 卷1, 「登尙州觀水樓」.

6. 남은 문제들

이 글은 낙동강과 그 연안지역의 공간 감성과 문학적 소통을 다루기 위해 기획된 것이다. 이는 그동안 지리학계나 역사학계에서 낙동강을 '경계' 일변도로 이해해 온 것에 대한 문학적 문화적 성찰이기도 하다. 영남은 서·북의 산악과 동·남의 바다로 가로막혀 있어 고립적 형국을 지닌다. 그 안에 낙동강이 흐르고 있어 일체감을 이루며 영남의 열읍을 지나간다. 이러한 지리적 특성 아래 낙동강이 있어 기호지역의 문화가 조령이나 죽령을 넘어 영남지역으로 빠르게 유입되는데 중요한 역할을 할 수 있었고, 좌우로는 경계와 소통의 기능을 동시에 수행하면서 영남 좌우의 문화를 실어 날랐다.

낙동강을 중심에 두고 볼 때, 대표적인 문학 생성공간은 강과 나루와 누정이다. 그러나 이 셋은 그 성격과 용도에 있어 본질적으로 다르고, 이에 따라 작가들의 공간 감성도 다소 상이하게 나타났다. 이 세 공간에 낭만 감성이 두루 나타나면서도 흐르는 강에 배를 띄우고 작가들은 '물의 흐름'과 '도의 흐름'을 결부시켰고, 고정된 누정에서는 물을 보면서 '마음'을 관찰하기도 하지만 사회적 부조리를 심각하게 인식하면서 사회 감성을 증폭시키기도 했다. 나루는 만남과 이별을 전제로 한 공간이기 때문에 낭만 감성이 문학 창작의 가장 중요한 기제로 작동했다.

낙동강과 그 연안지역의 문학적 소통은 자연과 인간, 인간과 인간의 소통으로 나눌 수 있고, 후자는 다시 古人과의 시간적 소통, 남북 혹은 동서의 공간적 소통으로 나눌 수 있다. 자연과 인간의 소통은 성리학적 이념에 입각하여 일방적 추상적으로 처리되지만, 인간 사이의 소통, 특히 공간적 소통은 쌍방적 구체적으로 성취되었다. 이러한 소통에 작동한 주된 감성은 낭만 감성과 도학 감성이었다. 그러나 김종직을 중심으로 한 영남 사림파의 성장기에는 서울과 지방, 관리와 민중 사이의 불통을 인식하면서 鄕과 民의 입장에서 사회 감성이 강하게 표출되기도 했다.

이 글은 낙동강이라는 공간을 중심으로 소통을 논의한 것이지만 그 서론 역할을 자임하는 데 그친다. 이것은 낙동강 문학의 출발점을 의미하며, 동시에 가야 할 길이 아직 멀다는 것을 뜻한다. 속도를 기반으로 한 직선적 사유에서 여유를 담보로 한 곡선적 사유가 부각되고 있는 오늘날, 강과 이에 따른 문학은 새롭게 조명 받아 마땅하다. 강이 외부 세계와의 부단한 접속을 생래적으로 요청받고 있다는 측면에서 더욱 그러하다. 이를 통해 강에 대한 문화적 문학적 재발견이 가능하다 하겠는데, 중요한 논의 대상을 제시하여 앞으로의 과제로 삼는다.

첫째, 이 글의 세부 항목을 더욱 구체화하고 또한 확장하는 일이다. 이것은 이 글이 낙동강 전체를 문제 삼고 자료를 표본적으로 추출했기 때문에 발생하는 문제이다. 구체화 작업은 관련 자료를 폭넓게 수렴하여 그 의미를 분석하는 일이다. 예컨대, 이규보 시회로부터 시작하는 낙강시회의 경우, 그것을 단일 주제로 하여 깊이 따질 수 있어야 한다는 것이다.[56] 그리고 논의의 확장은 낙동강, 나루, 누정에서 그친 논의가 지류나 계곡으로 거슬러 올라가 이에 따른 문학적 지형도를 새롭게 그릴 수 있어야 한다. 계곡에서 강 쪽으로 공간이 이동되면서 문학적 상상력은 달라 질 수 있기 때문이다.

둘째, 낙동강 문학의 영남적 보편성과 지역적 특수성을 함께 따지는 일이다. 낙동강은 기점을 어떻게 잡는가에 따라 논의를 달리하지만, 1,300리 전체를 일률적으로 볼 수는 없다. 퇴계학파와 남명학파를 중심으로 左上

---

56) 이규보의 南遊詩는 현재 90여 수가 전한다. 이 가운데 상주에 100일 동안 머물면서 지은 시는 「行過洛東江」 등 61수이고, 船遊 중에 지은 시는 「犬灘」을 비롯해서 도합 26수다.

지역과 右下 지역이 밀착되어 있지만, 이 역시 단일한 시각에서 이야기
하기는 곤란하다. 여기서 우리는 낙동강이 시작되는 개울과 수량이 풍부
한 본류, 그리고 바다와 만나는 하류를 염두에 두면서 낙동강을 새롭게
관찰할 수 있어야 한다. 그리고 금오산 동쪽 선산·구미지역에 절의의
상징하는 吉再와 함께 있어 藥哥, 義牛, 義狗, 香娘 이야기 등, 계열을 같
이하는 이야기에서 볼 수 있듯이 지역적 특수성 역시 고려해서 논의를
전개할 필요가 있다.

셋째, 외부적 관점을 적용하여 낙동강을 문학적 측면에서 논의하는 일
이다. 이 글은 영남 내부에서 내부적 관점에 입각해서 논의를 전개했다.
이것은 영남인의 영남 이야기 혹은 영남에 유입된 외부인의 이야기로 한
정될 수밖에 없다. 문화는 외부와 끊임없이 접속되면서 새로움을 창출한
다. 이러한 측면을 충분히 고려하면서 외부인의 시선에 포착되는 낙동강
과 영남이,[57] 내부적 시선과 어떻게 교차되는가 하는 문제를 집중적으로
따질 때, 낙동강은 단순한 영남의 강에서 벗어나 한국적 측면에서 새롭
게 이해할 수 있을 것이다.

넷째, 여타 학문의 성과를 적극적으로 수용하는 일이다. 낙동강이 지
니는 문화적 소통성은 다른 학문분야에서도 주목되고 있다. 예컨대, 낙동
강 연안에 위치한 창녕 및 현풍지역에서 좌도와 우도의 특징이 융합되면
서도 새로운 형태의 토기가 만들어진다는 고고학적 성과가 그러한 것이
다(박천수, 2010). 언어학 가운데 방언학이 거둔 성과도 마찬가지다. 영남
방언이 일정한 방언권을 형성하면서 다양하게 나타나는 가운데, 낙동강
을 중심으로 강좌 및 강우와는 다른, 새로운 강안의 等語線을 형성한다

---

57) 16세기 중엽 영남지역 민생의 실태를 읊은 尹鉉(菊磵, 1514~1578)의 「嶺南歎」(『菊磵
集』 卷中)은 그 좋은 실마리가 된다. 이 시는 198句의 장편으로 되어 있으며, 도탄에
빠진 嶺南의 상황을 이곳에서 올라 온 길손에게서 듣고 지은 것이다.

는 것이다.58) 이러한 연구 성과들은 낙동강과 그 연안의 문학을 이해하
는 데 있어서도 중요한 역할을 할 것으로 본다.

다섯째, 문화적 접경론에 입각한 강안학적 측면에서의 논의 역시 요청
된다. 이 글에서 여러 차례 언급된 것이지만, 강은 '경계'와 '소통'을 동
시에 성취한다. 경계는 '경쟁', 소통은 '협동'을 발생시켜, 둘 이상의 문
화가 긴장관계를 유지하며 보다 높은 차원의 융합을 이룩하기도 한다.
낙동강의 경우 기호학과 영남학이 남북으로 회통하고, 퇴계학과 남명학
이 좌우로 회통하고 있는 것이 확인된다. 그러나 이러한 확인은 새로운
문화 창출에 어떻게 기여하는가 하는 데까지 나아갈 수 있어야 한다. 이
러한 사실을 충분히 고려하면서 한강 등 한국적 범위로 강안학적 시각이
확대될 필요가 있다.

문화적 접경론은 두 문화 이상이 경쟁하고 협동하면서 충돌하고 변형
되는 역동성에 민감하다. 영남의 경우 정치적 열세에 따른 도학적 완고
성이 나타나기도 하지만, 낙동강의 흐름을 따라 새로운 문화가 신속하게
유입되면서 변화해나가기도 했다. 이러한 변화가 자기 정체성을 훼손시
키는 것이라며 의심받기도 했지만, 시대성을 확보하면서 당대를 탄력적
으로 이해하는 중요한 힘이 되기도 했다. 이러한 현상은 우리시대에 있
어서도 여전히 중요한 문제로 부각되고 있는 바, 강을 중심으로 한 문화
와 문학은 우리에게 매력적인 주제가 아닐 수 없다.

---

58) 金德鎬 外(2012)가 그것이다. 이 논의는 경북 방언 어휘들의 분포를 통계적으로 분석
하여 등어선을 구획한 것이다. 이 가운데 '지도 10(134쪽)'은 낙동강 연안을 중심으
로 새로운 방언권이 나타나고 있음을 보인 것이다.

‖ 참고문헌

1. 원전 자료

權　近, 『陽村集』.

權相一, 『淸臺集』.

金富軾, 『三國史記』.

金誠一, 『鶴峰逸稿』.

金　堉, 『潛谷續稿』.

金宗直, 『佔畢齋集』.

南九萬, 『藥泉集』.

李秉延, 『朝鮮寰輿勝覽』.

徐居正, 『東文選』.

兪好仁, 『㵢谿集』.

尹　鉉, 『菊磵集』.

李德懋, 『靑莊館全書』.

李德弘, 『艮齋集』.

李　植, 『澤堂集』.

李裕元, 『林下筆記』.

李　瀷, 『星湖僿說』.

李　埈 외, 『洛江泛月錄』.

李天培, 『三益齋集』.

李　瀣, 『溫溪集』.

李賢輔, 『聾巖集』.

李　滉, 『退溪集』.

張顯光, 『旅軒集』.

鄭經世, 『愚伏集』.

鄭　逑, 『寒岡集』.

趙亨道, 『竹牖集‧附錄』.

崔致遠, 『孤雲集』.

『東輿備攷』, 경북대 출판부, 1998.

『世宗實錄地理志』.

2. 연구 논저

권오경(2006), 「낙동강문화와 부산문화의 소통-구비전승문학을 중심으로」, 『동남어문
　　　　논집』 22, 동남어문학회.

權泰乙(1992), 「洛江詩會 研究」, 『尙州文化硏究』 2, 尙州産業大 尙州文化硏究所.

金德鎬 外(2012), 「慶北方言の知覺方言學に關する研究」, 『言語文化研究』 20, 日本 德島大
　　　　學總合科學部.

김재홍·송연(2005), 『옛길을 가다』, 한얼미디어.

金喆凡(1995), 「洛東江 河口의 敍景 漢詩」, 『한국한문학연구』 18, 한국한문학회.

金宅圭 외(1996), 『洛東江流域史研究』, 修書院.

김학수(2008), 「정구(1543~1620) 문학의 창작현장과 유적에 대한 연구」, 『대동한문학』 29,
　　　　대동한문학회.

도도로키 히로시(2000), 『일본인의 영남대로 답사기』, 한울.

박창희(2012), 『영남대로 스토리텔링』, 해성.

박천수(2010), 『가야토기, 가야의 역사와 문화』, 진인진.

손유진(2010), 「『壬戌泛月錄』에 나타난 空間 認識의 樣相과 意味」, 경북대 석사학위논문.

신정일(2001), 『영남대로』, 휴머니스트.

李樹健(1995), 『嶺南學派의 形成과 展開』, 一潮閣.

이종호(2010), 「조선 초기 낙동강 중류지역 사림의 문학사상 : 점필재 김종직의 문학사
　　　　상을 중심으로」, 『한국학논집』 40, 계명대 한국학연구소.

정시열(2001), 「점필재 김종직의 영남 제영 고」, 『한민족어문학』 39, 한민족어문학회.

정우락(2008), 「江岸學과 高靈 儒學에 대한 試論」, 『退溪學과 韓國文化』 43, 경북대 퇴계
　　　　연구소.

＿＿＿＿(2010), 「조선중기 강안지역의 문학 활동과 그 성격 : 낙동강 중류 지역을 중심
　　　　으로 한 하나의 시론」, 『한국학논집』 40, 계명대 한국학연구소.

＿＿＿＿(2012a), 「조선시대 '문화공간-영남'의 한문학적 독해」, 『어문론총』 57, 한국문
　　　　학언어학회.

＿＿＿＿(2012b), 「성주지역 道學의 착근과 江岸學派의 성장」, 『영남학』 21, 경북대 영남
　　　　문화연구원.

최영준(2004), 『영남대로』, 고려대 민족문화연구원.

황위주(2008), 「낙동강 연안의 유람과 창작 공간」, 『한문학보』 18, 우리한문학회.

지방지의 언어문화편 작성을 위한 새로운 모델 연구*

홍 미 주 · 백 두 현

1. 서론

1.1. 연구 목적 및 필요성

이 글에서 말하는 '지방지'(地方誌)는 지역의 역사와 문화를 조사 · 정리 · 연구한 출판물로서 도지(道誌), 시지(市誌), 군지(郡誌), 읍면동지(邑面洞誌) 등을 통칭하는 것이다.[1] 지방지는 대개 지역 연구자가 그 지역의 역사와

---

* 이 글은 『방언학』20(한국방언학회, 2014)에 게재한 논문이다.
1) 지방지는 서술 지역 단위로 구분하면 마을지, 읍지, 면지, 동지, 시지, 군지, 시사(市史), 군사(郡史) 등을 들 수 있다. 서술 내용상으로 구분하면 자연환경, 역사, 문화재, 정치, 경제, 사회, 문화 등 지역에 대한 모든 지식을 백과사전식으로 수록한 시 · 군 · 읍 · 면지가 있고, 지명 · 민속 · 전설 · 민담 · 민요 등을 조사 · 수록한 지명유래집과 전설민담집 등이 있으며, 문화재를 조사 · 수록한 문화유적총람 등이 있다. 이 가운데 가장 대표적인 것이 시군지인데 시군지는 연구와 행정 등의 기초자료로 활용되고 있다(강진갑, 1997).
지방자치단체에서 간행하는 간행물은 지방지, 향토지, 시군지 등으로 불린다. 지방지는 지방자치단체에서 간행한다는 의미가 부각된 용어로, 향토지는 지역 고유의 향토성을 부각하는 용어로 생각된다. 지방자치단체에서 간행하는 간행물의 대부분을 시지와 군지가 차지하고 있어, 통상 시군지로 불리기도 한다. 이 글에서는 이들 용어 중 지방자치단체에서 간행하는 간행물 전반을 지칭하고, 지방자치단체가 편찬의 주체가 된다는 의미가 부각되는 '지방지'라는 용어를 사용하기로 한다.

문화를 조사·연구하여 엮은 책으로 일명 '지역문화의 교과서'로 불린다. 지방지는 현재 그 지역이 가지고 있는 문화를 이해하고 인식하는 수준을 대변하는 동시에 지역 문화를 아끼고 보살필 다음 세대를 위한 기록이다 (선영란, 2002 : 291). 이러한 점에서 지방지는 편찬 당시에 전개된 해당 지역 주민의 삶과 문화를 기록하고, 그 지역의 특성을 드러내야 한다. 또한 내용의 깊이와 구성의 짜임새를 갖추어 당대는 물론 후대 사람들에게 유용한 지방지가 되도록 집필되어야 할 것이다. 지방지의 언어문화편도 여기에 부합할 수 있도록 집필되어야 함은 당연하다. 예부터 전수되어 온 지역의 언어 유산을 조사 정리함은 물론, 당대의 지역 주민이 영위하고 있는 언어문화의 양태를 기록하고 체계적으로 정리해야 할 것이다.

그러나 지금까지 간행된 여러 지방지의 방언편 혹은 언어문화편은[2] 단편적인 방언 자료의 수집과 나열이거나 촌로들을 대상으로 전통 방언을 조사하여 얻은 어휘의 나열에 그치는 경우가 많다. 이런 방식의 방언편 내용으로는 그 지역의 언어 양태 혹은 언어문화의 실상을 충실하게 기록하거나 정리할 수 없다. 그리하여 현재 지방지의 방언편이 지역 주민이 영위하고 있는 당대의 언어문화를 제대로 반영하지 못하고 있으며, 기술 내용도 해당 지역 주민의 관심에서 멀어져버린 결과를 초래하였다. 현재 한국의 상당수 시군 지역은 산업화, 도시화가 진행되면서 과거 농촌 중심의 생활 방식이 더 이상 유지되지 못하게 되었다. 또한 오늘날 시군 지역민들은 방송·언론·광고 매체와 인터넷 환경 등의 발달로 과

---

2) 지금까지 학계에서는 '방언편'이란 용어를 더 많이 써 왔다. 실제 간행된 여러 지방지를 검토해 보면 방언에 대한 내용은 여러 가지 다양한 제목 아래 서술되어 있다. 이 글에서는 지금까지 사용되어 온 '방언편'과 함께 '언어문화편'이라는 용어를 병용할 것이다. 기존 지방지에 대한 것을 다루는 문맥에서는 '방언편'을 썼고, 앞으로의 방향을 서술하는 문맥에서는 '언어문화편'을 썼다. '언어문화편'이라는 용어가 지역민의 언어생활을 폭넓게 반영할 수 있고 다양한 내용을 포괄할 수 있다는 점에서 보다 미래지향적 용어라 생각한다.

거와 크게 다른 언어 환경 속에 살고 있다. 따라서 촌로를 대상으로 수
집한 전통 방언의 기술만으로 현재 지역민의 언어생활과 언어문화를 드
러낼 수 없다.

그런데 오늘날 새로운 내용과 편찬 방식을 채택한 지방지들이 출현하
여 해당 지역의 지역성과 지역 문화를 잘 드러낼 수 있는 변화를 보여
주고 있다. 이런 변화 속에서도 지방지의 방언편 혹은 언어문화편의 내
용과 기술 방식은 새로운 변화에 부응하지 못하고 구태의연한 과거의 방
식을 그대로 따르고 있다. 심지어 최근에 간행된 지방지 중에는 방언편
을 아예 포함시키지 않은 것도 있다. 주민의 언어문화를 반영하지 않고,
자료 나열 혹은 국어학적 분석에 치우친 방언편 기술은 더 이상 필요 없
다는 편집진의 판단이 작용한 것이 아닌지 우려가 된다.

지방지의 내용 및 집필 방식을 새롭게 하기 위한 연구는 주로 역사학
(이해준, 1999 ; 선영란, 2002 ; 윤택림, 2012 등)이나 민속학(김명자, 2002 등), 지리
학 분야(정광중, 2004 등) 등에서 먼저 이루어져 왔다.3) 이 연구들은 최근
에 편찬된 지방지들도 해당 지역 특수한 특징, 지역성과 지역 고유의 문
화가 드러내지 못하고 있으며, 지역 역사의 주체인 지역민의 현재 삶을
반영해 주지 못하는 문제점을 공통적으로 지적하고 있다.

이와 같이 지방지 집필 분야 중 하나인 역사학과 민속학 등에서는 지
방지의 학술적, 대중적 가치를 염두에 두고 지방지에서의 지역사, 민속학
연구에 대한 논의를 진행해 왔다. 그러나 지역 문화의 중요한 바탕 축을
담당하는 방언 및 언어 분야에서는 지방지의 해당 내용을 어떻게 개선해

---

3) 김명자(2002)는 대전·충남지역 향토지에서 세시풍속 서술 방법의 문제점을 지적하
   고 앞으로의 집필 방향을 제안하였다. 정광중(2004)은 지역지리적 관점에서 현 지방
   지의 문제점을 분석하고 앞으로의 집필 방향을 논의하였다. 윤택림(2012)은 경기 남
   부의 지방지를 대상으로 지역사의 기술 특징을 언급하고 구술사 기술을 적용하여 지
   방지의 지역사가 기술될 것을 제안하였다.

야 하는지에 대한 논의가 이루어지지 않고 있다. 국어학 혹은 방언학 분
야에서는 지방지의 방언편을 어떻게 기술해야 할 것인지 그 방법에 대한
연구를 수행한 예도 없고, 지방지의 방언편 기술을 새롭게 실천한 사례
도 찾기 어렵다.

지방지의 언어문화편은 국어학 및 방언학 분야에 종사하는 학자들이
그들의 경험과 지식을 펼칠 수 있는 현실적 실천 마당이 될 수 있다. 그
들의 지식과 연구 성과를 현실에 적용하여 지역 주민을 위한 지방지 편
찬에 기여할 수 있다. 지방지는 학자들이 현실에 참여하고 주민을 위해
봉사할 수 있는 매체가 될 수 있다. 이러한 점에서 지방지의 언어문화편
을 보다 의미 있고 가치 있게 변화시키기 위한 새로운 논의가 필요한 것
이다.

도시화, 산업화, 언론·방송·광고의 일반화, 인터넷·휴대전화 등 디
지털 환경의 일상생활화 등 빠르게 변하고 있는 시대 흐름 속에서, 지역
어 혹은 방언학 연구에 종사하는 학자들이 이 문제에 대해 고민할 필요
가 있다. 최근에 나온 지방지의 방언편 기술도 기존의 그것과 집필 방식
과 내용에 별다른 차이가 없다. 일반 지역민들의 관심을 고려하면서 이
들이 지역의 언어에 대한 이해를 갖고, 보다 나은 언어생활을 누릴 수
있도록 하는 새로운 접근 태도가 필요하다. 이제 기존의 기술 방식을 답
습하는 방식에서 벗어나 지방지의 언어문화편의 내용 구성 및 기술 방식
을 어떻게 할 것인지 함께 지혜를 모아야 할 때이다.

이 글의 이러한 시도는 국어학이 축적해 온 학문적 성과의 외연을 확
대하여 대중들에게 다가갈 수 있도록 하려는 것이기도 하다. 그동안 국
어학 및 방언학 연구 성과는 상당히 축적되어 있으나 이러한 연구 성과
가 대중들이 향유할 수 있는 수준으로 가공되어 제공되지 못했다. 특히
지방지는 지역민을 대상으로 하는 간행물인데도 지역민이 관심을 가질

수 있는 내용이나 체제로 편찬되지 못했다. 지방지는 그 지역의 역사와 문화에 대해 정리한 것이므로 공공기관이나 전문연구 기관, 전문 연구자들뿐만 아니라 지역민의 관심을 얻을 수 있어야 하며, 지역민들이 자기 집단을 성찰할 수 있는 근거가 되는 것이 바람직하다. 이런 점에서 해당 지역민의 관심에 부합하며 학문적 결과물의 대중화에도 기여할 수 있는 지방지 방언편 기술에 대한 새로운 탐색이 필요한 것이다. 따라서 현재 지역민이 영위하고 있는 언어생활과 언어에 대한 관심을 고려하고, 지금까지와는 다른 언어문화편 작성 모델을 개발할 필요가 있다. 이에 이 글에서는 해당 지역의 언어와 언어문화를 잘 드러낼 수 있는 지방지의 언어문화편 작성을 위한 새로운 모델을 제안하고자 한다.4)

1.2. 연구 대상 및 방법

이 글에서는 지방지의 언어문화편 기술을 위한 새로운 모델을 제안하기 위해 이미 간행된 지방지의 방언편을 분석할 것이다. 이 분석을 통해 문제점을 구체적으로 추출하고, 개선 방향을 찾아 새로운 집필 방향과 모델을 제시할 것이다.

이미 간행된 다수의 지방지를 시기별로 구분하여 시대의 흐름에 따른 지방지 방언편의 내용과 기술 방식이 변해온 과정을 개략적으로 파악할 것이다. 아울러 지방지 방언편의 내용 기술이 어떤 식으로 이루어지고 있는지 살펴보기 위해, 몇 개의 지방지 방언편을 대상으로 음운·문법·어휘 부문에서 각 지역의 방언이 어떻게 기술되고 있는지 살펴볼 것이다.

---

4) 좋은 지방지를 편찬·간행하는 것은 방언 연구자만의 몫은 아니다. 지방지 편찬위원회와 집필위원회가 제대로 구성되고, 지방자치단체의 의지와 투자비용 및 투자 시간 등 다양한 요인이 복합적으로 작용하여 '좋은 지방지'가 만들어질 수 있다. 이 글에서는 집필을 하는 주체인 방언 연구자의 집필과 관련된 부분에 대해서만 다루고자 한다.

이를 통해 현재 간행된 지방지의 방언편의 내용 기술상의 문제점을 도출해 내고, 이러한 문제점을 해결할 수 있는 집필 방향을 논의할 것이다. 이러한 논의를 바탕으로 해당 지역의 지역성과 지역 언어문화를 잘 드러내 줄 수 있는 집필 모델을 제안해 보고자 한다.

2. 기존 지방지 방언편의 실태 분석

2.1. 내용 구성과 기술 방식의 실태

이미 간행된 몇몇 개의 지방지를 대상으로 지금까지 방언편 혹은 언어문화편이 어떻게 기술되었는지 살펴보기로 한다. 이를 위해 지방지를 시기에 따라 분류하고 시기별 지방지 방언편 내용과 그 특징을 분석해 보기로 한다.

지금까지 이루어진 지방지 편찬은 네 시기로 구분될 수 있는데, 첫 번째 시기는 1945년 해당부터 1950년 한국전쟁까지, 두 번째 시기는 한국전쟁 직후부터 1961년 군사 쿠데타까지, 세 번째 시기는 1961년 군사 쿠데타 직후부터 1995년 지방자치제 시행 직전까지, 네 번째 시기는 1995년 지방자치제 시행 이후부터 현재까지이다. 지방지 편찬에 있어 가장 큰 분수령은 지방자치제의 시행이라고 할 수 있다(윤택림, 2012 : 212). 이때부터 지방자치단체가 자율적으로 계획을 세워 지방지 편찬에 보다 큰 예산을 투입하게 되었다. 예산의 확충으로 편찬에 소요되는 물적 기반이 커지고 이에 따라 지방지 내용도 크게 확충되었다. 한 권으로 간행되던 지방지가 여러 권으로 간행되는 등 지방지 편찬이 양적으로 크게 증가하게 된 것이다. 또한 학계 인사들이 대거 집필에 참여함으로써 과거 방식의 향토지 성격에서 벗어나 전문성과 대중성을 아울러 추구하는 지방지가 출현하기도 하였다.

이러한 논의와 시기 구분을 참고하여, 기존에 간행된 여러 지방지를 대상으로 시기별 집필 방식이나 내용에 어떠한 특징이 있는지 분석해 보기로 한다. 지방지 간행의 시기 구분은 다음과 같이 하였다. 첫째, 지방 자치제 시행에 따라 지방지 편찬의 분수령이라고 할 수 있는 1995년을 중요한 분기점으로 삼아 그 이전과 이후로 나누었다. 둘째, 편의적이기는 하지만 1995년에서 다시 10년이 지난 2005년 이후를 또 하나의 시기로 삼았다.

1995년 이전		1995년 이후		2005년 이후	
지방지 간행연도	방언편 여부 집필 내용	지방지 간행연도	방언편 여부 집필 내용	지방지 간행연도	방언편 여부 집필 내용
경남도지 1963	음운 문법 어휘	완주군지 1996	×	단양군지 2005	음운 어휘
단양군지 1977	×	성주군지 1996	어휘	예천군지 2005	어휘
삼척군지 1984	음운 문법 어휘	삼척시지 1997	음운 문법 어휘	광양시지 2006	어휘
의성군지 1988	△5)	의성군지 1998	언어체계 언어분화	양평군지 2006	×
단양군지 1990	×	남양주시지 2000	음운 문법 어휘	청원군지 2006	음운 문법 어휘

---

5) 세모 △로 표시한 지방지에는 '언어'라는 장이 제시되어 있기는 하지만, 지역 방언에 대한 기술이 극히 미미하여 반 페이지 정도의 분량에 지나지 않는 것이다. 이런 지방지가 지역 방언 기술을 포함했다고 보기는 어렵다.

1995년 이전		1995년 이후		2005년 이후	
지방지 간행연도	방언편 여부 집필 내용	지방지 간행연도	방언편 여부 집필 내용	지방지 간행연도	방언편 여부 집필 내용
괴산군지 1990	×	연천군지 2000	음운 문법 어휘	가평군지 2006	어휘
청원군지 1990	음운 문법 어휘	기장군지 2001	×	상주시사 2010	음운 문법 어휘
양평군지 1991	×	영덕군지 2002	×	태안군지 2012	음운 문법 어휘
금릉군지 1994	×	부천시사 2002	×	성주군지 2012	음운 문법 어휘
		이천시지 2002	음운 문법 어휘	안성시지 2011	음운 문법 어휘

[표 1] 시기 구분에 따른 지방지 방언편 기술 여부와 내용

1995년 이전에는 지방지에 방언과 관련된 기술이 없는 경우가 다수이지만, 1995년 이후에는 많은 지방지에서 방언과 관련된 기술을 하고 있으며, 최근으로 올수록 대부분의 지방지에 방언 관련 내용이 포함되어 있다. 1995년을 기점으로 각 지방지들은 전문적인 성격을 추구하게 되는데 이러한 경향에 따라서인지 위의 표에서도 1995년 이후에 간행된 많은 지방지들에 방언편에 대한 기술이 포함되어 있음을 알 수 있다. 그리고 대체로 전통 방언에 초점을 두고 음운·문법·어휘로 나누어 기술하고 있다.

각 지방지를 대상으로 음운·문법·어휘 부문에서 어떤 내용이 기술되어 있는지 정리하면 다음 표와 같다.

지방지 간행연도	음운	문법	어휘	비고
경남도지 1963	모음체계 자음체계 성조	종결어미 관형사형 어미 접속어미 변칙용언	음운변화에 따른 방언 어휘 제시 및 설명	방언지도 제시
삼척군지 1984	통시론적 고찰 공시론적 고찰	종결어미 연결어미 선어말어미 호격조사 목적격조사	품사별 어휘 목록	·, △ 표준어와 비교해 특징적인 음운 변동 기술
의성군지 1988				1쪽 이내로 의성방언의 인상, 음운, 형태, 어휘의 특징적인 예 제시
청원군지 1990	음운체계 음운변동	형태음소의 변이	농사, 음식, 가옥, 의복, 인체, 육아, 인류, 경제, 동물, 식물, 자연, 상태, 동작의 어휘 목록	
성주군지 1996			어휘 목록	
삼척시지 1997	삼척군지(1984년)와 동일			
연천군지 2000	자음체계 및 자음변화 모음체계 및 모음변화	격조사 (목적격 조사, 부사격조사) 활용어미 (종결어미) 접미사(-들)	농사, 의복, 인체 육아, 인류, 경제, 동식물, 자연의 어휘 목록을 제시하고 특징에 대한 기술을 함 형식명사 '것'	
남양주시지 2000	음운체계 음운현상	단어형성법 의미상 특징	품사별 어휘 목록 친족어	
이천시지 2002	음운체계 음운현상	격조사 특수조사 경어법	특징적인 방언 어휘 목록	

지방지 간행연도	음운	문법	어휘	비고
단양군지 2005	음운체계 음운변동		특징적인 방언 어휘 목록	
예천군지 2005			친족명칭, 인체, 생활도구 등 어휘 목록	종결어미, 단모음체계 특징 3가지 간단히 언급 어휘자료집의 성격이 강함
가평군지 2006			품사별 사투리 어휘 목록	발음 변이를 보이는 어휘를 나열
광양시지 2006			광양 방언 어휘 목록	
청원군지 2006	음운체계 음운현상	인칭대명사 조사 연결어미 서법과 경어법 시제	표준어에 대응하는 방언 어휘	
상주시사 2010	음운현상	부사격조사 공동격조사 서술형 어미	상주 방언 어휘 친족 호칭어 은어 컴퓨터 채팅어	
안성시지 2011	음운현상	인칭대명사 조사 연결어미 서법과 경어법 시제 운소6)	표준어에 대응하는 방언 어휘	
태안군지 2012	음운체계 음운현상	격조사, 접미사, 보조사, 어미, 부사, 활용	소금 관련 어휘	
성주군지 2012	음운체계 음운변동	대명사, 조사, 경어법, 시제, 피동·사동, 연결어미, 보조용언, 부사 목록	농사, 음식, 가옥, 의복, 인체, 육아, 인륜, 경제, 동물, 식물, 자연, 상태, 동작의 어휘 목록	

[표 2] 지방지 방언편의 기술 내용

대다수의 지방지는 언어 또는 방언을 기술할 때 음운·문법·어휘 부문으로 나누어 기술하고 있다. 음운 부문에서는 대체로 음운체계와 음운 변동에 대한 내용을 기술하고 있어 지방지에 따른 기술 내용에 큰 차이가 없다. 문법 부문에서는 지방지마다 기술 내용에 차이를 보이지만 대체로 조사와 어미에 대한 기술은 포함하고 있다. 어휘 부문에서는 어휘적 특징에 대한 기술을 하는 경우는 드물고, 품사별 또는 의미 부류별로 방언 어휘 목록을 제시하는 경우가 많다. 몇몇의 지방지는 음운과 문법에 대한 기술은 아주 없거나 소략하게 처리해 놓고, 방언 어휘만 나열해 놓았다. 이런 경우는 방언 어휘집의 성격을 강하게 띠고 있다.

음운·문법·어휘 부문이 각각 거의 비슷한 비중으로 기술된 경우도 있으나 대체로 어느 한 부문에 치중하여 기술해 놓은 것이 많다. 세 부문 중에서 어휘를 가장 중점적으로 기술한 것이 많다. 그러나 다수의 방언 어휘를 나열하여 분량만 많을 뿐 지역 방언 어휘가 가진 특성을 드러내어 기술한 것은 거의 없다. 방언 어휘의 기술은 표준어에 대응하는 방언 어휘를 단순히 나열하고 있는 방식에 그치고 있어 지역 방언에 관한 유의미한 정보를 주지 못하고 있다. 즉 기술된 어휘들의 지역적 특성과 당대 문화적 특성을 기술한 예는 찾아보기 어렵다.

성주군지(1996년), 예천군지(2005년), 가평군지(2006년), 광양군지(2006년)는 다수의 방언 어휘를 나열하고 있을 뿐, 방언 어휘에 대한 설명이 없다. 이 중 상주시사(2010년)의 경우, 거의 대부분 분량이 상주지역의 방언 어휘를 나열한 내용만으로 되어 있다. 특히 친족호칭어를 언급한 절에서는 친족호칭어의 체계에 대한 기술은 없이 호칭어만을 나열해 놓고 있다. 그리고 특이하게 은어(隱語)에 대해 기술하고 있는데, 상주지역에서 특수

---

6) 편집상의 실수로 운소가 문법 부문에 포함된 것으로 보인다.

하게 쓰이는 은어를 언급한 것이 아니라 인터넷 등에서 수집한 은어 목록을 산발적으로 나열해 놓았다.

동일 지역의 지방지를 시간적 간격을 두고 비교해 보면, 1984년에 간행된 삼척군지와 1997년에 간행된 삼척시지의 경우, 13년의 시간적 격차가 있는데도 불구하고 방언편의 내용이 동일하다. 시간적 격차가 있음에도 동일한 내용으로 기술된 이유가 있겠지만, 지방지의 방언편 내용이 전통 방언에만 치우쳐 있기 때문에 예전과 같이 여전히 쓰이는 방언에 대해 다시 쓸 필요가 없다고 생각했을 가능성이 있다. 지방지의 언어 또는 방언편의 내용에 현재 지역민이 사용하는 언어에 대한 내용이 포함되었다면 1984년의 내용과 1997년의 내용이 동일할 리가 없을 것이다.

내용 기술 방식을 살펴보면 현재 지방지의 방언편은 학술 연구 논문의 성격이 강하다. 국어학 분야의 전문용어가 그대로 사용되고 있고, 통시적 변천 과정에 대한 국어사적 논의가 상세하게 이루어진 사례도 있다. 그리고 방언 어휘나 문법 요소의 목록을 제시해 놓은 자료집의 성격을 띤 지방지도 많다. 즉 현재의 지방지의 방언편은 부분적으로는 학술 연구서, 부분적으로는 해설서, 부분적으로 자료집의 성격이 뒤섞인 혼재 상태라 할 수 있다.

2.2. 문제점 분석과 논의

최근 들어 시군지의 내용과 편찬 체제가 많이 변화되고 있고, 일부 지역의 경우 선진적인 시도를 하고 있다. 그러나 기존의 대부분 지방지들은 편찬 사업과 관련하여 공통적인 문제점을 지니고 있었다. 대개 이 문제점이란 것이 지방지의 편찬 주체인 지방자치단체의 이해 부족에서 기인한 것도 있으나, 기초 자료의 정리가 미비한 상태에서 자치 단체장의 업적 위주로 1-2년이란 단기간에 정해진 소규모 예산으로 편찬 사업을 추진하는 데에서 문제가 발생되고 있다(이해준, 1999 : 29).

국어학이 아닌 다른 학문 분야에서 지방지 기술의 문제점을 논의한 연구로 강진갑(1997), 최홍규(1997), 이해준(1999), 김명자(2002), 정광중(2004), 윤택림(2012) 등이 있다. 이 중에서 지방지의 세시풍속 기술에 대해 논의한 김명자(2002 : 124-126)는 향토지 세시풍속 서술의 문제로 다음을 지적하고 있다.

- 특히 시·군지를 중심으로 한 향토지의 경우 현지조사가 결여되어 있음.
- 서술의 체계는 거의 대부분 월별에 따른 관련 행사를 단순하게 나열하는 방식임.
- 세시관련 행사와 그를 구성하는 요소에 대한 의미, 역할에 대한 설명이 결여되어 있음.
- 세시의 '지속과 변화'에 대한 미분화된 서술이 행해짐.
- 세시의 지역적 특성과 그 배경에 대한 서술이 결여되어 있음.

지방지의 역사 기술에 대해 논의한 이해준(1999 : 29)은 지방지의 지방사 기술의 문제점을 다음과 같이 들고 있다.

- 한국사의 축소판과 같은 기술을 하고 있어 지역문화사의 종합 구도가 올바르게 정립되지 못함.
- 기초자료의 정리과정이 미진한 상태에서 서둘러 집필과 출간이 이루어짐.
- 분류사 체제와 통사 체제가 뒤섞여 있으며 부분적으로 연구서, 해설서 자료집 성격이 혼재함.
- 분량이 크고 고답적 편찬체제를 답습하여 젊은 사람들의 관심을 받지 못함.
- 수정 증보판임에도 동일한 내용이 많고 새로운 기초자료의 양은 증가되지 않음.

이상의 논의에서 지적하는 문제점의 구체적인 내용은 다르지만 두 논의 모두 기초 자료 수집 및 정리의 부족, 고답적인 기술 방식, 집필자의 명확한 관점의 미정립 등을 문제점으로 지적하고 있다. 이러한 문제점은 비단 지방지의 세시풍속, 지방사에만 국한되는 것이 아니라 지방지의 방언편 기술에서도 그대로 드러난다. 특히 고답적인 기술 방식과 체제의 답습, 지역 언어의 특성과 그 의미에 대한 서술의 결여 등은 현재 지방지의 방언편 기술에도 동일하게 나타나는 문제점이다. 이러한 문제점은 지방지 편찬 주체의 이해 부족, 편찬 재원의 한계, 집필자의 전문성 결여, 짧은 편찬 기간 등의 여러 요인들이 복합적으로 작용한 결과라고 할 수 있다.

이 글에서는 지방지의 방언편 기술의 내용에만 초점을 두고 기술 내용과 기술 방식의 문제점을 논의해 보고자 한다. 개별 지방지에 대한 분석을 통해 파악되는 지방지 방언편 기술의 문제점은 다음과 같다.

첫째, 방언에 대한 기술이 없는 경우가 있다.

그 지역의 언어가 지역성과 문화를 잘 반영하고 있는 것임을 감안할 때 지방지에서 지역성과 지역 문화를 기술하면서 그 지역의 언어를 기술하지 않는 것은 그 지역에 대한 이해의 폭을 제한한다고 할 수 있다.

박경래(2006 : 630)는 문화유산으로서의 방언을 종합적으로 기술해야할 필요성을 강조한 바 있다. 살아 있는 무형문화유산이라 할 수 있는 전통 방언은 현실세계에 존재하면서 우리의 삶에 작용하고 있다. 그러나 방언을 조사하고 기록해 놓지 않으면 음성 파동으로 허공에 떠다니다가 사라져 버린다. 무형 문화유산인 방언을 기록하여 남긴다는 것은 당대의 언어생활을 오늘날의 모습 그대로 우리의 후손들에게 전해 의미 있는 일이다. 방언은 문화적 가치가 높은 언어 자원 중의 하나이다. 오래 전부터 사용하던 지역 방언에는 그 지역성을 드러내는 다양한 문화적 요소가 간직되어 있기 때문이다(김덕호, 2013 : 31). 따라서 그 지역의 언어에 대한 기술을 통해 해당 지역의 지역성과 지역 문화를 더 잘 드러낼 수 있으므로 지방지에서 지역 언어에 대한 기술은 필수적이다.

지역의 언어는 보존가치가 충분한 무형문화재이며, 지역성과 지역 문화를 잘 드러내 줄 수 있는 문화 자원이므로 해당 지역의 지역성과 지역 문화를 조사 연구한 결과물인 지방지에 지역의 언어에 대한 기술이 없다는 것은 지방지의 가치를 크게 축소시킬 수 있다.

둘째, 지역의 지역성과 지역 문화를 드러내는 기술이 부족하다.

지역의 언어는 오래전부터 해당 지역에서 사용되어 왔기 때문에 그 지역 주민의 삶과 문화를 반영하고 있다. 사용 지역의 생활 문화와 언어적 특성을 반영하고 있는 지역어에 대한 폭넓은 기술이 필요하다. 종래와 같이 음운·문법·어휘 부문에 대한 언어학적인 기술만으로는 해당 지역민의 언어생활을 충분히 드러낼 수 없으며, 지역 방언에 대한 이해의 폭이 제한적일 수밖에 없다.

지역민들이 사용하는 전통 방언을 포함한 일상생활어를 다각도로 조사하여 그 특성을 드러내는 방안을 모색할 필요가 있다. 이러한 방향의 노력이 없이 언어학적 분석과 어휘 나열 위주의 기술은 지역민의 언어생활을 이해하는 데 큰 도움을 주지 못하며, 지방지에서 방언편이 설정되어야 이유를 담보할 수 없다. 대부분의 지역민들은 언어학적 분석을 포함한 학술적으로 심화된 내용보다 지역 언어의 전반적인 특징, 다른 지역과 차별되는 해당 지역 방언의 특징 또는 방언 속에 투영된 문화 현상 등에 관심을 가지고 있다. 이런 점을 고려하지 않은 방언편 기술은 지역민에게는 외면 받게 될 것이고, 결국에는 방언편의 존치 이유를 확보할 수 없게 할 것이다.

셋째, 전통 방언 기술에 치중해 있고, 현재 지역민의 언어생활에 대한 기술이 없다.

지방지에는 대체로 전통 방언만이 기술의 대상이 되고 있다. 지방지에 지역 고유의 전통 방언에 대한 기술이 있어야 하는 것은 당연한 것이지만 전통적인 방언만에 대한 기술은 현재 지역민이 사용하고 있는 언어에 대한 이해를 도모할 수 없게 한다. 지방지 방언편이 현재 그 지역의 언어생활과 언어문화를 반영해야 한다고 볼 때, 살아있는 방언을 조사하고 기술해야 할 것이다. 그러나 노년층을 제외하고 대부분의 지역민이 사용하지 않는 전통 방언만을 대상으로 방언편을 기술하는 것은 명백한 한계를 가진다. 과거와 비교하면 현재 지역민이 그 지역에서 행하는 언어활동은 매우 다양해졌다. 그러나 현재 지방지에는 전통 방언 화자가 생산하는 방언적 요소만을 기술의 대상으로 삼고 있기 때문에 다양하고 복합적인 지역민의 언어생활을 기술하는 데 한계가 있다.

지역에서 이루어지는 언어활동과 문화 활동의 주체는 지역민이다. 현재 그 지역에서 살고 있는 구성원들의 삶을 반영하지 못하는 지방지는 지역민의 관심에서 멀어져 버리게 될 것이다. 이 점은 지역민의 언어생활과 언어문화에 초점을 두는 지방지 방언편의 기술이 필요한 이유이기도 하다.

넷째, 해당 지역어의 방언을 기술할 때 음운·문법·어휘 중 빠진 부문이 있거나 한 부문에 치중해 기술되어 있다.

대부분의 지방지가 음운·문법·어휘 세 부문에 나타난 방언적 특징을 두루 다루고 있다. 그러나 세 부문 중 한 부문에 치중하여 기술하고 있는 경우도 많다. 특히 어휘의 경우, 다수의 방언 어휘를 체계 없이 나열하고 있어서 방언 어휘집의 성격을 띤 사례도 적지 않다. 지방지의 방언편에서 방언 자료의 수집과 기록이 이루어져야 하지만 이러한 방언 어휘의 기록이 방언편의 대부분을 차지하는 것은 바람직하지 않다. 게다가 방언 어휘에 대한 기술도 단순히 표준어에 대응하는 방언 어휘를 나열하고 있는 수준이다. 이와 같이 방언 어휘를 단순히 나열하는 방식의 기술은 그 지역 방언 어휘에 대한 유의미한 정보를 주기 어렵다. 이런 방식으로는 해당 지역 방언의 특성을 드러낼 수 없다. 방언 어휘를 단순히 나열하는 방식으로 제시한 어휘 자료들은 전공 학자들의 연구에도 별 도움이 되지 않는다. 이런 식의 어휘 나열은 지방지의 독자층이 될 수 있는 지역민과 연구자들 모두에게 외면 받는 결과를 초래하였다.

3. 새로운 언어문화편 작성을 위한 기본 방향

지방지의 바람직한 편찬 방향에 대해 논의한 이해준(1999 : 30)은 시군지 편찬의 방향으로 다음을 제안하였다.

◦ 향토지 편찬의 목적과 대상을 분명히 설정해야 함.
◦ 기초자료의 충실한 수집 및 정리작업이 선행되어야 함.
◦ 편찬위원회와 집필위원회의가 효율적, 전문적으로 구성되어야 함.
◦ 지역문화 안내서, 교과서에 맞는 편차와 내용으로 구성되어야 함.

윤택림(2012 : 214-217)은 지방지가 지방사 연구로 발전되기 위해 다음과 같은 변화가 있어야 한다고 지적하였다.

◦ 지방지 집필에 참여하는 학자들이 지방지 작업을 지방사의 연구로 보는 진지한 자세가 필요함.
◦ 지방지 편찬 위원회를 상설기구화해야 함.
◦ 지역민이 접근하기 쉬운 형태로 제공되어야 함.

이상의 연구에서 제안한 방향에는 편찬 주체인 지방자치단체와 지방지를 집필하는 집필자가 염두에 두어야 하는 내용 둘 다 포함되어 있다. 지방지 편찬의 목적 및 대상의 설정, 전문적인 위원회 구성, 지방지의 편차와 내용 등은 지방자치단체 및 지방지 간행 관련 위원회의 몫이라고 할 수 있다. 좋은 지방지 간행은 편찬 주체가 지방지 간행에 얼마나 목적의식과 열의를 가지고 있느냐에 달려 있다고 할 것이다. 이처럼 좋은 지방지를 간행하기 위해서는 편찬 주체의 역할이 가장 크지만, 집필자 또한 지방지 집필의 목적과 대상을 확실하게 설정하고, 지방지의 언어문화편 집필을 연구로 보는 태도를 가져야 함을 제안하고 있다.

이 글에서는 앞에서 제기한 문제점을 인식하고 새로운 집필 방향을 모색하기 위해, 지방지의 언어문화편 작성의 기본 방향을 다음과 같이 제안한다.

첫째, 지방지의 언어문화편은 그 지역의 방언적 특성과 지역의 언어문화가 드러나도록 기술되어야 한다.

한 지역의 지방지는 그 지역만의 고유성이 드러나도록 기술되어야 한다. 이는 방언의 기술에 있어서도 마찬가지이다. 현재까지 지방지 언어문화편에서의 기술은 지역성을 드러내는 측면은 충실하였으나, 그 지역 고유의 문화가 반영된 언어적 특징을 기술하는 부분은 부족한 면이 있었다. 다른 지역과 차이가 나는 그 지역 고유의 방언형에 대한 기술과 함께 그 지역의 문화를 반영하는 방언에 대한 기술이 필요하다.

지역에서 사용되는 언어의 언어적 특징만을 기술하거나 방언 어휘를 단순히 나열하는 방식에서 벗어나 그 지역의 지역성과 문화를 드러낼 수 있는 요소들을 추출하고 그에 대한 기술이 이루어지는 것이 바람직하다.

둘째, 지방지의 언어문화편은 전통 방언뿐만 아니라 현재 사용되는 지역어에 대한 내용을 포함해야 한다.

조남호(2013 : 83)는 실제 각 지역에서 어떻게 언어생활이 이루어지고 있는가에 대한 조사가 필요하다고 주장하였다. 지금까지 방언과 관련된 사업은 주로 과거로부터 쓰여 왔지만 이제는 사라져 가는 방언을 수집하는 데 관심을 두어 왔다. 과거부터 사용된 그 지역의 전통적인 방언에 초점을 두는 것은 지방지 방언편 기술에서도 마찬가지로, 지방지 방언편 기술의 대상은 주로 보존해야 하는 전통적인 방언이었다. 그러나 현재 각 지역에서는 표준어의 영향을 받으면서도 표준어와는 다른, 지역의 말이 사용되고 있다.

이러한 언어 현실을 반영하여 그 지역의 언어는 과거부터 사용되어 온 전통적인 방언뿐만 아니라 현재 그 지역에서 살고 있는 사람들이 사용하는 언어를 포함해야 한다. 지금까지 지방지의 언어문화편은 전통 방언에 초점을 두고 노년층의 방언을 집중적으로 기술해 왔으나 노년층의 전통 방언뿐 아니라 표준어 등 다른 방언의 영향을 크게 받은 계층의 언어생활을 기술 대상에 포함해야 할 것이다. 노년층의 전통 방언과 그 이하 세대가 사용하는 새로운 지역어를 기술의 대상으로 삼아야 한다. 그리하여 전통 방언과 현재 사용되는 지역어 둘 다 고려한 기술이 필요하다. 현재 사용되는 지역 언어에 대한 내용이 지방지 언어문화편에 포함된다면 현재 지역민의 관심에도 부합하고, 해당 지역의 언어문화 전반에 대한 이해도 가능할 것이다.

셋째, 지방지의 언어문화편은 지역민의 다양한 언어생활을 포착할 수 있도록 기술되어야 한다.

기존의 지방지들은 언어적인 측면 중 음운·문법·어휘에 주로 초점을 두고 지역의 언어를 기술해 왔다. 즉 전통적인 제보자의 발화에서 추출해 낸 방언적 특징을 기술하는 것이 지방지 방언 편의 주된 내용이었다. 그러나 해당 지역의 언어는 제보자의 발화뿐만 아니라 지역의 언어 환경을 구성하고 있는 언어를 통해서도 파악이 가능하다. 따라서 지역민이 사용하는 언어와 언어문화에 대해 폭넓게 기술하기 위해 지역민의 발화에서 추출해 낼 수 있는 언어적 특징뿐만 아니라 지역의 언어 환경을 구성하고 있는 다양한 언어에 대해서도 기술되어야 한다.

지역의 공공언어나 간판언어, 상호명 등은 지역민이 소비·생산하면서 생활과 밀착되어 있는 것이다. 이러한 언어에 대한 관찰 및 기술은 해당 지역민이 사용하는 언어를 파악하는 다양한 방법 중의 하나가 될 수 있다. 공공기관에서 생산해 내는 공공언어는 그 영향력을 고려할 때 해당 지역의 지역민의 언어생활에 영향을 미칠 수 있으므로 현재 지역민의 언어생활을 파악하는 데 포함될 수 있다. 또한 상호명을 통해 해당 지역민의 이름 짓기 방식과 특징을 파악할 수 있을 것이다.

넷째, 지방지의 언어문화편 집필의 목적과 독자를 명확히 설정해야 한다.

2장에서 살펴보았듯이, 현재 간행된 지방지의 언어문화편은 지방지에 따라 성격이 다르고, 한 지방지의 언어문화편 내에서도 해설서, 연구서, 자료집의 성격이 혼재되어 있었다. 이처럼 여러 가지 특성이 혼재된 것은 집필자가 집필의 목적과 성격, 그리고 예상되는 독자를 설정하지 않아서이기도 하다.

지방지의 언어문화편은 해당 지역의 언어적 특성을 그 지역의 주민은 물론 지방지를 읽을 기회가 있는 타 지역의 일반인들에게 잘 설명해 줄 수 있어야 한다. 이런 점에서 지방지 언어문화편은 그 지역 주민이 사용해 온 언어의 역사적 전통성과 현재의 언어생활을 설명하고 해설하는 해설서가 되는 방향으로 집필하는 것이 바람직하다고 본다. 아울러 지방지 언어문화편은 편찬되는 당대의 언어생활을 기록하는 것이라는 점도 고려해야 할 것이다.

대체로 지방지에 수록된 여러 가지 내용들은 공공기관이나 전문연구기관 전문 연구자들에게 유용한 자료가 될 수 있다. 그러나 당대 지역민들이 지방지 내용을 쉽게 이해하고 소비하기 쉬운 것이 아닌 경우가 많다. 지역민을 그 지역 역사의 주체로 간주한다면 지방지가 지역민들에게 접근하기 쉬운 내용과 형태로 제공될 필요가 있다(윤택림 2012 : 240). 전문가, 연구자 등 학문적, 전문적 수요층에서 일반 시민으로 지방지의 수요층이 전환되려면 내용은 일반 시민이 관심을 가질 수 있는 흥미로운 것으로, 문체나 용어도 평이한 수준이 되어야 할 것이다.

그리고 편찬의 목적은 일반 시민들이 '현재' 해당 '지역'의 언어와 언어문화를 잘 파악할 수 있는 데 두어야 한다. 이를 위해 과거에 사용된 전통 방언을 대상으로 언어학적으로 기술하는 방식을 탈피하여, 현재 그 지역을 살고 있는 사람들의 언어 및 언어문화, 언어생활 전반에 대해 기술되어야 한다.

지방지는 그 지역의 역사와 문화에 대해 정리한 것이므로, 공공기관이나 전문연구 기관, 전문 연구자들뿐만 아니라 지역민의 관심을 받을 수 있어야 한다. 지역민들이 그들이 사용하는 언어의 특성을 이해하는 것은 보다 나은 언어생활로 나아가기 위한 기초가 될 수 있다. 그 지역민이 사용하는 언어의 다양한 측면을 드러내는 실제적 내용으로 언어문화편이 서술된다면 해당 지역민의 관심을 받으면서 이들의 언어생활 향상에도 기여할 수 있다. 또한 방언학 혹은 국어학 연구자의 학문적 성과가 지역민들의 삶에 기여하여 학문적 성과의 대중화를 도모할 수 있다. 이러한 학문 분야의 대중화는 국어학의 외연 확대에 도움이 되고 국어학의 사회적 필요성을 현실에서 확인하는 것이 될 것이다.

다섯째, 지방지 언어문화편 기술의 통일된 집필 모델이 필요하다.

지방지에서 세시풍속이 어떻게 기술되고 있는지를 살핀 김명자(2002 : 116)는 무엇보다 세시풍속의 성격을 정확하게 드러내는 방식을 설정하여 일반화할 필요가 있다고 주장하였다. 물론 지방지라는 이름대로 '지역성'

을 드러내야 하겠으나 이는 내용을 통해 추출할 수 있으므로 먼저 일반
화할 수 있는 서술 방법을 만들어야 한다고 하였다.

지방지의 방언편 또한 지방지마다 그 서술 내용과 방식이 다르다. 지
역마다 지역의 언어적 특징이 드러나는 부분이 다르기 때문에 기술 내용
과 방식을 일률적으로 정할 수 없으나, 일반화할 수 있는 집필 내용과
방식을 설정한 후 그에 따라 각 지역어의 특징이 잘 드러날 수 있도록
기술하는 것은 가능하다. 지역의 언어와 언어문화를 잘 드러낼 수 있는
어느 정도 합의된 집필 모델이 있다면 해당 지역의 언어를 좀 더 체계적
이고 폭넓게 기술할 수 있다.

또한 통일된 집필 모델에 따라 지방지의 언어문화편이 서술된다면 지
방지의 학술적·대중적 활용도를 높일 수 있을 것이다. 단일한 모델로
기술된 각 지방의 언어문화편은 해당 지역 언어의 특징과 다른 지역 언
어와의 공통점과 차이점을 일목요연하게 파악하는 것을 가능하게 한다.
단일한 모델에 따른 지역어의 서술은 비교방언학적 연구에 활용될 수 있
으며, 해당 지역의 언어와 다른 지역의 언어를 비교함으로써 일반 시민
들에게 자기 지역 언어의 특징을 파악할 수 있는 기회를 제공할 수 있다.

4. 새로운 언어문화편의 내용과 구성

지방지의 언어문화편이 그 지역에서 사용되는 언어와 관련된 다양하고
도 실제적인 내용으로 집필된다면 해당 지역민의 관심도 받고, 학문적
결과물의 대중화에도 기여할 수 있다. 이러한 점을 염두에 두고 해당 지
역의 언어 및 언어문화를 잘 드러내기 위해 지방지의 언어문화편이 다음
과 같은 내용으로 구성될 것을 제안하고자 한다.[7]

4.1. 지역어의 개괄적 소개

여기에는 지역어의 역사적 배경 또는 형성 과정에 대한 내용이 포함된다. 그리고 해당 지역어의 방언적 위상과 방언권에서의 위치, 인근 지역어와의 관계, 행정구역 개편에 따른 언어적 특징 등과 같은 지역어에 대한 개괄적 내용이 기술될 수 있다.

4.2. 지역어를 반영한 고문헌 자료 검토

지역어를 반영한 고문헌 자료가 있을 경우 이에 대한 검토가 필요하다. 예컨대 광주시지 언어문화편에서는 광주 천자문(1575)을 이용할 수 있고, 예천군지의 경우에는 용문사판 『염불보권문』(1704)의 방언적 특징을 언급할 수 있을 것이다. 경북 달성군을 다룰 때는 「현풍곽씨언간」을 이용할 수 있을 것이다. 이때 어느 정도의 깊이로 고문헌의 언어 현상을 언어문화편에서 다루어야 할 것인지가 문제될 수 있다. 정밀하고 체계적인 국어학적 분석이 아니라 해당 자료가 반영한 지역 방언의 옛 모습을 이해하기 쉽고 평이하게 서술하는 정도로 함이 적절할 것이다.

4.3. 전통 방언에 대한 기술

여기서는 해당 지역의 전통 방언의 특성을 다룬다. 주로 음운·문법·어휘로 나누어 그 지역어가 가진 특징적인 면들이 기술되면서, 다른 지

---

7) 지역의 언어문화를 기술할 때 지명에 대한 기술이 포함된다면 지역에 대한 더욱 폭넓은 기술이 가능할 것이다. 그러나 대체로 지방지에 방언편과 별도로 지명편이 기술되어 있으므로 이 글에서는 방언편을 중심으로 기술하고 지명편에 대해서는 본격적으로 다루지 않는다.

역과 구별되는 특징이 부각되도록 기술하는 것이 좋을 것이다. 특히 어휘의 경우에는 해당 지역의 지역성과 문화를 드러낼 수 있는 것을 중점적으로 다룰 필요가 있다. 지역민이 사용하는 방언 어휘를 나열하는 데 그치지 말고, 방언 어휘가 어떻게 지역성과 문화를 반영하고 있는지 드러내도록 노력한다.

태안군지(2012년)의 경우, 태안지역의 지역성이 드러나도록 어휘 부문이 기술되어 있다. 태안에는 해안의 지리적 특성에서 연유한 염전 사업과 관련된 특이 어휘들이 많은데, 이와 관련된 방언이 태안 방언의 중요한 특징이 되는 것이다. 그리고 김봉국(2011)에서는 부산지역의 언어문화를 드러낼 수 있는 지역어 요소를 탐색하고 부산지역의 언어문화가 갖는 특징에 대해 살펴본 바 있다. 언어적인 특징으로는 음운 목록과 음운현상 그리고 높임법을 다루었다. 언어문화적 특징과 관련해서는 친족 어휘, 관용적 표현 등에 대해 논의하였다. 특히 이 연구에서 소개하고 있는 관용적 표현들은 부산지역의 지리적 특징을 많이 반영하고 있으며, 부산의 언어문화적 특성을 잘 드러내주는 언어적 요소라고 할 수 있다. 이처럼 해당 지역의 지역성과 문화를 반영하고 있는 언어 요소들을 중점적으로 기술함으로써 그 지역의 언어문화적 특성을 잘 드러낼 수 있다.

4.4. 현재 지역민이 사용하는 언어와 지역민의 언어 의식에 대한 기술

여기서는 현재 지역민이 사용하는 언어와 언어 사용의 기저에 깔려 있는 지역민의 언어 의식에 대해 기술한다.

전통 방언과는 다른 현재 지역민이 사용하는 언어의 특징을 기술함으로써 '현재 그 지역을 살고 있는 사람들'의 언어를 파악하는 것이 가능하다. 이를 위해 구어를 대상으로 음운·문법·어휘상의 특징을 기술하되, 세대·성·학력 등의 사회적 요인에 따른 분화의 양상을 기술한다. 특히 노년층이 사용하는 전통 방언과 젊은 세대가 사용하는 지역어의 특징을 비교하는 기술을 통해 세대 간에서 일어나고 있는 지역어의 언어 추이를 파악할 수 있다. 나아가 언어 추이의 원인을 찾아 설명하는 것도 흥미로 운 집필 내용이 될 수 있다. 청원군지(2006년)에서는 노년층과 젊은층의 음운체계 및 음운현상의 실현 양상을 비교하고, 여기에 나타난 언어 추 이의 원인을 교육과 매스컴의 영향에서 찾고 있다. 이러한 방식의 기술 은 청원지역의 전통 방언과 현재 방언을 비교함으로써 이 지역민이 사용 하는 언어를 심층적으로 이해할 수 있게 한다.

　그리고 지역민이 사용하는 언어를 심층적으로 기술하기 위해 지역민이 가지고 있는 언어에 대한 의식 및 태도가 파악될 필요가 있다. 언어 태 도는 언어에 대한 화자의 심리적 상태라고 할 수 있는데, 화자들의 언어 태도에 따라 언어 사용이나 선택이 달라질 수 있다. 언어 의식에 대한 조사 및 연구(조준학 외 1981 ; 국립국어원 2005 ; 국립국어원 2010 ; 한성우 2012 등)에 따르면 지역어와 표준어에 대한 화자들의 태도가 지역에 따라 차이 를 보인다. 지역어와 표준어에 대한 해당 지역민들의 의식에 대해 기술 함으로써 지역민의 언어에 대한 생각을 파악할 수 있고 지역민이 사용하 는 언어에 대한 다각도의 논의가 가능하다.

4.5. 지역의 공공언어와 명명어에 대한 기술

　여기서는 공공기관에서 지역민을 대상으로 하여 생산하는 공공언어와 지역민들이 만들어 내는 명명어에 대해 기술할 수 있다. 공공언어와 명 명어는 둘 다 지역 사람들을 대상으로 그 지역에서 살고 있는 사람들이 만들어 내는 것이기 때문에 지역의 특성과 언어문화를 반영할 수 있기 때문이다.

공공언어의 성격을 가장 잘 드러내는 것은 공공기관에서 공공의 목적으로 사용되는 언어이다.[8] 시청과 군청의 누리집의 언어, 시와 군에 속한 공공기관의 누리집의 언어, 해당 지역 소재 문화재의 안내문, 공공기관에서 게시한 현수막과 포스터 등이 공공언어의 예가 될 수 있다. 공공언어는 공공기관이 소재한 지역과 지역민을 대상으로 하므로 그 지역의 특수성이 반영되어 있을 것이다.[9] 따라서 공공언어에 대해 기술함으로써 그 지역의 특성을 포착하고 지역에서 사용되는 다양한 언어에 대한 파악이 가능하다.

공공언어의 다양한 양상을 주요 예문을 통해 분석하거나 공공언어의 정확성 및 공공기관과 일반인의 소통성에 초점을 두고 공공언어의 실태를 기술할 수 있다. 이러한 공공언어에 대한 분석을 토대로 공공언어로서의 적합성과 문제점을 파악하고, 부족한 부분을 보완할 수 있는 개선 방안을 제시할 수 있다. 이러한 내용은 직접적으로 지방자치단체의 행정 자료로 활용될 수 있고, 나아가 바람직한 공공언어 정착에 기여할 수 있을 것이다.

---

8) '공공언어'에 대한 정의는 다양하다. 공공언어의 범위를 넓게 잡아 "공적 영역과 사적 영역을 막론하고 불특정 다수의 사회구성원이 대상이 될 수 있는 상황에서 사용하는 언어"(조태린, 2010 : 383), "정부 기관이 사용하는 언어와 민간이 사용하는 언어라도 일반인이 듣고 볼 것을 전제로 하여 사용하는 언어"(남영신, 2009 : 69)와 같이 정의내리기도 한다. 또는 공공언어의 범위를 조금 더 좁혀 "공공기관에서 해당 업무자가 사회 구성원(일반 국민)을 대상으로 공공의 목적을 위해 생산한 문어 텍스트"(민현식, 2010 : 5)라는 정의도 있다. 이 글에서는 대체로 후자의 관점을 따라 일반인을 대상으로 공공기관에서 생산해 내는 문어 텍스트에 초점을 두고 기술한다.

9) 경북 칠곡군의 공공 목적의 현수막과 공공게시판의 게시문을 분석해 보면, 산불조심을 당부하는 게시물이 다수인데 이는 칠곡군의 지형적 특징을 반영하는 것으로 보인다. 또한 평생학습센터에 대한 홍보 게시물이 많은 것은 평생학습도시를 표방하는 칠곡군의 특징이 반영된 것이라고 할 수 있다.

명명어(命名語)는 회사, 상점, 식당, 건물, 단체 등을 가리키기 위해 지은 이름을 뜻하는 것으로, 지역 주민이 일상생활에서 많이 쓰는 언어이면서 공공언어의 성격을 띠고 있다. 명명어에 대한 기술을 통해 지역민들의 이름 짓기 방식을 파악할 수 있으며, 지역의 특성을 살펴볼 수 있다는 점에서 지방지 언어문화편의 기술 대상이 될 수 있다.10)

사회적 공공성을 띠는 간판 언어를 분석하면 문화적 특성과 인간의 가치관이 언어에 어떻게 투영되고 있는가를 살필 수 있다(김혜숙, 2005 : 70). 아울러 명명어에 대한 기술을 통해 지역에서 사용되는 언어뿐만 아니라 해당 지역의 특성도 파악할 수 있다. 통영의 간판 상호를 분석한 공선종 (2010)은 조선업과 관광업의 발달로 소비위주의 업종이 증가하고 있는 통영 지역의 특성을 간판 상호가 잘 반영하고 있다고 한다.11) 이처럼 간판 상호와 같은 명명어에 대해 기술함으로써 그 지역에서 사용되는 언어와 지역의 특수성, 지역의 언어문화를 추출해 낼 수 있다.

경북 칠곡군지(2015년)에 수록된 '칠곡군의 언어문화'편은 위에서 제안한 모델로 서술되어, 칠곡군의 언어와 언어문화를 다양하고 폭넓게 드러내고자 하였다. '칠곡군의 언어문화'편은 제1장 칠곡 방언의 위상, 제2장 칠곡군의 전통 방언, 제3장 칠곡군의 공공언어와 명명언어, 3개의 장으로 구성되어 있다. 1장과 2장은 기존의 지방지에서 기술되어 온 방식과 동일하게 방언학적 관점에서 칠곡 방언의 위상과 음운적, 형태적, 어휘적

---

10) 공공언어는 지역에 따른 큰 차이가 나는 것은 아니다. 그러나 공공기관과 지역민의 소통성 측면에서는 차이가 나는데, 공공기관과 지역민이 공공매체를 통해 얼마나 소통을 하고 있는가 하는 부분도 공공언어의 특성에 포함될 수 있다. 이러한 점에서 지역에서 사용되는 공공언어의 정확성과 소통성을 분석해 보는 것은 의의가 있다고 할 수 있다.

11) 공선종(2010 : 52-53)에 따르면 통영 지역의 간판 상호는 통영 지역의 특성을 잘 반영하고 있으며, 특히 음식업과 기타자재 관련업의 경우가 그러하다. 통영의 경우 조선업과 관광업의 발달로 소비위주의 업종이 증가하고 이들 업종에는 외래어 간판이나 한자어+외래어 간판이 많이 나타난다고 한다.

특징을 기술하고 있다. 그리고 전통 방언을 다루는 장에서 칠곡 지역의 말을 보여주는 『삼국사기』 지리지 권34에 기재된 지명어(地名語)와 고려 시대의 「정도사석탑조성형지기」(淨兜寺石塔造成形止記)를 소개하며 칠곡군 지역의 지명과 인명 등에 대해 서술하고 있다. 이 2개의 장은 일반인이 관심을 가지고 칠곡군의 언어적 특징을 포착할 수 있는 정도의 내용으로 기술되어 있다. 그리고 3장에서는 칠곡의 현재를 살아가는 지역민의 다양한 언어생활을 포착하기 위해 공공언어와 명명언어에 대해 기술하고 있다. 칠곡군청 누리집의 언어, 칠곡군 소재 문화재 및 기념관의 해설문, 일반인을 대상으로 공공 목적을 가지고 부착된 현수막과 포스터의 언어를 통해 공공언어에서 드러나는 지역적 특성, 지역민의 언어생활 등을 기술하고 있다. 특히 공공언어의 정확성뿐만 아니라 소통성에도 중점을 두고 공공언어의 특성을 살펴보고 있다. 그리고 칠곡군의 지명과 도로명 주소, 상호명, 회사명, 단체명 등의 명명언어를 통해 칠곡군의 지역적 특성, 이름 짓기 방식 등을 살펴보고 있다.

칠곡군지의 이와 같은 서술 방식은 이 지역에서 예로부터 사용되어 온 지역의 언어를 파악하는 것은 물론 현재 지역민의 언어와 다양한 언어생활을 포착하는 것을 가능하게 한다. 특히 칠곡 군민의 일상생활과 밀착되어 있으면서 사회적 공공성을 띠는 명명언어와 공공언어에 대해 기술함으로써 지역에서 사용되는 실제 언어와 언어문화, 지역적 특성을 잘 드러내고 있다. 이와 같은 기술은 다른 지역과 차별되는 해당 지역의 언어적 특징과 지역성을 드러내는 동시에 지역민들이 지역의 언어와 언어문화에 관심을 기울이게 하는 방식이 될 것이다.

5. 결론

현재까지 방언 연구는 전통 방언에 집중되어 각 지역의 방언에 대한 정치(精緻)한 연구가 이루어져 왔다. 현대 남한의 대부분 시군 지역은 도시화가 진행되면서 과거 농촌 중심의 생활 방식은 점점 사라지고 있다. 방송·언론·광고 매체와 인터넷 환경 등으로 인해 오늘날 시군 지역민들은 과거와 크게 다른 언어 환경 속에 살고 있다. 표준어의 보급과 교육의 확대로 그 지역 고유의 방언은 사라져 가고 있으며 방언 접촉도 매우 빈번하다. 이러한 점에서 앞으로 지역 방언에 대한 연구도 새로운 접근이 요구된다.

이 글에서 우리는 전통 방언을 중심으로 기술되어 온 지방지 방언편을 변화된 언어 현실에 맞추어 새롭게 바꾸기 위한 모델을 찾아보려고 노력했다. 새로운 지방지의 언어문화편은 전통 방언은 물론 현재 그 지역에서 살고 있는 지역민의 생활언어와 여기에 반영된 언어문화에 대한 기술을 포함해야 한다. 이러한 관점에서 대상 지역의 지방지 언어문화편을 집필한다면 그 지역 주민이 사용한 방언의 역사성과 당대의 언어생활을 포함한 언어문화 전반에 대한 폭넓은 이해가 가능해질 것이다. 이러한 접근은 방언 연구의 외연을 넓히면서 학문적 연구 성과를 대중들과 공유하는 계기를 만들 수 있을 것이다.

이에 이 글은 지방지의 언어문화편이 전통 방언에 대한 언어학적인 기술에서 탈피하여, 현재 그 지역에서 살고 있는 주민들의 언어생활과 언어문화 전반에 대해 기술되어야 함을 주장하였다. 그 결과 지방지 언어문화편 기술에 포함되어야 할 주요 사항을 세우고 다루어야 할 내용을 제안하였다.

그러나 이 글에서 지방지의 언어문화편 기술 방식과 기술 내용에 대한 논의가 충분하게 이루어진 것은 아니다. 이 글에서 제안한 방식을 더 정밀히 하고 실제 적용을 통해 더 다듬어 가야 할 것이다. 이 글의 제안이 지역의 언어문화를 더 잘 기술할 수 있도록 좀 더 나은 방식을 모색하는 디딤돌이 되기 바라며, 앞으로 지방지의 언어문화편 기술 방식과 내용에 대한 논의가 더욱 진전되어 다수의 학자들이 수긍하는 실천적 모델이 개발되기를 기대해 본다.

‖ 참고문헌

강진갑(1997), 「향토지 편찬의 문제점과 개선방향」, 『인문과학논집』 4-1, 강남대학교 인문과학연구소.

공선종(2010), 「통영 지역의 간판 상호 언어 연구」, 경남대학교 석사학위논문.

국립국어원(2005), 『2005년 국민의 언어의식 조사』, 국립국어원.

_____(2010), 『2010년 국민의 언어의식 조사』, 국립국어원.

김덕호(2013), 「방언의 문화 콘텐츠 산업화를 위한 연구 방법론 제언」, 『방언학』 18호, 한국방언학회.

김명자(2002), 「세시풍속 서술방법 시론 : 대전·충남지역 향토지를 중심으로」, 『역사민 속학회』 제14호, 한국역사민속학회.

김봉국(2011), 「부산의 지역어와 언어문화」, 『석당논총』 50, 동아대학교 석당학술원.

김혜숙(2005), 「간판 매체 언어에 나타난 한국 문화 현상」, 『한국언어문화학』 2-1, 국 제한국언어문화학회.

남영신(2009), 「공공언어 순화 추진과 제도 확립 방안」, "공공언어 어떻게 할 것인가" 발표 자료집, 국립국어원.

민현식(2010), 『공공언어 요건 정립 및 진단 기준 개발 연구』, 국립국어원.

박경래(2006), 방언, 『청원군지』.

백두현(2015), 칠곡군의 언어문화, 『칠곡군지』.

선영란(2002), 「새로운 역사학과 새로 쓰는 지방지」, 『지방사와 지방문화』 5-1, 역사문 화학회.

왕한석(2009), 「한국의 언어문화 연구를 위한 몇 가지 제언」, 담화·인지언어학회 학술 대회 발표논문집.

윤택림(2012), 「지방지(地方誌)와 구술사 : 경기남부 지방지를 중심으로」, 『구술사연구』 3-2, 한국구술사학회.

이해준(1999), 「시·군지 편찬의 과제와 방향」, 『향토사연구』 제11집, 한국향토사연구 전국협의회.

정광중(2004), 「지역지리적 측면에서 본 지방지(地方誌)의 문제점과 개선방향 : 새로운 구성(構成)을 위한 방향 탐색」, 『초등교육연구』 9권, 제주교육대학교 초등 교육연구소.

조남호(2013), 「방언의 보존과 활용에 관한 정책적 접근」, 『방언학』 18호, 한국방언학회.

조준학·박남식·장석진·이정민(1981), 「한국인의 언어의식」, 『어학연구』 17-2, 서울
　　대학교 어학연구소.
조태린(2010), 「공공언어 문제에 대한 정책적 개입 방식」, 『한말연구』 제27집, 한말연
　　구학회.
최홍규(1997), 「향토지 편찬을 위한 방향 모색」, 『인문과학논집』 4-1, 강남대학교 인문
　　과학연구소.
한성우(2012), 「방언과 표준어 의식」, 『방언학』 16호, 한국방언학회.
허흥범(2003), 「지역사 연구와 지방지 편찬 : 경기 지역을 중심으로」, 『역사와 현실』 48,
　　한국역사연구회.

제 2 부 문화론적 관점에서 본
영남 어문학의 다양성

영남지역 시집살이노래의 특징과 문화적 가치*

-<중노래>와 <양동가마> 유형을 중심으로-

박 지 애

1. 서론

민요는 민족의 삶과 정서를 반영함과 동시에 지역적·시대적 변화와 특성도 고스란히 간직하고 있다. 즉 영남지역의 자연적·사회적·문화적 환경 속에서 배태되고 지역에서 전승되어 온 영남의 민요는 민족 정서의 보편성과 아울러 지역적인 개별성과 특수성을 가지고 있다. 그러므로 민요의 장르와 유형, 구조적 특징과 미의식 등 거시적인 차원의 논의도 중요하겠지만, 지역별 민요가 갖는 개별성과 특수성에 주목함으로써 민요의 본질을 다각적으로 규명할 수 있을 것이다. 이 글은 지역문학에 대한 연구의 일환으로 영남지역에서 전승되고 있는 시집살이노래를 대상으로 영남지역 시집살이노래의 특성을 구명하고자 한다.

시집살이노래는 사설의 내용에 따라 민요를 분류한 명칭으로서, 지금까지 주로 구조나 미의식, 서술 방식 등 문학성 해명과 여성문학으로서

---

* 이 글은 『한국민요학』 39(한국민요학회, 2013)에 게재한 논문이다.

의 의의를 규명하는 연구가 주를 이루었다. 반면 지역문학으로서의 시집살이노래가 갖는 개별성에 대해서는 연구자들이 크게 주목하지 않았다.[1] 이는 시집살이노래가 길쌈이나 밭매기 등 여성들의 노동에 두루 불리면서 기능과 밀착된 가락과 장단을 지니지 않아 지역별로 기능과 사설 면에서 큰 차이가 없다는 인식에 따른 것이라고 할 수 있다(서영숙, 2012b : 125). 그러나 시집살이노래 또한 노래를 향유한 기층 여성들의 보편적 정서와 아울러 지역의 사회적·자연적·문화적 환경 속에서 형성된 지역적 개별성이 사설 속에 반영되어 있다. 그러므로 시집살이노래 전체를 대상으로 한 장르적 성격 규명과 아울러 지역문학으로서의 시집살이노래의 특성도 함께 논의되어야 할 것이다.

이 글은 영남지역에서 구연·전승되고 있는 시집살이노래의 분포 현황과 특징을 살펴봄으로써, 영남지역 시집살이노래가 갖는 보편성과 함께 사회·문화·환경적 차이에 따른 권역별 개별성을 살피는 것을 목적으로 한다. 이를 위해 『한국구비문학대계』와 『한국민요대전』 및 현재 진행 중인 <한국구비문학대계 개정·증보 사업>의 현장 조사 자료를 활용하고자 한다.[2]

영남지역에는 전승되는 대표적인 서사형 시집살이노래 유형은 <중노래>와 <양동가마>이다.[3] 기존의 논의가 영남지역 서사민요의 유형별 전승양상을 밝히는데 주력했다면, 이 글에서는 동일한 시집살이노래 유형이 영남지역 내의 권역에 따라 어떠한 분포를 보이고 있는지에 초점을 두고 논의를 진행하고자 한다. 그러므로 권역에 따라 다양한 하위 유형

---

1) 최근 서영숙에 의해 시집살이노래를 포함한 서사민요의 지역문학적 성격에 대한 연구가 진행되고 있다.

2) <한국구비문학대계 개정·증보 사업> 현장조사단 자료는 2008년~2012년까지 조사된 자료를 활용한다.-http://gubi.aks.ac.kr/web.

3) 영남지역에 전승되는 서사민요의 유형별 전승양상은 서영숙(2009 ; 2010)의 논의를 참고한다.

이 분포되어 있는 <중노래>와 <양동가마> 유형을 중심으로 영남지역 시집살이노래가 갖는 보편성과 권역별 특수성을 논의하고자 한다. 이를 위해 2장에서는 영남지역에서 전승되고 있는 시집살이노래의 현황을 살펴보고, 3장에서는 영남지역의 지리적·문화적 환경을 고려하여 권역을 구분하여 각 권역의 시집살이노래의 양상을 살필 것이다. 4장에서는 시집살이노래의 양상을 토대로 각 권역의 문화적 가치에 대해 논의하고자 한다.

2. 영남지역 시집살이노래의 분포 현황

시집식구의 횡포를 견디다 못한 며느리가 중이 되어 시집을 떠나는 내용을 기본적인 줄거리로 갖추고 있는 일련의 노래를 <중노래>로 분류할 때, 중이 된 이후 시집식구나 며느리의 행동 방식에 따라 <중노래>는 아래와 같이 크게 네 가지 유형으로 구분할 수 있다. 네 가지 유형은 세부적인 차이에 의해 다시 하위 유형으로 나누어진다.

유형	하위 유형	내용
A 시집의 복망(覆亡)	A1	시집식구들의 죽음
	A2	남편 무덤으로 들어감
	A3	선녀가 되어 하늘로 승천
B 남편과의 재회	B1	남편과의 만남
	B2	남편의 귀가 권유와 거부
	B3	남편과의 귀가 거부 후 시댁으로 간 남편의 죽음
C 출가 이후 유랑	C1	출가의 결심 및 출가 후의 유랑
	C2	중이 되어 친정으로 찾아감
	C3	중이 되어 시댁으로 찾아감

D 서술자 전환 (올케의 원망)	하위 유형 없음

[표 1] 후반부의 내용 차이에 따른 <중노래>의 하위 유형

『한국구비문학대계』, 『한국민요대전』, 현재까지 진행된 <한국구비문학
대계 개정·증보 사업>(2008~2012년)에 보고되어 있는 영남지역의 <중노
래>는 모두 49편이다. 49편의 <중노래>를 하위 유형에 따라 나누어 보
면, A유형 18편(37%), B유형 11편(22%), C유형 19편(39%), D유형 1편(2%)
이다. D유형은 며느리에서 친정 올케로 서술자가 전환되면서 올케의 원
망으로 내용이 바뀌는 유형으로서, 일반적인 형태의 <중노래>유형과는
구분된다. 이 장에서는 영남지역에 전승되는 <중노래>의 전체적인 분포
현황만 제시하고 각 권역별로 전승되는 <중노래>의 구체적인 특징은
하위 유형을 토대로 다음 장에서 서술하도록 하겠다.

<양동가마>유형은 시집온 지 얼마 지나지 않아 며느리가 물건을 깨뜨
리고, 시집식구들이 물건 값을 물어오라고 요구하자 며느리가 자신의 몸
을 원래대로 돌려놓으라고 요구하는 내용의 시집살이노래 유형이다. 후반
부의 내용에 따라 <양동가마>는 세 개의 하위유형으로 나눌 수 있다.

하위 유형	내용
A (일반형)	시집식구들의 요구와 며느리의 대응
B (축약형)	시집식구들의 요구
C (결합형)	시집식구들의 요구와 며느리의 출가(중노래 결합형)

[표 2] 후반부의 내용 차이에 따른 <양동가마>의 하위 유형

영남지역에서는 모두 16편의 <양동가마>노래가 조사되었다. 하위 유형에 따른 조사 편수를 살펴보면, A유형이 10편(63%), B유형이 1편(6%), C유형이 5편(31%)이다.4) A유형은 시집식구들이 깨진 물건을 물어오라고 요구하자 며느리가 대응하는 가장 보편적인 내용의 사설이다. B유형은 사설이 축약된 형태로, 깨진 물건 값을 물어오라는 시집식구들의 요구에서 사설이 끝난다. C유형은 보편적인 <양동가마> 사설에 <중노래>가 결합된 형태로, 시집식구들이 며느리에게 가하는 횡포를 구체적으로 서술하는 <중노래>의 전반부 대신 물건 값을 물어오라는 <양동가마>의 사설을 활용하여 시집식구들의 횡포를 보여준다. 영남지역을 중심으로 C유형이 활발하게 전승된다는 점이 특이하다고 할 수 있다.

<중노래>와 <양동가마>의 영남지역 내 분포 양상을 살펴보면 다음 그림과 같다. 권역 구분의 기준과 권역별 구체적인 양상에 대해서는 다음 장에서 상세히 서술하도록 하겠다.

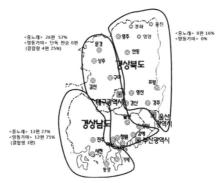

[그림 1] 영남지역 <중노래>, <양동가마> 분포 현황

---

4) <양동가마> 유형 중 C유형은 <양동가마> 유형과 <중노래>가 결합된 유형으로서, 이 글에서 분포현황을 제시할 때 <중노래>와 <양동가마> 두 유형 모두에 포함되었음을 밝힌다. 즉 <중노래> 49편 중 5편은 <양동가마>와 <중노래>가 결합된 유형이다.

3. 영남지역 시집살이노래의 권역별 특징

민요의 권역화는 지역별로 민요의 독자적 전승양상과 작시원리, 구연의 특성을 구체적으로 밝히고 권역간의 체계를 비교하여 지역 민요의 보편적인 특질을 수립함과 동시에 타 지역과의 비교를 통하여 한국민요의 보편성과 특수성을 파악하는 데 긴요한 방법이라고 할 수 있다(권오경, 2002 : 220-221). 권오경은 영남지역의 지리적 조건과 역사 정치적 조건, 언어적 조건을 고려하여 영남지역의 민요를 6개의 권역으로 나누어 논의하였다.5) 서영숙은 전통적인 영남지역의 권역 분류 방법에 따라 낙동강을 중심으로 경상좌도와 경상우도를 구분하고, 영남의 북부와 남부를 구분하여 전체적으로 영남 북서부권, 영남 북동부권, 영남 남부권으로 구분하였다(서영숙, 2010 : 220-221). 최근에는 지리적 조건과 함께 영남지역의 문화적·사상적·역사적 배경을 고려하여, 영남지역을 세 개의 권역으로 구분하되 기존의 강의 좌·우에 대한 이분법적 시각을 극복하기 위한 노력이 이루어지고 있다. 즉 낙동강 연안을 중심으로 강우와 강좌로 구분하고, 낙동강 중류와 연안지역을 강안지역으로 설정하여 영남지역을 세 권역으로 나누는 것이다.6) 이러한 권역 구분에 따르면 세 개의 권역은 각각 영남 동부권, 영남 서부권, 영남 중부권이 된다. 동부권은 낙동강 상류와 영남 좌도를 포괄하는 지역으로서 안동 봉화, 영주, 영양 등이 이 권역에 해당된다. 서부권은 낙동강 하류와 영남 우도를 포괄하는 지역으

---

5) 권오경(2002 : 221-223)이 설정한 영남민요의 6개 권역은 다음과 같다.
  (1) 경북 서부권, (2) 경남 서부권, (3) 경남 남해권-영남우도
  (4) 경북 북부권, (5) 경북 중부권, (6) 경남·북 동해권-영남좌도
6) 영남지역을 이해하는 기존의 시각은 낙동강을 중심으로 영남지역을 강우지역(낙동강 상류지역)과 강좌지역(낙동강 하류지역)으로 분류하였다. 최근 기존의 이분법적 사고에 강안지역(낙동강 중류지역)을 추가하여 영남지역을 보다 입체적으로 조망할 수 있게 되었다. 영남지역의 권역에 대해서는 정우락(2010)의 논의를 참고한다.

로서 진주, 하동, 산청, 함양 등이 이 권역에 해당된다. 중부권은 낙동강 중류와 영남 좌우도의 경계지역으로서 대구, 성주, 합천, 고령 등의 지역이 해당된다. 중부권은 역사지리적으로 볼 때, 가야에서 신라로 흡수된 지역으로서 사상적으로도 유불선을 포괄하는 지역이다. 또한 남명과 퇴계로 분리되어 가던 영남지역의 사상적 흐름을 하나로 통합하는 회통성을 지닌 지역으로서, 영남의 동부권 및 서부권과 구별되는 문화적·역사적 독자성을 지닌 지역이라고 할 수 있다.

이 글에서는 시집살이노래의 특징을 고려하여 영남 동부권, 영남 서부권, 영남 중부권의 세 권역으로 나누어 각 권역의 개별적 특수성을 살펴고자 한다. 기존의 연구에서 시도된 민요 권역 구분은 시집살이노래의 권역별 특징을 드러내기에 일정 부분 한계가 있기 때문이다. 즉 권오경의 6개 권역 구분은 민요의 세부적인 양상을 드러내기에 효과적인 방법이나, 시집살이노래는 세부 권역에 따른 차이가 적어 유의미한 결과를 얻기 힘들다. 서영숙의 3개 권역 구분은 영남 중부권(낙동강 중류지역) 시집살이노래가 가진 특징과 문화적 가치를 해명하기에 어려움이 있다. 그러므로 이 글에서는 영남지역 시집살이노래가 가진 특징을 가장 잘 보여줄 수 있다고 판단되는 영남 동부권, 서부권, 중부권의 3개 권역 구분을 토대로 각 권역 시집살이노래가 지닌 특수성을 논의하고자 한다.

3.1. 영남 동부권(낙동강 상류지역)
: 억압된 여성의 목소리와 여성의 말하기 욕망

영남 동부권(낙동강 상류지역)은 행정적으로는 안동시를 중심으로 하며, 지리적으로는 낙동강 상류와 소백산 및 청량산을 중심으로 생활권이 형성되어 있는 지역이다. 먼저 이 지역에서 전승되고 있는 시집살이노래의 현황을 제시하면 다음과 같다.

번호	유형	하위 유형	시/군	읍/면	제보자	조사 년도	출처7)
1	중노래	A1	경주시	양남면	이문순	1993	민요대전
2	중노래	A1	안동시	서후면	서계숙	1981	대계7-9
3	중노래	B2	예천군	풍양면	권주선	1984	대계7-18
4	사촌형님+중노래	C1	월성군	외동면	황원순	1979	대계7-2
5	설화(중노래)8)	C1	청도군	화양읍	임동주	2009	증보
6	중노래	C1	월성군	외동면	허수선	1979	대계7-2
7	중노래	C2	군위군	의흥면	이대동	1982	대계7-12
8	중노래	C2	안동시	일직면	장필늠	1981	대계7-9

[표 3] 영남 동부권 시집살이노래의 하위 유형별 현황

영남지역 전체 <중노래> 49편 중 영남 동부권에서 조사된 자료는 8편
으로서, 이 수는 전체의 16%에 해당한다. <양동가마>유형은 영남 동부권
에서 한 편도 조사되지 않았다. 조사된 자료를 통해서도 알 수 있듯이, 이
권역은 영남지역 전체에서 시집살이노래의 전승이 가장 미약한 지역이다.

이 지역에서 전승되는 <중노래>의 하위 유형별 분포를 살펴보면, C유형
이 가장 활발하게 전승되고 상대적으로 A유형의 전승이 미약함을 확인할
수 있다.9) C유형은 시댁식구들의 횡포를 견디다 못한 며느리가 중이 되어
시집을 떠나는 데서 끝나거나 친정 혹은 시집으로 동냥을 떠나는 것으로
사설이 마무리된다. 영남지역 전체를 대상으로 살펴보면, A유형과 C유형이
각각 40% 정도를 차지하고 있다. 하지만 영남 동부권에서는 영남지역 전

---

7) 『한국민요대전』의 자료는 '민요대전'으로, 『한국구비문학대계』의 자료는 '대계(권)'로,
<한국구비문학대계 개정·증보사업>의 자료는 '증보'로 표시한다. 이하 도표 또한
같은 방식으로 표시한다.
8) 이 자료는 설화로 분류된 자료이다. 하지만 시집살이노래를 이야기형식으로 제보한
것이므로 시집살이노래로 분류하여 정리하였다.
9) B유형은 영남지역 전체에서 전승되는 <중노래>의 약 20% 정도를 차지한다. 그러므
로 영남 동부권에서 전승되는 B유형이 특별히 적다고 보기는 힘들다.

체의 이 비율이 지켜지지 않고, 상대적으로 A유형의 전승이 미약함을 확인할 수 있다. <중노래>는 시집식구들의 횡포를 견디다 못한 며느리가 중이 되어 집을 떠나는 내용으로 겉으로는 주인물의 패배나 좌절처럼 보이지만, 출가는 여성과 며느리로서의 권리와 의무를 자의에 의해 벗어버리는 것으로 저항적이고 비판적인 의미를 내포한다(서영숙, 1998 : 239). 특히 시집식구들의 복망으로 사설이 마무리되는 A유형은 가해자인 시집식구들의 몰락에 사설의 초점이 맞추어짐으로써 <중노래> A, B, C 세 하위 유형 중 가장 적극적인 여성 의식을 드러낸다고 할 수 있다.

그러나 영남 동부권에서는 영남지역 내에서 <중노래>의 전승이 가장 미약한 지역일 뿐만 아니라, <중노래>의 하위 유형 중 C유형이 가장 많이 전승되고 있는 것으로 보아 영남지역 중 가장 소극적인 여성 의식을 보여주는 권역이라고 할 수 있다. 또한 시집식구들의 횡포에 대해 며느리의 적극적인 대응을 보여주는 <양동가마> 유형이 이 권역에서 전승되지 않는다는 사실 또한 영남 동부권이 가진 소극성을 보여주는 증거라고 할 수 있다. 결국 영남 동부권에는 시집살이를 겪는 여성이 자신의 고충을 시집살이노래를 통해 토로하는 것이 금기시되며, 여성의 말하기 욕망이 억제되어 있음을 알 수 있다.

3.2. 영남 서부권(낙동강 하류지역)
: 적극적 서술자를 통한 현실전복의 대리만족

영남 서부권(낙동강 하류지역)은 행정적으로는 진주시를 중심으로 하며, 지리적으로는 낙동강 하류와 영남 우도를 포괄하는 권역이다. 진주시를 포함하여 하동, 산청, 함양 등의 지역이 이 권역에 해당한다. 이 지역에서 전승되고 있는 시집살이노래의 현황을 제시하면 다음 도표와 같다.

번호	유형	하위유형	시/군	읍/면	제보자	조사년도	출처
1	중노래 (양동가마＋중 노래 결합형)	A1	거창군	가조면	오춘자	1980	대계8-5
2	중노래 (양동가마＋중 노래 결합형)	A1	거창군	마리면	김재순	1980	대계8-6
3	중노래	A1＋B1	거창군	웅양면	김정임	1980	대계8-5
4	중노래	A2	거창군	북상면	정을순	1980	대계8-6
5	중노래	B3	남해군	서면	김정례	1992	민요대전
6	중노래	B3	통영시	산양읍	김매래	2011	증보
7	중노래	B3	함양군	유림면	최영림	2009	증보
8	중노래	B3	거창군	거창읍	주필득	1980	대계8-5
9	중노래	C1	진양군	사봉면	황순희	1980	대계8-3
10	중노래	C2	함양군	함양읍	동선임	2009	증보
11	중노래 (양동가마＋중 노래 결합형)	C2	함양군	유림면	최영림	2009	증보
12	중노래	C2	함양군	안의면	김순분	2009	증보
13	중노래	C3＋B1	거창군	마리면	이점순	1980	대계8-6
번호	유형	하위유형	시/군	읍/면	제보자	조사년도	출처
1	양동가마	A	진양군	금곡면	김숙분	1980	대계8-3
2	양동가마	A	하동군	옥종면	정순녀	1984	대계8-14
3	양동가마	A	남해군	서면	김정례	1992	대전-경남
4	양동가마	B	진양군	명석면	류승란	1980	대계8-4
5	양동가마	A	산청군	삼장면	조화순	2012	증보
6	양동가마	A	산청군	생초면	임영자	2012	증보
7	양동가마	A	통영시	산양읍	임채수	2011	증보
8	양동가마	A	남해군	서면	박경아	2011	증보
9	양동가마	A	남해군	이동면	박막순	2011	증보

[표 4] 영남 서부권 시집살이노래의 하위 유형별 현황

영남 서부권에서는 <중노래> 10편, <양동가마> 9편, <양동가마>와 <중노래>가 결합된 노래가 3편으로 모두 22편의 서사형 시집살이노래가 조사되었다. 이를 토대로 영남 서부권 시집살이노래의 특징을 살펴보면 첫째, <양동가마>유형이 영남지역 중 가장 활발하게 전승된다. <양동가마>는 시집식구들의 횡포라는 문제 상황에 대처하는 주인물의 행동방식이 <중노래>와 극단적인 차이를 보이는 유형이다. 즉 <중노래>가 시집식구들의 횡포를 피해 '출가'라는 방식으로 비현실적 대응 방식을 보여주었다면, <양동가마>는 며느리가 시집식구들을 대상으로 자신의 억울함을 직접 토로하며 논리적인 대응을 통해 문제 상황을 해결한다. 이러한 측면에서 볼 때, <중노래>가 문제 상황에 대해 도피적·비현실적 해결방식을 취한다면, <양동가마>는 직접적·현실적 해결방식을 취한다고 할 수 있다.

께였네	께였네 / 유리잔을	께였네
아가아가	며늘아가 / 너거집에	가거덜랑
집의쟁기	다팔아도 / 유리잔값	물러내라
아부님께	아부님께 / 유리잔이	얼맵니까
요내몸만	물려주몬 / 유리잔을	물어오재[10]

인용문은 <양동가마> 사설 중 일부분으로서, 시집식구들의 부당한 요구에 대해 직접적이고 논리적인 방식으로 대응하는 며느리의 모습이 서술되어 있다. <양동가마>는 『한국구비문학대계』 조사가 이루어진 1970년대 후반부터 80년대 초반까지 영남지역 내에서는 서부권을 중심으로 활발하게 구연·전승되었다. 또한 2000년대 이후에도 이 지역을 중심으로

---

10) 김숙분(여, 66, 경남 진양군 금곡면 검암리 운문), 『한국구비문학대계』 8-3, 608~610쪽.

<양동가마>가 활발하게 전승되고 있음을 위의 도표를 통해 확인할 수 있다.[11]

영남 서부권 시집살이노래의 두 번째 특징은 <중노래> 하위 유형 중 B3유형의 활발한 전승에서 찾을 수 있다.

> ㉠ 시집식구들이 며느리를 구박한다.
> ㉡ 부당한 대우를 견디다 못한 며느리가 출가한다.
> ㉢ 중이 된 후 남편과 재회한다.
> ㉣ 아내를 알아본 남편이 집으로 함께 귀가하기를 권유하자, 아내가 이를 거절한다.
> ㉤ 홀로 귀가한 남편은 아내를 그리워하다 죽는다.

위와 같은 내용 단락으로 사설이 구성된 <중노래> B3유형은 영남지역에서 모두 4편이 조사되었다. 조사된 4편 모두 영남 서부권에서 전승되고 있어, <중노래> B3유형은 이 권역 시집살이노래의 대표 유형이라고 할 수 있다. B3유형은 시집으로 함께 돌아가자는 남편의 권유를 거부하는 아내의 모습이 서술되어 있다. 아내는 남편의 회유를 직접적으로 거부함으로써 부당한 대우를 더 이상 당하지 않겠다는 적극적이고 단호한 의지를 분명하게 드러낸다. 뿐만 아니라 홀로 귀가한 남편은 자신의 아내를 쫓아낸 가족들을 원망하여 아내를 그리워하다 죽음을 맞이한다. 남편의 죽음이라는 비극적 결말로 사설이 마무리되지만 아내를 '그리워하다' 죽은 남편의 죽음은 아내의 입장에서는 '사랑의 성취'로서의 성격이 내포되어 있다. 즉 표면적으로는 남편의 죽음이라는 비극적인 사건을

---

11) 2008년부터 2012년까지 진행된 <한국구비문학대계 개정·증보 사업>에서는 <양동가마> 유형이 모두 5편 조사되었으며, 조사된 지역은 모두 영남 서부권에 해당한다. 그러므로 이 지역을 중심으로 <양동가마> 유형이 활발하게 전승되고 있음을 확인할 수 있다.

다루고 있지만, 그 죽음의 동인이 아내를 내쫓은 자신의 가족에 대한 원망과 아내에 대한 그리움이므로 서술자인 아내의 입장에서 남편의 죽음은 '사랑의 성취'로 볼 수 있다.

이렇듯 영남 서부권에서는 <양동가마>를 통해서 시집식구들의 횡포에 대해 논리적인 방식으로 대응하는 서술자를 내세워 시집식구들의 사과를 받아내는 결말을 통해 가창자로 하여금 현실전복의 대리만족을 경험할 수 있게 하는 시집살이노래가 전승되고 있음을 확인할 수 있다. 또한 <중노래> 중에서는 B3 유형을 통해, 남편의 죽음이라는 비극적 사건을 통해 가해자인 시집식구들의 횡포를 부각시키면서도 아내를 그리워하다 죽는 남편의 모습을 통해 사랑의 성취라는 적극적인 여성의 모습을 드러내기도 했다.

3.3. 영남 중부권(낙동강 중류지역)
  : 다양한 목소리의 공존과 변주

영남 중부권(낙동강 중류지역)은 낙동강 연안지역으로서 낙동강을 중심으로 물류와 교역이 발달한 지역이다. 특히 대구를 중심으로 성주군, 고령군 등의 지역은 지리적으로 영남지역의 상좌와 하우의 중심 지역일 뿐만 아니라 사상적으로도 두 지역을 통합하는 역할을 수행해왔다고 평가받고 있다.[12] 영남 중부권에서 전승되고 있는 시집살이노래의 현황을 제시하면 다음 도표와 같다.

---

12) 이 지역의 학문적 회통성에 주목해 '강안학'이라는 명칭이 제기되어, 영남지역의 학문적 성격을 보다 다각적으로 조망하자는 움직임이 이루어지고 있다. 이에 대해서는 정우락(2008 : 40-55)의 논의를 참고한다.

번호	유형	하위유형	시/군	읍/면	제보자	조사년도	출처
1	중노래	A1	밀양군	무안면	김경남	1981	대계8-7
2	중노래	A1	밀양군	삼랑진읍	안차림	1981	대계8-8
3	중노래 (양동가마＋중노래 결합형)	A1	의령군	정곡면	박금순	1982	대계8-11
4	중노래	A1	칠곡군	지천면	우상림	1993	민요대전
5	중노래	A1	구미시	선산군	곽달런	1984	대계7-16
6	중노래	A1	성주군	대가면	박삼선	1979	대계7-4
7	중노래	A2	성주군	벽진면	박분이	1979	대계7-5
8	중노래	A2	상주시	낙동면	김돌룡	1981	대계7-8
9	중노래	A2	성주군	성주읍	이내미	1979	대계7-4
10	중노래	A2	성주군	대가면	서기선	1979	대계7-4
11	중노래	A2	성주군	초전면	이우임	1979	대계7-5
12	중노래	A2	성주군	벽진면	정재선	1979	대계7-5
13	중노래	B1	상주시	사벌면	문종림	1981	대계7-8
14	중노래	B1	성주군	대가면	김임회	1979	대계7-4
15	중노래 (양동가마＋중노래 결합형)	B2	의령군	부림면	김채란	1982	대계8-10
16	중노래 (진주낭군＋중노래)	B2	의령군	정곡면	진강수	1982	대계8-11
17	중노래	B2	성주군	대가면	이태순	1979	대계7-4
18	중노래	C1	밀양군	상남면	유숙이	1981	대계8-7
19	중노래	C1	울주군	강동면	김월순	1984	대계8-12
20	중노래	C1	울주군	온양면	김원연	1984	대계8-13
21	중노래 (양동가마＋중노래 결합형)	C1	구미시	옥성면	이월이	1993	민요대전
22	중노래	C1	문경시	농암면	조위호	2010	증보
23	중노래	C2	문경시	영순면	윤경님	1993	민요대전

24	중노래	C2	구미시	선산군	김금순	1984	대계7-15
25	중노래	C2	구미시	선산군	홍헌악	1984	대계7-16
26	중노래	C3	성주군	대가면	이귀분	1979	대계7-4
27	중노래 (양동가마+중 노래 결합형)	C3	합천군	쌍책면	조귀순	2010	증보
28	중노래	D	상주시	청리면	김모하	1981	대계7-8

[표 5] 영남 중부권 시집살이노래의 하위 유형별 현황

영남 중부권에서는 <중노래> 28편이 조사되었으며, 이는 영남지역 전체에서 조사된 <중노래> 중 절반 이상(57%)이 이 지역에서 조사되었다는 것을 의미한다. 이러한 사실로 미루어 볼 때, 영남 중부권에서 <중노래>의 구연과 전승이 가장 활발했던 것을 알 수 있다. 또 다른 시집살이노래인 <양동가마>의 경우에는, 일반적인 형태의 A유형이나 축소형인 B유형은 전승되지 않고 <양동가마>와 <중노래>가 결합된 노래가 4편 조사되었다.

먼저 영남 중부권의 <중노래>를 살펴보면, <중노래> 하위 유형 중 A2유형이 이 지역을 중심으로 활발하게 전승됨을 확인할 수 있다.

서방님의   미에가니/방실방실   함박꽃이 피었구나
꽃아꽃아   함박꽃아/뉘를보고   희롱하나
희롱을랑   하지마라/함박이라   갈라주소
함박이나   갈라지고나이/꽃에   쏙들어간다
(제보자 : 조금있다 청조 하나 백조 하나 둘이 날라나와 멀리 날아간가)[13]

인용문은 영남 중부권에서 전승되고 있는 <중노래> 사설의 일부분으로서, A2유형에 해당한다. A2유형은 며느리를 구박했던 모든 시집식구

---

13) 박삼선(여, 73, 경북 성주군 대가면 옥성1동), 『한국구비문학대계』 7-4, 530~532쪽.

들과 함께 남편까지 죽은 후, 죽은 남편의 무덤으로 찾아가 아내인 서술자가 스스로 무덤 속으로 들어가는 내용으로 비현실적 방법을 통한 남편과 아내의 '사후결합형'이라고 할 수 있다. 중이 되어 시집을 벗어나거나 시집식구들의 죽음으로 마무리되는 여타의 <중노래>에 비해 A2유형은 가장 소극적인 여성 의식을 드러낸다고 할 수 있다. 즉 '출가'라는 방식이기는 하지만 스스로의 의지로 시집을 벗어난 후, 다시 비현실적인 방법을 동원해서라도 시집으로 복귀하고자 하는 것은 '기존 질서로의 회귀'의 성격이 강하다. 그러므로 A2유형은 시집의 복망을 소재로 하는 A유형 <중노래> 중 가장 소극적인 여성의식을 보여주는 하위유형의 사설이라고 할 수 있다.

영남 중부권 시집살이노래의 또 다른 특징은 <양동가마> 유형의 전승을 통해서도 확인할 수 있다. <양동가마>유형은 영남 서부권을 중심으로 활발하게 전승되는 시집살이노래이다. 영남 서부권을 중심으로 가장 보편적인 형태의 <양동가마> A유형이 전승되고 있었다면, 영남 중부권에서는 <양동가마>와 <중노래>가 결합한 C유형이 전승되고 있음이 특징적이다.

소녀집을	찾아와서/열두폭	채알밑에
하리잔치	잠간하고/밤중밤중	야밤중에
은단추로	맺은것을/고고히도	깰렀으니
그고리로	물려주마/양가매	물려주마
시아바이가	하는말씀이/아이구	아가
쪼그만한	너가슴에/그말나올줄	내몰랐다
나는	갑니다/열두폭치매	바랑짓고
머리깎고	중이되어서	가니 (…중략…)
석가님을	모시고/그날그날	중노릇을
하고	살랍니다.14)	

인용문은 영남 중부권에 속하는 의령군에서 조사된 시집살이노래로서, <양동가마>와 <중노래>가 결합된 형태이다. 영남 서부권에서도 함양군과 거창군에서 3편의 결합형이 조사되었다. 하지만 함양군과 거창군은 영남 중부권과 서부권의 경계 지역에 해당하며 영남 중부권의 영향을 상대적으로 많이 받는 지역이라고 할 수 있다. 그러므로 <양동가마> <중노래> 결합형은 영남 중부권 일대를 중심으로 전승되고 있다고 할 수 있을 것이다.

<양동가마>는 시집식구들의 부당한 요구에 며느리가 현실적이고 논리적인 방식으로 대응하고 시집식구들의 의식을 변화시킴으로써 시집살이노래 중 가장 적극적인 여성 의식을 드러내는 유형이라고 할 수 있다. 그러나 영남 중부권에서는 <양동가마> 유형과 <중노래>를 결합하여 하나의 사설로 엮어 구연함으로써, 시집식구들을 변화시켜 기존 질서로 회귀하는 해결 방식 대신 출가라는 극단적인 방법을 통해 시집을 떠나는 해결방식을 택하고 있다. 이는 노래를 통해 역설적이나마 현실을 벗어나고, 현실적인 방법으로서는 문제 상황을 해결할 수 없다는 비관적 현실 인식에 근거해 전승된 것으로 볼 수 있다. 이러한 측면에서 본다면, <양동가마> <중노래> 결합형은 기존의 <양동가마>가 보여주었던 현실 인식보다 더욱 적극적으로 현실을 타개하고자 하는 여성의 의식을 보여주는 시집살이노래 유형이라고 할 수 있을 것이다.

이처럼 영남 중부권은 다양한 유형의 시집살이노래가 공존하고 있다. 즉 영남 서부권의 특징적 유형인 <중노래> B3 유형을 제외한 거의 모든 유형의 <중노래>가 전승되고 있다. 또한 전승되는 유형의 다양함과 함께 사설을 통해 표출되는 여성 의식 또한 다양한 층위를 보여주고 있

---

14) 김채란(여, 63, 경남 의령군 부림면 신반리 동동), 『한국구비문학대계』 8-10, 494~497쪽.

다고 할 수 있다. 즉 <중노래> A2유형의 전승을 통해 죽음을 통해서라도 시집이라는 기존의 질서로 돌아가고자 하는 '회귀'의 보수적인 의식을 보여주는 유형이 활발하게 전승되기도 하고, 한편으로는 <양동가마>와 <중노래> 결합형처럼 기존의 <양동가마>보다 더욱 적극적으로 현실을 벗어나고자 하는 여성들의 의식을 보여주기도 했다. 이렇듯 영남 중부권은 시집살이노래의 다양한 유형과 사설 속의 다양한 여성 의식이 공존하며, 독자적인 시집살이노래의 전승 권역으로 기능하고 있다.

4. 영남지역 시집살이노래의 문화적 가치
─접합되는 문화공간과 역동적 자기화

시집살이노래는 외부에서 한 가정의 질서 안으로 이입한 여성이 겪는 고충을 서술자의 목소리를 빌어 표현했다는 점에서 개인의 노래이다. 하지만 같은 처지의 여성이라 할지라도 주어진 지리적 환경과 문화적 토대 하에서 배태된 여성의 집단적 의식이 특정 유형에 대한 선호의 차이로 나타나기도 하고 새로운 각편을 생성하게 하기도 한다. 즉 가부장적 질서 하에서 경험하는 여성들의 보편적 정서와 아울러 지역의 자연적·사회적·문화적 환경의 차이에서 배태된 개인의 정서가 시집살이노래에 대한 특정 유형의 선호와 사설의 변화 및 각편의 생성에 영향을 미치게 된다.

영남지역의 시집살이노래는 낙동강을 중심으로 세 권역으로 나누어져 권역별 독자성을 갖추고 있다. 먼저 영남 동부권(낙동강 상류지역)에는 영남 지역의 대표적인 시집살이노래 유형인 <중노래>의 전승이 타 지역에 비해 미약하였다. 서사적 형태의 시집살이노래 중 자신의 시집살이 경험을 직접 활용하여 각편을 만들 수 있는 유형인 <중노래>의 전승력이 미

약하다는 것은 시집살이노래를 통해 말하기 욕망을 해소할 수 있는 문화
적 환경이 구축되어 있지 않고 그러한 욕망이 발현될 기회가 억압되어
있음을 의미한다. 특히 영남 동부권에서는 <중노래>의 가장 보편적인
유형인 A유형의 전승이 미약하였다. A유형은 가해자인 시집식구들을 응
징하는 성격이 강한 사설이다. 현실에서는 불가능한 일이지만, 노래를 통
해서나마 시집식구들에 대한 응징을 통한 대리만족을 경험할 수 있었던
A유형의 전승이 미약하다는 사실은 영남 동부권의 문화적인 환경을 짐
작하게 해 준다. 영남 동부권은 분지적 속성이 강하고 구심적 질서가 강
하게 작용하는 지역이다. 특히 문중 세거지 중심의 유교문화가 발달한
지역이기도 하다. 영남 동부권의 유교문화와 분지적 속성이 결합함으로
써, 영남 동부권은 유교문화가 가장 공고하게 구심력을 행사하는 지역이
되었다. 이러한 지역의 문화적·환경적 토대가 여성의 말하기 욕망을 억
제하는 장치로 작용한 것이다. 이로 인해 영남 동부권은 시집살이노래의
전승이 가장 미약하며, 소극적이고 보수적인 여성 의식을 드러내는 사설
위주로 구연과 전승이 이루어지고 있다.

　영남 서부권(낙동강 하류지역)에는 <양동가마>유형이 활발하게 전승된
다. 『한국구비문학대계』와 『한국민요대전』 조사가 진행되었던 1970년대
말~1990년대 초반뿐만 아니라 개정·증보 사업 현장조사가 진행되는
현재(2008년~2012년)에도 영남 서부권을 중심으로 <양동가마>유형이 활
발하게 전승되고 있어, <양동가마>유형이 영남 서부권의 특징적인 시집
살이노래 유형임을 확인할 수 있다.

　<양동가마>는 시집식구의 횡포라는 문제 상황에 대해 <중노래>와
가장 극단적인 대응 방식의 차이를 보이는 시집살이노래 유형이다. <중
노래>가 출가라는 비현실적인 방법을 동원하여 시집식구들의 횡포에 대
응하는데 반해, <양동가마>는 부당함을 논리적으로 반박하여 시집식구

들이 자신들의 잘못을 자인하도록 한다. <중노래>는 전반부(시집식구들의 횡포에 대한 구체적 사건 묘사)와 후반부(출가)로 나누어져 자신의 경험을 활용해 전반부의 사설을 구성함으로써 가창자의 말하기 욕망을 해소할 수 있는 서술방식을 보여준다. 반면 <양동가마>는 양동가마를 깨뜨리는 과정까지가 비교적 소략하게 축소되어 있으며 며느리의 적극적이고 논리적인 대응에 초점이 맞추어져 있다. 즉 가창자는 <양동가마>의 구연을 통해 사설 속 며느리의 모습에 자신을 투영하여 현실의 처지와 역전된 자신의 모습에 만족하고 문제를 해결하는 상황을 가정해 봄으로써 심리적인 대리만족을 경험할 수 있다. 부당함에 대한 직접적인 지적과 시집식구들의 사과를 이끌어내는 해결의 모습은 현실을 외면하고 도피하는 <중노래>와는 상이한 모습이라고 할 수 있다. 이런 의미에서 <양동가마>는 <중노래>에 비해 적극적인 여성 의식을 드러내는 유형이라고 볼 수 있다. 영남 서부권을 중심으로 시집식구들의 부당함에 대해 직접적으로 지적하는 <양동가마> 유형이 활발하게 구연·전승된다는 것은 이 지역에 <양동가마>의 구연을 가능케 하는 문화적 토대가 구축되어 있다는 것을 의미한다.[15] 즉 영남 서부권은 영남지역 내에서 가장 적극적으로 여성 의식이 표출되는 지역이라고 할 수 있다. 영남 서부권은 문화적·사상적 토대 자체가 개방적인 원심력이 강하게 작용하는 지역이므로, 이러한 지역적 특수성이 시집살이노래를 향유했던 지역의 기층여성들에게도 영향을 주었을 것으로 판단된다.[16]

또한 영남 서부권 시집살이노래의 특징적인 유형은 <중노래> B3유형

---

15) 서영숙(2010)에 따르면, 서사민요 중 <양동가마> 유형의 분포비율은 영남 1.73%, 호남 2.69%로 <양동가마> 유형은 호남지역을 중심으로 전승되었다. 또한 서영숙은 호남지역에서 활발하게 전승되던 <양동가마> 유형이 타 지역과의 소통이 원활했던 영남 남부권으로 전승되었을 가능성을 제시했다.

16) 영남 동부권의 지역적 특수성에 대해서는 정우락(2010 : 207-212)의 논의를 참고한다.

이다. 남편과 아내를 생이별하게 만든 시집식구들에 대한 원망과 아내에 대한 그리움의 감정을 가진 남편은 집으로 다시 돌아오지 않겠다는 아내의 단호한 의지를 확인하고 죽음을 맞이하게 된다. 남편의 설득에도 불구하고 집으로 돌아가지 않겠다는 아내의 의지를 단호한 목소리로 드러내는 B2와 B3유형은 <중노래> 중 적극적인 여성 의식을 드러내는 유형이라고 할 수 있다. 특히 B3유형은 아내와의 애정 성취에 좌절한 남편의 죽음을 서술함으로써, 아내의 우위와 적극적인 사랑의 성취를 드러내는 유형이라고 할 수 있다. 영남 서부권을 중심으로 <중노래> B3유형이 활발하게 전승된다는 것 또한 영남 서부권의 '적극적 여성 의식의 문화적 기반'을 보여주는 것이라고 할 수 있다.

영남 중부권(낙동강 중류지역)에서 구연·전승되는 시집살이노래는 전일적으로 규정할 수 없는 다기한 여성의 목소리가 공존하고 또 변주되고 있다. 이러한 특징은 영남 중부권을 여타 지역과 구별되는 독자적인 가치를 지니는 문화공간으로 기능하게 한다. 즉 영남 중부권의 시집살이노래가 보여주는 첫 번째 특징은 <중노래>의 하위 유형인 A2유형(사후결합형)의 활발한 전승에서 찾을 수 있다. A2유형은 가해자인 시집식구들이 죽음에서 사설이 끝나는 것이 아니라, 피해자인 며느리가 자신의 의지에 따라 남편의 무덤으로 들어가는 것으로 사설이 마무리된다. 현생에서의 결합을 포기하고 죽음을 통해서만 남편과의 사랑을 성취할 수 있다는 것은 현실에 대한 비극적 의식의 발로라고 할 수 있다. '출가'라는 방식이기는 하지만 스스로의 의지로 시집을 벗어난 후, 다시 비현실적인 방법을 동원해서라도 복귀하고자 하는 것은 '기존 질서로의 회귀'의 성격이 강하다. 그러한 의미에서 A2유형은 <중노래> 중 가장 보수적이고 소극적인 여성 의식을 드러내는 유형이라고 할 수 있다. 이렇듯 영남 중부권에는 가장 소극적인 여성 의식을 보여주는 시집살이노래가 전승되고 있다.

그러나 영남 중부권에서 전승되는 시집살이노래를 소극성과 보수성만으로 규정할 수 없는 또 다른 흐름도 이 지역에서 찾을 수 있다. 바로 이 지역에서 전승되는 특징적인 유형인 <중노래>와 <양동가마>의 결합형을 통해서 이 지역의 다기한 양상의 한 측면을 확인할 수 있다. 논리적인 대응을 통해 시집식구들의 사과를 이끌어내고 이를 통한 화합으로 사설이 마무리되는 <양동가마>에서 끝나는 것이 아니라, 논리적으로 대응한 뒤 중이 되어 시집을 떠나는 것은 기존의 질서로 회귀하지 않겠다는 여성 의식을 드러내며 일반적인 <양동가마>에서 나타나는 것보다 훨씬 적극적인 여성 의식을 드러낸다고 할 수 있다. 영남 중부권은 영남 서부권과 동부권의 지리적 경계지역이므로 단순히 두 지역의 특징적인 유형이 결합된 형태가 존재하는 것이 당연하다고 볼 수도 있다.

하지만 일반적으로 하나의 문화와 하나의 문화가 만나 뒤섞이는 경계지역일 경우, 두 개의 문화를 수용하는 과정을 겪게 되고 자기화하는 과정에서 독자적인 문화가 만들어진다. 즉 두 문화 중 하나의 문화를 일방적으로 수용만 하는 경우도 있을 수 있고, 상대적 지점에 위치한 두 문화에 대한 반발로써 제3의 문화를 만들어낼 수도 있다. 이렇게 두 문화가 접합되는 문화공간에서는 하나의 문화에 대해 극단적인 추수의 방식이 표출되기도 하고, 하나의 문화에 대한 극단적인 반발이 표출되기도 한다.

이를 영남 중부권의 시집살이노래와 연결시켜 살펴보면, 영남 동부권이 보여주었던 소극적인 여성 의식을 더욱 강화시키는 형태의 <중노래> A2유형이 전승되기도 하고, 영남 서부권이 보여주었던 적극적인 여성 의식을 더욱 강화하는 <양동가마> <중노래> 결합형이 전승되기도 한다. 그 결과 영남 중부권에는 영남지역 내에서 가장 다양한 유형의 시집살이노래가 공존하고 이 모든 다기한 흐름들이 뒤섞여 영남 중부권은 역동적인 하나의 문화의 장이 형성된다. 영남 중부권은 소극성으로 표상되는 영남 동부권의 문화적 토대와 적극성으로 표상되는 영남 서부권의 문화적 토대의 경계지역에 해당한다. 두 개의 문화적 토대가 접합하고 두 문화를 수용하는 과정에서 영남 중부권만의 독자적인 문화적 토대가 형성되었다. 기존의 사설을 변화시켜 가창자의 세계관을 강화하거나 독자적인 유형을 결합하여 새로운 형태의 노래를 만드는 등 적극적인 수용과 변주의 과정을 거치며 자기화하는 것이 영남 중부권 시집살이노래의 특징이라고 할 수 있다. 단순히 지리적인 경계가 아니라, 두 문화가 접합하여 단순한 섞임이 아닌 다양한 목소리와 변주를 통한 역동적인 문화공간을 형성했다는 데에서 영남 중부권 시집살이노래의 가치를 찾을 수 있을 것이다.

5. 결론

이 글은 지역문학에 대한 연구의 일환으로 영남지역에서 전승되는 시집살이노래를 대상으로 영남지역 시집살이노래가 갖는 보편성과 아울러 각 권역의 개별적 독자성을 통해, 그 문화적 가치까지 살피고자 하였다.

시집살이노래는 영남지역을 중심으로 가장 활발하게 전승되고 있다. 영남지역은 자연적·사회적·문화적·사상적 환경에 따라 세 개의 권역으로 구분된다. 영남 동부권(낙동강 상류지역)에는 영남지역을 대표하는 시집살이노래인 <중노래>의 전승이 미약하였다. <중노래>는 서사적인 형태의 시집살이노래 중 가장 가창자와 서술자의 심리적 거리가 가깝게 설정되어 있는 담론적 특징을 가진 유형이다. 영남 동부권을 중심으로 <중노래>의 전승이 미약하다는 사실은 자신의 고충을 토로하고자 하는 여성들의 '말하기 욕망'이 자율적·타율적 의지에 의해 억압되어 있음을 의미한다.

영남 서부권(낙동강 하류지역)에는 <양동가마> 유형이 활발하게 전승되고 있었다. 1980년대뿐만 아니라 이 지역을 중심으로 현재에도 <양동가마> 유형이 활발하게 전승되고 있어, <양동가마> 유형은 이 지역의 특징적인 시집살이노래 유형이라고 할 수 있다. <양동가마> 유형은 시집 식구의 횡포라는 문제상황에 대해 <중노래>의 해결방식과 가장 극단적인 차이를 보이는 시집살이노래 유형이다. <양동가마>는 시집식구의 부당한 요구에 대해 현실적이고 논리적인 방식으로 항의하여 그들의 사과를 이끌어냄으로써 문제상황을 해결한다. 이는 현실에서는 실현하기 어려운 방식으로서 현실의 소극적인 자신의 모습과 대조적인 서술자를 내세움으로써 가창자는 서술자를 통해 현실전복의 대리만족을 경험할 수 있다.

영남 중부권(낙동강 중류지역)에서는 다양한 유형의 시집살이노래가 공존하고 있었으며, 또 동부권과 서부권과는 구분되는 사설의 변주가 특징적이었다. 영남 중부권에서 특징적으로 전승되는 유형은 <중노래>의 하위유형 중 하나인 A2유형(사후결합형)이다. A2유형은 며느리의 출가 후 가해자인 시집식구들이 모두 망하는 데서 끝나는 것이 아니라, 며느리가 남편의 무덤으로 찾아가 그 무덤 속으로 들어가는 것으로 사설이 마무리된다. 이는 자신의 의지에 의해 벗어난 가족의 질서 안으로 다시 편입하고자 하는 서술자의 의지를 보여주는 것으로 <중노래> 중 가장 소극적인 여성 의식을 드러내는 유형이라고 할 수 있다. 한편 이 지역에서는 <양동가마> 유형과 <중노래>가 결합되어 있는 형태가 독자적인 유형으로 전승되고 있었다. 현실적인 해결만으로 사설을 마무리하는 것이 아니라, 시집식구의 사과를 받은 후 다시 시집을 떠나 출가한다는 것은 <양동가

마> 유형이 보여주는 것 보다 더욱 적극적인 여성 의식을 드러낸다고 할 수 있다. 이렇듯 영남 중부권에서는 다양한 시집살이노래의 유형이 공존하고 있었다.

이렇듯 영남 동부권은 보수적이고 소극적인 여성 의식을 드러내는 문화공간이라면, 영남 서부권은 상대적으로 영남지역 내에서 가장 개혁적이고 적극적인 여성 의식을 드러내는 문화공간이었다. 영남 중부권은 두 문화공간이 접변하는 경계지역이다. 그러나 단순히 두 문화가 만나 공존하는 것이 아니라, 두 문화를 자기화하는 과정에서 중부권만의 독자적인 문화를 형성하고 있었다. 즉 두 권역을 대표하는 유형이 공존하기도 하지만 보수적인 여성의식을 수용하는 과정에서 더욱 보수적인 형태의 사설이 나타나기도 하고, 적극적인 여성의식을 수용하는 과정에서 더욱 적극적인 형태의 사설이 나타나기도 했다. 그 결과 이 지역에서는 시집살이노래의 가장 다양한 유형이 역동적으로 공존하는 형태를 보이고 있어, 단순한 지리적 경계지역을 넘어 가장 다양한 시집살이노래 유형이 공존하고 변주하는 역동적인 문화공간으로서 가치를 지니게 되었다.

이 글은 영남지역 시집살이노래의 전체적인 특징을 조망하고 각 권역의 특징을 대략적으로 살피는 것을 목적으로 하였다. 따라서 각 권역의 구체적인 특징에 대해서는 세밀하게 살피지 못했다. 이에 대해서는 앞으로의 과제로 남긴다.

‖ 참고문헌

1. 기본자료

한국정신문화연구원, 『한국구비문학대계』, 집문당, 1980-1988.
MBC, 『한국민요대전』, MBC교양제작국, 1993-1996.
<한국구비문학대계 개정·증보사업> 현장조사사업단 조사 자료
(http://gubi.aks.ac.kr/web)

2. 연구논저

강정미(2008), 「밭매기 노래의 사설 특성 연구-경상남도와 전라남도 비교 분석」, 부경
　　　　대 석사학위논문.
권오경(2002), 「영남민요의 전승과 특질」, 『우리말글』 25, 우리말글학회.
＿＿＿(2003a), 「영남권 민요의 전승과 특질 연구 : 전이지역을 중심으로」, 『우리말글』
　　　　29, 우리말글학회.
＿＿＿(2003b), 「영남권 논매는소리의 전승양상과 사설구성의 특질」, 『한국민요학』 12,
　　　　한국민요학회.
＿＿＿(2009), 「경북 고령군 민요의 전승양상과 갈래별 특징」, 『퇴계학과 한국문화』 45,
　　　　퇴계학연구소.
길태숙(2003), 「민요에 나타난 여성적 말하기로써의 죽음」, 『여성문학연구』 9, 한국여
　　　　성문학학회.
김기현(1992), 「시집살이노래의 구연 특성과 그 의미」, 『어문론총』 26, 한국문학과언어
　　　　학회.
박지애(2002), 「≪시집살이요≫의 언술 방식과 시·공간 의식」, 경북대 석사학위논문.
서영숙(1996), 『시집살이노래 연구』, 박이정.
＿＿＿(1998), 「서사민요의 구조적 성격과 의미 : '시집식구-며느리'형을 중심으로」, 『한
　　　　국문학이론과 비평』 2, 한국문학이론과 비평학회.
＿＿＿(2008a), 「충청 지역 서사민요의 전승양상과 문화적 특질」, 『어문연구』 58, 어문
　　　　연구학회.
＿＿＿(2008b), 「충북 여성 민요의 정서 표현양상과 현실의식」, 『한국민요학』 22, 한국
　　　　민요학회.

_____(2009), 『한국 서사민요의 날실과 씨실 : 우리 어머니들의 노래』, 역락.

_____(2010), 「영남지역 서사민요의 전승적 특질-호남지역 서사민요와의 비교를 위하여」, 『고시가연구』 26, 한국고시가문학회.

_____(2012a), 「한국 서사민요에 나타난 지역문학의 창의와 융합-강원 지역을 중심으로」, 『한국문학이론과 비평』 56, 한국문학이론과비평학회.

_____(2012b), 「서사민요의 지역문학적 성격-충청 지역을 중심으로」, 『한국시가연구』 32, 한국시가학회.

_____(2012c), 「충청의 자연과 민요문화권 : <모심는소리>를 중심으로,」, 『어문연구』, 어문연구학회.

유목화(2010), 「여성 민요에 나타난 감성의 발현양상과 치유방식-전남지역을 중심으로」, 『공연문화연구』 20, 한국공연문화학회.

이옥희(2011), 「말하기 방식으로서의 여성 민요」, 『비교민속학』 45, 비교민속학회.

이정아(2010), 『시집살이 노래와 말하기의 욕망』, 혜안.

장연분홍(2007), 「전남지역 시집살이노래 연구」, 전남대 석사학위논문.

정우락(2008), 「강안학과 고령 유학에 대한 시론」, 『퇴계학과 한국문화』 43, 경북대학교 퇴계학연구소.

_____(2010), 「조선중기 강안지역의 문학활동과 그 성격-낙동강 중류 지역을 중심으로 한 하나의 시론」, 『한국학논집』 40, 계명대학교 한국학연구소.

부산의 지역어와 언어문화*

김 봉 국

1. 머리말

지역어 자료는 그 지역의 언어적인 현상을 이해하는 데 도움을 줄 뿐만 아니라 그 지역의 역사나 문화, 사회적인 특성을 이해하는 데에도 도움을 준다는 점에서 그 의의가 있다. 부산지역의 언어 자료 또한 부산지역어가 갖는 특징적이고 개성 있는 언어 현상을 밝혀주고 보여 주는 중요한 요소일 뿐만 아니라 부산지역만의 고유하고 전통적인 역사, 문화, 사회적인 특성을 그 언어 자료 속에 고스란히 보존하고 있다.

이 글에서는 지금까지 발간된 여러 종류의 언어 자료와 연구 결과물을 정리하면서 부산지역의 언어적인 특성을 정리하여 살펴보고, 이를 통해 부산지역의 언어문화가 갖는 특징에 대해 살펴보는 것을 목적으로 한다.

---

* 이 글은 『석당논총』 50(동아대학교석당학술원, 2011)에 게재한 논문이다.

2. 기본적인 논의

부산의 지역어와 부산지역어에 나타나는 언어문화적인 특징을 살펴보기 위해서는 기본적인 개념에 대한 이해가 필요할 것이다. 이에 '지역어'와 '언어문화'에 대한 개념적인 정의를 먼저 논의하고자 한다.

2.1. 지역어와 방언

방언이란 원래 균질적이던 한 언어가 지리적으로나 사회적으로 분화되어 생겨난 분화체로서, 특정 지역 또는 사회 계층에서만 사용하는 음성, 음운, 문법, 어휘의 체계를 가리킨다. 즉 방언이란 특정 언어 집단에서 쓰이면서 다른 언어 집단의 언어 체계와는 구별되는 특징을 가진 한 언어의 변종 또는 변이체인 것이다(김옥화, 2001 : 119). 방언은 분화 요인에 따라 지역방언과 사회방언으로 나뉘는데, 이 글에서 다루게 될 지역방언은 큰 산맥이나 강 또는 숲과 같은 지역적인 요인(지리적 장애와 먼 거리 포함)에 의해 발생한 언어 분화체를 지칭하는 것으로 볼 수 있다.

언어학에서 '방언'은 한 언어의 하위 형식으로서 그 자체가 독자적인 체계를 가진 언어 형식을 가리키기 때문에 '방언'이란 용어에는 표준적인 언어 형식에서 벗어난다거나 정확하지 않다거나 올바르지 않다거나 하는 등의 부정적인 의미가 없는 중립적인 의미로 사용된다. 하지만 '방언' 대신 '사투리'라는 용어를 사용하는 경우는 규범에 어긋난 지방의 고유한 말을 가리키거나 품위 없고 세련되지 않은 시골의 말을 가리키기도 한다.

'방언'은 아주 흔하게 사용되는 말이지만, '사투리'와 동일한 의미로 사용하는 경우가 많다. 그래서 '방언'이 '표준어와 달리 그 지방에서만 사용하는 말' 정도의 의미로 사용되곤 한다. 그러나 언어학에서는 '방언'을 앞서 언급한 것처럼 '그 자체로 독립된 체계를 가지고 있는 한 언어의 변종'으로 사용하여 '표준어와는 달리 그 지방에서만 사용하는 말'인 '사투리'와 구별한다. 따라서 '방언'은 '표준어'와 구별되는 말뿐만 아니라 '표준어'와 동일한 말도 모두 포괄하는 개념이라고 볼 수 있다.

하나의 언어는 크고 작은 방언으로 구성되며, 한 언어를 구성하는 방언들은 서로 대등한 자격을 가진다. 우리나라의 경우, 방언은 자연적으로 형성된 말이며, 표준어는 정책적 목적을 위해 주로 현재 서울의 중류층 또는 교양 있는 계층이 사용하는 말과 그 외의 다른 언어 요소들을 합하여 만든 인위적이고 추상적인 말이다. 그러므로 어떤 지역의 방언도 표준어와 일치할 수 없다. 표준어는 비록 인위적으로 형성된 말이지만 모든 국민들의 원활한 의사소통을 위해서 사용되는 것이므로 국어의 일부라고 할 수도 있으며, 그 자체로 독립된 체계를 가지고 있어서 표준어도 국어의 한 방언으로 볼 가능성도 있다.

반면 지역어는 방언구획 또는 언어 체계를 고려하지 않은 상태에서 어느 한 지역의 언어를 가리킬 때 주로 사용된다. 한국어는 기본적으로 단일한 구조를 갖는 단일어라 할 수 있는데 방언은 일정한 분화를 거친 일정 지역의 언어 체계를 뜻하여 어느 정도 방언권을 상정할 수 있으나, 지역어는 이러한 전제를 하기 어렵다. 그 이유는 방언권이 확립되지 않았기 때문이다. 따라서 '지역어'는 방언권의 확립 없이 '○○지역에서 쓰이는 한국어' 정도의 잠정적인 표현이다. 이러한 지역어의 연구는 개별방언을 하나의 독립된 언어체계로 보고 그 체계 전반을 기술하든가 어떤 언어현상을 선택하여 정밀화시키려는 목적으로 시도된다(이병근, 1985 : 217).

2.2. 언어문화

언어문화는 문화의 하위 영역으로 분류될 수 있는데, 『표준국어대사전』에서는 "일상의 언어생활 또는 언론, 문학, 출판 등 언어에 의하여 이루어지는 모든 문화를 통틀어 이르는 말."로 정의하고 있으며, 왕한석(2009 : 7)에서는 "언어가 사회구조(social structure)를 포함하는 문화(culture)와 체계적으로 상호 관련되는 영역"으로 정의하고 있다. 즉 언어를 매개로 이루어지는 모든 문화적인 현상을 언어문화라고 할 수 있을 것이다.

언어문화에 대한 연구는 순수하게 언어에 대한 탐구 영역으로만 그치는 것이 아니라 다양한 삶의 층위에 복잡하면서도 체계적으로 관련되어 있는 영역이라고 할 수 있다. 왕한석(2009 : 7)에서는 지금까지의 언어와 문화에 대한 연구는 두 가지 방식으로 진행되어 온 것으로 파악하였다.

첫째는 특정한 주제를 중심으로 연구하는 것이다. 우리나라에서 언어와 문화 현상에 대한 흥미롭거나 논의할 만한 가치 있는 주제를 발굴하여 이를 연구 대상으로 삼고, 대상 자료에 대한 심도 있는 기술과 분석을 통해 연구 결과를 도출해 내는 것이다. 그리고 이러한 현상에 대한 결과를 바탕으로 다른 지역에까지 적용해 본다거나 아니면 다른 사회 집단에까지 연구 결과를 비교해 봄으로써 일반화시키고자 하였던 것이다.

둘째는 특정한 주제에 초점을 두지 않고 가능한 한 넓은 범위의 언어와 문화 현상을 관찰하고 이를 있는 그대로 기술하는 방식이다. 이러한 연구는 특징 지역이나 특정 사회 집단에 대한 심도 있는 연구 결과가 나오지 않을 수 있겠지만, 연구의 범위를 넓힘으로써 의외의 중요한 현상을 포착할 수 있다는 장점 또한 있다.

이러한 두 가지 방식의 연구는 언어를 매개로 이루어지는 문화 현상에 대한 연구이며, 이는 모두 언어문화라는 용어 속에서 다루어질 수 있다.

즉 언어문화란 한 사회에서의 특징적인 언어와 문화 현상 또는 언어와 문화에 관한 기술 또는 그러한 연구를 가리키는 개념으로 사용하고자 하는 것이다. 이렇게 된다면 지역의 범위를 좁혀 '부산지역의 언어문화'라는 용어를 자연스럽게 쓸 수 있을 것이다.

부산지역의 언어문화만 하더라도 이에 포함되는 영역으로 국어학, 국문학, 국어교육학, 민속학 등이 있을 것이고 이 모든 영역에 대한 연구가 이 글에서 논의하는 대상에 포함될 것이다. 이 글에서는 이렇게 많은 언어문화의 특성을 모두 다룰 여지가 없기에 국어학적인 관점을 중심으로 언어문화의 특성에 대해 논의하고자 한다.

3. 부산지역어의 특징

부산지역어에 대한 기존의 연구는 이 지역어에 대한 방언권 설정 문제에서부터 음운, 문법, 어휘에 대한 연구 등이 많이 이루어졌기 때문에 이 지역어의 전반적인 특징을 개괄적으로 살필 수 있게 되었다.

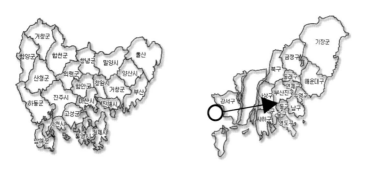

[그림 1] 부산의 위치 및 행정구역

동남방언의 방언권과 관련해서는 최명옥(1994)를 참고할 수 있는데, 이에 따르면 부산지역어의 경우에는 경남 동부방언에 속하는 것으로 볼 수 있다.

동남방언	경남방언	경남 동부방언	창녕, 밀양, 울산, 양산, 김해
		경남 서부방언	경남중서 동부방언	합천, 의령, 진양, 사천, 남해, 함안, 창원, 고성, 통영, 거제
			경남중서 서부방언	거창, 함양, 산청, 하동
	경북방언	경북 중동부방언	경북중동 동부방언	울진, 봉화, 영풍, 예천, 안동, 영양, 의성, 청송, 영덕, 군위, 영천, 영일, 경산, 청도, 경주
			경북중동 서부방언	칠곡, 성주, 고령, 달성
		경북 서부방언	문경, 상주, 선산, 금릉

[표 1] 최명옥(1994), 경상도 방언 구획

3.1. 음운과 음운현상

1) 음운

음운은 크게 자음과 모음, 운소로 나누어지므로 자음, 모음, 운소의 순서대로 살펴보기로 한다.

① 자음

기존의 연구 결과를 종합해 보면 부산지역어의 경우, 중앙 방언과 비숫한 특징을 가진다. 하지만 자음 중에서 'ㅅ'과 'ㅆ'이 서로 변별되는가 하는 문제와 음소로서 후두 폐쇄음 ㆆ을 설정할 수 있느냐 하는 두 가지 문제가 있다. 이 두 가지 문제를 제외한다면 나머지 자음은 중앙 방언과 동일하게 'ㅂ, ㅃ, ㅍ, ㄷ, ㄸ, ㅌ, ㅈ, ㅉ, ㅊ, ㄱ, ㄲ, ㅋ, ㅎ, ㅁ, ㄴ, ㅇ, ㄹ'의 17개로 볼 수 있다.

'ㅅ'와 'ㅆ'의 변별성 문제를 확인하기 위해서는 최소대립쌍을 통한 의미 대립 관계를 확인하는 것이 필요한데, 이러한 작업의 결과 대부분의 연구자들은 'ㅅ : ㅆ'이 변별되지 않음을 주장하고 있다(김영송, 1963 ; 박지홍 1977).[1]

후두 폐쇄음 ㆆ의 존재와 관련해서 살펴보면, ㆆ는 흔히 형태소 경계에서 실현되는, 형태음소론적 현상인 경음화에서 주로 논의되어 왔다. 하지만 ㆆ의 음소적 본질이 무엇이며 음운체계에서 ㅎ과 대립되는 가치가 무엇이기에 경음화에 관여하는지 분명히 밝혀지지 않은 것이 사실이다. 따라서 우선적으로 ㆆ의 존재를 가정할 수 있는 다음과 같은 몇몇 자료를 통해서 ㆆ에 대한 논의를 하기로 한다.[2]

	어간	-고	-으니	-어/아
(1)	불-(吹)	불고	부니	부러
(2)	붇-(增)	불꼬	부르니	부러
	눋-(炙)	눌꼬	누르니	누러
	싣-(載)	실꼬	시르니	시러

[표 2]

---

1) 일부이기는 하지만 이근열(1997)과 이효신(2004)에서는 'ㅅ'와 'ㅆ'가 변별된다는 주장을 펼치기도 하였다.
2) 여기에 제시된 자료들은 모두 참고문헌에 언급된 논문과 저서, 그리고 사전류에서 가져온 것이다.

이 지역어에서 (1)과 (2)의 '불-(吹)'과 '붇-(增)'을 비교해 보면, 이들의 활용 패러다임은 각각 '불고, 부니, 부러'와 '불꼬, 부르니, 부러'로 실현된다. 이때 활용형 '불고'와 '불꼬'에서의 경음 차이, 그리고 '부니'와 '부르니'에서의 '으' 탈락 및 유음 탈락의 차이를 설명하기 위해서 ㅎ의 존재를 우선 생각해 볼 수 있다(김영신, 1963). 이 활용형의 차이와 활용 패러다임의 차이는 바로 어간 기저형의 차이로 볼 수 있으며, 표준어형 '불-'과 '붇-'의 기저형은 각각 /불-/과 /붋-/이 되어 차이를 보이는 것으로 볼 수 있다.

그리고 (2)의 표준어형 '신-(載)'이 '실꼬, 시르니, 시러'의 활용형을 보이는 사실 또한 어간 형태소의 기저형이 /싫-/임을 보여 주는 것이다. 따라서 (2)의 예를 통해 각각 기저형으로 /붋-/, /ㄴㅜㄹㅎ-/, /싫-/ 등을 설정할 수 있으며, 이를 통해 ㅎ의 존재를 확인할 수 있다.

하지만 이 지역어에서는 표준어의 ㄷ 불규칙 활용을 보이는 예들 중 상당수가 여전히 ㄷ 불규칙 활용을 보이기 때문에 ㅎ가 나타나는 어휘가 제한되며, 또 추상적인 음소를 설정해야 한다는 부담이 있다. 그리고 용언 어간말 중 유음 뒤에서만 실현되어 음소의 분포가 제한적이란 점 때문에 ㅎ을 음소로 설정하기에는 무리가 따른다.

정리하자면 부산지역어의 자음은 'ㅅ'과 'ㅆ'이 변별되지 않고, ㅎ을 음소로 설정하기 힘들므로 'ㅂ, ㅃ, ㅍ, ㄷ, ㄸ, ㅌ, ㅅ, ㅈ, ㅉ, ㅊ, ㄱ, ㄲ, ㅋ, ㅎ, ㅁ, ㄴ, ㅇ, ㄹ'의 18개로 파악할 수 있다.

② 모음

김영송(1963), 박지홍(1977 ; 1991)에 따르면 이 지역어의 모음은 '이, 애[E], 어[ɨ], 아, 우, 오'의 6모음 체계로 의견 합치를 보이고 있다. 즉 이 지역어에서는 'ㅔ'와 'ㅐ'가 변별되지 않고, 'ㅡ'와 'ㅓ'가 변별되지 않으

며, 'ㅟ'와 'ㅚ'가 원순성을 가지지 않기 때문에 6모음 체계를 갖게 되는
것이다.

혀의 높이 \ 혀의 위치	전설모음	후설모음	
	비원순	비원순	원순
고모음	이(i)	어(ə)	우(u)
중모음	애(E)		오(o)
저모음		아(a)	

[표 3] 6모음 체계

③ 운소

동남방언은 운소 중 성조에 의해서 단어가 변별되는 성조방언이다. 이
지역어 또한 성조에 의한 대립이 존재하는 지역이지만, 세부적으로는 성
조소와 관련해 크게 두 견해로 나누어진다. 하나는 허웅(1954 ; 1955)에서
언급되었듯이, 성조소는 저조(L), 중조(M), 고조(H)로 보는 견해와 최명
옥(1998)에서 언급된 것처럼 성조소는 저조(L)과 고조(H)로 보는 견해가
그것이다.

예를 들어 '말(馬), 말(斗), 말(語)'의 성조소를 본다면 허웅(1954 ; 1955)에
서는 이를 각각 '고조(H), 중조(M), 저조(L)'로 파악하고 있으며, 최명옥
(1998)에서는 주격조사와 결합한 곡용형을 제시하며 '말이(HL), 말이
(HH), 말이(LH)'로 파악하고 있다. 이를 정리하면 아래와 같다.

연구자 \ 곡용형	말(馬)+이	말(斗)+이	말(語)+이
허 웅(1954)	HM	MM	LM
최명옥(1998)	HL	HH	LH

[표 4]

이와 같은 견해 차이가 생기는 것은 음의 높낮이의 음성적인 실현을 관찰했을 때 음성적으로 실현되는 높이 차이를 그대로 음운론적으로 해석하느냐(허웅, 1954) 아니면 음성적으로 실현되는 높이 차이를 화자의 심리적 실재와 인접음의 상대적 높이를 고려하여 음운론적으로 해석하느냐(최명옥, 1998)하는 문제로 귀결된다. 후자의 경우에는 음의 높낮이를 절대적인 관점이 아닌, 인접한 음과의 상대적인 높이를 고려한 상대적 관점에서 보기 때문에 음운론적으로 저조와 고조로만 파악한 것이다.[3]

연구자에 따른 세부적 입장 차이가 있지만 음의 높낮이에 의해 단어의 의미 차이가 존재한다는 사실에서 성조는 여타 동남방언과 마찬가지로 부산지역어의 특징적인 현상으로 볼 수 있다.

2) 음운현상

이 지역어의 특징적인 양상을 보여 주는 음운현상이 여럿 있지만, 그 중에서 반모음화 관련 현상, 구개음화, 자음군단순화, 불규칙활용의 경우를 중심으로 살펴보기로 한다.

① 반모음화 관련 현상

	어간	-고	-으니	-어/아
(3)	이-	이고	이니	이도
	지-	지고	지니	지도
	기-	기고	기니	기도

---

3) 성조소를 2단의 '고조, 저조'로 보는 견해와 3단의 '고조, 중조, 저조'로 보는 견해가 서로 대립되는데, 과연 이 지역 방언화자의 심리적 실재는 어떠한지 이에 대한 조사가 반드시 필요할 것으로 보인다. 관찰자이자 연구자 개인적인 음의 높낮이에 의한 관찰이 아니라 방언화자가 '저조, 중조, 고조'를 실질적으로 인식하는지, '저조, 고조'만을 인식하는지 청취실험에 의한 연구 결과가 필요할 것으로 보인다.

(4)	보이–	보이고	보이니	보이도
	지지–	지지고	지지니	지지도
	그리–	그리고	그리니	그리도
	꾸미–	꾸미고	꾸미니	꾸미도

[표 5]

(3)과 (4)는 표준어에서 y 반모음화 현상을 나타내지만 이 지역어에서
는 다른 양상을 보여 준다. 즉 (3)은 1음절 어간, (4)는 2음절 어간의 경
우이며, 어간말 음절 두음의 종류에 따라 예를 제시해 보았다.

그런데 이 지역어에서는 어간의 음절 수나, 어간말음절의 두음 종류에
따른 실현 양상의 차이를 보이지는 않고 모두 동일한 현상을 보여 준다.
모음으로 시작하는 어미와 결합했을 경우에, '이–'를 예로 들어 설명하
자면 '이– + –어도'가 결합하여 어미 '–어'가 탈락하여 활용형 '이도'
가 실현된다. 즉 y 반모음화 현상이 나타나는 것이 아니라 후행하는 어
미의 모음 '어'가 탈락하는 현상이 나타나는 것이다.

	어간	–고	–으니	–어/아
(5)	오–	오고	오니	와도
(6)	보–	보고	보니	바도
	쏘–	쏘고	쏘니	싸도
(7)	주–	주고	주니	주도
	쑤–	쑤고	쑤니	쑤도
(8)	바꾸–	바꾸고	바꾸니	바까도
	뜨수–	뜨수고	뜨수니	뜨사도

[표 6]

(5-8)은 w 반모음화의 예를 보여 주는 것으로 (5-7)은 1음절 어간, (8)
은 2음절 어간의 경우이다. 그리고 각각은 다시 음운론적인 환경을 고려

하여 어간말 음절 두음의 종류에 따라 분류되었다. 그리하여 (5)는 어간
말이 '오'이면서 어간말 음절의 두음이 Ø인 경우이며, (6)은 어간말이
'오'이면서 어간말 음절의 두음이 양순음 'ㅂ', 치경음 'ㅆ'인 경우이다.
그리고 (7)은 어간말이 '우'이면서 어간말 음절의 두음이 치경구개음 'ㅈ'
과 치경음 'ㅆ'인 경우이며, (8)은 어간말이 '우'이면서 어간말음절의 두
음이 연구개음 'ㄲ'과 치경음 'ㅅ'인 경우이다.

(5-6)의 예에서 보듯이 어간말 모음이 '오'인 경우에는 모두 w 반모음
화가 일어나는 사실을 확인할 수 있다. (5)의 '오-'와 어미 '-아도'가
결합하면 '오아도→와도'처럼 w 반모음화가 일어났음을 확인할 수 있
다.4) (6)의 어간 '보-, 쏘-'의 경우도 어미 '-아도'와 결합하면 각각
'보+아도, 쏘+아도'가 된 후, w 반모음화에 의해 '봐도, 쏴도'가 되며,
다시 이 지역어에서 일반적으로 일어나는 음소배열제약으로 인해 반모음
w가 탈락하여 '바도, 싸도'가 되는 것이다.

(7-8)의 예에서 보면 음절 수에 따라 적용되는 규칙이 다름을 확인할
수 있는데, 어간말 모음이 '우'이면서 1음절인 (7)의 예에서는 어간 '주-'
와 모음으로 시작하는 어미 '-어도'가 결합하여 '주+어도→주우도'와
같이 모음으로 시작하는 어미 '어'가 선행하는 모음 '우'에 완전순행동화
를 이루면서 w 반모음화를 거치지 않는 것을 확인할 수 있다. 반면 어간
말 모음이 '우'이면서 2음절인 (8)의 예에서는 어간 '바꾸-'와 모음으로
시작하는 어미 '-아도'가 결합하여 '바꾸+아도→바꽈도'로 되어 1차
적으로 w 반모음화가 일어나며, 이 지역어에서 일반적으로 일어나는 음
소배열제약으로 w가 탈락하여 '바까도'가 실현되는 것이다.

---

4) 이 지역어에서는 반모음 w가 탈락하여 '아도'가 실현되기도 하지만 실현 빈도가 '와
도'보다 높지 않다.

② 구개음화

	어간	-이	-을	-에	-으로
(9)	팥	파치	파틀	파테	파트로
	밭	바치	바틀	바테	바트로
(10)	꽃	꼬치	꼬틀	꼬테	꼬트로
	낯	나치	나틀	나테	나트로
	윷	유치	유틀	유테	유트로

[표 7]

(9-10)는 어간말이 ㅌ, ㅊ인 체언 어간에 '-이, -을, -에, -으로' 등의 모음으로 시작하는 조사가 결합한 곡용형의 예들이다. (9)는 체언 어간말이 원래 ㅌ인 어간인 경우이고, (10)은 체언 어간말이 원래 ㅊ인 어간인 경우이다. (9-10)의 어간말 ㅌ, ㅊ인 어간이 '-이, -을, -에, -으로'와 결합했을 때의 활용 패러다임을 보면 모두 동일한 양상을 보임을 알 수 있다.

(9)의 예처럼 '팥'과 같이 ㅌ인 어간은 모음으로 시작하는 조사와 결합하여 '파치, 파틀, 파테, 파트로'의 곡용형을 보이는데, 이는 표준어와 큰 차이를 보이지 않는다. 그러나 (10)의 경우를 보면, 원래 체언 어간말이 ㅊ인 어간이 '꼬치, 꼬틀, 꼬테, 꼬트로'와 같은 패러다임을 보여 (9)와 동일한 패러다임을 형성하고 있다. 즉 어간의 기저형이 (10)의 경우 각각 '꼳, 낟, 윧' 등으로 실현되는 것이다. 이것은 '꽃>꼳, 낯>낟, 윷>윧' 등으로 어간 재구조화를 거친 것이다

먼저 '팥, 밭' 등은 변화가 없으나, '꽃, 낯, 윷' 등은 각각 '꼳, 낟, 윧' 등으로 재구조화했는데, 이렇게 '꽃>꼳, 낯>낟'으로 변화된 재구조화의 원인은 두 가지로 설명할 수 있다(김봉국, 2005). 하나는 주격 '-이'나 계사 '-이'와의 결합형에 대한 재분석으로 보는 것이다. '꽃'과 주격 '-이'의

결합형인 '꼬치'에 대하여 화자들이 '꽃+이'로 분석하지 않고 '꼳+이'로
재분석하고 난 후, 공시적인 ㄷ-구개음화를 적용시켜 형성된 것으로 보
는 것이다. 이렇게 새로이 재분석된 어간 '꼳'에 대하여 모음으로 시작하
는 다른 조사에까지 어간 '꼳'이 확대됨으로써 어간말 'ㅊ>ㅌ'의 재구조
화가 일어나게 된 것이다. 다른 하나는 원래는 '꽃'이 '꼬치, 꼬츨, 꼬츠
로'의 곡용 패러다임을 이루었으나, '바치, 바틀, 바트로'와 같은 유형의
곡용 패러다임에 유추되어 '꼬치, 꼬틀, 꼬트로'의 곡용 패러다임을 이룬
것으로 보는 것이다.

③ 자음군단순화

	어간	−는다	−고	−지	−더라	−소
(11)	밝-	발른다	발꼬	발찌	발떠라	발소
	맑-	*	말꼬	말찌	말떠라	말소
(12)	떫-	*	떨꼬	떨찌	떨떠라	떨소
	밟-	발른다	발꼬	발찌	발떠라	발소

[표 8]

유음이 선행하는 자음군을 보면, 'ㄹㄱ, ㄹㅁ, ㄹㅂ, ㄹㅌ, ㄹㅎ, ㄹㅎ' 등이 나타난
다. 유음 선행 자음군은 크게 '유음+장애음, 유음+비음'의 결합을 이루
고 있는데, '유음+장애음' 연쇄의 자음군에는 'ㄹㄱ, ㄹㅂ, ㄹㅌ, ㄹㅎ, ㄹㅎ'이, '유
음+비음' 연쇄의 자음군에는 'ㄹㅁ'이 있다. 이 중 어간말 자음군이 (11)은
ㄹㄱ이며, (12)는 ㄹㅂ인 예이다.

(11)은 ㄹ가 선행하는 용언 어간말 자음군인 'ㄹㄱ'이 어미 '−는다, −
고, −지, −더라, −소'와 결합한 활용형의 예이다. '밝+는다→ 발른다'
의 예에서 자음군단순화(ㄱ 탈락)에 이어 유음화가 적용되었다. '밝+고'에
서는 '밝꼬→ 발꼬'처럼 경음화, 자음군단순화(ㄱ 탈락)가 일어난 것이다.

이를 보건대, 용언 어간말 자음군 ㄺ는 자음으로 시작하는 어미와의 결합에서는 모두 'ㄺ' 중 후행하는 자음 ㄱ가 탈락하는 공통점을 가진다.

(12)는 각 어간에 어미 '-는다, -고, -지, -더라, -소' 등의 어미가 결합한 활용형의 예인데, 용언 어간말 자음군이 모두 'ㄼ'인 경우이다. (12)는 자음군단순화에 의해 탈락하는 자음이 후행하는 ㅂ라는 점을 확인할 수 있다. 즉 용언 어간말 자음군 'ㄼ'와 자음으로 시작하는 어미가 결합하여 자음군단순화가 일어나게 된다면 후행하는 ㅂ의 탈락을 이 지역어는 더 선호한다는 것을 알 수 있다.

④ 이른바 불규칙활용의 경우

	어간	-고	-으니	-어/아
(13)	묵-(食)	묵꼬	무우니	무우도

[표 9]

(13)은 이 지역어에서 흔히 볼 수 있는 ㄱ 불규칙활용의 예인데, 통시적으로는 모음으로 시작하는 어미와의 결합형에서 'ㄱ>∅' 변화에 의해 'ㄱ'가 탈락함으로써 불규칙적인 교체를 보이게 된 것이다. 즉 자음으로 시작하는 어미와의 결합에서는 어떤 변화도 보이지 않으나, '으'계 어미나 모음으로 시작하는 어미에서 'ㄱ' 탈락이 일어나 '묵+으니>무구니>무우니, 묵+어+도>무구도>무우도'와 같은 변화를 거쳐 공시적으로 불규칙적인 교체양상을 보인 것이다.

	어간	-고	-으니	-어/아
(14)	잇-(繼)	이꼬	이스니	이사도
	낫-(癒)	나꼬	나스니	나사도
	줏-(拾)	주꼬	주스니	주사도

	어간	-고	-으니	-어/아
(15)	붓-(腫)	부꼬	부우니	부우도
	긋-(劃)	끄꼬	끄으니	끄으도
(16)	춥-(寒)	춥꼬	추부니	추바도
	숩-(易)	숩꼬	수부니	수바도
(17)	돕-(助)	돕꼬	도우니	도와도
	굽-(炙)	꿉꼬	꾸우니	꾸우도

[표 10]

이 지역어에서는 이른바 ㅅ 불규칙활용과 ㅂ 불규칙활용을 보이는 경우가 있다. 그러나 표준어와는 달리 어휘에 따라서는 ㅅ 불규칙활용을 보이지 않는 (14)의 예가 있는가 하면 ㅅ 불규칙활용을 보이는 (15)의 예가 있다. 또 ㅂ 불규칙활용을 보이지 않는 (16)의 예가 있는가 하면 ㅂ 불규칙활용을 보이는 (17)의 예가 있다. 어휘에 따라 불규칙활용의 양상이 달리 나타나는 특징을 보여 준다.

3.2. 높임법

이 지역어의 높임법 등급은 표준어의 해요체에 해당하는 '해예체/해요체'와 두루낮춤에 쓰이는 '해체'를 논외로 한다면 4등급 체계로 볼 수 있다. 즉 아주높임, 예사높임, 예사낮춤, 아주낮춤으로 분류되는데, 이를 문장종결법과 관련지어 살펴보기로 한다.

① 아주높임(하이소체)

아주높임인 하이소체에 해당하는 평서형어미나 의문형어미에 실현되는 '-십니더, -십니꺼(~십니껴), -십디더, -십디꺼(~십디껴)' 등은 이 지역어에서 원래부터 사용한 것이 아니라 표준어가 유입되어 나타난 현상이라고 보는 인식이 강하다. 그리고 처음 보는 사람이거나 신분이 자기보다 높은 사람들에게 격식을 갖추어서 말을 해야 할 때 주로 사용한다.

> (18) 묵십니더. 보겟십니더.
>   봅니더. 나도 갑니더.
>   사람입니더.
> (19) 묵십디더. 셍이도 잘 묵디더.
>   봅디더.
>   사람입디더.

(18)과 (19)는 모두 평서문인데, (18)은 현재를 나타내는 어미 '─십니더 / 읍니더'가 사용되고 있으며, (19)는 회상의 의미를 갖는 어미 '─십디더 / 읍디더'가 사용되고 있다. (18-19)에서 사용되는 어미는 모두 선행하는 요소가 자음으로 끝나면 '─십니더, ─십디더'가 결합하고, 모음으로 끝나면 '─읍니더, ─읍디더'가 결합한다.

> (20) 선생 잇있십니꺼? 다칠 게 뭐 잇십니꺼?
>   바우 엄매 어대 갑니꺼?
> (20)' 보겟십니껴?
>   봅니껴?
> (21) 누부도 밥 먹십디꺼?
>   누부도 일 합디꺼?
> (21)' 보겟십디껴?
>   봅디껴?

(20-21)은 모두 의문문인데, (20)은 현재를 나타내는 어미 '─십니꺼 / 읍니꺼'가, (20)'은 현재를 나타내는 어미 '─십니껴 / ─읍니껴'가 사용된

예이다. 그리고 (21)은 회상을 나타내는 어미 '-십디꺼 / 읍디꺼'가, (21)'
은 회상을 나타내는 어미 '-십디껴 / 읍디껴'가 사용된 예이다. 사용 빈
도를 보면 의문형어미 '-십니꺼'가 '-십니껴'보다 빈도가 높고, '-십
디꺼'가 '-십디껴'보다 빈도가 높다. 따라서 이 지역어의 전형적인 방언
형은 '-십니꺼, -십디꺼'로 봐야 할 것이다.

> (22) 누부도 일 하는기요?(~하는교?)
> 바우 엄매 어데 가는교?
> 혼차 살만 또 에랍은교?
> 우쩨 같이 잇겟는교?

(22)에서 실현되는 의문형어미 '-는기요' 또는 '-는교'는 격식적인
상황에서 쓰이는 '-십니꺼'와는 달리 비격식적인 상황에서 주로 쓰인다.
처음 만나는 사람이나 지위가 높은 사람의 경우에는 '-십니꺼'를 사용
해야 하며, [+높음]의 상대라고 하더라도 친밀도가 있으면 '-는교'를
사용한다.

그리고 '-는교'는 '-십니꺼'와 비교했을 때 격식 / 비격식의 차이뿐만
아니라 표준어의 하십시오체와 같이 아주높임의 경우나, 하오체와 같이
예사높임의 경우 모두에 사용된다는 점에서 차이가 있다. 따라서 손주가
친할아버지나 친할머니에게 '-는교'를 사용할 수도 있으며, 아내가 남편
에게도 '-는교'를 사용할 수 있다.

> (23) 어런시도 잡으이소.
> 어무이가 하이소. 너무 걱정하지 마이소.
> 신경 씨지 마이세이.

(23)에서 보이는 '-으이소 / 이소'와 '-이세이'는 모두 명령형에서 실

현되는 어미이다. '-으이소/이소'는 이 지역어에서 흔히 실현되는 명령
형어미라면, '-이세이'는 '-이소'에 친밀감을 드러내어 주는 첨사 '-이
이'가 결합되어 '-이쇠이>이세이'의 통시적인 발달 과정을 거쳐 실현된
것이다.

　이러한 첨사 '-이이'가 종결어미 뒤에 결합하여 친밀감을 표현해 주는
예는 동남방언에서 흔히 나타난다. 청유형어미 '-자'에서 '-이이'가 결
합하여 '-자+-이이>-재이(예 : 가재이.)'가 되거나 명령형어미 '-어
라'에서 '-이이'가 결합하여 '-어라+-이이>-어래이(예 : 먹어래이)
가 되는 것이 그러한 예이다.

　　　(24) 밥을 묵으입시더.
　　　　　 이거 좀 보입시더.
　　　　　 우리 나무하로 같이 가입시더.

　(24)에서 실현되는 '-으입시더/입시더'는 아주높임의 등급을 갖는 청
유형어미이다.

　② 예사높임(하소체)
　이 지역어의 예사높임 등급에 사용되는 어미에는 '-소/요'와 '-으소/
소', '-읍시더' 등이 있다.

　　　(25) 개밥 그륵도 기리 엫었소. 내도 묵소.
　　　　　 내도 가요.
　　　(26) 아배는 묵소?
　　　　　 재개는 가요?

　(25-26)은 모두 어미 '-소/요'가 사용된 예인데, (25)는 평서형에서,

(26)는 의문형에서 각각 사용되는 예를 보여 준다. 특히 의문문일 때는 (26)의 예처럼 '-소/요'가 사용되기도 하지만 앞서 (22)에서 언급한 바 있듯이 '-는교'가 아주높임의 등급뿐만 아니라 예사높임의 등급에서도 사용된다고 했는데 (26)과 동일한 상황에서 '-는교'가 사용되기도 한다.

> (27) 재개도 묵으소.
>   장사를 좀 하소. 재개도 가소.
>   재개도 묵으새이. 재기도 가새이.
> (28) 재개도 묵읍시더.
>   내하고 만냅시더. 잠깐 내하고 갑시더.

(27)은 명령형어미 '-으소/소'가 결합한 예와, 친밀감을 표현해 주는 명령형어미 '-으새이/새이'가 결합한 예를 보여 주며, (28)은 청유형어미 '-읍시더'가 결합한 예이다.

③ 예사낮춤(하게체)

이 지역어에서는 예사낮춤 등급의 문장종결법이 다양하게 나타나지는 않는다. 그래서 표준어에서 나타나는 '-네/세, -음세'과 같은 평서형어미나 '-게'와 같은 명령형어미, '-세'와 같은 청유형어미 등이 거의 쓰이지 않는다.

> (28) 그러이 인자 특무 상사나 되는가?
>   인가~이 될 텍이 있는강? 사람인강?
> (29) 우째 옇는고?
>   재개 머 묵는공? 재개 언제 가는공? 저 분이 눈공?

(28)은 의문형어미 '-는가/는고'와 '-는강/는공'이 사용된 예이다. 의

문형어미 '-는가'와 '-는고'의 선택을 결정짓는 요소는 의문사가 있고 없음 여부이다. 의문사가 없을 경우에는 (28)처럼 '-는가'가 선택되고, 의문사가 있을 경우에는 (29)처럼 '-는고'가 선택되는 것이다.

의문형어미 '-는가'와 '-는고'가 '-는강'과 '-는공'으로 대체되는 경우에는 직접적인 의문을 나타내지 않고 청자의 의구심이나 추정, 의심 등과 같은 간접적인 의문을 나타낸다.

④ 아주낮춤(해라체)

이 지역어에서 사용되는 아주낮춤 등급은 표준어의 해라체에 해당된다. 많은 예들이 있지만 일부의 예만 논의하기로 한다.

(30) 인자 우리 다 죽는다. 묵는다.
나도 간다
나도 간대이. 나도 묵는대이

(31) 술 받으라고 삼만원 주더마.

(32) 내도 묵으꾸마
내도 가꾸마

(30-32)의 예들은 모두 평서형에서 사용되는 어미로 사용된다. (30)에서 보듯이 평서형어미 '-는다 / 은다'뿐만 아니라 친밀감을 표현해 주는 '-는대이 / -은대이'가 사용된 경우도 있다. (31)는 어미 '-더마'가, (32)는 약속의 뜻을 나타내는 어미 '-으꾸마 / 꾸마'가 사용된 경우이다.

(33) 이기 밥이가?<기장 해안 지방>
이기 밥가?<기장 내륙 지방>
무슨 영감을 얻을 것가?<동래>

(34) 우짜란 말이고?<동래>
　　　어짤 것고?<동래>

(33-34)는 의문형 어미 '-가/고'를 사용하는 의문문인데, '-가/고'
의 선택을 결정짓는 요소는 문중에 의문사의 실현 여부이다. 그리하여
의문사가 없으면 '-가'가 선택되고, 의문사가 있으면 '-고'가 선택된다.
'-가/고'는 선행하는 어간말이 개음절일 때 나타나며, '-이가/이고'는
어간말이 폐음절일 때 일반적으로 나타난다.

그런데 부산의 동래 지역어에서는 어간말이 폐음절일 때 '-이가/이
고'뿐만 아니라 '-가/고'가 나타나기도 한다(어짤 것고?, 얻을 것가?). 반면
부산의 기장 지역어에서는 해안과 내륙 지방이 다른 양상을 보여 해안
지방에서는 어간말이 폐음절일 때 어미 '-이가'가 선택되며, 내륙 지방
에서는 어간말이 폐음절일 때 어미 '-가'가 선택된다.

중세국어에서 어간말이 폐음절일 때 어미 '-가'가 선택되는 사실을
상기해 본다면 부산 기장의 경우에는 내륙 지방이 언어의 변화에 굉장히
보수적으로 반응하며, 반면 해안 지방은 개신적인 모습을 보인다고 할
수 있다.

(35) 떡 묵나? 핵교 가나? 놀러 가나?
　　　니 어데 가노? 을매나 있으면 되겠노? 니 어데 갔더노?

(35)는 의문형 어미 '-나/노'를 사용하는 의문문인데, '-나/노'의
선택을 결정짓는 요소는 문장에 의문사의 실현 여부이다. 의문사가 없으
면 '-나'가, 의문사가 있으면 '-노'가 선택된다.

(36) 어쨌든 자기 분수대로 살아라.
　　　이거를 한 분 무우 봐라. 너어 먼저 가라.

니도 묵어래이. 니도 가래이.

(37) 놀러 가자.
　　 마, 그래 주자.
　　 집에 있재이.

(36)은 명령형어미 '－아라 / 어라'가, (37)은 청유형어미 '－자'가 사용된 예이다. 이 종결어미 뒤에 친밀감을 표현해 주는 첨사 '－이이'가 결합하여 각각 어미 '－아래이 / 어래이', '－재이'가 실현되기도 한다.

4. 부산지역의 언어문화

언어라는 것은 그 시대 사람들이 의사소통의 수단으로 사용하는 도구일 뿐만 아니라 언어 속에는 그 시대의 삶의 다양한 모습과 양상들이 그대로 투영되어 있다. 따라서 언어를 자세히 들여다보면 그 시대 사람들의 삶의 모습이 고스란히 담겨 있다는 사실을 확인할 수 있다. 의식주와 관련된 생활, 생업 활동, 세시풍속과 놀이, 관용적 표현 등등이 언어를 통해 구현되는 것이다.

앞 장에서는 부산지역어의 언어적 특성을 살펴보았다면 이 장에서는 부산지역의 문화를 반영하는 언어를 살펴볼 것인데, 문화를 반영한 언어적인 표현들은 주로 어휘(특히 친족 어휘)나 관용적 표현 속에 많이 나타나 있으므로, 친족 어휘나 관용적 표현을 중심으로 살펴볼 것이다.

4.1. 친족 어휘

지역 문화의 특성을 잘 반영하고 있는 어휘 체계 중 대표적인 것이 친족 어휘이다. 친족 어휘는 세대, 나이, 성, 가계, 촌수, 결혼 등 여러 가지 요소에 의하여 결정되지만 친족 명칭은 화자가 친족원을 직접 부르는 호칭과 친족원을 제3자에게 가리키는 지칭에 따라 달라진다. 왕한석(2009 : 12)에서는 부산 동래 지역어의 친족 용어 체계를 정리한 바 있는데, 다음과 같다.

표준어형	평칭	존칭	비칭 1	비칭 2
할아버지	할배	할부이	해래비/핼비	할바이
할머니	할매	할무이	해래미/핼미	할마이
아버지	아배	아부이	애비	아바이
어머니	어매	어무이	에미	어마이
아저씨	아재		아재비	
아주머니	아지매		아지미	
오빠	오라배	오라부이	오래비	오라바이

[표 11] 왕한석(2009) 친족 어휘

친족 어휘의 형태 분화에 대한 왕한석(2009)에서는 도표만 제시되어 있고 아무런 설명이 없다. 이것이 호칭인지 지칭인지 분명하지 않고 비칭의 경우에는 다시 비칭 1과 비칭 2로 나누어져 있어서 어떤 이유로 나누었는지 확인하기가 쉽지 않다. 호칭, 지칭에 대한 구분이 없으므로 이를 논외로 한다면 비칭 1의 경우는 친족원을 제3자에게 소개할 때 낮추어서 지칭하는 말인 듯하고, 비칭 2의 경우는 제3자가 친족원을 낮춰 호칭하는 말인 듯하다.

왕한석(2009)의 자료는 부산 동래 지역어의 친족 어휘에 대한 체계적인 연구 결과물로 부산지역어의 친족 어휘가 갖는 특징을 파악하는 데 큰 의의를 가진다. 다만 이근열(2005)와 차이가 나는 부분이 있는데 '할아버지'의 존칭어로 왕한석(2009)에서는 '할부이'이지만, 이근열(2005)에서는 '할부지'이다.

4.2. 관용적 표현

관용적 표현은 구성된 단어의 뜻과는 별개의 뜻을 가진 단어 복합체로서 관습적으로 쓰이다가 하나의 굳어진 형태로 통용되는 언어학적 단위이다. 우리말을 들여다보면 그 속에는 특정한 대상이나 특정한 지시물에 대한 다양한 인식 차이가 사람마다, 지역마다 달리 반영된 경우가 흔히 있으며, 지역적인 특성이 반영되어 언어 속에 녹아 있는 경우가 있는데, 그러한 대표적인 예로 관용적 표현을 들 수 있다.

이 지역어에서 사용되는 관용적 표현을 언급한 자료로는 안길남(2005)와 부분적인 언급을 하고 있는 이근열(2005)를 들 수 있는데, 특히 안길남(2005)에서는 이 지역어에서 주로 사용되는 관용적 표현과 함께 부산 강서구 가락 지역어에서만 사용되는 관용적 표현을 모아 수록하였다.

관용적 표현	의미
뽁재~이 국 묵고 자불지 마라.	복엇국은 독이 많아 조심해서 먹어야 한다.
새 물내를 맡다.	새로운 것을 탐색하다.

[표 12] 안길남(2005)

안길남(2005)에서 언급한 가락 지역은 낙동강의 하구에 속하며, 강과 바다가 만나는 지역적 특성이 있다. 따라서 이 지역에서는 바다와 강이 삶의 중요한 터전이 된다. 따라서 이 지역 사람들은 이 터전에서 나는 해산물 중 복어를 즐겨 먹기 때문에 복어와 관련된 표현인 '뽁재~이 국 묵고 자불지 마라.'가 생겨난 것이다.

또 가락 지역에서는 민물고기들이 봄철에 도랑에서 흐르는 빗물을 따라 올라오는 경우가 있는데, 이런 배경에서 '새 물내를 맡다'가 생겨났으며, 그 의미는 '새로운 물 냄새를 맡듯이 새로운 것을 탐색한다'는 뜻으로 의미가 확장된 것이다.

관용적 표현	의미
보쌀 소쿠리 쥐눈이다	눈망울이 초롱초롱하다
구포 밑이 꼬롬하다	사상이 불순하다

[표 13] 이근열(2005)

'보쌀 소쿠리 쥐눈이다.'에서 '보쌀'은 '보리쌀'의 방언형인데, 보리쌀이 담긴 소쿠리에서 쌀을 훔쳐 먹으면서 주위를 두리번두리번 살피는 쥐의 눈이 똘망똘망한 특성을 포착하여, 이미 잠이 들 시간이 지났음에도 불구하고 눈망울이 초롱초롱 빛나는 상태를 비유적으로 표현한 말이다.

'구포 밑이 꼬롬하다.'의 경우는 부산 지리적, 지역적 특성을 알아야 알 수 있는 관용적 표현이다. 부산의 구포 아래 지역은 '사상(沙上)'인데, '沙上'과 동음이의어인 '思想'에 대비시키는 언어유희적 특성을 반영하여 '思想이 꼬롬하다(불순하다)'는 의미로 사용하게 된 것이다. 이는 시국이 어수선하여 '사상범'이 많이 발생했던 시절에 생겨난 표현이다.

5. 맺음말

지금까지 기존의 자료와 연구를 통해 부산지역의 언어적인 특성과 부산지역의 언어문화가 갖는 특징에 대해 살펴보고자 하였다. 먼저 언어적인 특징으로는 음운 목록(자음, 모음, 성조)과 음운현상(반모음화 관련 현상, 구개음화, 자음군단순화, 불규칙활용의 경우)을 살펴보았고, 문법과 관련해서는 이 지역어의 특징을 잘 보여 주는 높임법을 살펴보았다.

언어 속에는 그 시대의 삶의 다양한 모습과 양상들이 그대로 투영되어 있기 때문에 부산지역의 문화적 특성을 잘 반영하는 언어적 표현을 어휘 중심으로 살펴보았으며, 특히 친족 어휘와 관용적 표현을 통해 부산지역의 문화적 특성을 살펴보았다.

‖ 참고문헌

강민정(2008), 「초등학생 맞춤법 오류 분석과 지도 방안」, 부산교육대학교 석사학위논문.

김봉국(2005), 「체언 어간말 중자음의 변화 양상」, 『국어학』 5, 국어학회.

김봉모·최규수·김인택(1996), 「기장 지역어 연구」, 『한국민족문화』 8, 부산대학교 한국민족문화연구소.

김세원(2009), 「초등학생 높임법 사용 실태 분석을 통한 지도 방안 연구」, 부산교육대학교 석사학위논문.

김영선(2001), 「부산지역어의 활용과 음운현상(1)」, 『우암어문논집』 11, 우암어문학회.

_____(2001), 「부산방언의 음운론적 연구」, 『동남어문논집』 12, 동남어문학회.

_____(2008), 「체언말 자음 'ㅊ, ㅌ' 실현의 음운론적 연구」, 『동남어문논집』 25, 동남어문학회.

김영송(1963), 「경남방언의 음운」, 『국어국문학』 4, 부산대학교 국어국문학과.

김영신(1963), '경상남도 방언' 「어휘」, 경상남도지(中), 경상남도지 편집위원회.

김옥화(2001), 「방언」, 『방언학사전』, 태학사.

김인택(2004), 「부산의 언어문화」, 『한국민족문화』 23, 부산대학교 한국민족문화연구소.

김필순(1998), 「동래 지역어의 성조에 관한 연구」, 『경남어문논집』 9·10, 경남대학교 국어국문학과.

_____(2000), 「동래 지역어의 음운론적 연구」, 경남대학교 박사학위논문.

동승희(1998), 「부산 방언 억양과 표준어 억양 비교 연구」, 부산대학교 석사학위논문.

박상락(1981), 「경남 고성방언과 부산방언과의 형태 비교」, 『어문학교육』 4, 부산교육학회.

박지홍(1977), 「부산방언」, 『한글』 159, 한글학회.

_____(1991), 「제6절 방언」, 『부산시사』, 부산직할시사편찬위원회.

박희영(2010), 「겹받침 발음의 실태 분석 : 부산지역 초등학생을 중심으로」, 부산교육대학교 석사학위논문.

부산 사투리를 사랑하는 사람들 모임 편(2003), 『부산 사투리 사전』, 도서출판 삼아.

안길남(2005), 『낙동강 하류 가락 지역어 조사연구』, 세종출판사.

양희주(2008), 『부산말사전 니 어데 갔너노?』, 도서출판 조양.

왕한석(2009), 「한국의 언어문화 연구를 위한 몇 가지 제언」, 『세계한국어문학회 학술대회 발표문』, 세계한국어문학회.

이근열(1997), 「경남방언의 음절 구조와 음운 현상 연구」, 부산대학교 박사학위논문.

_____(2005), 『사투리의 미학』, 세종출판사.

이기갑(2007), 「지역 문화와 방언」, 『방언 이야기』(국립국어원 국어자료총서 1), 태학사.

이병근(2001), 「방언과 방언학」, 『방언학사전』, 태학사.

이승왕(2007), 「체언 어간말 격음 ㅌ, ㅊ의 실현양상과 지도방안」, 부산교육대학교 석
　　　사학위논문.

이호영(1994), 「부산 동구 지역의 방언」, 『해양문화연구』 4, 부산수산대학교.

이호영・김희영(2001), 「부산 방언에서의 받침규칙의 실현 양상」, 『언어치료연구』 10-1,
　　　한국언어치료학회.

이효신(2004), 「부산방언의 음운현상에 관한 연구」, 명지대학교 석사학위논문.

전자영(2007), 「ㅂ 불규칙 활용의 표준 발음에 대한 오류 실태 조사」, 부산교육대학교
　　　석사학위논문.

정영미(2001), 「경남 방언 화자를 위한 발음 교육」, 『국어과교육』 21, 부산교육대학 국
　　　어교육연구회.

최명옥(1994), 「경상도의 방언구획시론」, 『우리말의 연구』, 우골탑.

_____(1998), 「현대국어의 성조소체계」, 『국어학』 31, 국어학회.

허　웅(1954), 「경상도방언의 성조」, 『최현배선생환갑기념논총』, 사상계사.

_____(1955), 「방점연구」, 『동방학지』 2, 연세대학교 동방학연구소.

김동리의 사상적 계보 연구*

김 주 현

1. 들어가는 말

김동리는 문학인인 동시에 사상가이다. 이제까지의 연구에서는 문학자로서의 김동리만 강조되었고, 또한 김동리의 사상은 고작 문학의 배경사상 정도로만 논의되었다. 김동리와 그의 문학을 올바로 이해하기 위해서는 그의 사상에 대한 연구가 필수적이다. 그는 근대 소설뿐만 아니라 근대 비평에서도 주요한 역할을 수행했다. 그의 사상에 대한 이해는 그의 소설뿐만 아니라 비평, 나아가 문협정통파의 사상구조 이해에도 도움이 될 것이다. 흔히 '반근대', '탈근대'로 인식되는 그의 사상을 계보를 통해 분명히 자리매김하고, 그의 사상이 갖는 의미를 밝힘으로써 그의 문학세계도 한층 깊게 조명할 수 있을 것이다.

김동리의 문학사상으로는 이제까지 샤머니즘 또는 민속신앙, 유교 또는 주자학, 기독교, 도교, 불교, 휴머니즘 또는 신인간주의 등 다양하게 논의되었다.1) 일부 논자들은 작품에 나타난 하나의 사상을 중심에 내세

---

* 이 글은 『어문학』 79(한국어문학회, 2003)에 실린 논문을 다듬은 것이다.
1) 김동리의 문학사상에 대해서는 박양호(1976) 이래 이영희(1999)에 이르기까지 여러

우기도 하지만, 대부분의 논자들은 샤머니즘에서 기독교에 이르기까지 다양한 사상을 거론하였다. 후자는 김동리 사상의 편재성을 지적한 것이 지만, 다른 한편으로는 하나의 일관된 사상 체계를 짚어내지 못한 까닭 이다. 김동리는 자신의 문학 세계를 샤머니즘, 유교 등 7가지로 들고 있 는데(김동리, 1985a : 115-116), 기존의 논의는 김동리의 주장을 비판 없이 그대로 수용하는 경향을 보이고 있다. 김동리의 문학사상을 문제 삼을 때, 우리는 그의 사상의 중심이자 요체를 추구해야 한다. 그가 이런 저런 사상을 언급했다고 해서 그 모든 것을 그의 사상으로 규정하는 것은 잘 못일 것이다.

어떤 사람의 사상의 정체를 제대로 밝히기 위해 필요한 것은 계보학적 탐구일 것이다. 김동리를 제대로 이해하기 위해서도 그러한 연구가 절대적 으로 필요하다. 이 글에서 김동리의 사상을 계보학적 입장에서 밝힐 것이 다. 먼저 그의 사상의 직접적 모태가 된 가문의 사상적 배경을 살피기로 한다. 김동리가 의식, 무의식적으로 계속 언급하는 점필재 김종직과 그의 백형 범부 김정설을 통해 그의 사상을 살필 것이다. 그것은 넓은 의미에서 영남 도학의 학풍이라는 주자학을 통해 그의 사상을 조명하는 것이다. 다 음으로 김동리가 태어나고 자란 도시 경주의 지역 사상의 맥락을 살필 것 이다. 그것은 신라의 화랑에서 오늘날의 동학으로 이어지는 경주 지역 사 상의 흐름을 조명하는 것이다. 그러므로 이 글은 그의 사상을 단순히 기독 교, 샤머니즘, 또는 민속신앙으로 규정하던 이전의 논의와는 다를 수밖에 없다. 가문적 배경이라는 하나의 사상축과 지역적 배경이라는 또 하나의 사상축은 김동리 사상을 얽는 씨줄과 날줄이다. 김동리의 사상을 계보학적 으로 살핌으로써 그것의 의미를 자세히 밝힐 수 있을 것이다.

사람에 의해 논의되었지만, 크게 이 둘의 논의에서 벗어나지 않는다.

2. 가문의 유풍과 주자학적 계보

2.1. 선대(先代)의 주자학적 기반 – 화려한 문벌

김동리는 전통적인 유교 집안에서 태어났다. 그는 자신의 사상이 '유교에서 기독교를 거쳐 불교에 접근'되었다고 설명한 적이 있는데(김동리, 1985b : 277), 그의 사상적 거점이자 토대는 바로 사대부 집안에 깃든 주자학이었다. 우리는 그의 사상을 이해하기 위해 먼저 선산 김씨라는 김동리 가문의 주자학적 기반을 직시할 필요가 있다.

> 우리 집안의 시조인 순충공(順忠公) 선궁(宣弓)은 득성(得姓) 시조인 알지공(閼智公)의 29대손이며, 신라 49대 문성왕(文聖王)의 7대손이라 한다. 태조의 고려 창업을 도와 종군하여 크게 공을 세우자 태조께서 활(御弓)을 내리니 이름을 고쳐 선궁이라 하셨다고 한다.
>
> 전라남도 고창에 있는 운곡 서원(雲谷書院)은 선산 김문의 유자(儒子) 네 분을 기리는 곳으로서 백암(白巖)·농암(籠巖)·강호(江湖)·점필재(占畢齋)가 그 분들이다.
>
> 백암은 평해군사(平海郡事)로서 고려가 망하자 스스로 처자를 버리고 삿갓을 쓴 채 바다에 뜬 뒤 그 종명(終命)을 헤아리지 못하게 되었다고 한다.
>
> 농암은 예의판서(禮儀判書)로서 중국 명나라 사신을 갔다가 돌아오는 길에 압록강에서 사직(社稷)의 변혁을 듣고는 통곡한 뒤 배를 돌이켜 귀국하지 않으니 명 황제가 그 충의를 기리어 벼슬을 내렸으나, 굳이 사양하여 받지 않았다고 한다.
>
> 강호는 야은(冶隱) 선생에게서 수학(受學)한 뒤 후진에게 학문을 전하니 문충공 점필재 김종직(金宗直)이 그 분이다.
>
> 우리 선산 김씨는 이 점필재 선생의 열일곱대째 자손이다. 그런데 우리는 그냥 점필재 선생의 자손이 아니라, 그 직계 자손이라는 것이다(김동리, 1997 : 58-59).

김동리는 조선조 화려한 양반의 가문인 일선(후에 선산) 김씨 32세손이다. 그가 자랑스럽게 생각하는 것은 그의 조상이 신라 건국의 시조였다는 것이나 왕족이었다는 사실, 그리고 자신의 시조가 태조를 도와 고려를 창업하는 데 공을 세웠다는 사실보다도 자신이 훌륭한 선비의 집안이었다는 사실이다. 선산 김씨 가문은 수많은 유자를 배출하였다. 특히 여말 선초에 뛰어난 유자를 네 명이나 배출하였다. 그의 가계를 보면 아래와 같다.

```
선대~김주, 김종직
1대     2대     3대   4대   5대   6대 7대 8대   9대
김선궁-봉술―――――――(이하 6대 부전)――――――――득충-
    -봉문(2)-홍술(2)-성언-유정-제영-미(3)-지영(7)-용여(3)-
10대 11대  12대  13대  14대  15대  16대 17대
양인-신함-우의-원로-제,주(2)
충의-정수- 연 -광위-은유(3)-관(3)-숙자-종직(5)2)
                    (▶괄호 속 숫자는 지차로서 몇째를 의미)
```

그의 집안은 선대에서 김종직에 이르는 시기 화려한 문벌의 집안이었다. 그의 집안 선조들 가운데 주자학적 기반을 잘 보여주는 이들은 14대에서 17대에 이르는 여말 선초의 선비들이다. 백암 김제(金濟)는 2대 장절공 봉술계로서 선산 김씨 14세손이며, 원로의 맏아들이었다. 그는 고려 왕조에 대한 의리를 지켜 불사이군하였으며 충개(忠介)라는 호를 받았다. 그의 아우 농암 김주(金澍)는 명나라 사신으로 갔다가 고려가 망한 소식을 듣고 고려에 돌아오지 않고 절의를 지켰다. 그러한 충절과 의리는 다시 김숙자, 김종직에게로 이어져 조선조 도학파를 형성하였게 되었던 것이다.

―――――――――

2) 『선산(일선)김씨세보』, 보전출판사, 1984.

김동리는 어려서부터 자신의 집안 내력에 대해 수없이 들었다고 했다. 그 이야기의 첫머리에는 늘 점필재 김종직이 자리하고 있다. 그는 자신이 영남 사림의 대표자인 점필재의 16세손이라는 것을 무수히 강조해 내세운다. 그러면 점필재 김종직은 누구인가. 우리는 먼저 유학사에서의 그의 위치를 계보적인 의미에서 살펴볼 필요가 있다. 조선조 성리학자였던 기대승은 정몽주를 동방 이학의 할아버지로 규정하고, 조선조 영남사림의 학통을 분명히 제시하고 있다.

> 以東方學問相傳之次言之 則鄭夢周東方理學之祖 吉再學於夢周 金叔滋學于吉再 金宗直學於叔滋 金宏弼學於宗直 而趙光祖又學於宏弼 繼其淵源之正 得其明誠之實 蔚然尤盛矣[3]

사림파의 학문적 연원을 정몽주에 두는 것은 일반적이다. 이러한 학통은 성리학의 의리실천을 강조하고 있다. 정몽주에서 길재로, 다시 김숙자, 김종직으로 이어지는 계보는 도학파를 형성하여 조선조 영남 사림의 학맥으로 이어진다. 김종직은 멀리는 신라의 설총, 최치원과 고려의 최승노, 최충을 거쳐, 가까이는 안향, 권부, 우탁, 이제현, 이곡으로 연결되는 한국 유학사의 큰 흐름을 잇고 있다. 그뿐만 아니라 그는 김굉필, 이언적, 이황, 유성룡 등의 영남학파에도 많은 영향을 미쳤으며, 그의 사상은 조식, 이이, 송시열 등을 거쳐 개화기 이항로, 최익현에 이르기까지 계승되기에 이른다. 그는 조선조 유학을 계승하고 발전시켰으며, 의리와 실천을 강조하는 도학파를 형성시킨 장본인인 것이다.

김종직은 조선조 성리학의 전개나 사림의 형성에 지대한 역할을 했다. 그는 문하에 김굉필, 정여창, 조위, 김일손, 김맹성, 유호인 등 당대에 뛰어난 학자들을 두었다. 그는 도학과 문장으로써 화려한 문벌을 형성하였

---

3) 기대승, 『논사록』 卷之下, 32쪽.

고, 그의 학문과 실천궁행의 도학적 법통은 이후 세대들에게 널리 전파
되고 계승된다. 그는 제자 김일손의 사초문제로 부관참시를 당하는 불운
을 겪었지만, 그는 영남사림의 영수로서 추앙의 대상이 되었던 것이다.
그는 정몽주-길재-김숙자-점필재-한훤당-정암으로 이어지는 성리학
의 계보를 형성하면서, 한편으론 영남 사림의 영수로서 도학의 학문적 계
보를 군건히 하게 된다. 김동리가 그러한 점필재를 추앙과 경배의 대상
으로 삼았음은 두말할 나위가 없다.

김동리는 김숙자-김종직으로 이어지는 영남 사림과 영수의 직계이다.
그는 자신의 가문을 늘 영예롭게 생각했다. 그의 선조를 기린 운곡서원
은 김동리 가문의 내력과 역사를 말해주고도 남음이 있다. 운곡서원은
주희를 비롯하여 선산 김씨 가문의 네 선비를 모신 곳이다. 주자학의 태
두인 주희가 수위에 놓이고, 그러한 사상과 철학을 수학하고 실천한 백
암·농암·강호·점필재 등 선산 김씨의 네 유자가 차례로 놓인 것이다.
주희를 앞세웠다는 것은 그들의 사상적 바탕이 주자학이라는 것을 분명
히 해주고, 또한 네 유자를 통해서 그들의 충절과 의리의 실천적 정신을
분명히 보여준다. 김동리는 가문과 선조에 대해 깊은 자긍심을 갖고 살
았으며, 한편으론 그들의 주자학적 사상과 정신을 이어보려고 했다.

2.2. 당대(當代)의 주자학적 기반-몰락한 선비

김동리가 어릴 적부터 귀에 박히도록 들었다는 이야기는 점필재 이후
그의 가문에 대한 이야기이다. 그것은 "무오사화(戊午士禍-연산군 4년) 때
점필재 선생이 화란에 걸려들어 부관참시라는 흉악한 형벌을 당하게 되
자 그 직계 자손인 우리(그러니까 선조 할아버지)는 이 화를 피하여 경주군
(지금의 월성군) 서면 계림골로 깊이 숨어버린 채 오랫동안 초야에 묻혀 살

았다는 것이다."(김동리, 1997 : 59-60) 무오사화 이후 김동리의 선조들은 경
주 서면 계림골로 숨어들어 몰락한 선비로 살았다는 것이다.

김종직～김동리
17대　　18대　　19대　　20대　　21대 22대　23대　24대 25대　26대
종직(5)－숭년(4)－유(2)－석령(2)－경득－응숙－상탐－시휘－몽서－봉호
　27대 28대　29대　　30대　31대 32대
－광의－복수－계손(2)－동범－수현－태봉(＝범부), 태영(2), 태창(＝동리3)

선산 김씨 세보를 보면, 김종직에서 김동리(동리의 족보명은 태창이다)까
지 직계로 내려오면서 벼슬에 나아간 사람으로 숭년(18대) : 집현전참봉,
경득(21대) : 무통정현감, 응숙(22대) : 군수, 상탐(23대) : 직장, 시휘(24대) :
무통정대부, 몽서(25대) : 무과, 봉호(26대) : 무열교위, 훈련원판관 등을 들
수 있다. 아마도 27대 이후에는 별다른 벼슬을 하지 못하고 산중에 은거
한 것으로 보인다.[4] 특히 김동리의 할아버지인 30대 동범부터 가문은 더
욱 곤궁에 처한 것 같다. 김동리의 기억 속에 깊이 각인된 인물은 그의
조부이다. 김동리는 할아버지의 제삿날 친지나 형님으로부터 할아버지(김
동범) 이야기를 자주 들었다고 하였다.

　　우리 할아버지가 열세살 때 그 이웃 동네 사람이 우리의 선산(先山)하고
　도 증조할아버지 묘 바로 잇닿는 자리에 묘를 썼더라는 것이다 (…중략…)
　할아버지가 세 번째 돌아왔을 때는 무법자들의 암장이 없었기에 혼자 증조
　할아버지의 무덤에 제사를 올리고, 선산을 한 바퀴 돌아본 뒤 폐허가 된 집
　으로 돌아왔다고 한다. 여기서 할아버지는 집과 살림을 정리하여 경주 성내

---

4) 경주 서면 광명의 선산에는 26대 김봉호(1703～1770)의 묘가 있다. 이를 볼 때, 26대
　봉호 때부터 김동리의 선조들은 경주 서면 계림골(고란마을)에 들어와 살았으며, 30
　대 동범 때에 경주 읍내로 이사 간 것으로 보인다.

로 들어왔다고 한다(김동리, 1997 : 56-58).

문충공 15대손으로 생선장수를 할 수 있느냐고 돌아서 오다가 생각해 보니, 이왕 장사할 결심으로 나온 이상 장사 가운데서도 진구덩에 들어가지 않고도 할 수 있는 길도 있을 것이라고 판단되었다. 집에 돌아와 밤새껏 끙끙대며 생각한 결과 제물(祭物)장사를 하면 되겠다는 데 생각이 미쳤다. 왜냐하면 봉제사접빈객(奉祭祀接賓客)은 예로부터 숭상되어 오는 터이니 제사에 쓰이는 물건을 다룬다면 그래도 체면이 설 것이라고 헤아려졌기 때문이다(김동리, 1985a : 67-68).

그의 조부는 선산 김씨의 일원으로 화려한 가통을 적실히 이어가는 것을 무엇보다 소중한 일로 여겼던 것이다. 그는 죽음을 불사하고 이웃 동네의 사람으로부터 선산을 지켰다고 한다. 그렇다면 선산이란 무엇인가. 그것은 바로 조상들의 권위이며 훼손되어서는 안 될 가치이다. 선산 지키기는 바로 조상의 권위와 가통을 이어가는 소중한 행위인 것이다. 그는 권위와 의리를 중시하는 완고한 사대부였다. 이러한 의식은 그의 아버지에게도 그대로 이어진다.

몰락한 양반의 후예인 김수현, 그의 주민등록상의 이름은 김임수였다. 그는 영남 사림의 후예라는 가통을 손상하지 않으려고 현실적인 가난 앞에서 제물장사에 나선다. 실리와 법통을 다같이 추구하고자 한 것이다. 비록 몰락한 양반이었지만, 먼 조상으로부터 전해오는 긍지와 사대부로서의 도리는 그에게 있어 온전히 지켜가야 할 가치였다.

나는 수년 전 전북 고창군 아산면의 어느 박씨촌엘 다녀온 일이 있다. 밀양서 사화(무오사화)에 반연되어 족보 궤만 안고 전라도까지 도망쳐(이사)온 조상 양오공(陽梧公)을 기념하기 위하여 기념비를 세우고 그 제막식에 나를 초청했던 것이다. 이것이 무슨 연고냐 하면, 이 양오공이 내 16대조 종(宗)자 직(直)자 문충공(文忠公) 점필재 선생의 문인이었는데, 그 무오사화란 것이 점필재 선생의 조의제문(弔義帝文)을 단서로 하여 그 일가친척은

말할 것도 없지만, 특히 그를 중심하고 형성되어 있던 사림파(士林派) 유자
(儒者) 들을 옛날식 수법으로 숙청했던 것이니 그 관계자들이 천리 밖으로
도망이랄까 이사랄까를 가지 않을 수 없었던 것이다. 물론 우리 집도 그 난
리로 경주 서면의 깊은 산속까지 이사(도망)를 왔었던 만큼 양오공 이야기
가 남의 일 같지 않게 들렸던 것이다(김동리, 1985b : 66).

김동리의 집안에서 모든 것은 점필재와 연결될 정도로 중요했다. 점필
재의 존재는 어머니가 키가 작은 것에 대한 정당성을 부여해주기도 했
다. 심지어 그로 인해 김동리는 족보를 안고 도망을 왔던 양오공에 대해
서 동질감을 느끼기도 한다. 양오공의 족보 지키기와 할아버지의 선산
지키기는 별반 다를 바 없는 것이다. 김동리에게 있어서 이러한 가문적
인 기반은 알게 모르게 그를 사대부적 의식에 젖어들게 한다. 할아버지
에서 아버지, 백형으로, 그리고 그에게로 이어지는 사대부적 의식은 바로
주자학적 토대에 말미암는다. 동범에서 수현, 동리에 이르는 동안 권위를
숭상하고, 의리와 실천을 강조하는 주자학적 분위기가 지배적이었다. 그
들은 조상들에 대한 자긍심과 더불어 사대부의 후예로서의 정체성을 지
니고 있었던 것이다.

　내 백씨(범부 선생)는 여섯 살 때부터 한학을 배우기 시작하여 열두 살
때는 사서삼경(四書三經)을 떼었다는 신동으로 어려서부터 그 이름이 온 고
을에 알려져 있었다. 그런 만큼 농사나 장사나 그밖의 다른 일에 손을 대려
하지 않았고, 식구들이 그것을 기대하지도 않았기 때문에 언제나 학문을 위
하여 외지로 나가곤 했다(김동리, 1980 : 139).

　그것은 백씨가 어릴 때부터 스무 살 가까이 될 때까지 완전히 유교 속에
있었고, 유교에 徹해 있었다. 그냥 유교를 배우고 누구의 지도를 받아 그것
을 실천하는 데 그치지 않고, 거기 '철'하게 된다면, 유교의 인의예지신이나
효제충신 따위가 그냥 윤리도덕에 그치지 않고 형이상학과 연결이 된다는
것을 알게 된다. 사람이 참으로 사람다운 길을 올바로 깨닫고 지성으로 지
키고 나아간다면 그것이 곧 하늘의 길로 통하므로, 이로써 사람도 하늘에

통할 수 있다 하는 경지인 것이다(김동리, 1987).

김동리에게 가장 많은 영향을 끼친 사람으로 범부(범부의 족보명은 '태봉'
이다)를 들 수 있다. 범부는 김동리의 백형으로 동리보다 16살 많았다. 김
동리는 그를 뛰어난 학자로, 이인으로 인식하였다. 범부는 전통적인 한학
을 공부하고 유학에 밝았다. 그것은 점필재 이래의 사대부적 가문의 전
통에 영향받은 바 크다. 김동리는 범부를 '유교 속에 있었고, 유교에 철
해 있었다'고 했다. 범부가 주자학적 기반을 지니고 있었다는 사실은 김
동리에게 중요하다. 김동리 자신도 "나의 어린 날에 꿈을 주고, 철학을
주고, 다시 문학으로 나아가게 하고, 그 위에 한문과 직관력의 훈련을 주
신 내 백씨"(김동리, 1985b : 295)라고 고백하고 있다. 범부는 김동리를 문학
으로 나아가게 해주었고, 그뿐만 아니라 학문과 사상적 토대를 마련해준
스승이기도 하다. 그의 '무와 율려' 사상은 김동리 사상에 많은 영향을
준다. 김동리는 선산 김씨의 일원으로서, 점필재의 후손으로서, 가문을
중시했던 할아버지와 아버지, 그리고 유학에 밝은 범부를 통해서 주자학
의 학문적 전통을 적실히 잇게 된다.[5]

3. 지역 사상의 맥락과 김동리 사상

3.1. 신라정신의 실체 – 낭가사상

김동리가 태어나고 자란 곳은 신라 천년의 수도 경주였다. 그에게 경
주는 "민족의 자랑인 역사와 전통의 본거지이며 그 상징"(김동리 1978 : 96)

---

5) 김동리의 주자학적 세계관에 대해서는 김주현(1996 ; 2000) 등에서 이미 논의한 바
있다.

이었다. 그는 신라를 『삼국사기』나 『삼국유사』와 같은 역사서를 통해 만
나기도 하였고, 또한 그의 백형의 이야기를 통해서 습득하기도 했다. 김
동리는 특히 "내가 인생에 대해서 득력하게 된 것은 내 伯氏의 화랑담"
(김동리, 1981 : 180)이라고 강조하였는데, 신라의 화랑은 김동리에게 그 무
엇보다 중요한 것이다. 김동리에게 있어서 화랑들에 대한 관심과 주의는
출신 지역의 정서와 밀접한 관련이 있다. 그는 신라 천년의 숨결이 스며
있는 경주에서 화랑들을 끊임없이 마주치고 만났던 것이다. 그는 화랑의
사상(이를 여기에서는 '낭가사상'으로 부르기로 한다)에 대해 추구 탐색하기도
한다.6)

『삼국사기』에 화랑은 원화가 폐지된 이후 설치되었다고 적혀 있다. 그
것이 정확히 어떤 시기에, 어떤 목적으로 설치되었으며, 또한 그들이 어
떤 사상을 지녔는지에 대해서는 분명하지 않다. 우리는 다만 『삼국유사』
나 『삼국사기』를 통해서 그들의 모습을 파악할 수 있을 따름이다.

其後 更取美貌男子 粧飾之 名花郎以奉之 徒衆雲集 或相磨以道義 或相悅以
歌樂 遊娛山水 無遠不至 因此 知其人邪正 擇其善者 薦之於朝7)

『삼국사기』를 저술한 김부식은 화랑의 성격에 대해 이와 같이 기술했
다. '혹은 도의를 서로 연마하고, 혹은 가락으로 서로 즐기며, 산수를 노닐
며 멀어도 이르지 않은 데가 없다'는 것이다. 한편 최치원은 「난랑비서」에
아래와 같이 적었다.

國有玄妙之道 曰風流 設敎之源 備詳仙史 實乃包含三敎 接化羣生 且如入則
孝於家 出則忠於國 魯司寇之旨也 處無爲之事 行不言之敎 周柱史之宗也 諸惡莫
作 諸善奉行 竺乾太子之化也8)

---

6) 이에 대해서는 김주현(2002) 참조.
7) 『삼국사기』 권 제4(신라본기 4), 진흥왕 37년.

최치원은 화랑의 도를 '풍류'라고 하였다. 그것은 위의 구절 '相悅以歌樂, 遊娛山水'를 잘 설명해주고 있다. 그는 화랑의 사상이 삼교, 즉 공자의 유교와 석가의 불교, 그리고 노자의 선교(=도교)를 포함하였음을 분명히 했다. 어쩌면 그것은 화랑의 사상과 행동 양식을 3교의 교리를 통해서 설명한 것이라 할 수 있다. '충효'의 유교, '무위'와 '불언지교'의 도교, '제반 악은 멀리하고 제반 선을 행하는' 불교가 그것이다. 최치원이 낭가사상을 유불선으로 설명한 것은 조금 모호한 바가 없지 않다. 그러나 달리 그것은 낭가사상을 하나의 사상으로는 규정하기 어려움을 말해준다. 낭가사상은 이후 많은 사람들에 의해 언급되었지만, 최치원의 논의수준을 벗어나지 못하고 있다. 어떤 이는 도의를 강조하기도 하고, 어떤이는 풍류사상으로 설명하기도 하고, 또 어떤 이는 샤머니즘과 결부시켜설명하기도 한다.

> 화랑과 그 낭도들은 명산대천에서 신명과 만나고 신명에 접하고 신명과 통했던 것이다. 어느 나라 어느 시대에나 결사대 특공대는 대개 소년무사들이다. 그때라고 해서 싸움마당의 결사대 특공대로 나갈 소년무사가 신라에만 있었을 리 없다. 그들이 다른 특공대 소년무사들과 달리 특히 무용에 뛰어나고 죽음을 두려워하지 않았다면 그것은 그들의 넋 속에 신(神)이 들어있었기 때문이다. 신이 들어 있었고 신에 통해 있었기 때문에 죽음의 마당에서도 신이 났던 것이다. 그것이 바로 명산대천에서 접했던 무신(巫神)의 신(神)이었던 것이다(김동리, 1985a : 332).

김동리는 낭가사상을 신명 또는 신령주의와 결부시킨다. 김동리가 화랑에 대해 깊은 관심을 가진 것은 지역적인 특성과 백형 범부의 영향이크다. 김동리의 사상적 토대는 신라정신, 좁게 말하면 낭가사상에 닿아있다. 그것은 유불선이라는 동양사상의 복합체로서 의미를 지니고 있으

---

8) 『삼국사기』 권 제4(신라본기 4), 진흥왕 37년.

며, 점필재나 범부 또한 관심을 기울였던 것이다. 김동리는 화랑들의 정신이나 사상을 위로는 단군 왕검까지 연결되는 샤머니즘으로 파악했는데, 이는 이전의 이능화(1991)나 범부의 논의와 같은 맥락이다.[9] 그는 우리 사상의 또 다른 축으로 화랑들의 '遊娛山水, 無遠不至'를 토대로 신명 또는 신령주의를 내세운 것이다. 그것은 단순히 샤머니즘으로 설명하기 어려운 점이 있다. 왜냐하면 그것은 유불선 복합으로서의 사상적 의미를 지니기 때문이다. 화랑들의 신명, 또는 신령주의는 신라에서 마감된 것이 아니라 그 지역에 잔존해오다가 김동리가 살았던 시대에는 또 다른 형태인 동학으로서 자리하게 된다.

3.2. 동학사상의 발현－시천주 또는 신령주의

경주는 동학의 발상지이다. 동학은 수운 최제우에 의해 창건되었다. 최제우는 경주 최씨의 시조인 고운 최치원의 후예(28세손)이다. 그의 집안은 대대로 이름난 유자들이 나왔고, 도학적 전통이 서려 있는 유교 가문이었다(이돈화, 1933 : 1). 그의 아버지 근암(近菴) 최옥(崔鋈)은 성리학에 밝았을 뿐 아니라 음양, 역리, 역수(易數)에 조예가 깊었던 인물이다. 근암은 스스로 퇴계파임을 자처하였으며, 성리학, 즉 태극론 이기설 심성론 성경론 등에 높은 식견을 가지고 있었다. 수운은 고운과 근암으로부터 많은 영향을 받는다(조용일, 1968, 1974). 그는 어릴 때부터 유교경전을 배워 유학에 뛰어났다. 그는 나이 마흔에 서학(천주학)에 맞서 유불선 삼교를 근원으로 하는 동학을 천명했다.

동학의 사상을 흔히 '인내천'이니, '시천주' 사상이라고 말한다. 수운

---

9) 신채호 또한 화랑은 고구려의 '선배' 제도를 닮아온 것이며, 그 기원이 단군까지 소급된다고 하였다(『단재 신채호 전집(상)』, 형설출판사, 1977 : 227, 372쪽).

은 동학을 "유불선 합일이니라, 즉 천도는 유불선이 아니로되 유불선은
천도의 한 부분이니라, 유의 윤리와 불의 각성과 선의 養氣는 사람性의
자연한 品賦이며, 천도의 고유한 부분이니, 吾道는 그 무극대원을 잡은
자"(이돈화, 1933 : 47)라고 했다. 즉 동학은 천도의 일부인 유불선 사상을
합일한 사상이라는 것이다. 그러나 유·불·선 삼교의 장점뿐만 아니라
"그 교리 속에는 천주교에서 취한 것도 있으며, 또 민간의 무격신앙에서
받아들인 것"(이기백, 1983 : 309)도 있다.

범부는 수운이 "불교에 대한 조예가 그리 깊을 리 없고, 선도에 대해
서나 한토의 단학에 대해서도 많은 공부를 한 흔적이 보이지 않는다. 수
운의 교양과 학식은 오직 유학, 그중에서도 송학의 경리에 대해서 대강
해득한 모양"(김정설, 1987 : 91)이라고 언급했다. 이는 수운의 동학이 불교
나 도교보다 주자학에 밀접하다는 것을 말해주는 것이다. 수운의 사상은
『동경대전』에 잘 나타난다. 그의 사상은 "至氣今至 願爲大降 侍天主造化
定 永世不忘萬事知"이라는 주문 속에 들어있다.

> 말하자면 우주의 속(內, 즉 공간적이 아닌 것)은 곧 神靈이요, 우주의 겉
> (外, 즉 공간적이며 또 시간성도 가진 것)은 곧 氣化란 것이니, 신령은 곧 천
> 주의 主性으로서 우주의 속이 되는 것이요, 氣化는 곧 조화로서 造化之跡을
> 표현하고 보니 우주의 겉이 되는 것이다. 天地氣象은 밖으로 보이는 造化之
> 跡 즉 氣化란 말이다. 그러고보니 신령은 겉으로 보이는 氣化의 본체가 되
> 는 우주 속이요, 氣化는 속에 든 신령의 大用이 되는 우주의 겉이란 것이다.
> 그런데 수운의 견해는 원체 天人一氣의 원리를 확신함으로서 우주와 인간
> 을 따로 보지 않는다. 사람도 역시 그 속은 신령이요, 그 겉은 氣化란 것이
> 다. 아니 수운은 오히려 이 확신을 近取諸身에서 먼저 출발한 것이 틀림없
> 다. 왜냐하면 수운이 이것을 外物에 대한 관찰로써 수확한 지식이 아니고
> 내성적 체험으로써 悟得한 경계이기 때문에 '一卽一切一切卽一'의 묘리를 확
> 신하게 된 것이다(김정설 1987 : 97-98).

범부는 '侍天主' 사상에서 '시'를 '內有神靈, 外有氣化'라는 '천인일기'의 조화로운 우주관으로, '천주'를 '무위자연의 묘덕'으로 설명했다. 그리고 그는 이것이 우주관이자 인생관인 동시에 수행관의 원칙이라고 하였다. 그는 '신도(神道)'가 우리 문화의 근원이며, 풍류도 이래 천년만에 수운에 의해 재생되었음을 강조했다. 동학은 최치원이 '유불선 삼교를 포함'한다는 신라의 낭가사상과 같은 맥락을 갖고 있다. 신라 서라벌의 낭가사상이 동학의 발생에 영향을 주었음을 보여주는 대목이다.

> 國風으로서 神道가 我邦文化의 근원인 것은 더 費言할 필요가 없고, 신라 건국 초기에 시조 혁거세의 神德으로서 奉戴王國이 우리 東土에 최초로 성립되었다. 그래서 이 神道尊尙의 風韻이 세월에 따라 성장하고 세련되어서 마침내 風流道가 출현하면서 문화면으로 정치면으로 신라의 번영을 가져왔던 것이다. 그러다가 이 정신이 세운을 쫓아 점점 쇠미하던 나머지 말경에는 겨우 '하느님'이란 어휘와 함께 散落한 신앙과 또 굿이니 禱神이니 別神이니 하는 野巫輩의 糊口小技로 잔존했던 것이다. 그런데 수운 최제우가 세상에 와서 '하느님'의 진상을 증언하고 '내림'(강령)의 위력을 새로이 천명하고 보니 인제는 과연 道喪千載에 분명히 神道는 재생한 것이다. 이것은 정말 역사의 기적적 약동이며, 이 역사적 대사건의 주인공인 최제우는 실로 기적적 존재, 불세출의 천재로다. 그리고 그 교설에 동방의 자연사상과 유교의 諸德精神과 또 현묘한 仙道의 氣味가 혼연 융합된 것은 역시 그럴 수 있는 일이요, 그것은 오히려 자연스러운 것이다(김정설, 1987 : 103).

범부는 동학이 기독교와 유교, 도교 등의 사상이 혼연 융합된 것으로 인식했다. 그는 수운의 사상을 강령과 계시로 나누어, 후자는 기독교 교설에 자극받았다고 했다. 그러나 강령이란 법문이 무속에서 유래되었으며, "무릇 무속은 샤마니즘계의 信仰流俗으로서 신라의 風流徒의 중심사상이 바로 이것이고, 또 이 風流徒의 연원인 단군의 神道說敎도 다름 아닌 이것"(김정설, 1987 : 89)이라 하여, 동학이 지닌 역사적 의미를 분명히 하고 있다. 즉 동학은 무엇보다 재래사상인 단군의 신도설교-화랑의 풍류도-최제우의 동학사상으로 전개되었다는 것이다.

김동리도 동학사상에 주목을 한다. 그것은 그의 출생 반세기 전에 경주에서 형성된 사상이었고, 또한 같은 문화적 사상적 맥락으로 인해 그에게 보다 익숙한 사상이었기 때문이다. 그리고 그가 그렇게 한 데에는 그의 사상적 스승인 범부의 영향도 크게 작용했을 것으로 보인다.

> 천도교(天道教)에서는 '도(道)'의 근원인 '천(天)'을 가리켜 '만물의 정기'라 한다. 이 경우 '천'은 하늘이자 곧 하느님이요, 또한 신(神明)이란 뜻이다. 그러니까 천, 신, 신령님은 자연의 정기란 뜻이다. 교조(教祖) 최제우(崔濟愚)나 최해월(崔海月) 신사(神師)나 다 같이 한국 고유의 무교(巫教)에 바탕을 두고 있었기 때문에 이 분들이 한문 글자로는 천(天)이라 표현했지만 내용에 있어서는 신령님이나 같은 뜻으로 통해 있다. 그러므로 샤머니즘의 신령님은 곧 자연의 정기란 뜻이다(김동리, 1994 : 162).
> 이것을 나는 최제우(崔濟遇)의 <사람이 하늘이다>하는 <인내천(人乃天)> 사상에서 찾아 볼 수 있다고 생각한다. 하늘(天)에 대한 사상은 한족에게 있어서도 고대로부터 모든 사상, 모든 정신의 근원같이 되어 왔지만, 최제우의 <시천주 조화정(侍天主 造化定)>이 말하는 <인내천>사상은 이와 판이한 것이다. 상고시대의 한족이나 유교의 한족이 말하는 경천, 제천, 천명 따위 정신은 천도(天道)라는 일어(一語)에 포함된다고 하겠지만 천명이라고 하든지 천도라고 하든지, 이 경우의 <천(天)>은 만물의 본체, 또는 주재자(主宰者)를 의미하는 것이다(김동리, 1980 : 14).

김동리는 최제우가 추구한 천도교의 '천'이 '하늘(님)'이자 '신명'이라고 했다. 수운의 사상이 무교에 바탕을 두었다는 것은 "본디부터 무교(巫教)란 것이 강령술(降靈術)을 곁들인 신령주의(神靈主義)"(김동리, 1985b : 305)이기 때문이다. 그러므로 천도교의 하느님은 신령님과 같은 존재라는 것이다. 신령주의는 단군 이래로부터 우리 민족이, 특히 신라의 화랑들이 추구하던 것이다. 그 역시 화랑의 낭가사상이 수운의 동학사상으로 이어져 내려오고 있음을 보여준 것이다. 그는 동학의 시천주 사상에서 '천'의 개념을 만물의 본체, 주재자와 관련된 것으로 유교나 한족이 말하는 '천'의 개념과는 다른 독특한 개념으로 보았다. 김동리는 수운이 주창한 동학사상을 상당히 높이 평가하였고, 또한 자신의 사상으로 수용하였다. 그리고 동학에서 인간지상주의, 또는 인간절대주의를 발견하고, 수운의 천인일여설을 "한국적 정신의 현대적 계승이라는 과제로써"(김동리, 1980 : 16) 제의하기도 한다. 이처럼 김동리의 사상은 낭가사상에서 동학사상으로 이어지는 지역의 사상적 맥락 위에 놓여 있다. 김동리가 내세운 신인간주의 또는 제3휴머니즘론도 이러한 사상과 밀접한 관련을 지니고 있다.

4. 마무리

이제까지 김동리 사상을 계보적 차원에서 논의하였다. 그것은 가문이라는 하나의 축과 지역이라는 또 하나의 축으로 수렴된다. 이러한 사상의 두 축을 매개하고 연결하는 지점에 그의 백형 범부가 놓여 있다. 그는 김동리가 주자학적 세계에 다가가고, 화랑과 동학을 통해 신명 또는 신령주의로 나아가는 데 결정적인 역할을 하였다. 김동리는 범부 때문에 문학을 하게 되었다고 하였는데, 그에게 범부는 사상적 정신적 스승 같은 존재이다.

김동리에게 있어서 주자학적 연원은 설총에서 안향과 연결되는 한국 유학의 연원과 안향에서 정몽주를 거쳐 김숙자로 연결되는 동국 도학의 연원과 결부되어 있고, 좁게는 점필재에서 범부에게로 이어지는, 그리고 김동범에서 김임수로 이어지는 가문적 계보를 갖고 있다. 또한 김동리의 신령주의는 화랑의 낭가사상에서 수운의 동학사상으로, 범부의 풍류정신으로 이어지는 계보를 갖고 있다. 김동리는 점필재라는 영남 사림의 학맥과 사대부적 전통을 잇고 있고, 또한 신라정신이라고 할 유불선의 낭가사상과 외세 저항의 이데올로기인 동학사상의 전통을 이어받고 있다. 거기에는 주자학이라는 저류가 흐르고 있고, 또한 낭가사상, 동학사상과 같은 유교, 불교와 도교(또는 선교)의 지역 사상이 포함되어 있다.

김동리는 「신과 나와 종교」라는 글에서 자신의 사상을 '유교, 기독교, 불교, 도교'로 설명하고 있다. 여기에서 그가 특별히 강조하는 것은 유불선 삼교이다. 그는 최제우처럼 외래종교에 대해서는 부정적인 태도를 갖고 배척하려 하였다. 최제우가 천주교를 멀리한 것처럼, 김동리는 기독교를 멀리한 것이다.[10] 그는 주자학적 토대에서 전통적인 유불선의 사상을 습합시킨 사상을 갖고 있다. 그것은 점필재와 범부의 사상과도 멀지 않고, 또한 화랑이나 동학사상과도 가까운 것이다. 그는 이러한 것들을 바탕으로 리듬의 철학과 신인간주의를 제창하였다. 그의 문학론이나 문학은 이러한 사상적 계보 속에서 분명히 인식될 필요가 있다. 이제 김동리의 작품에 나타난 사상, 점필재·범부·동리 사이에 문학사상의 변이 양상, 최제우와 김동리의 관련양상 등 그의 사상과 관련해 더욱 광범위하고도 세밀한 연구가 필요하다. 이러한 사상적인 논의가 수행됨으로써 김동리의 문학 세계는 보다 선명히 드러날 것이다.

---

10) 그는 심지어 「나는 왜 크리스찬이 아닌가」(『밥과 사랑과 그리고 영원』, 29~33쪽)라는 글에서 자신의 입장을 설파하고 나섰다. 기독교를 그려낸 그의 작품도 그 세계는 오히려 샤머니즘적인 신령주의에 닿아 있다.

‖ 참고문헌

기대승, 『논사록』 卷之下.

김동리(1978), 『취미와 인생』, 문예창작사.

_____(1981), 「발문」, 『화랑외사』(김정설 저), 이문사.

_____(1985a), 『밥과 사랑과 그리고 영원』, 사사연.

_____(1985b), 『생각이 흐르는 강물』, 갑인출판사.

_____(1980), 『명상의 늪가에서』, 행림출판사.

_____(1987), 「백씨를 말함」, 『풍류정신』(김정설 저), 정음사.

_____(1994), 『꽃과 소녀와 달과』, 제3기획.

_____(1997), 『나를 찾아서』, 민음사.

김정설(1987), 『풍류정신』, 정음사.

김주현(1996), 「김동리 문학론의 사상적 기반에 관한 연구」, 유기룡 편, 『살림 작가연구 김동리』, 살림.

_____(2000), 「리듬의 형이상학－김동리와 유기체론」, 최승호 편, 『21세기 문학의 유기론적 대안』, 새미.

_____(2002), 「김동리 문학사상의 연원으로서의 화랑」, 『어문학』 77, 한국어문학회.

박양호(1976), 「김동리 작품의 사상적 배경에 관한 연구」, 중앙대학교 석사학위논문.

이기백(1983), 『한국사신론』, 일조각.

이능화, 이재곤 역(1991), 『조선무속고』, 동문선.

이돈화(1933), 『천도교창건사』, 천도교중앙종리원.

이영희(1999), 「김동리 소설의 사상적 배경 연구」, 성신여대 박사학위논문.

조용일(1968), 「고운에서 찾아본 수운의 사상적 계보」, 『한국사상』 9, 한국사상연구회.

_____(1974), 「근암에서 찾아본 수운의 사상적 계보」, 『한국사상』 12, 한국사상연구회.

『선산(일선)김씨세보』(1984), 보전출판사.

1980년대 초 대구지역 소극장
「분도」와 「누리」 연구*

김 재 석

1. 서론

1980년대는 대구지역 소극장 연극운동이 본격화된 시기이다.[1] 소강당·음악 감상실, 혹은 예식장을 전전했던 1970년대를 대구지역 소극장 연극운동의 여명기로 부른다면, 소극장을 기반으로 삼은 극단들의 활동이 활발했던 1980년대는 성장기에 해당하겠다. 소극장 「분도(分度)」와 「누리예술극장」(이하 소극장 「누리」로 표기 함)은 1980년대 대구지역 소극장 연극운동의 서막을 연 중요한 공간이다. 1980년 7월 소극장 「분도」의 설립은 대구지역 소극장 연극운동의 본격적인 출발을 알리는 신호탄이었다. 이성우[2]가 주도하여 설립한 소극장 「분도」는 동인동에 위치하고 있었고,

---

* 이 글은 『한국연극학』 44(한국연극학회, 2011)에 게재한 논문이다.
1) 넓은 의미의 소극장 연극에는 작은 규모의 극장에서 공연할 목적으로 창작된 작품 모두가 포함되겠지만, 좁은 의미에서는 '소극장 연극 정신'을 지키고 있는 작품으로 제한이 된다. 정호순(2002 : 13)은 "소극장은 단순히 작은 극장공간으로 파악되어서는 안 되며 새로운 연극 창조를 위한 실험적인 장으로 기능해야 한다"는 것을 강조했다.

106m²(32평)정도의 면적에 70여 석의 객석을 갖추고 있었다. 소극장 「분도」는 1981년 7월에 폐관되었다. 소극장 「누리」는 극단 「원각사」의 대표를 맡고 있던 아성(雅聲)3)이 1982년 5월에 설립하였다. 동문동에 위치한 소극장 「누리」는 100m²(30평)정도의 면적에 20m²(6평) 정도의 가변 무대를 가지고 있었고, 객석은 70여 석이었다. 소방당국의 시설보완 명령을 지킬 수 없을 정도로 경영난이 가중되자 1982년 7월에 폐관하고 말았다.

전국적으로 모두 그러하지만, 대구지역 소극장운동 역시 1981년 12월에 개정된 공연법의 영향을 크게 받고 있다. 개정된 공연법의 핵심은 "공연자등록 제도 개선, 공연자의 인적·물적 기준 폐지, 등록 취소요건 완화, 관람료 한도액 폐지, 소극장 개방"4)이었다. 개정된 공연법으로 인하여 극단 설립이 쉬워지고, 소극장 설립의 장애 요인들도 많이 줄어들었다. 대구지역에도 1983년부터 신생 극단이 많이 등장하였고, 소극장을 마련하여 그곳을 기반으로 활동하는 경우가 많아졌다. 1984년에 창립된 극단 「우리무대」5)는 1983년에 개관한 소극장 「아미」를 활동 근거지 삼았으나, 1985년에 자체적으로 「우리무대 소극장」을 마련하여 독립하였다. 1986년 11월에는 극단 「처용」이 소극장 「문화장터 처용」을 개관하는 등, 극단의 목적에 부합되는 연극을 실현하기 위해 소극장을 가지려

---

2) 이성우는 1978년 한국 기타 콩쿨에서 금상을 수상한 음악인이자 연극인이다. 소극장 「분도」의 활동을 마감한 그는 1989년에 독일 베를린 국립음대로 유학을 갔다. 1991년 이후 유럽과 한국에서 활발하게 활동하고 있으며, <이성우 기타 독주집 Private Poems>(2002) 등의 음반을 발매 했다.

3) 본명은 이필동(1944-2008)이며, 연극 활동 외에도 경주세계문화엑스포 기획처장, 대구국제뮤지컬페스티벌 집행위원장 등을 역임하였다.

4) <경향신문>, 1981.12.11. 1982년 3월 11일에 발표된 공연법개정 시행령에 따라 "객석이 300석이하이거나 객석의 바닥 면적이 300제곱미터이하인 공연장"의 경우 허가 대상에서 제외되었기 때문에 소극장 설립이 쉬워진 것이다. 허가 대상은 아니었지만, 소극장도 공연장에 관련된 소방 법규는 지켜야 했다.

5) 이한섭과 강대화가 공동 연출한 샘 셰퍼드의 『매장된 아이』(1984.11.15-11.24)를 창단 공연작으로 무대에 올렸고, 대표는 이한섭이었다.

는 움직임이 계속되었다. 그런데 1984년에 「동아백화점」이 「동아문화센터」라는 이름하에 소극장 운영에 나서면서 대구지역 연극계는 상당한 충격을 받게 된다. 자본력에서 월등한 기업의 소극장과 경쟁하기 위해서는 관객들에게 다가갈 수 있을 만한 그 나름의 특징을 갖추어야 했기 때문이다. 이렇듯이 공연법 개정 이전과 이후의 대구지역 소극장 연극운동은 너무나 큰 변화를 보여주고 있다. 그런 점에서 보면, 소극장 「분도」와 「누리」는 1970년대 대구지역 소극장 연극운동의 결과물이기도 하면서, 한편으로는 그 이후에 전개될 소극장 연극운동의 시금석이 되는 의미를 갖고 있는 것이다.

이 글에서는 소극장 「분도」와 「누리」의 공연 활동을 통해 1980년대 초 대구지역 소극장 연극의 특성을 살펴보고자 한다.[6] 대구지역 소극장 연극을 본격화 시킨 중요한 소극장임에도 불구하고 「분도」와 「누리」에 대한 연구 성과는 그리 많지 않다. 대구지역 연극 연구의 선구적 업적인 『대구연극사』[7]에서는 사실관계를 간략하게 정리하고 있을 뿐이다. 그 외에 이상학(1989), 이상원(1997), 김삼일(2003)의 연구가 있는데 결과는 대동소이하다. 중요한 선행 업적이긴 하지만, 소극장 「분도」와 「누리」의 실증적인 부분에 대한 언급에서 오류가 많은 문제점을 안고 있다. 이 글에서 두 극장의 공연상황을 정확하게 재구하려고 노력 한 것도 그러한 문제를 극복하기 위해서이다. 소극장 「분도」와 「누리」에 대한 자료 수집은 공연 팸플릿(pamphlet)과 신문기사를[8] 기초로 하여, 필요한 경우에는 관계자들

---

6) 대상을 달리하여 1980년대 대구지역 소극장 연구를 계속할 계획인데 「동아백화점과 대구백화점 운영 소극장을 대상으로」, 「우리무대소극장과 문화장터 처용을 대상으로」 등이 예정되어 있다.
7) 이필동(2005)은 1995년에 간행된 『대구연극사』(대구 : 중문)를 보완한 것이다.
8) 대구지역 소극장 연극 연구에 있어서 큰 문제점 중의 하나가 신문에 보도된 자료가 많지 않다는 점이다. 1980년 12월에 전두환 정부에 의해 『영남일보』가 <매일신문>에 통합되면서, 지역에서는 <대구매일신문> 하나만 남게 되어 지면 자체가 부족했

의 증언을 활용하도록 한다.

1980년대 초에 대구지역 소극장 연극운동의 서막을 연 소극장 「분도」와 「누리」의 특성에 대해, 이 글에서는 문화 상대주의(Cultural Relativism)적 관점에서 접근하고자 한다.9) 한국 연극사에서 지역연극은 서울 연극의 주변부로 인식되어 왔다. 한국 연극의 중심=서울 / 한국 연극의 주변부=대구라는 인식은 대구지역 연극을 피동적 대상으로 고착시켜 버린다. 그러한 문제점을 벗어나기 위해서는 대구지역 연극이 서울 지역 연극의 타자(Other)이면서, 또한 서울 지역 연극을 타자화 하는 주체(Subject)라는 관점을 가질 필요가 있다. 대구지역 연극인들이 서울지역에 대하여 어떠한 입장을 가졌으며, 그 결과는 어떠한 형태로 나타났는가를 따져볼 필요가 있는 것이다.

이러한 목적을 수행하기 위하여, 2장에서는 1970년대 대구지역 소극장 연극운동에 대한 소극장 「분도」와 「누리」의 입장 차이를 소극장 연극운동의 방향성과 연관 지어 살펴 볼 것이다. 서울지역에서는 "1969년에 개관한 「까페 떼아뜨르」나 「에저또 소극장」의 활동에서부터 극장 개념의 변화가 생겨"나고, "소극장에서는 실험적인 작품을 공연한다는 인식이 일반화 되었"(정호순, 2002 : 91)다고 한다. 대구지역에서도 소극장 「분도」와 「누리」가 설립되면서 소극장 연극운동에 어떠한 변화가 일어났으리라는 것은 쉽게 추측할 수가 있다. 소극장 「분도」와 「누리」는 소극장 연극운동의 방향에서 입장 차이를 드러내었는데, 그 점을 1970년대 대구지역 소극장 연극운동의 결과에 대한 계승과 거부의 관계에서 보면 더욱 분명해질 것으

던 것이 이유이다. 거기에 더하여 <대구매일신문>에서는 연극평을 고정적으로 싣지 않았기 때문에 당시 공연상황을 재구하는 데 도움이 될 만한 기사가 많지가 않다.

9) "문화적 상대주의의 준칙은 가능한 한 차이를 최적화시키는 방식으로 타자를 해석하"(김혜숙, 1999 : 211)는 것이다. 문화 상대주의의 특징과 반문화 상대주의의 비판에 대해서는 유명기(1993)를 참조.

로 보인다.

이어지는 3장에서는, 대구지역 소극장 연극의 정체성을 확보하기 위하여 소극장 「분도」와 「누리」가 취했던 방법론의 차이에 주목할 것이다. 1970년대 대구지역 소극장 연극은 서울지역에 종속적인 성향이 강했으며, 특히 「까페 떼아뜨르」의 공연을 추종하였다.[10] 소극장 「분도」는 그러한 과거 전통을 부정하면서 실험적 전위극의 확산에 노력하였다. 그 반면에 소극장 「누리」는 대구지역 소극장 연극운동의 경험을 적극 활용하여 대중적 인기가 높은 작품을 완성도 높은 공연으로 선보이려 했다는 점을 밝혀 보고자 한다.

2. 1970년대 대구지역 소극장 연극운동의 계승과 단절

2.1. 소극장 「분도」 : 단절에 의한 독자성 추구

소극장 「분도」는 관계 당국으로부터 정식 허가를 얻은 대구의 첫 소극장이다(<매일신문>, 1980.7.16.). 그때까지 대구지역에서 소극장다웠던 소극장은 1977년 대구 YMCA에서 건립한 「Y소극장」이 유일했는데, 이 극장마저도 소방법을 충족시키지 못해 몇 달 가지 못하고 폐쇄되었다. 소방법에 맞는 적절한 시설을 갖춘 극장의 출현은 그 이전 시대 대구지역 소극장 연극운동의 한계를 분명 뛰어넘는 것이었다.

소극장 「분도」에서는 개관 기념 공연으로 서울의 「76극단」[11]을 초청하여 피터 한트케(Peter Handke)의 <관객모독>(Publikumsbeschimpfung)을 공

---

10) 1970년대 대구지역 소극장 연극의 특징에 대해서는 김재석(2009)를 참조.
11) 그 무렵 언론매체에서는 「76소극장」, 「극단 76」, 「76극단」, 극단 「76」 등의 명칭이 혼용되고 있으나, 이 글에서는 「76극단」으로 통일하고자 한다.

연 했다. 1980년 7월 16일부터 22일까지 공연할 예정이었으나, 관객의 호응이 높았기 때문에 7월 31일까지 연장 공연을 하였다(<매일신문>, 1980.7.24). 1978년에 기국서 연출로 선보인 <관객모독>은 서울에서도 관객들의 인기에 힘입어 여러 차례 연장공연을 거듭하고 있던 작품이었다(<동아일보>, 1978.11.22, <동아일보>, 1978.12.2.). 대구지역에서는 초연이었는데, 새로운 공연장의 개관에 대한 관심과 작품이 지닌 유명세가 결합되어 관객들을 많이 모을 수 있었다.

소극장 「분도」는 출발부터 대구지역 연극계와 거리를 두었다. 초청공연인 <관객모독>을 개관 작품으로 선정한 것도 그런 이유에서이다. 1970년대 대구지역 소극장 연극의 주류를 이루었던 사실적인 표현의 무대를 거부하고(김재석, 2009 : 268-278), 실험적인 경향의 전위극 작품을 공연하는 극장을 만들어 보고자 한 것이다. 소극장을 운영하는 입장에서 지역 연극계와 거리를 둔 다는 점은 쉽지 않은 일이다. 극장을 설립할 당시 이성우의 나이가 20대 후반이었으니 패기만만하였고, 특히 대구지역 극단에 속해서 활동한 바가 없어 지역 특유의 인간관계에 구애 받을 필요가 없었으므로 가능했던 일이겠다. 대구지역에서 최초로 개관한 소극장이 실험적인 전위극을 표방하고 나선 것에 대해 지역 연극계는 호의적이지 않았다. 대구지역의 "기성연극인들 중 상당수가 분도의 공연무대를 구경하지 않고 불만만 토로"[12]하는 상황에서 <연인과 타인>으로 대관 공연을 했던 아성의 이야기를 들어 볼 필요가 있다.

> 연극적 재미를 무조건 저속한 것이라 소리 높여 규탄함으로써, 연극을 선택된 소수의 관객을 위한 전유물로 만들어서는 안 된다는 것은 분명한 사실이다. 문학적 또는 예술적이라는 것을 방패로 삼아 따분하고 생기 없는 연극을 하는 것이 대단히 고상하고 품위 있는 작업이라는 자기도취 속에

---

12) 「대구·경북문화계 1981 결산」, <대구매일신문>, 1981.12.24.

빠져서는 안 될 일이다.13)

실험적인 전위극 공연을 과제로 삼고 있었던 소극장 「분도」의 운영 방
침에 일침을 가한 것이다. 실험적인 전위극에 몰두하고 있는 그들을 '자
기도취'에 빠진 것으로 판단한 것이다. 그러한 판단의 배경에는 1970년
대 대구지역에서 연극을 주도 해왔던 개인의 경험이 놓여 있다. 극단 「인
간무대」와 「공간」을 거쳐 「원각사」에 이르기까지 늘 극단 운영에 애로를
겪어왔던 터라, 관객 없는 공연에 대한 거부감이 강했던 것이다. 아성의
발언은 사실상 대구지역 연극계의 입장을 대변하는 것이기도 했다. 소극
장 「분도」의 입장은 달랐다. 실험적인 전위극이라 하더라도 완성도 높은
작품에는 관객이 든다는 것이며, 대구지역에 실험적인 전위극을 소개하
는 것만으로도 소극장 「분도」의 존재 의미는 충분하다는 것이다.

소극장 「분도」가 1970년대 대구지역 소극장 연극운동과 단절한 입장
에 서 있었기 때문에 전속극단을 영입할 수가 없었다. 소극장 「분도」에
서는 자체 극단을 창단하여 그들의 이념에 맞는 연극을 지속적으로 공연
하려고 계획하였다. 소극장 개관 때 이미 "아마추어 모임인 분도극회를
출범시킨 분도는 8월 하순 미셴 아드리안 작 <인간 프라이데이>(연출 김
광만)를 공연할 예정"(<매일신문>, 1980.7.16)이었으나 「현대예술제 한판80」
때문에 실행에 옮기지 못하였다. 그러나 "12월초 8명의 워크샵 단원을
모집하여 서울의 연출가"14)를 초빙하여 연습에 들어갔으며, 공연 이후에
는 극단 「분도극장」을 창단할 계획을 가지고 있었다. 그 계획은 다소 수
정되었으며, 1981년 2월 3일부터 7일까지 오태영의 <조용한 방>을 이
성우가 연출하여 공연하였다. 그러나 그것이 극단 창단으로 연결되지는

---

13) 『연인과 타인 팸플릿』, 5쪽.
14) 「1980년 경북문화 결산-연극」, <대구매일신문>, 1980.12.19.

못하였다. 이전의 대구지역 소극장 연극운동의 공연 작품과 경향이 다른 실험적 전위극을 소화할 만한 배우가 부족했기 때문이다. 워크숍을 통해 확보한 배우만으로는 수준 높은 작품을 생산하기가 어렵기 때문에 무대 경험이 풍부한 배우가 가담을 해주어야 했다. 그 당시 대구지역에는 관록의 배우가 많지 않았고, 그중에서도 실험적 경향의 전위극 작품에 어울리는 배우를 찾기가 쉽지 않았다. 서울의 극단과 협조관계를 유지하면서도 지역 연극계와는 거리를 둔 소극장의 운영 방침에 반발한 대구지역 연극인들의 불만도 배우 수급을 어렵게 만든 요인이었다.

극단을 창단하려는 계획이 지지부진해지면서 소극장 운영에서도 문제가 발생하기 시작하였다. 소극장 「분도」의 이념과 맞는 연극을 공연하고 있는 서울 극단의 초청 위주로 극장을 운영할 경우 수지타산이 제대로 맞지 않았다. 객석이 많지 않은 소극장의 수입으로는 서울에서 공연 온 단체에게 충분한 비용을 지불할 수가 없어, 초청공연도 활성화되기 어려웠다. 극단 「분도극장」이 창단되었더라면 그러한 어려움을 돌파할 수 있었겠지만, 그렇지 못하여 소극장의 침체가 현실로 나타나기 시작했다.

소극장 「분도」에서는 대관을 통해 극장을 유지해보려 하였지만, 그것마저도 쉽지가 않았다. 그 당시 활동하고 있던 대구지역 극단은 「원각사」, 「황토」, 「공간」 정도였다. 그중에서도 「황토」와 「공간」은 1년에 한 편정도 겨우 공연 할 형편이어서 도움이 될 수가 없었으며, 소극장 「분도」의 운영 방침에 대한 저항감이 강하여 대관 자체를 기피하였다. 극단 「원각사」는 헤롤드 핀터(Harold Pinter)의 <티타임의 정사>(The Lover)를 1980년 12월 15일부터 21일까지 대관 공연 하였다.15) 이어서 르네 테일러(Renee Taylor), 조셉 블로냐(Joseph Bologna)의 <연인과 타인>(Lovers and Other

---

15) 『티타임의 정사 팸플릿』, 1980.12.15-21. 강대화 연출, 이창동, 김태미, 변재진 출연.

Strangers)을 2월 10일부터 3월 2일까지 대관 공연 하였다.[16] <티타임의 정사>도 소극장 「분도」의 성격과는 약간의 거리가 있는 작품이었지만, <연인과 타인>은 전혀 맞지 않는 작품이었다. 광고에서는 "데이트시절 부터 결혼의 위기에 이른 남녀의 미묘한 심리를 섬세하고 매우 솔직 대 담하게 그려준 정통 브로드웨이의 코미디물"(<대구매일신문>, 1981.2.18)이 라 소개 했으나, 번역자인 정진수가 여러 작품에서 필요한 부분을 뽑아 적당하게 조립한 상업적 연극에 불과했다.

피할 수 없는 대관공연의 폐해가 나타나기 시작한 것이다. 소극장의 운영을 위해서는 대관을 하여야 하지만, 극장의 목표와 맞지 않는 작품 이라 하더라도 공연을 거부할 수 없는 모순 속에 놓이게 되었다. 결국 극단 「소극장분도」의 창단이 불발되면서 소극장의 목표마저 흔들리는 상 황이 되고 말았다. 극단 「원각사」가 대관하여 공연한 오태석의 <약장 사>(<대구매일신문>, 1981.7.16)[17]를 마지막으로 소극장 「분도」는 폐업을 하게 된다.

2.2. 소극장 「누리」 : 계승에 의한 연대성 추구

1981년 9월 아성연극 20주년 기념무대가 「대구시민회관 소극장」에서 이루어졌다. 박우춘의 <무엇이 될고 하니>를 아성이 연출하여 극단 「원 각사」가 공연한 것이다.[18] 나이 37세에 20주년 무대를 마련하게 된 것은

---

16) 『연인과 타인 팸플릿』, 1981.2.19-3.2. 아성 연출, 박영수, 김재신, 박현주, 정길묵, 김미향 출연.

17) 공연기간은 7.17-19. 극단 「원각사」의 공연연보에서는 자체 공연(27회)으로 잡고 있 으나, 1974년 이래 계속해오던 이호재의 공연을 초청하여 극단 「원각사」 명의로 공 연허가를 얻은 것이다. 강영걸 연출. 이호재, 우상민 출연.

18) 『무엇이 될고 하니 팸플릿』, 1981.9.11-4, 대구시민회관 소극장. 강승희, 금은동, 기 영철, 김태미, 박갑용, 박미경, 박영수, 박현주, 안종경, 이송희, 장해권 등 출연. 아

그가 고교생 때 「밀주」(1961)에 첫 출연한 것부터 계산하였기 때문이다. 1982년 5월에 설립한 소극장 「누리」는 그의 '연극인생 20년'의 결실이었다. 그는 "20년 만에 찾은 이 자리"[19]라는 간결한 표현으로 그 감격을 나타내었다. 「누리예술극장」의 개관기념 공연 <러브 플레이>의 팸플릿 한 면을 완전히 비워 20포인트 크기의 글씨로 단지 이 문장만 적어두었다. 소극장 「누리」를 마련한 그의 기분이 어떠한지를 가히 짐작할 수가 있다.

소극장 「누리」는 지역연극의 계승과 대구지역 연극계와의 긴밀성을 강조했다. 대구지역 연극계와 거리를 유지하려고 했던 소극장 「분도」의 방식이 문제가 있다고 판단하였던 것이다. 대구지역 연극인들이 소극장 「분도」를 외면했는데, 그 이유를 "대부분이 「분도」를 그들 자신의 것으로 생각하지 않"았기 때문이라 했다. 소극장 「누리」를 극단 「원각사」의 전용극장으로 생각하지 말고, "연극인 전체의 것이며, 각자의 연습장으로 여겨야 할 것"[20]이라 했다. 실험적 전위극의 산실이 되고자 했다가 작품 부족이라는 한계에 부딪혀 좌초했던 소극장 「분도」를 고려한 의도적 발언이었다. 다시 말하자면, 작품의 성향에 제한을 두지 않고 관객이 많이 들 수 있는 수준의 공연이라면 누구에게든지 문호를 개방하겠다는 선언인 것이다. 그 자신이 1970년대 소극장 연극운동의 중심인물이었기 때문에 그 성과를 계승하는 입장에 서는 것은 당연한 일로 보인다.

개관 기념공연 작품인 머레이 쉬스갈(Murray Shisgal)의 <러브 플레이>[21]는 소극장 「누리」가 1970년대 대구지역 소극장 연극운동을 계승

성이 정참봉 역으로 직접 출연했다.
19) 『러브 플레이 팸플릿』, 1982.5.27~6.1, 아성 연출, 황철희, 강승희 출연.
20) 유향숙, 「소극장과 지역사회」, 『러브 플레이 팸플릿』, 8쪽.
21) 원 제목은 <호랑이>(The Tiger)이다. 벤이 여성 글로리아를 납치하는 내용 때문에 종종 존 파울즈(John Fowles)의 <콜렉터>(Collector)와 혼동이 되기도 한다. 심지어

하고 있다는 점을 확실하게 보여주었다. 아성은 이 작품을 "기계화 되고 획일화 된 현대사회 속에서 인간의 소외"를 드러내었으며, "살아남기 위해 사회라는 거대한 소용돌이 속으로 함몰되어 가는"[22) 모습을 그린 것으로 해석했다. 벤(Ben)과 글로리아(Gloria) 두 명만으로 공연이 가능하고, 극중 배경도 방으로 되어 있어서 소극장에서 공연하기에 적절한 작품이라 하겠다. 이어서 극단 「76극단」을 초청하여 <시즈위 벤지는 죽었다>(Sizwe Bansi Is Dead)를 공연하였고,[23) 부산지역의 극단 「가설무대」를 초청하여 닐 사이먼(Neil Simon)의 <최후의 뜨거운 연인들>(The Last of the Red Hot Lovers)을 공연하였다.[24) 남아프리카공화국에 만연한 흑인에 대한 차별 정책에 문제를 제기한 작품과 중년의 무기력함을 일탈적인 연애를 통해 해소해보려는 바니 캐쉬맨(Barney Cashman)의 좌충우돌을 다룬 소극(笑劇)이 연이어 공연된 것은 소극장 「누리」에서는 작품의 특정한 성향을 중요하게 여기지 않았음을 드러내는 것이다.

소극장 「누리」는 극단 「원각사」를 전속극단으로 두었다. 1977년에 창단한 극단 「원각사」는 "우리의 연극전용극장을 확보하여 본격적인 소극장운동을 전개"[25)하는 것을 목표로 삼았다. 창단 공연은 <대머리 여가수>였는데, 그 이후에 소극장 연극운동이라 부를 만한 작품을 지속적으로 공연하지는 않았다. 그때그때 필요에 따라 대극장과 소극장을 넘나들며 공연하였다. 소극장 「누리」의 개관 후에는 과거에 공연했던 작품 중에 인기가 있었던 작품을 소극장에 맞추어 다시 제작하는 방식을 택했다. 자연스럽게 1970년대 대구지역 소극장 연극운동의 결과가 소극장 「누리」

연출가가 직접 쓴 『대구연극사』에도 원작을 <콜렉터>로 잘못 밝혀 두었다.
22) 『러브 플레이 팸플릿』, 5쪽.
23) 1982.6.3-6.15.
24) 1982.6.17-6.22.
25) 『양반전 공연 팸플릿』, 10쪽.

에 이어지게 되었다.

극단 「원각사」에서는 박우춘의 <무엇이 될고하니>를 1982년 9월 16일
부터 21일까지 공연한다.[26] 대구지역의 "첫 여성 연출가로 등장한 김민
자"(<대구매일신문>, 1982.9.16)는 "우리 역사의 흐름 속에서 억울하고 한
맺힌 죽음들을 환기 시켜", 관객들이 "과연 어떻게 살다가 어떻게 죽는
것이 보다 인간다운 것이며 정의로운 것인가를 숙고"[27]하도록 하려 했
다. 이어서 엘빈 실바누스(Erwin Sylvanus)의 「어느 폴란드 유태인 학살의
회상」(Dr Korczak and the Children)[28]을 1982년 11월 11일부터 17일까지 공
연 하였다(<대구매일신문>, 1982.11.11). 이성환은 서사극적 특성이 드러날
수 있도록 연출하였고, "사건의 종말에 흥미를 느끼는 게 아니고, 사건의
과정에 대해 흥미를 느끼"[29]도록 의도했다. 1982년 11월 25일부터 30일
까지는 장 아누이(Jeane Anouilh)의 <안티고네>(Antigone)를 공연 하였다.[30]
여러 명의 배우가 등장하는 작품이지만 크레온(Creon)과 안티고네 두 명
의 등장인물만으로 공연 가능하도록 수정하여, 좁은 무대를 효과적으로
사용했다.

소극장 「누리」는 대구지역 극단의 공연을 적극 유치하여 극장을 활성
화 시키려 했다. 소극장 「분도」가 지역 연극계와 단절했던 것과 달리 연
대를 실천하려 한 것이다. 1983년 초에는 원래 극장 명칭이었던 「누리예
술극장」에서 '예술'을 삭제하여, 상업성이 강한 공연이라 하더라도 수용
하겠다는 입장을 분명히 밝혔다.[31] 그 당시 대구지역 유일의 소극장이었

---

26) 9월 18일과 19일에는 울산 현대 조선소에서 공연하였다.
27) 『무엇이 될고하니 팸플릿』, 6쪽.
28) 『어느 폴란드 유태인 학살의 회상 팸플릿』, 1982.11.11.-17. 이성환 연출, 이송희,
    전명수, 강승희, 김종대 출연.
29) 『어느 폴란드 유태인 학살의 회상 팸플릿』, 6쪽.
30) <대구매일신문>, 1982. 11. 24. 연출 이석진, 출연 황철희, 전정순. 12월 1일부터 7일
    까지 연장공연을 가진다.

기 때문에 "2월과 3월은 날짜잡기 힘들 정도로 공연 스케줄이 꽉 짜여"(<대구매일신문>, 1983.1.17) 있었다. 때마침 참신한 소극장 연극의 공연을 표방하는 극단들이 속속 창단되어 소극장 「누리」는 마치 신생 극단의 산실 같은 역할을 하게 된다. 극단 「대중극장」은 창단 공연으로 닐 사이먼(Neil Simon)의 <별을 수놓은 여자>(The Star-Spangled Girl)를 1983년 1월 7일부터 13일까지 공연하였으며, 관객의 호응이 좋아서 1월 25일부터 31일까지 앵콜 공연을 가졌다(<대구매일신문>, 1983.1.25).[32] 경북대극예술연구회 출신들이 창단한 극단 「시인」은 1983년 2월 2일부터 6일까지 장 꼭도(Jean Cocteau)의 1인극 <목소리>(La Voix Humaine)를 공연 했다(<대구매일신문>, 1983.2.2).[33] 극단 「집시」의 창단공연인 마리코일 체이스 작 <내 사랑 하비>가 1983년 4월 12일부터 21일까지 공연 되었다(<대구매일신문>, 1983.4.12). "침체된 대구연극계에 새로운 바람을 불어넣기 위해 극단을 창단"(<대구매일신문>, 1982.12.29) 했다고 밝힌 극단 「여처」(餘處)는 창단공연에 난항을 겪다가 섬머셋 모옴(Somerset Maugham)의 <정복되지 않는 여자>(The Unconquered)를 1983년 6월 4일부터 6일까지 공연하였다(<대구매일신문>, 1983.6.4).[34]

공연법 개정으로 극단 설립이 자유로워지자, 소극장 연극에 만족하지 못한 상당수의 인력이 극단 「원각사」를 떠났다. 그 여파로 인하여 1983년에 접어들 무렵 극단 「원각사」는 공연 불능의 상황에 빠져들었다.[35] 대

---

31) 이 글에서는 「누리예술극장」의 이름을 사용했던 시기에 대해 언급하더라도, 혼란을 막기 위해 소극장 「누리」로 통일시켜 표기하고 있다.
32) 이남기 연출, 김종대, 이남기, 김정수 출연.
33) 서인주 연출, 용필례 출연.
34) 김영철 연출, 김종대, 이남기, 윤영희, 이태운, 김바다, 황철희 출연.
35) 1983년 4월 1일부터 10일까지, 극단 「원각사」의 이름으로 공연한 이언호 작 <멋꾼>(김민자 연출, 이송희 출연)이 있다. 연출가 김민자의 노력으로 이루어진 공연이어서 극단 「원각사」의 작품으로 보기는 어려운 측면이 있다. 공연도 소극장 「누리」에서 하지 않고, 미도백화점 6층의 미술 전시실에서 했다.

관과 기획 공연을 통해 극장을 유지해나가고 있던 소극장 「누리」에 큰 위기가 닥쳤다. 관계 당국이 소방법에서 규정한 만큼의 시설 보완을 명령 한 것이다. 25명의 사망자와 70여명의 중상자를 낸 대구의 초원의 집 화재 사건의 여파였다(<경향신문>, 1983.4.18). 전국에 산재한 소극장 중에 소방법을 엄격하게 적용하면 공연장 허가를 유지 할 수 있는 곳이 거의 없다시피 했지만, 암묵적으로 공연을 허가하고 있는 상황이었다. 그러나 초원의집 화재 사건이 발생한 대구지역에서는 더욱 더 엄격하게 시설 보완을 요구할 수밖에 없었다. 소방법의 공연장 기준에 적합한 극장 시설을 갖추기 위해서는 소극장 「누리」에 대대적인 투자가 필요 했지만, 재정적 형편이 그렇게 되지 못하였다. 소극장 「누리」는 폐관 결정을 내릴 수밖에 없었다.

3. 대구지역 소극장 연극의 정체성 확보 방법론의 차이

3.1. 소극장 「분도」 : 실험적 전위극의 전문성 확보

실험적인 전위극을 목표로 했던 소극장 「분도」는 소극장 연극에 대한 대구지역 연극계의 기존 인식을 거부 했다. 소극장 연극이란 등장인물의 수가 적은 작품이 아니라 '실험적 의식'을 갖춘 작품이어야 한다는 사실을 처음부터 분명히 했다. 서울지역에서 "소극장만이 할 수 있는 소극장다운 연극"이자, "소극장연극의 진정한 방향을 찾아 그 가능성을 타진"(신영철, 1978 : 32) 한 작품으로 평가 받고 있던 <관객모독>을 초청 하여 개관하고, 말썽을 감수하면서도 대구지역 연극계와 거리를 유지한 것도 그러한 인식을 지키고자 한 것이다. 1970년대의 활동을 볼 때 대구지역

소극장운동이 독자성을 제대로 가지고 있지 않다고 판단했기 때문이겠
다. 소극장 「분도」는 실험적 전위극의 전문성을 확보하여 대구지역 소극
장 연극의 정체성을 확립하려 하였다. 소극장 「분도」는 주체로써 서울지
역을 타자화 하는 입장을 견지하고 있었다.

　서울의 「76극단」을 초청한 것은 그 명성 때문이 아니라, 소극장 「분도」
가 추구하는 실험적 전위극에 가장 가까이 다가가 있는 극단이었기 때문
이다. 소극장 「분도」가 주체적 입장에서 작품과 극단을 선택했던 것이다.
소극장 「분도」는 피터 한트케의 작품과 팬터마임 공연을 대구지역에 소
개하는데 주력하였다. 피터 한트케는 <관객모독>에서 "무대와 관람석
사이의 전통적인 긴장관계를 전환시키려 시도"(모테카트, 238)하였고, <미
성년은 성인이 되고자 한다>에서는 "한 마디 말도 없는 채 무대나 장면
에서 언어의 침묵"(모테카트, 240)으로 일관 했다. 피터 한트케의 '구변
극'(sprechstück)에 대한 소극장 분도의 관심은 팬터마임 공연으로 연결되
었다. 소극장 「분도」의 공연 이전에 팬터마임이 대구지역의 극장에서 공
연된 경우는 없었다. 「현대예술제 한판80」을 통해 유진규를 초청한 것은
"연극의 추세가 대사보다는 몸짓 표현으로 가고 있는 실정"(<동아일보>,
1980.10.29)을 반영한 것이기도 했다. 소극장 「분도」의 공연을 통해 대구
지역의 관객들은 실험적 전위극의 새로운 흐름을 경험할 수가 있었다.

　실험적 전위극의 전문성 확보를 목표로 한 소극장 「누리」는 짧은 시간
에 놀라운 결과를 내어놓았다. 서울의 「76극단」을 초청하여 피터 한트케
의 작품을 공연하였으나, 단발성 공연에만 그치지 않고 좀 더 생산적인
결실을 낳는 방향으로 나아간 것이다. 소극장 「분도」가 주최한 「현대예
술제 한판80」은 대구지역도 실험적인 전위예술의 본거지가 될 수 있음을
보여주었다. 실험적인 현대 예술이 "무엇인가를 이곳 대구 사람들과 함
께 생각해보는 기회를"(<동아일보>, 1980.10.29) 만들기 위해, 이성우가 대

구지역의 예술인과 서울지역 예술인들을 결합시켜 판을 만든 것이다.

1980년 11월 1일부터 30일까지 개최된 「현대예술제 한판80」은 소극장 「분도」의 공연 목표와 작품 성향을 대외적으로 분명하게 드러낸 행사였다. 그 무렵 대구지역의 문화풍토로 보아서는 엄청난 기획이었는데, 연극 외에도 문학·음악·미술·영화가 함께하는 자리가 마련되었다.36) 연극 공연에는 서울의 「76극단」과 대구에서 활동하고 있던 이강일이 참가하였다. 11월 8일부터 21일까지 실험연극제라는 제목 하에 세 편의 작품이 공연되었다. 「76극단」은 <아름다운 사람>(8일-12일), <미성년은 성년이 되려한다>(Das Mündel will Vormund sein, 13일-17일)를 공연 했고, 이강일이 쓰고 연출한 <신호등이 있는 거리>(18일-21일)가 대구지역 작품이었다.37) <아름다운 사람>은 유진규가 구성하고 출연한 작품인데, 대구지역의 소극장에서 처음 공연된 팬터마임(pantomime)이었다. 김성구, 김동수와 더불어 팬터마임을 개척하고 있던 유진규의 공연은 대구지역 연극계에 신선한 자극을 주었다. <미성년은 성년이 되려한다>는 <관객모독>에 이어 피터 한터케의 작품을 대구지역에 소개하는 역할을 하였으며, 12월에 다시 한 번 초청 공연을 가졌다(<대구매일신문>, 1980.12.23.).38) <신호등이 있는 거리>는 "일상생활 속에서 단절된 현대인들의 의식구조를 순수하고 인간미 넘치게 파헤친 심리극"(<매일신문>, 1980.11.27)39)인데, 소극장 「분도」가 추동해낸 대구지역 작가의 작품으로 평가할 수 있다.

---

36) <경향신문>, 1980.10.25. 소극장 「분도」가 주 행사장이었고, 대구시민회관의 미술전시실도 활용 했다.

37) <동아일보>, 1980.10.29. 대구지역에서 활동하는 극작가이자 연출가인 이강일은 그 무렵 극단 「원각사」에 속해 있었으나, 연극 지향점은 극단과 다소 거리가 있었다. 「현대예술제 한판80」에는 극단 「원각사」가 아니라 개인 자격으로 참가하였으며, 이후 정리된 극단 「원각사」의 공연 연보에도 들어 있지 않다.

38) 공연기간은 1980.12.22-1981.1.5.

39) 황철희, 김태균, 안지현, 홍성범 출연. 이 작품은 행사 기간 이후에도 연장공연(1980.11.22-12.5)을 하였다.

대구지역의 젊은 연극인 이강일에게 공연의 기회를 준 것은 실험적인 전위극을 계속하려 했던 소극장 「분도」의 의지와 관련이 있다. 1978년에 있었던 <인간 가나다라>40) 사건으로 실의에 빠져 있던 그를 추동하여 <신호등이 있는 거리>를 창작·연출하도록 하였다. 피터 한트케 풍의 짧은 단막극이지만, 사실적인 무대극이 주류를 이루고 있는 대구지역 연극계에 새로운 변화가 일어나고 있음을 보여준 작품으로 의미가 크다. 이를 계기로 이강일은 대구지역에서 실험적인 전위극의 대표적 인물로 부상할 수 있었으며, 1986년에 극단 「객석과 무대」를 창단하여 실험성이 강한 창작극 공연 활동을 이어나가게 되었다.

한 달 동안 지속된 소극장 「분도」의 「현대예술제 한판80」은 서울의 연극계가 "영화배우나 탤런트들을 연극무대에 끌어들이는 등 지나치게 장삿속을" 보여주고 있는 상황을 극복하여 "젊은 연극인들이 연극형태의 다양화로 새로운 방향을 모색한"41) 결과 중의 하나로 높이 평가 받았다. 소극장 「분도」의 활동은 대구지역 소극장이 지역의 틀을 깨고 나간 최초의 성과로 기록될 것이다. 실험적인 음악·미술·문학이 연이어 공연되면서, 대구지역에서는 실험적인 예술에 대한 관심이 대단히 높아졌다. <미성년은 성년이 되려한다>는 「76극단」이 서울의 「공간사랑」에서 공연한 바 있으나 <관객모독>에 비해 성공하지를 못하였다. 무언극으로 이루어지는 공연의 난해함이 관객의 호응을 얻지 못한 것이다. 그러한 작품이 대구지역에서는 인기가 있었고, 12월에 추가 공연을 할 수 있었

---

40) 1978년 2월 극단 「원각사」에서 <인간 가나다라>(황철희 출연)를 공연 하였을 때, "연극협회 경북지부 집행부에서는 이 공연이 연극적으로 수준 이하의 형편없는 공연이었으며 그로 인해 대구 관객에게 연극에 대한 불신감을 심어주었다는 이유로 극단대표(이필동)를 징계"(이필동, 2005 : 260)한 일이 있었다.

41) 「1980 문화계회고(2) 연극」, <동아일보>, 1980.12.13. <동아일보>에서는 "76소극장이 「한판80」이란 이름으로 마련한 현대예술제"라고 했으나, 이것은 잘못된 것이다.

던 것도 실험적인 전위극에 대한 대구지역의 열기가 높아졌기 때문으로 평가할 수가 있겠다.

소극장 「분도」의 목표를 제대로 실천하기 위해서는 전속 극단이 필요했지만, 노력에도 불구하고 결실을 거두지 못했다. 전속 극단이 없는 소극장은 초청공연과 대관으로 극장을 꾸려갈 수밖에 없게 된다. 초청공연이나 대관공연의 경우 소극장이 공연 주도권을 가질 수가 없으므로, 소극장 「분도」의 운영목표에 어울리는 작품에 한정하여 초청하거나 대관하는 것은 불가능하다. 전속극단의 부재로 인하여 실험적 전위극을 지속적으로 공연하기 어려운 본질적 문제를 소극장 「분도」는 안고 있었던 것이다.42) 전속극단의 창단이 어려워지고, 초청할 만한 실험적 전위극을 찾기가 어려운 상황에 이르자 소극장 「분도」는 폐관을 결정하였다. 실험적인 전위극의 소개와 확산이라는 목표를 수행하기가 어렵다면 소극장의 존재 의미 자체가 없다는 것이 소극장 「분도」의 입장이었기 때문이다. 일부에서는 그 점을 "경영자 측의 운영 미숙"43)으로 지적하기도 하지만, 소극장 설립의 목적 자체를 훼손해가면서 극장을 유지할 필요가 없다는 입장은 충분히 존중되어야 한다.

3.2. 소극장 「누리」 : 완성도 높은 공연작품의 확보

소극장 「누리」의 대표였던 이성은 연극을 해오는 동안 서울지역 연극계와 교류하는 것에 남다른 관심을 보였다. 그는 서울지역 연극의 선진성을 인정하고 배울 것은 배워야 한다는 입장이었다. 그 이후에 대구지

---

42) 소극장 「분도」를 폐관한 이성우는 기타리스트로서의 삶을 개척하기 위해 독일 유학을 선택함으로써 대구지역 연극계를 떠났다. 소극장 「분도」가 대구지역에서 해야 할 역할을 다했다는 입장이었다.
43) 「대구·경북문화계 1981 결산」, <대구매일신문>, 1981.12.24.

역 연극을 제대로 만들어 서울지역 연극과 맞서보자는 것이었다. 아성의 연극은 서울지역 연극의 타자이면서, 한편으로는 서울지역 연극을 타자 화 하는 주체로써 작용하는 복합성을 띠고 있다. 1970년 초에 서울지역 「시극동인회」의 <고도를 기다리며>와 그가 연출한 극단 「인간무대」의 <곰>을 연이어 공연함으로써 관객들이 비교해서 볼 수 있도록 유도 한 적도 있으며(<매일신문>, 1970.1.11.),[44] 또 극단의 어려운 여건을 무릅쓰고 지방극단으로는 유일하게 제4회 대한민국연극제(1980)에 참가한 것 등이 좋은 예이다.[45] 그러나 그에게 있어서 서울지역 연극은 넘을 수 없는 벽 이기도 했다. 대구지역에 순회공연을 온 서울지역 극단들의 작품에 몰리 는 관객을 보면서, "서울 무대가 잦으면 여러 가지로 핸디캡을 안고 있는 지방연극이 더욱 위축되고 관객을 잃음으로써 계속적인 연극 활동에 커다 란 난관이 올 것"(<매일신문>, 1977.9.27)이라며 불만을 토하기도 했다.

그는 소극장 「누리」를 설립하면서 "서울문화의 횡포에 침식당한지방 문화의 궤도를 수정하여, 진정 이 땅에 적합한 뿌리를 내리는 지방문화 의 진원지"[46]가 되겠다고 했다. 1970년대 대구지역 소극장 연극운동의 성과를 계승하고는 있지만, 서울지역에 종속되어 있던 사실에 대한 반성 적인 입장을 표명한 것이다. 소극장 「누리」에서 목표로 하는 소극장 연 극은 '작은 규모의 연극'이었다. 관객들이 보기에 편한 작품을 선택하여 완성도 높은 공연을 함으로써 대구 시민들의 호응을 얻어내는 것, 그 결 과로 소극장 연극이 활성화 되는 것이었다.[47] 소극장 「분도」가 작품의 성향을 중요하게 여겼다면, 소극장 「누리」는 안정적으로 관객을 확보할 수 있는 작품에 초점을 맞추었던 것이다.

---

44) 공연은 1월 13, 14일에 종합문화회관에서 이루어졌다.
45) 김경애가 여자 신인 연기상을 수상하였다. <경향신문>, 1980.11.4.
46) 극단 원각사, 『러브 플레이 팸플릿』, 1982.5.27-6.1, 2쪽.
47) 도혜원, 「지방연극의 방향」, 『러브 플레이 팸플릿』, 10-11쪽 참조.

널리 알려진 작품을 주로 선택하는 배경에는 서울지역 연극을 타자화하는 소극장 「누리」의 입장이 깔려 있는 것이다. 소극장 「누리」의 공연 수준이 서울지역에 못지않다는 점을 대구지역 관객에게 비교해서 보여 주고 싶은 생각이 있었던 것이다. 그런 점에서 보면 소극장 「분도」와 달리 작품의 성향에 주목하지 않았던 소극장 「누리」의 특성을 이해할 수가 있다. 극단 「원각사」가 공연한 <호랑이>(<러브 플레이>)가 그 점을 잘 보여준다. 소극장 개관 기념공연이라는 측면에서 보자면 <호랑이>의 선택은 무난했다. <호랑이>는 뉴욕의 상업화된 브로드웨이(Broadway)를 거부하고 오프-오프-브로드웨이(off-off-Broadway)로 가서 "새로운 기법과 감각으로 기존의 연극 질서에 정면으로 거부"[48]한 작품으로 평가 받은 작품이기 때문이다. 극단 「원각사」는 문제 제기적인 작가의식이 살아 있는 작품을 선택하였으나, 실제 공연에서는 대중성을 강화하는 방향으로 나아갔다. 먼저 제목을 <러브 플레이>로 바꾸었다. 공연담당자들은 <호랑이>란 제목으로는 대중의 관심을 끌기 어렵다고 판단하여, 남녀 간의 사랑이 떠오르는 제목 <러브 플레이>로 고친 것이다. 작품의 원 제목인 <호랑이>는 주인물 벤의 성격을 상징하는 것이다. 다른 사람이 보기에는 무기력한 우편 배달원이지만, 벤의 내부에는 강한 공격성이 꿈틀거리고 있음을 암시하는 제목이다. 극중에서 글로리아를 납치한 벤은 동물원을 탈출하여 야성을 드러낸 호랑이를 연상시킨다. <러브 플레이>라는 달콤한 제목에 어울리게 벤의 야성도 약화되었고, 여성의 납치 사건이 관객의 호기심을 자극하는 통속적 소재로 인식될 위험성이 커졌다.[49] 관객의 취향을 중요하게 여기고 있는 소극장 「누리」의 운영 방식을 잘 알

---

48) 임준돈, 「작가와 작품 해설」, 『러브 플레이 팸플릿』, 6쪽.
49) 야성은 조연출의 말을 빌려, "통속적일 수 있는 내용을 통속적이 되지 않게 표현하기 위한 연출"(『러브 플레이 팸플릿』, 6쪽)을 시도하였다고 밝혔다.

수 있는 사례라 하겠다.

대구지역 연극이 서울지역에 뒤지지 않음을 공연을 통해 보여주고자 하는 소극장 「누리」의 의도는 실험적인 작품을 멀리하게 만들었다. 난해성이 강한 실험적인 작품보다는 널리 알려진 작품을 택하여 무난한 공연을 만드는 것이 관객들에게 다가가기가 쉽기 때문이다. 전속극단인 「원각사」를 통해 공연했던 <러브 플레이>,50) <무엇이 될고 하니>(박우춘), <어느 폴란드 유태인 학살의 회상>(이반 실바누스), <안티고네>(장 아누이)가 그러한 특징을 잘 보여준다. 소극장 「누리」에서 적극적으로 발굴하여 공연한 작품은 아니지만, 서울지역에서 공연되어 호평을 받은 작품들 중에서 주도적으로 선택한 것이다. 외면적으로 보자면, 서울지역 소극장 연극을 답습하는 것이지만, 그 내면에는 대구지역에서도 서울지역을 능가하는 작품을 만들 수 있다는 도전적 인식이 깔려 있다는 점이 중요하다. 소극장이 없어서 작은 강당과 음악 감상실을 전전 했던 1970년대 소극장 연극운동에서는 찾아 볼 수 없었던 변화이다.

널리 알려진 작품을 선택하는 방침은 장점과 단점을 동시에 가지고 있다. 장점이라면 그 이전 공연의 단점을 보완함으로써 완성도 높은 작품을 만들 수 있다는 것이고, 자칫하면 타성에 젖어 관객에게 식상함을 안겨준다는 것이 단점이다. 널리 알려진 고전적인 작품을 선택한 소극장 「누리」의 공연 방식은 일단 긍정적으로 평가할 수 있다. 대구지역 연극계의 고질병으로 여겨지던 "서울에서 관중동원에 성공한 작품을 곧바로 대본을 얻어 지방무대에 올리는 예"(<대구매일신문>, 1983.6.11)를 탈피하여 독자성을 강화한 것으로 보아야 하기 때문이다. 전속극단 「원각사」를 통해 공연한

---

50) 이 작품도 야성이 관심을 많이 가지고 있었던 「까페 떼아뜨르」에서 극단 「자유극장」이 <타이거>(최치림 연출)라는 원 제목으로 공연하였던 것이다. <동아일보>, 1974. 1.28.

<무엇이 될고 하니>, <어느 폴란드 유태인 학살의 회상>, <안티고네>
는 소극장 「누리」의 목표를 어느 정도 만족시켜 주었다. <어느 폴란드
유태인 학살의 회상>은 소극장의 이점을 살려 공연무대와 객석의 경계
를 허물어 무거운 이야기를 무겁지 않게 관객에게 전달할 수가 있었다.
서사극 작품의 공연이 거의 없었던 대구지역 소극장 연극에서도 이 작품
의 공연 의미는 크다 하겠다.

　소극장 「누리」가 선택한 작품 중에서 가장 성공적인 작품은 <무엇이
될고 하니>[51]이다. <무엇이 될고 하니>에는 극단 「자유」와 김정옥 연
출가의 이름이 꼬리처럼 붙어 다닌다. 김정옥이 주도하여 극단 「자유」의
단원들이 공동창작 하듯이 만들어 낸 작품이기 때문인데,[52] 이처럼 널리
알려진 작품을 공연할 때 극단 「자유」와 차별되는 소극장 「누리」(극단 「원
각사」)만의 참신성을 가미하기가 무척 어렵다는 것이 문제이다. 더구나
1979년 9월에 극단 「자유」에서 순회공연을 하여 대구지역 관객에게 작
품을 선보인 바가 있고,(<매일신문>, 1979.9.15) 극단 「원각사」에서도 이 작
품을 「대구시민회관 대극장」에서 1981년 9월에 공연한 바가 있다. 대극
장의 액자무대를 기본으로 하고 있으면서 등장인물도 많고, 스물다섯 개
의 장면으로 분할 된 작품을 소극장의 좁은 무대에서 공연하기는 쉽지가
않다. 그러나 연출가는 마당극적인 인식을 도입하여 그 문제를 풀어내었
다. "무대를 한 가운데로 끌어내어 객석과 무대 사이의 높이와 벽을 최
대한 없애", "멍석이 바로 현장이 마당이라는 생각으로 관객 스스로도

---

51) 극단 「원각사」에서는 <무엇이 될꼬하니>로 표기하였으나, 이 글에서는 원래 제목
　　으로 표기한다.
52) 김정옥은 "처음에 썼던 그 대본에 있었던 것은 절반도 안 남았고 다른 장면들과 다
　　른 대사들이 들어갔는데, (…중략…) 처음에 쓴 희곡은 박우춘씨 작품이지만 그 다
　　음에 공연된 대본은 자유극장이 만든 집단창조의 대본이라고 볼 수 있다"(김정옥
　　외, 1997 : 90)고 했다.

구경꾼이 아닌 동참자요, 공모자로서 연극을 대하게"[53] 하였다. 마당극적인 인식을 통하여 <무엇이 될고 하니>에 어울리지 않는 좁은 무대를 배우와 관객의 교류가 쉽게 이루어질 수 있는 장점으로 전환시킴으로써 공연은 극단 「자유」와 다른 면모를 보여줄 수가 있었다. 그 결과 이 공연은 대구지역 마당극 운동사에서도 소중한 성과로 기억되고 있다.

4. 결론

이 글의 목적은 1980년대 초 대구에 설립되었던 소극장 「분도」와 「누리예술극장」(이하 소극장 「누리」로 표기)이 어떤 특징을 지니고 있는가를 문화상대주의 관점에서 밝혀보는 것이다. 소극장 분도는 1980년 7월에 설립되어 1년 정도 운영되었으며, 소극장 「누리」는 1982년 5월에 설립되어 역시 1년 정도 운영되었다.

소극장 「분도」는 1970년대 대구지역 소극장 연극운동과 단절하고, 독자적인 입장을 지키려고 하였다. 서울의 「76극단」을 초청하여 <관객모독>을 공연한 것도 대구지역 연극계와 거리를 두려는 의도 때문이었다. 대구지역 연극계에서는 소극장 「분도」의 이념과 작품 경향을 받아들이지 않았으며, 공연장을 대관하지도 않으려 했다. 소극장 「분도」는 전속극단을 만들려 하였으나 실패하였고, 그 결과 공연작품이 부족하여 극장이 침체되었다.

소극장 「누리」는 1970년대 대구지역 소극장 연극운동을 계승하고, 대구지역 연극과 연대성을 추구했다. 작품의 성향에 초점을 맞추지 않고,

---

53) 『무엇이 될고 하니 팸플릿』, 6쪽.

관객들이 많이 들 수 있는 작품을 선호하였다. 전속극단 「원각사」가 과거에 했던 작품 중에서 널리 알려진 작품을 골라 공연하였기 때문에 자연스럽게 1970년대 대구지역 연극운동의 성과가 소극장 「누리」에 흘러들어갔다. 대구지역 극단들이 소극장 「누리」를 대관하여 공연을 활발히 하기는 하였으나, 재정 형편의 악화로 폐관하였다.

소극장 「분도」는 실험적인 전위극의 전문성을 확보하여 대구지역 소극장 연극의 정체성을 확보하고자 했다. 「76극단」을 초청하여 공연하였으나, 그것은 소극장 「분도」가 주체가 되어 서울지역을 타자화 한 결과로 보아야 한다. 실험적 전위극은 서울과 대구가 별반 다를 것이 없다는 입장이었으며, 「현대예술제 한판80」이 그 점을 증명하였다. 「현대예술제 한판80」은 지역연극계의 경계를 벗어난 성공적인 행사였으며, 대구지역에 실험적 전위극이 활성화 되는 계기를 만들었다. 전속극단이 부재했기 때문에 더 이상 소극장의 특성을 유지할 수 없게 되자, 소극장의 폐관을 결행하였다.

소극장 「누리」는 완성도 높은 공연작품을 확보하여 대구지역 소극장 연극의 정체성을 확보하려고 하였다. 완성도 높은 공연작품을 통해 관객을 유치하여 소극장을 활성화 시키려는 의도였다. 서울지역에 종속되었던 1970년대의 한계를 극복하려는 입장으로 평가할 수 있다. 대구지역 소극장 연극운동의 정체성을 주체적 입장에서 고민한 결과로 보인다. 「원각사」에서 과거 공연했던 작품을 골라 다시 소극장 무대에 올리는 시도는 완성도 높은 공연작품을 찾는데 큰 기여를 하였다. 그중에서도 <무엇이 될고 하니>는 가장 높은 성과를 거두었다.

1980년대 초에 활동했던 소극장 「분도」와 「누리」는 대구지역 소극장 연극의 정체성에 대한 고민을 본격화 하였고, 소극장 연극운동의 방향성에 대한 고민을 실천적으로 해결하려 했다는 점에서 연극사적인 의미가 크다. 소극장 「분도」와 「누리」의 활동 기간은 짧았지만, 1984년 이후 더욱 활발해진 대구지역 소극장 연극운동의 초석이 된 것은 분명하다. 1984년 이후 설립된 소극장은 「분도」와 「누리」의 경험을 바탕으로 삼아 출발 하고 있기 때문이다.

‖ 참고문헌

1. 신문

<경향신문>, <동아일보>, <대구매일신문>

2. 논저

김삼일(2003), 『경북 연극사 연구』, 단국대학교 대중문화예술대학원 석사학위논문.
김재석(2009), 「1970년대 대구지역 소극장 연극 연구」, 『어문학』 104호, 한국어문학회.
김정옥 외(1997), 『연극적 창조의 길』, 서울 : 시각과 언어.
김혜숙(1999), 「문화, 언어, 실재−문화상대주의에 대한 한 고찰−」, 『철학』 61호, 한국
　　　　철학회.
신영철(1978), 「극평」, 『한국연극』 36호.
유명기(1993), 「문화상대주의와 반문화상대주의」, 『비교문화연구』 창간호, 서울대학교
　　　　비교문화연구소.
이상원(1997), 「대구연극사 연구」, 중앙대학교 대학원 석사학위논문.
이상학(1989), 「80년대 대구연극사」, 『무천』 5호.
이필동(2005), 『대구연극사』, 대구 : 도서출판 한솔.
정호순(2002), 『한국의 소극장과 연극운동』, 서울 : 연극과인간.
헬무트 모테카트(1990), 김미란 옮김, 『현대 독일 드라마』, 서울 : 대광문화사.

3. 팸플릿

<러브 플레이 팸플릿>, <매장된 아이>, <무엇이 될고 하니>, <양반전>, <어느 폴
　　　　란드 유태인 학살의 회상>, <연인과 타인>, <티타임의 정사>

근대계몽기 대구의 문학 장(場) 형성과 우현서루*

박 용 찬

1. 서론

우현서루(友弦書樓), 대구광학회(大邱廣學會), 광문사(廣文社) 등은 근대지식 유통 및 보급, 국가의 정체성 확보와 관련된 제 활동을 수행한 1910년 전후 대구의 기관 내지 단체들이다. 이들의 활동은 애국계몽운동과 연결 되면서 대구의 지적, 문화적 풍토를 주도하게 된다. 문학 장(場)의 형성에 정치, 사회, 경제, 교육, 출판 등 제 요소가 개입된다고 볼 때, 근대계몽 기 대구의 문학 장에는 '문화자본'(현택수 외, 1998 : 26-29)과 관련된 교육 과 출판이 미친 영향력이 적지 않았다고 할 수 있다.

광문사의 김광제와 서병오의 국채보상운동에 관한 활동은 역사학계에 서 일찍이 주목받은 바 있으나 교육과 서적 유통의 근간이었던 우현서루 와 광문사에 관한 연구는 아직 초기 단계에 머물고 있다. 특히 이상화 가(家)에서 운영했던 우현서루에 대해서는 최재목 외(2009)를 제외하면 거 의 전무하다고 할 수 있다. 위의 연구는 풍문으로만 전해지던 우현서루

* 이 글은 『국어교육연구』 56(국어교육학회, 2014)에 실린 논문을 다듬은 것이다.

의 전체적 윤곽을 드러내 보여주었다는 점에서 그 의의가 있으나 논의의
바탕이 되는 근거들을 2차 자료 내지 '정황적 증거'에 많이 의존함으로
써 우현서루의 실체나 의미를 드러내는 데는 다소 미흡하였다고 할 수
있다. 우현서루의 건물이 남아있지 않고 자료가 인멸되어가고 있는 시점
에, 우현서루의 실체를 구체적으로 밝혀내기 위해서는 당대의 1차 자료
내지 증언, 실물의 제시가 무엇보다 중요하다고 할 수 있다. 우현서루와
함께 근대계몽기 영남지역의 신식 출판을 주도했던 광문사의 경우도 김
광제나 서병오의 국채보상활동 중심으로 접근됨으로써(석남김광제선생유고
집, 1997) 정작 대구지역 문학 장 내에서 출판사 광문사가 행한 역할과 제
활동에 대해서는 제대로 구명되지 못한 상태이다.

　교육과 출판이란 제도가 근대를 형성하는 중요한 요인이라 할 때 우현
서루와 광문사는 1910년 전후 대구지역의 문학 장에서 중요한 역할을 수
행한 존재였다. 우현서루는 교육기관의 역할 이외에도 신지식 보급의 서
고(書庫)로서, 광문사는 근대와 관련된 각종 계몽서적을 출판함으로써 영
남지역의 근대지식 유통과 보급에 큰 기여를 하였다. 다시 말하면 이들
은 1910년 전후 대구지역의 지적, 문화적 전통을 계승하는 동시에 새로
운 문학 장(場)의 탄생에 영향을 미친 기관이라 할 수 있다. 우현서루와
광문사의 실상을 살펴보는 것은 근대계몽기 대구지역 문학 장의 성격을
규명하는 데 해결해야 할 선결 과제라 할 수 있다. 1910년 전후 대구지
역의 문학 장은 교육과 출판 중심으로 형성되었으며, 이러한 문학 장은
이후 1920년대 초기 동인지 문단을 주도했던 이상화, 이상백, 현진건, 백
기만 등이 탄생할 수 있는 기반을 제공하였다고 할 수 있다. 1910년 전
후 대구란 장소가 만들어내는 독특한 지적, 문화적 전통은 이 시기 지식
인들뿐만 아니라 유소년기를 보내던 작가들의 삶 내지 문학의 방향성에
큰 영향을 미쳤다고 할 수 있다.

이 글은 이러한 맥락에서 지금까지 제대로 조명되지 못하였던 이상화 가(家)에서 운영하였던 우현서루의 실체와 그 의미를 밝히는 한편, 그것이 1910년 전후 대구의 문학 장에 미친 영향을 살펴보는 데 그 목적을 두고 있다. 이러한 목적을 달성하기 위해 이 글은 우현서루의 설립동기와 과정, 그곳에 소장되었던 도서의 실체, 광문사 출판도서와의 연계 등을 중심으로 논의를 전개해 나가고자 한다. 그 결과 1910년 전후 대구란 장소를 중심으로 벌어졌던 근대지(近代知)의 유통과 보급이 교육과 출판을 통해 형성되고 있었음을 밝혀내고자 한다. 논의의 과정 중에 몇몇 새로운 자료들이 동원될 것이다. 이러한 작업은 1910년 전후 형성된 대구의 지적, 문화적 장(場)이 가진 특성 내지 성격을 밝히는 데 일정 부분 기여할 수 있을 것으로 기대된다.

2. 우현서루(友弦書樓)의 설립 동기와 과정

우현서루는 이상화의 백부인 소남(小南) 이일우(李一雨)가 세운 근대 교육 기관이다. 이일우는 당시 대구지역의 대지주이자 명망가였다. 지주였던 이일우는 1910년을 전후하여 상공업 분야에 뛰어들어 대구은행, 농상공 은행 등의 주식을 소유한 대구지역의 자산가로 성장하였다. 그의 장남 이상악(李相岳) 또한 부친 이일우의 자산을 이어받아 일제강점기 대구지역 주조(酒造)와 섬유, 금융업계를 선도해 나간 인물이었다. 이일우는 우현서루를 세우고 우현서루 내에 대구광학회(大邱廣學會)를 창립하는 한편, 국채보상운동에도 참여한 대구지역의 대표적인 애국계몽론자라 할 수 있다. 대구 대한협회지회 총무[1]를 지내기도 한 이일우는 정재학(鄭在學), 이병학 (李炳學, 고월 이장희의 부친) 등과 더불어 대구지역 농상공업계를 주도하였다. 정재학이나 이병학 등이 중추원 참의를 거친데 비해, 이일우는 일제의 중추원 참의 제의를 거절하였다. 이를 보면 그가 지사적 성품을 가진 뜻 있는 인물임을 알 수 있다. 먼저 이일우의 「행장(行狀)」을 통해 우현서루의 설립 경위부터 살펴보기로 하자.

> 갑진년에 서울을 가니 세상은 크게 변했고, 풍조가 진탕하야, 서구의 동점지세를 통찰하였다. 스스로 생각하니 선비가 이 세상에 나서 옛 것만 잡고 있을 수 없다고 생각했다. 돌아와서 부친께 아뢰고 넓은 집을 하나 세워서 육영(育英)의 계(計)로 삼아, 편액하기를 우현(友弦)이라 하였다. 대개 옛 은나라 사람들이 군사를 모아서 나라를 구하는 뜻에서 취한 것이다. 또 동서양 신구서적 수구종을 구득하여 좌우도의 총명하고 뛰어난 인재를 널리 맞이하였다. 그 과정(課程)을 정함에 있어 구학(舊學)을 바탕으로 삼고 신지식으로 빛나게 해서 의리에 함뿍 젖게 하고, 법도를 따르게 하였다. 원근 유지의 선비들이 소문을 듣고 일어나는 자가 날로 모여들어 학교(우현서루)가 수용할 수 없을 정도가 되었으니 일대에 빛나고 빛난 모습이었다.[2]

이일우의 「행장」은 우현서루의 설립 동기와 그 과정을 명확히 보여주고 있다. 「행장」에 의하면 이일우는 갑진년(1904)에 서울에 가서 시대의 변함을 보고 각성한 바가 있어 그의 부친인 금남 이동진의 후원 하에 육영 사업의 하나로 우현서루를 세웠다고 한다. 동서양 신구서적 수천 종을 구득하여 뛰어난 인재를 맞이하여 교육하였다 하니, 우현서루는 초창기 근대교육기관의 모습을 띠고 있었던 것으로 생각된다. 1905년 2월 1일자, 동년 3월 14일자 「황성신문」은 우현서루의 설립 과정을 잘 보여주고 있다.

---

1) 『황성신문』, 1910.4.9.
2) 「行狀」, 『城南世稿』, 卷之二, 二十一~二十二面 해당 부분 번역.

大邱居 李一雨氏가 民智開發에 留意하야 資金을 自辦하고 達城內에 時務學堂을 設立하야 學問淵博한 人으로 學堂長을 延聘하고 內外國 新舊書籍의 智識發達에 有益한 書冊과 各種 新聞 雜志 等을 廣求購入하야 該學堂에 貯實하고 上中下三等社會中에 聰俊有志혼 人員을 募集하야 書籍과 新聞 雜志를 逐日閱覽討論홀 計劃으로 學部에 請願하야 認許를 要한다니 如此有志혼 人은 政府에서도 獎勵홀만 하다더라[3]

大邱郡私立時務學堂長 李一雨氏가 學部에 請願하얏는더 本學堂은 一般 大韓國民의 智識을 開發增進ᄒ기 爲ᄒ야 內外國新舊書籍中 時務智見上有益者를 購買貯蓄ᄒ야 以便攷究講習이되 學堂은 名以時務홀 事
　一 書籍名目은 大韓及東西各邦의 古今歷史 地誌 筭術學 格致 化學 經濟 物理 農商工法律學 醫學 兵學及新聞 雜誌 等 諸書오 其他 雜術 小技 蠱心病俗之書ᄂ 切勿貯藏홀 事
　一 書籍購買費와 學堂建築費ᄂ 本人이 自擔經紀이되 其他 一切 費用은 學員과 商議措辦홀 事
　一 學堂長은 學問淵博ᄒ고 時務貫通혼 人員으로 延聘ᄒ되 本邦人을 用홀 事
　一 入堂閱書ᄂ 勿論 遠近上中下 等 會社與老少ᄒ고 并從志願ᄒ야 課日閱覽ᄒ며 或 討論도 홀 事
　一 本學堂細則은 自學會中으로 權宜酌定이라 하얏더라[4]

위의 글에 의하면 소남 이일우는 1905년 초 대구사립 시무학당(時務學堂)을 인허(認許)해 줄 것을 학부(學部)에 요청하고 있다. 이일우는 시무학당의 장(長)으로 학부에 청원하고 있는 바, 1905년 초 청원 당시 이미 사립 시무학당을 설립하였음을 확인할 수 있다. 1904년 서울 유람을 통해 새로운 문물의 수용과 지식 보급의 필요성을 깨달은 이일우는 국내외 신구 서적 중 시무(時務)를 잘 알게 해주는 유익한 책을 구매하고 강습(講習)할 계획을 세웠다. 이 기사에 의하면 그는 서적구매비와 학당건축비를 전적으로 부담하면서 경륜 있는 학당장(學堂長)을 초빙하고 구체적인 학당세칙

---

3) 「有志開明」, 『황성신문』, 1905.2.1.
4) 「李氏請願」, 『황성신문』, 1905.3.4.

을 만들고자 하였다. 이 학당이 구체적으로 실현된 것이 우현서루라 할 수 있다. 우현서루는 '대한 및 동서 각 나라의 格致 化學 經濟 物理 農商 工法律學 醫學 兵學及新聞 雜誌는 물론이고 其他 雜術 小技 蠹心 病俗之書' 등 신구서적 수천 종을 구비하고자 하였다. 이러한 제 서적을 구비한 우현서루를 통해 이일우는 시무(時務)에 적합한 교육을 실시하고자 하였던 것이다. 결국 우현서루는 1905년 이일우에 의해 설립되어 1911년 일제에 의해 폐쇄될 때까지 대구지역의 근대지식 보급 내지 계몽교육의 역할을 담당한 중추적 사립교육기관이자 서고(書庫)라 할 수 있다. 이 당시 발간된 「대한자강회월보」나 「해조신문」의 짧은 기사를 좀더 눈여겨 볼 필요가 있다. 아래는 『대한자강회월보』 4호에 실린 「본회 회보」이다.

> 其時에 大邱廣學會 會員 金善久氏가 該會講師로 謙請한 事에 應諾이 有ᄒ야 二十五日治行祭程할새 本會顧問大垣丈夫氏와 金善久氏로 作伴하여 大邱停車場에 到着ᄒ매 當地有志紳士數十人이 金善久氏의 預先通知ᄒᆷ을 因하야 停車場에 出迎ᄒ야 廣學會事務室로 前導하니 卽所謂友弦書樓요 該書樓는 當地有志 李一雨씨가 建築經營ᄒ빈이니 東邊에 書庫가 有ᄒ야 東西書籍 數百種을 儲實ᄒ고 圖書室資格으로 志士의 縱覽을 許ᄒ야 新舊學問을 隨意研究케 ᄒ處이라.[5]

이상의 단신(短信)을 통해 우현서루에 관한 네 가지 사실을 알 수 있다. 첫째 우현서루가 대구의 유지인 이일우 씨가 설립, 운영하였다는 것이고, 둘째 우현서루에 큰 서고(書庫)가 있어 동서 서적 수백 종을 구비하고 있었으며, 셋째 지사의 열람을 허락하는 동시에 신구 학문을 수시로 연구하게 한 장소이고, 넷째 우현서루가 대구광학회(大邱廣學會) 사무소를 겸하고 있었다는 것이다.[6] 우현서루에 대한 당대의 기록으로 또 하나 주목되

---

5) 「본회 회보」, 『대한자강회월보』 4, 1906.10.25.
6) 대구광학회의 발기인은 崔大林 李一雨 尹瑛燮 金善久 尹弼五 李宗勉 李快榮 金鳳業 등이다.

는 것은 1908년 러시아 블라디보스톡에서 발간된 「해조신문(海潮新聞)」의
아래 기사이다.

대구 서문 밖 후동 사는 이일우씨는 일향에 명망 있는 신사인데 학문을
넓히 미치게 하고 일반 동포의 지식을 개발코자 하여 자비로 도서관을 건
축하고 국내에 각종 서적과 청국에 신학문책을 많이 구입하여 일반 인민으
로 하여금 요금 없이 서적을 열람케한다 하니 이씨의 문명사업은 흠탄할
바더라.7)

대구 서문 외 있는 유지신사 이일우씨는 일반 동포를 개도할 목적으로
자본금을 자당하여 해지에 '우현서루'라 하는 집을 신축하고 내외국에 각종
신학문 서적과 도화를 수만여 종이나 구입하여 적치하고 신구학문에 고명
한 신사를 강사로 청빙하고 경상 일도 내에 중등학생 이상에 자격되는 총
준 자제를 모집하여 그 서루에 거접케 하고 매일 고명한 학술로 강연 토론

대구광학회의 취지는 다음과 같다.
"吾國之岌岌然垂亡은 由乎民智之未開耳라 如斯闇昧ㅎ야 自棄自愚而已면 當此競爭劇烈時代ㅎ
야 將爲人淩踏ㅎ며 爲人奴隸ㅎ야 其結果는 必如紅人黑種之駭駭消滅矣니 嗚呼라 寧不懼惕者
乎아
現今世界列强은 皆以研新學開民智로 爲第一急務ㅎ야 其注力於教育者ㅣ 可謂至矣라 其國內에
自京都州府로 以曁間巷坊里히 或校之設이 鱗次櫛比ㅎ야 多者數百萬이오 小猶不下屢萬이며
又其小兒之未及或齡者는 有幼穉園ㅎ고 其壯年之紳士는 有博物館圖書舘博覽會演說會討論會講義
會書籍縱覽會新聞縱覽所等各種設備ㅎ야 互相講究或術ㅎ며 鍊磨智識ㅎ야 精益求精에 遊藝不輟
故로 其民智日新ㅎ며 國力日進허여 所以致如彼之富强而雄飛於宇內어날
我韓은 膠守舊染허며 狃於積弊허여 不思循時變通之義허고 但搜索於訓詁之糟粕허며 或徒尙於
無用之詞章허여 畢生兀兀에 茫昧世變허니 何有適用於時局이며 何有神益於家國哉아 彼는 日究
於開明이거날 我는 日事於虛文이면 是는 彼進而我退也오 彼優而我劣也니 惡得免優勝而劣敗者
歟아틱
此今日ㅎ야 如欲扶植獨立之權인된 莫如以교育으로 養成國民之精神이니 是以로 前後之 詔勅
이 屢降ㅎ시고 公私之校舍가 相望ㅎ야 庶幾民智之發達과 國步之前進을 可期日而待也라 雖然
이나 嶺之風氣가 自來閉固ㅎ야 拘於舊習에 憚於新學ㅎ니 譬如重門鎖鑰이 猝難破開라 若無講
論以先之ㅎ며 曉解以入之면 莫能回心而向學일시
此本會所以設立而欲民廣或者也라 所謂新或者는 豈有他事리오 只是開發民智와 擴張民業이니
民智民業이 何有反舊乎아 惟願僉君子는 互相勸勉ㅎ야 日以警性救民之藥石으로 砭入人人之腦
髓ㅎ야 力救獨立之基礎면 異日大韓之精神이 必將權輿於此會矣리라"「대구광학회취지」,『대
한매일신보』, 1906.8.21.
7)「이씨문명사업」,『해조신문(海潮新聞)』, 1908.3.7.

하며 각종 서적을 수의 열람케 하여 문명의 지식을 유도하며 완고의 풍기를 개발시키게 한다는데, 그 서생들의 숙식 경비까지 자당한다 하니 국내에 제일 완고한 영남 풍습을 종차로 개량 진보케 할 희망이 이씨의 열심히 말미암아 기초가 되리라고 찬송이 헌전한다니 모두 이씨같이 공익에 열심하면 문명사회가 불일 성립될 줄로 아노라.[8]

『해조신문(海潮新聞)』은 1908년 러시아 블라디보스톡에서 국문으로 발간되었던 신문으로 이후 발간된 『대동공보』나 『권업신문』보다 앞서 발간된 노령 땅 재외동포 신문이다. 『해조신문』은 '해삼위(海蔘威 : 블라디보스톡)'에 근무하는 조선인들의 신문이란 뜻이다. 노령 지방 교포들의 계몽 및 상실된 국권의 회복이란 목표를 가지고 있었던 『해조신문』은 1908년 2월 26일자로 창간되어 5월 26일자로 폐간되었다. 그렇다면 『해조신문』에 왜 대구의 이일우와 그의 우현서루의 소식이 실려 있는가? 이는 『해조신문』이 「잡보」란을 두어 그중심에 「본국통신」을 전하고 있기 때문이다. 위의 두 기사도 「본국통신」란에 실려 있는 국내소식이다. 해외 동포신문에까지 대구의 우현서루가 소개된 것을 보면 1908년 무렵 우현서루가 나름대로 교육기관으로서의 전국적 명망을 획득하고 있었음을 알 수 있다. 한편 1905년 을사늑약 당시 「시일야방성대곡」이란 사설로 황성신문사를 물러났던 장지연이 22호(1908년 3월 22일자)부터 『해조신문』의 주필로 있었음이 확인된다. 1905년부터 1910년 사이 장지연은 국내외를 넘나들며, 『황성신문』, 『해조신문』 같은 매체를 바탕으로 언론 활동을 하였다. 장지연이 우현서루에 드나든 시기가 언제인지는 정확히 추정하기 어렵지만,[9] 여러 사실로 미루어 볼 때 그가 『해조신문』 주필 이전이든 이

후이든 우현서루와 관계를 맺은 것은 사실이다.

3. 우현서루 소장도서와 근대지(近代知)의 보급

우현서루가 장지연, 박은식, 이동휘, 김지섭 같은 뜻 있는 선비나 지사들이 드나들었고, 이들이 우현서루에서 근대지식 관련 각종 계몽서적을 읽었다면, 여기에 비치된 동서고금 서적들의 종류와 내용이 어떠한 것들이었는지 살펴볼 필요가 있다. 문제는 지금까지 우현서루에 비치된 서적들의 실물이 구체적으로 제시되지 않은 채, 그것의 행방에 대한 소문만

성로가 교차되는 지점인 대구시 수창동 101-11번지(현 대구은행 서성로 지점) 약 700여 평의 부지였다. 이 우현서루는 을사보호조약이란 일제 침략에 통분을 느낀 이 장(李莊) 가문의 금남(錦南) 이동진(李東珍, 본교 교가 작사자 이상화 시인의 조부) 선생이 사재(私財)로 창설하여 그의 장자인 소남(小南) 이일우(李一雨, 상화 선생의 백부) 선생이 운영하였다. 우현(友弦)이란 중국의 만고지사(萬古志士) 현고를 벗삼는다는 뜻이다. 이 서루는 뜻있는 선비들이 모여 학문을 논하고 나라를 걱정하고 의기(義氣)를 기르던 지사양성소였다. 그리고 이 서루는 민족정기를 바로잡기 위해 정신 계발을 통한 항일 투쟁과 신교육 신문화 운동의 온상지였으며, 근대화 성취의 노력을 다한 요람지였다. 또한 이 서루에는 중국 등지에서 1만 수천권의 서적을 수입해 비치하고 있었으니 학문의 발아지(發芽地)이기도 했다. 영남 일대에서는 물론 전국 각지에서 청운의 뜻을 품은 지사들이 모여들었고, 이들 지사들에게 숙식을 제공하여 면학의 편의를 도모하였다. 한말지사로서 이 서루를 거친 분은 150여 명이 넘었다. 장지연(張志淵), 박은식(朴殷植), 이동휘(李東輝), 조성환(曹成煥) 등 제 선생과 김지섭(金祉燮) 열사들이 이곳을 거쳐 나간 것만 보더라도 그 업적을 짐작할 수 있고, 근대 우리 민족 정기의 본원지였음을 알 수 있다. 포플러의 높은 울타리 너머 북창의 경부선 열차와 그 옆 붉은 벽돌집의 창고와 석유저장 탱크들은 일제의 한국 영토 침략의 상징이기도 했다. 따라서 이런 것을 바라볼 때마다 우현서루 지사들은 비분 강개했으며 애국열은 한층 더해갔다. 한일합방을 치른 일제는 1911년 드디어 우현서루의 폐쇄를 강행했다. 이는 민족정기, 민족정신을 말살하기 위해서였다. 하지만 선고(先考)의 유지를 이어받은 소남(小南) 이일우 선생은 이에 굴하지 않고 강의원(講義院 : 본교 설립자 홍주일 선생이 운영을 맡았음)과 애국부인회를 설립하고 무료 교육기관으로 사용케 하면서 애국운동을 계속했다. 그러다가 3 · 1운동 후 본교가 설립되자 초창기 교사로 사용케 된 것이다(대륜80년사편찬위원회, 2001 : 104-105).

전해지고 있다는 점이다.

> 우현서루에서 보관했던 책의 일부분인 『사부총관』 등 3천 937권은 후손
> 의 기증으로 경북대 도서관에서 보관하고 있다. 한글서적들은 일제가 강탈
> 해 갔거나 유실되었으며, 그중 일부가 이천동의 고서점에 있었다고 한다.
> 서점주가 사망한 뒤 행방이 묘연하다고 한다(사단법인 거리문화시민연대,
> 2007 : 217).

이는 우현서루 서적에 대한 행방을 적은 글이다. 실제 경북대 도서관
에 우현서루 서적이 소장되어 있는지 점검해 보니, 현재 경북대 고서실
의 우현서루란 문고에는 1952년 소남 이일우의 장손인 이석희(李碩熙)씨가
기증한 3,937권의 도서가 소장되어 있었다. 서가 푯말에는 1952년 기증
된 것으로 되어 있으나 도서에 찍힌 소장인은 1953년 7월 23일 기증한
것으로 되어 있다. 이는 1952년 인수한 도서를 수서과에서 정리한 날짜
로 생각된다. 그런데 경북대 도서관에 기증된 도서는 경(經), 사(史), 자(子),
집(集)을 모아 중화민국 18년 상해(上海) 상무인서관(商務印書館)에서 영인한
『사부총간(四部叢刊)』이 전부였다. 문제는 『사부총간(四部叢刊)』이 중화민국
18년, 즉 1929년 상해에서 발간한 영인판이라는 점이다. 그렇다면 이 책
자는 우현서루란 장서인이 찍혀있긴 하나 1911년 폐쇄된 우현서루의 장
서와는 직접적으로 연관이 없는 책들이라 할 수 있다. 그런데 최근 필자
는 우현서루의 장서인이 선명히 찍힌 책을 확인할 수 있었는데, 『세계진
화사(世界進化史)』와 『세계근세사(世界近世史)』, 『태서신사(泰西新史)』, 『중일약사
합편(中日略史合編)』 등이 그것이다. 이들 서적들이 우현서루에 비치된 서적
임은 다음과 같은 사실로 미루어 확실하다고 할 수 있다.

첫째, 장서인의 비교이다.

[사진 1] (좌) 『세계진화사』의 장서인   (우) 『사부총간』의 장서인

위의 [사진 1] (좌)는 『세계진화사』, [사진 1] (우)는 『사부총간』에 찍혀 있는 우현서루의 장서인이다. [사진 1] (우)는 우현서루 폐쇄 이후의 장서에 찍힌 장서인이다. 이를 통해 우현서루 폐쇄 이후 이상화 집안의 사숙(私塾), 또는 후손들의 장서에 여전히 우현서루란 명칭을 사용되고 있었음이 드러난다.10) 그렇지만 이는 근대교육기관 내지 서고(書庫)의 역할을 하였던 우현서루의 이름을 후손들이 빌려 사용한 것 이상의 의미를 지니지 못한다고 할 수 있다. 문제는 [사진 1] (좌)의 장서인이다. [사진 1] (좌)의 장서인은 [사진 1] (우)와 그 형태가 우선 다르다. 이 장서인은 1910년대 이전의 한적(漢籍)에 주로 찍혀 있던 장서인의 형태와 거의 유사하며, 이 장서인은 이번에 발견된 『세계진화사(世界進化史)』, 『세계근세사(世界近世史)』, 『태서신사(泰西新史)』, 『중일약사합편(中日略史合編)』 등에 모두 동일하게 사용되고 있음이 확인된다. 『세계진화사』와 『세계근세사』가 1903년 상해 광지서국에서, 『태서신사』, 『중일약사합편』이 학부(學部) 편집국에서 1897년(건양 2년), 1898년(광무 2년) 발간되었으니 모두 우현서루 설립 직전에 발간된 서적임을 알 수 있다.

---

10) 실제 대구지역의 고서점에서 발견된 『최신축산기술요론』(문운당, 1962), 『가축번식 요론』(문운당, 1966) 등에도 우현서루의 도장이 찍혀 있음이 확인된다.

둘째, 『세계진화사』와 『세계근세사』 등의 발간 장소나 책자의 내용과 관련된 문제이다.

[사진 2] (좌) 『세계진화사』 목록   (우) 『세계근세사』 내지

이들 서적의 발간 장소나 연대 등을 고려해 볼 때 전기(前記)한 '청국의 신학문책을 많이 구입'하였다는 『해조신문(海潮新聞)』의 기사 등과 부합함을 알 수 있다. 『세계진화사』는 상해(上海) 광지서국(廣智書局)에서 1903년(光緒 三十九年) 발간된 서적으로, 권상(卷上)은 인류, 종족, 지세(地勢), 기후, 물산, 국가, 정체(正體), 법률, 종교를, 권하(卷下)는 문학, 무비(武備), 농무(農務), 공예, 상업, 사회로 나누어 기술되고 있는 세계문명 소개서이다. 『세계근세사』 역시 상해 광지서국에서 발간한 책으로 일본인 宋平康國의 편저를 중국인 梁啓勳이 역술(譯述)하고, 飮氷室主人 梁啓超가 안어(案語)한 것이다. 이 서적 또한 서양 근대국가들의 제 모습을 소개한 책이다. 상해의 광지서국(廣智書局)은 이 당시 동서양의 역사, 인물, 근대지식 및 문명 등을 소개하는 많은 양의 책자를 발간하였다. 광지서국이 1900년대 초에 발간한 서적의 목록을 보면 사실은 더욱 분명해진다.

[사진 3] 광지서국 편역 신서목록(廣智書局編譯新書目錄)

신민총보사(新民叢報社)[11])에서 펴낸, 신민총보(新民叢報) 임시증간호인 『신
대륙유기(新大陸遊記)』의 말미에 있는 계묘년(癸卯年) 출판 「광지서국 편역
신서목록(廣智書局編譯新書目錄)」에는 [사진 3]에서 보듯이 32권의 책자들이
소개되어 있다. 이 광고에 나오는 책자들 중 주목되는 서적은 『일본유신
30년사』, 『세계근세사』, 『구주19세기사』, 『아라사사』, 『중국문명소사』, 『정
치원론』, 『정치범론』, 『법학통론』, 『음빙실문집』, 『이태리건국삼걸전』, 『음
빙실자유서』, 『애급근세사』 등이다. 상해(上海) 광지서국(廣智書局)에서 출판
된 이들 서적의 목록 대부분은 동서양의 근대지식을 보급하는 계몽서적
임을 알 수 있다. 이일우의 「행장」에 나와 있는 대로 우현서루에 비치된
서적들이 동서양 신구서적 수천 종이라면, 『세계진화사』와 『세계근세사』
등은 그러한 서적들 중의 일부라 할 수 있다. 결국 우현서루에 비치된
서적들 중 신서적 상당수가 서양의 근대국가 및 근대문명, 신지식 등과
관련된 서적이었음은 틀림없는 사실이다. 이일우가 서울에서 '서세동점'

---

11) 橫濱 160번지에 본부를 두고 있었던 新民叢報社는 上海에도 新民叢報 지점을 두고 있
　었다.

의 현실을 목격하고 사들인 서적이라면 당연히 근대지(近代知)를 보급하고 전파하는 계몽서적일 수밖에 없는 것이다.

우현서루가 설립되어 운영된 1905년에서 1911년 사이 한국에도 세계 정세나 지리에 관한 상당량의 근대지식 보급서적들이 유통되고 있었는데, 『태서신사』나 『중일약사합편』도 그중의 하나라 할 수 있다. 『태서신사』는 1897년 한문본과 한글본으로 간행된 서양사교과서인데, 서양의 역사와 근대지(近代知)에 관한 내용을 수록하고 있어 당시 대한제국 지식인들의 서양 인식에 많은 영향을 미쳤다.12) 『중일약사합편』은 학부 편집국에서 간략히 기술된 중국사(中國史)와 일본사(日本史)를 합편하여 단권으로 펴낸 것이다. 『태서신사』나 『중일약사합편』이 소장된 것으로 보아 학부 편집국에서 발간된 제 서적들13)도 우현서루에 상당량 비치되어 있었을 것으로 생각된다. 근대계몽기의 경우 정치, 경제 등은 물론이고, 천문학, 물리학, 법학, 경제학 등의 제 서적들이 다량 발간되었는데, 이들은 근대계몽기 각종 근대 교육기관의 교재로 주로 사용되었다. 이들 서적들 중

---

12) 『태서신사』는 영국인 Robert Mackenzie(한문명은 馬懇西. 1823~1881)가 1990년 영국에서 저술한 『The 19th century : A history』를 1895년 중국에서 Timothy Richard(한문명은 李提摩太, 1845~1919)가 『태서신사람요(泰西新史攬要)』로 번역하였고, 상해 채이강(蔡爾康)이 술(述)한 것을 대한제국 학부에서 번역한 것이다. 『독립신문』의 논설에서는 『태서신사람요』를 출판한 광학회에 대한 설명과 함께 Timothy Richard가 쓴 저서들 중 대한제국에서 많이 팔린 책으로 『태서신사』를 들었다. 『태서신사』는 학부 차원에서 학생들을 개혁의 중심인물로 성장시키기 위해 공립소학교의 교과서로 배포되기도 했다. 또 박은식은 『태서신사』를 읽고 '신정(新政)'을 추구하게 되었고, 김구는 『백범일지』에서 『태서신사』를 읽고 서양인에 대한 인식을 바꾸게 되었다고 술회하기도 하였다. 『태서신사』에 관한 제 내용은 유수진(2011) 참고.

13) 1898년 발간된 『중일약사합편』 말미에 학부편집국에서 발간한 서적의 목록과 정가표가 다음과 같이 광고되어 있다. 『태서신사』 한문 2책(50전), 국문 2책(50전), 『공법회통』 3책(1원), 『동여지도』(8전), 『조선역사』 3책(40전), 『조선약사』(8전), 『여재촬요』(40전), 『만국지지』(24전), 『만국약사』 상하(40전), 『유몽휘편』(8전), 『심상소학』 권1(14전), 권2(16전), 권3(16전), 『국민소학독본』(20전), 『소학독본』(10전), 『소지구도』(5전), 『국문소지구도』(4전)

상당수는 중국이나 일본에서 발간된 책자들을 역술(譯述)한 경우가 많았다. 번역 내지 번안은 일본 또는 중국을 통로로 하여 서구사상이나 근대문명을 학습시키는 주요한 방법이었다. 일본이나 중국은 서구사상이나 근대문명이 이입되어 오는 중개자로서의 역할을 수행하던 장소였다. 일본이나 중국에서는 이미 서양의 근대지(近代知) 내지 근대문명 소개와 관련 있는 다양한 책자들이 발간되고 있었다. 이러한 책자들은 조선으로 직수입되거나 아니면 역술(譯述)이란 과정을 거쳐 근대계몽기의 교육, 계몽 도서로 재발행되고 있었다.

우현서루는 국내에서 출판된 개화기 서적은 물론이고, 서양 근대지식을 소개하는, 미처 번역되지 않은 일본이나 중국에서 출판된 근대지(近代知) 관련 서적들을 교육의 주 교재 내지 참고도서로 사용하였던 것이다. 우현서루에 입고된 이러한 서적들은 근대계몽기 대구지역 지식인들의 신문명 수용에 대한 열망을 충족시켰으며, 우현서루에 드나들었던 지식인들은 1910년 전후 대구의 지적, 문화적 풍토를 진작시키는 데 앞장섰다고 할 수 있다. 을사늑약 이후 지식인들에게 서양의 근대문명을 바탕으로 한 소위 근대지(近代知)의 습득은 이제 선택의 문제가 아니었다. 신구학문의 조화 위에 새로운 시대를 향하여 나아가지 않으면 안 되는 형국이었다. 이러한 정세 속에 우현서루는 동서양의 신구 학문을 습득할 수 있는 영남지역의 교육기관 내지 서고(書庫)로서 그 역할을 충실히 수행하였다고 할 수 있다. 개화기의 지식인들은 전통적인 한학의 소양을 바탕으로 일본이나 중국에서 수입되는 신문명을 습득함으로써 새로운 시대에 적응해 나가고자 하였다. 우현서루는 뜻 있는 지사들에게 신구문명을 배우고 전파하는 서고(書庫)와 교육기관의 역할을 동시에 수행하고 있었던 것이다. 우현서루에 장지연, 박은식, 이동휘 등이 드나들었고, 일본 이중교(二重橋) 폭파 사건의 김지섭 의사 등도 수학(백기만 편, 1951 : 141)한 것으로 전해지고 있어 이를 증빙해 보인다.

민족계몽 내지 교육에 대한 이일우의 열정은 우현서루, 대구광학회, 달서여학교, 대한협회 등을 통해 나타났는데, 이러한 그의 뜻은 이상화의 모친인 김신자에게도 이어졌다고 할 수 있다.

> 大邱郡居 李一雨氏는 素히 敎育家로 著名ᄒ거니와 氏의 寡居ᄒ 季嫂金和秀氏은 現今急務된 敎育이 不振홈을 慨嘆ᄒ야 當地女子敎育會를 先叛發起홈이 同般入會婦人이 百餘名에 達ᄒ야 義捐金二百餘圜을 鳩聚ᄒ야 該郡達西學校에 寄附贊成ᄒ고 又書學에 從事키 不能ᄒ 靑年婦人을 爲ᄒ야 達西學校를 臨時借得ᄒ야 夜學校을 設홈이 一朔間에 婦人學員이 二拾餘人에 達ᄒ고 且婦人의 當行홀 家庭業務와 其他經濟上有益홀 事業을 漸次改良코져 熱心注意ᄒ다고 南來人의 稱頌이 浪藉ᄒ다더라[14]

이일우의 동생은 이상화의 아버지인 이시우뿐이므로 과거(寡居)한 계수(季嫂) 김화수는 곧 이시우의 아내인 김신자가 된다. 이상화의 어머니인 김신자는 이 당시 여자교육회를 발기하여 부인회원 백여 명을 모집하고, 의연금 2백여 원을 모아 달서여학교[15)에 기부하였으며, 또 교육으로부터 소외된 부인들을 위해 달서여학교 내에 부인야학교를 설립하기도 하는 등 여성계몽론자의 역할을 수행하였다.[16] 우현서루가 폐쇄된 이후에도 이상화 집안의 민족계몽운동은 지속되었다고 볼 수 있는데 강의원(講義院)과 애국부인회의 설립은 이러한 모습을 잘 보여준다. 우현서루를 중심으

---

14) 「金女史의 熱心」, 『황성신문』, 1910.4.14.
15) 아래 기사는 이일우나 김신자의 달서여학교의 관여 정도를 알려주고 있다. "대구사립 달서녀학교는 설립ᄒ지 일년에 생도가 오십여명에 달ᄒ였는데 재정이 곤난홈으로 학교집을 정티 못하였음으로 그 고을 달성친목회에서 그 회관을 빌녀주었더니 신소 제씨가 부인교육회를 발긔하야 다수 금액을 보조ᄒ야 교육상태가 올연히 전진ᄒ다더라" 「달서녀학교 확장」, 대한매일신보, 1909.12.30.
16) 대한매일신보 1910년 4월 24일 「달서녀학교 시험」이란 기사에 의하면 우동상, 급제상을 새교육회 부인 김화슈, 윤매쥬, 리만셩 삼씨가 다수한 상품을 주었다는 내용이 나온다.

로 한 이상화 집안의 근대계몽기 애국계몽운동은 해외독립투쟁 전선에
나선 이상정(李相定) 장군이나 저항시인 이상화의 탄생을 가져오는 견인차
가 되었다고 할 수 있다.

4. 출판사 광문사와의 연계

1910년 전후 대구의 문화 내지 문학 장을 형성하는데 우현서루는 앞
에서 살펴본 바와 같이 교육과 근대지식의 보급 기관으로서 지대한 역할
을 하였다. 우현서루는 동서양의 서적을 대량 보유함으로써 대구지역 지
식인들의 근대문명에 대한 갈증을 해소시켜 주었다. 우현서루는 단순 서
고(書庫)의 기능만 한 것이 아니라 1910년 전후 대구의 문학 장을 교육과
계몽 중심으로 바꾸어 놓는 데 큰 역할을 하였다. 우현서루의 서고에는
이 당시 대구의 신식출판사였던 광문사(廣文社)에서 발간한 제 서적들도
입고되었을 것으로 추정되는데, 광문사의 위상과 제 역할을 잠깐 살펴볼
필요가 있다. 이 시기 대구의 문학 장 형성에 또 하나의 축이었던 출판
사 광문사(廣文社)는 국가의 위기적 상황에서 국채보상운동을 제창함으로
써 애국계몽운동의 중심에 서게 된다.

1910년 전후 대구의 출판사로는 광문사 이외에 재전당서포(在田堂書鋪)와
칠성당서포(七星堂書鋪)가 있었다. 재전당서포와 칠성당서포가 주로 전통적
유학서나 실용서적을 출판하고 있던 것과는 달리 광문사는 판매를 목적으
로 하기는 하였지만 신식교육에 바탕을 둔 계몽서적을 많이 발간하고 있었
다. 이는 발행인인 사장 김광제의 이력과 관련이 깊다고 할 수 있다. 김광
제는 충남 보령 출신으로 대구 광문사 사장으로 있으면서 부사장 서상돈과
함께 광문사를 통해 교과용 도서 같은 각종 계몽서적을 발간하는 한편,

1907년 국채보상운동을 주도하였다. 광문사가 대동광문회를 통해 국채보상운동의 발원지로서의 역할을 한 것을 볼 때, 광문사가 단순히 상업적 영리만을 추구하는 출판사가 아님을 보여준다. 광문사는 김광제, 서상돈 같은 의식 있는 개화지식인의 활약으로 출판을 통한 근대지식 보급을 넘어 민족 계몽의 선도적 역할까지 수행했다고 할 수 있다(박용찬, 2011 : 39).

을사늑약 이후 한국정부는 일제의 침략적 차관 공세에 의해 1907년 2월 당시 1천 3백만이란 부채를 안고 있었다. 국채보상운동은 일제의 정치, 경제적 침략 행위에 대한 국민들의 위기의식과 항일의식이 결합되어 일어난 운동이라 할 수 있다. 국채보상운동은 1907년 1월 30일 대구의 광문사에서 광문사문회(廣文社文會)의 명칭을 대동광문회(大東廣文會)로 개칭키 위한 특별회를 열고, 회의를 마친 후 서상돈이 국채보상 문제를 제의하면서 시작되었다. 국고금으로 갚을 수 없는 국채를 2천만 동포가 담배를 석 달만 끊고, 그 대금으로 국채를 보상할 것을 제의하고 자신부터 8백원을 내겠다고 하였다. 서상돈의 제의에 회원들이 모두 동의하고 광문사 사장 김광제가 앞장섬으로써 국채보상운동이 시작되었다. 이어 2월 21일 대구 광문사 사장 김광제, 부사장 서상돈과 대동광문회 회원이 대구민의소(大邱民議所), 즉 단연회(斷煙會)를 설립하면서 국채보상 모금을 위한 국민운동을 개최하고, 3월 9일 서문 밖 수창사(壽昌社)에 국채지원금수합사무소를 설치하였다(조항래, 1993 : 207). 이러한 국채보상운동의 취지가 『대한매일신보』, 『황성신문』, 『제국신문』 등을 통해 알려지자 국채보상운동은 대구뿐만 아니라 전국 각지의 남녀노소들의 참여를 이끌어내는 성과를 거두었다. 이상화의 백부였던 이일우도 국채보상운동에 관여하였는데, 그는 이종면(李宗勉)과 더불어 대구단연상채소(大邱斷煙償債所) 대표로 대한매일신보에 광고를 내거나,[17] 서상돈, 유상보, 서기하, 이종면, 최영환, 채두석 등과 국채보상금 처리에 관여하기도 하였다.[18] 대구 단연상채소(斷煙

償債所)란 담배를 끊음으로써 채권을 갚는 장소라는 뜻으로, 대구에 설립
된 국채보상운동의 실질적 운영소라 할 수 있다.

> 大邱斷烟同盟會에서 前視察 徐相敦氏 一千圜이오 前郡守 鄭在學氏 四百圜
> 이오 前郡守 金炳淳氏와 前丞旨 鄭圭鈺氏와 前同敦寧 郭柱祥氏와 前參奉 徐
> 相敏氏와 前警務使 徐相龍氏ᄂ 各一百圜이오 夫人會에 妓鸚鵡가 一百圜인디
> 本會經費一款은 大邱居 金炳淳 鄭圭鈺 李一雨 三氏가 各一百圜式 義捐ᄒ야 該
> 會費를 分擔ᄒ얏고 該會長 李玄澍氏ᄂ 不得已ᄒ 事故가 有ᄒ야 陰三月十日에
> 辭免ᄒ고 其代에 宋烋氏를 推任ᄒ얏다더라19)

위의 기사에 의하면 소남 이일우는 대구단연동맹회에 100환의 회비를 분
담하는 등 국채보상운동의 실무로 활약하였음을 알 수 있다. 이상화 집안이
아니더라도 경술(庚戌)의 국치(國恥) 직전 대구는 국채보상운동을 주도해 나가
는 중심지로, 민족계몽의식이 충만한 장소였다. 민족계몽을 주도해 가는 데
근대 신식 출판 또한 큰 역할을 하였는데, 광문사(廣文社)가 그 주역이었다.
지금까지 확인된 광문사가 발간한 서적들을 나열해 보면 다음과 같다.

- 『유몽휘편(牖蒙彙編)』 상하 1책, 달성광문사, 1906.
- 『만국공법요략(萬國公法要略)』, 달성광문사 중간, 1906.
- 『월남망국사(越南亡國史)』, 현채 역, 달성광문사, 1907.
- 『중국혼(中國魂)』 상·하, 음빙실주인 편집, 대구광학회 동인, 대구광문
  사, 1907.
- 『상업학(商業學)』, 장지연 역, 달성광문사, 1907.
- 『중등산학(中等算學)』, 이원조 찬, 김광제 교열, 대구광문사, 1907.
- 『경제교과서(經濟敎科書)』, 이병태 역, 대구광문사, 1908

---

17) 『대한매일신보』, 1908년 9월 2일과 9월 3일자 광고.
18) 『대한매일신보』, 1908.11.13.
19) 「特義先捐」, 『황성신문』, 1907.4.30.

광문사에서 출판된 위의 서적들을 살펴보면 전통적인 유학서인 문집이
나 경서(經書)류의 책들은 제외되어 있다. 이로 미루어 볼 때 광문사는 처
음부터 교과용 도서나 애국계몽서적을 중심으로 한 신식출판을 표방한
것으로 보인다. 『상업학』이나 『중등산학』 등은 신식 학교에서 배우는 전
형적인 교과용 도서인 데 반해 『월남망국사』나 『중국혼』 등은 국가의 위
기를 극복하기 위한 계몽서적의 일종이라 할 수 있다. 이를 통해 볼 때
광문사는 두 가지 출판 전략을 구사하였다고 할 수 있는데 하나는 신식
학교의 교과용 교재를 발간하는 상업적 전략이고, 다른 하나는 국가의
위기상황을 극복하고자 하는 애국계몽의 기획이었다. 『월남망국사(越南亡
國史)』나 『중국혼(中國魂)』은 비록 번역서이기는 하나 국내의 독자들에게
경종을 울리고자 한 책자이다. 이들은 외세의 침탈, 즉 제국주의의 야욕
장이 되어버린 동아시아의 현실 앞에 민족의 주체적 대응을 촉구하고자
기획된 도서라 할 수 있다. 광문사는 출판을 통해 지식인 또는 민중을
계몽하고자 하였던 것이다. 알려진 도서들의 출간 연도를 보면 광문사의
출판활동이 1906에서 1907년 사이에 상당히 활발하게 이루어졌음을 알
수 있다.[20] 1906년에서 1907년 사이에 발간된 위의 도서들은 '동서양
신구서적 수천 종을 구득'하던 이일우의 우현서루 장서로 편입될 수밖에
없었다.

광문사의 출판활동과 국채보상운동, 또 이들 도서의 우현서루로의 유
입 등은 1910년 전후 대구의 문학장이 급속하게 재편되고 있음을 보여
준다. 1910년 전후 대구의 문학장은 교육 및 출판을 축으로 새로운 시대
를 맞이할 준비를 하고 있었다고 할 수 있다.

---

20) 경술국치 후 일제의 출판통제와 맞물리면서 광문사의 출판활동은 상당히 위축되는
데, 이는 광문사의 출판 경향과 관련된다고 할 수 있다. 반면 상업적 출판을 시도하
였던 재전당서포는 여전히 남아있는 한문세대나 구독자층의 욕구를 수용하면서
1930년대 중반까지 왕성한 출판활동을 지속하였다(박용찬, 2011 : 39-40).

5. 결론

외세의 침탈이란 국가적 위기 상황 속에서 1910년 전후의 대구는 근대를 향한 부산한 움직임을 보이고 있었다. 근대가 제도를 통해 이루어진다고 했을 때, 1910년 전후 대구의 문화 내지 문학 장(場)에 가장 큰 영향을 미친 것은 교육과 출판이었다. 구체적으로는 이상화 가(家)에서 운영한 우현서루와 김광제가 사장으로 있던 출판사 광문사를 들어볼 수 있다. 교육과 서적 유통의 근간이었던 우현서루와 광문사는 대구지역의 지식인들에게 근대지식을 습득, 보급시키는 동시에 계몽의 역할을 담당한 중요 기관이었다. 이들은 중앙과 대비되는 대구란 장소적 특성을 잘 활용하여 근대지식의 보급 및 애국계몽운동을 적절히 선도함으로써 1910년 전후 대구지역 문학 장(場)을 주도할 수 있었다.

우현서루는 1910년 전후 대구의 문학 장 형성에 중요한 기능을 하였음에도 자료의 미비로 지금까지 제대로 조명되지 못하였다. 이에 이 글은 우현서루와 관련된 새로운 실물 자료들을 확보함으로써 우현서루의 실체를 일정 부분 밝혀낼 수 있었다. 우현서루는 서세동점의 현실 앞에 새로운 문물의 수용과 신지식 보급의 필요성을 깨달은 이일우 개인에 의해 설립된 교육기관이자 도서 열람이 가능한 서고(書庫)였다. 우현서루는 당대의 지식인들과 애국계몽론자들이 드나들면서 애국계몽운동의 중심지이자 대구지역 지식인들에게 근대지(近代知)의 습득과 보급의 장소로 기능하였다. 이 글은 새로 발견된 우현서루 소장도서 일부를 바탕으로 우현서루 소장도서의 내용과 성격을 재구해 내고 대구지역 근대지(近代知)의 유통과 보급의 과정을 추적해 보았다. 또한 우현서루에 유입된 출판사 광문사의 서책들도 동시에 살펴봄으로써 1910년 전후 대구의 문학장이 교육과 출판 중심으로 구성되고 있음을 밝혀내었다.

　우현서루와 광문사는 이 시기 대구의 문학 장을 교육과 출판 중심으로 재편하였는데, 이는 대구지역 근대문학을 진작시키는 중요한 기반이 되었다고 할 수 있다. 우현서루 장서를 중심으로 대구지역 지식인들은 근대지(近代知)를 습득할 수 있는 계기를 마련할 수 있었고, 광문사의 출판 및 애국계몽운동을 보면서 민족의식 및 항일정신을 키워나갈 수 있었던 것이다. 1910년 전후 대구의 문학 장이 일제강점 이후 어떻게 이행되어 나가는지, 또 대구지역 개별 작가들에게 어떤 영향을 미치고 있는지 살펴보는 것은 앞으로의 과제라 할 수 있다.

‖ 참고문헌

『대한매일신보』, 『황성신문』, 『해조신문』, 『대한자강회월보』 등

대륜80년사편찬위원회(2001), 『대륜80년사』, 대륜중고등학교동창회.
민족문학연구소 편역(2000), 『근대계몽기의 학술・문예사상』, 소명출판.
박용찬(2011), 「출판매체를 통해 본 근대문학 공간의 형성과 대구」, 『어문론총』 55, 한
　　　국문학언어학회.
박진영(2010), 『신문관번역소설전집』, 소명출판.
백기만 편(1951), 『상화와 고월』, 청구출판사.
사단법인 거리문화시민연대(2007), 『대구신택리지』, 북랜드.
석남김광제선생유고집(1997), 『민족해방을 꿈꾸던 선각자』, 일신당.
유수진(2011), 「대한제국기 『태서신사』 편찬과정과 영향 연구」, 고려대 석사학위 논문.
조항래(1993), 『1900년대의 애국계몽운동 연구』, 아세아문화사.
최재목 외(2009), 「일제강점기 신지식의 요람 대구 '우현서루'에 대하여」, 『동북아문화
　　　연구』 19, 동북아시아문화학회.
현택수 편(1998), 『문화와 권력－부르디외 사회학의 이해』, 나남출판.
이-푸 투안, 구동회・심승희 역(2007), 『공간과 장소』, 대윤.
피에르 부르디외, 하태환 역(2002), 『예술의 규칙』, 동문선.

상주지역 문인들의 공동 창작의 전통과 문화적 기반*
-17세기 전반기 愚伏과 蒼石 시대의 활동을 중심으로-

손 유 진

1. 서론

오늘날 문학 창작 행위는 작가 개인의 독자적인 작업으로 여겨지고 있
다. 학문적 연구는 물론 문학 창작의 영역에서도 '저작권'의 개념이 강조
되어, 문학 작품은 그 창작의 과정까지도 타인과 공유할 수 없는 작가
고유의 것으로 인식되고 있다. 이처럼 문학 작품과 그 창작 행위가 개인,
엄밀하게는 작가의 것으로 귀속되고 난 후, 자연히 다수의 독자는 작품
과 동떨어진 수동적 수용자로서의 역할만 맡게 되었다.

그러나 전근대 시대의 문학 창작 과정에서는 작가와 독자의 역할이 엄
밀히 구분되지 않았고, 창작과 향유의 행위가 분리되지도 않았다. 작가가
곧 독자였으며, 자신의 작품을 창작하면서 동시에 타인의 작품을 향유할
수 있을 만큼, 문학 작품의 창작이 상대와의 관계망 속에서 이루어졌다
는 것이다. 따라서 문인들의 개인적 필요에 따라 문학 작품이 창작되기

---

* 이 글은 『어문론총』 59(한국문학언어학회, 2013)에 실린 논문을 다듬은 것이다.

도 했지만, 여러 사람과의 만남과 이별의 과정에서, 풍류와 유람을 즐기는 과정에서, 혹은 강학과 수학의 과정에서 집단적이고도 거의 동시적으로 문학 창작을 즐기기도 하였다.

이 글에서는 이렇게 다수의 작가에 의해 집단적·동시적으로 이루어진 창작 과정을 '공동 창작'이라 규정하고, 그러한 공동 창작의 결과로 산생된 텍스트를 하나의 '공동 창작물'로 인식하고 접근해 보고자 한다.

17세기 전반기 상주지역에서 특히 공동 창작 활동이 활발하였음을 고려할 때, 공동 창작은 대체로 지역의 특수한 전통과 문화적 기반 위에서 가능하였던 것으로 보인다. 따라서 이러한 공동 창작 활동에 주목해 보면, 지역어문학을 바라보는 새로운 관점을 마련할 수 있지 않을까 한다. 이러한 측면에서 17세기 전반기 상주라는 지역을 바라보면, 몇 가지 주목할 만한 특징이 드러난다.

지리적 측면에서 상주는 영남을 'ㄷ'자 모양으로 곡류하는 낙동강의 상류에 위치하고 있는데, 강의 이름은 상락(上洛 : 상주의 별호)의 동쪽을 흐른다고 하여 붙여진 것이다. 곧 상주는 동으로는 낙동강을 끼고 있으면서, 삼면은 산으로 둘러싸여 있어 자연 경관이 뛰어났기에 일찍부터 소인묵객(騷人墨客)들의 발길을 머물게 할 만한 자연적 조건을 두루 갖추었다. 또한 강을 통해 위로는 기호와 소통하고 아래로는 영남의 여러 고을을 거느리며, 인사(人事)의 교류와 소통을 담당할 수 있었다. 이러한 상주의 지리적 조건은 상주의 문화적 기반을 형성하는 데에 중요한 기반으로 작용하였다.

한편 17세기 전반기라는 시대적 배경은 상주가 문화적으로 한층 더 발전할 수 있게 된 시기라는 점에서 주목된다. 『택리지(擇里志)』에서 이중환은 "이 지방에 부유한 자가 많고, 또 이름난 선비와 높은 벼슬을 지낸 선비도 많다. 우복(愚伏) 정경세(鄭經世, 1563-1633)와 창석(蒼石) 이준(李埈, 1560-1635)

이 모두 이 고을 사람이다."[1]라고 하면서 상주의 대표적 인물로 정경세와 이준을 들고 있다. 곧 우복과 창석의 출현 이후, 상주는 상주의 전 역사를 통틀어 학술적으로나 문화적으로 가장 성숙한 시기를 맞이할 수 있었다. 이들은 출사와 은거를 반복하면서, 은거 시기에는 항상 고향인 상주 땅에 머무르며 후진 양성과 향내 사풍(士風)의 진작을 위해 노력하였는바, 그러한 과정에서 다양한 성격의 공동 창작물을 산출해 낼 수 있었다.

하지만 선행연구에서 이 글에서 다룰 세 편의 텍스트를 공동 창작물로 파악하고 접근한 사례는 많지 않다. 일찍이 권태을(1990 ; 1992)이 『임술범월록』의 계기가 된 낙강시회에 주목하여 그 전통과 의의에 대해 언급하였고, 손유진(2010)이 『임술범월록』을 중심으로 작품에 나타난 공간 인식의 양상과 의미를 논의한 바 있다. 『형제급난도』는 이신성(2005)에 의해 창석과 형 월간의 우애가 인물사의 측면에서 거론되었을 뿐이다. 『연악문회록』 또한 권태을(1993)에 의해 문회의 전통과 그 자료집으로서의 가치가 대략적으로 밝혀진 바 있다. 그러나 연구자들은 이들을 모두 개별 텍스트로 파악하고 접근하여, 이들 상호간의 관계나 연관성에 주목함으로써 그 창작 주체와 창작 방식을 통해 살필 수 있는 지역문학의 특성을 간과하였다.

따라서 이 글은 17세기 초반 상주의 문인들은 우복과 창석을 중심으로 어떤 활동을 벌이며 어떠한 성과를 내었던가, 그리고 그들을 공동 창작물이라는 하나의 텍스트로 묶을 수 있었던 기반은 무엇이었던가 하는 의문을 해소해 나가는 데 중점을 둘 것이다.

---

1) 李重煥, 『擇里志』, 「八道總論 · 慶尙道」.
　　"地多富厚者 又多名儒顯官 愚伏鄭經世 蒼石李埈 皆是州人"

2. 공동 창작의 양상

'공동 창작'이란, 다수의 작가에 의해 집단적·동시적으로 이루어진 문학 창작 행위라고 규정할 수 있는데, 공동 창작의 목적이나 과정에 따라 그 결과물의 성격은 차이를 보이기도 한다. 17세기 전반기 상주지역에서, 혹은 상주지역의 인물이 참여하여 이룩한 대표적인 공동 창작물로는 『형제급난도(兄弟急難圖)』와 『연악문회록(淵嶽文會錄)』 및 『임술범월록(壬戌泛月錄)』을 들 수 있다.2) 이들 세 자료의 성격은 창작의 의도나 목적에 따라 상이하게 나타나지만, 비슷한 시기에 공동 창작의 과정을 통해 형성되어 같은 지역에서 간행되었다는 측면에서 공통점을 지닌다. 여기서는 먼저 각각의 텍스트의 성격과 특징에 대해 간략히 살펴보기로 한다.

2.1. 죽음을 불사한 형제애에 대한 獻詩 『兄弟急難圖』

『형제급난도』는 창석 이준과 형인 월간(月澗) 이전(李㙉)의 형제애에 얽힌 사연을 그린 그림에 대해 이준이 직접 당대의 여러 명사(名士)들에게 시문(詩文)을 요청해 받은 작품을 책자로 간행한 것이다.3) 이준은 임진왜란 당시 서울에서 관직 생활을 하고 있었는데, 임란이 발발하였다는 소식을 듣자 걸어서 상주로 내려와 정경세 등과 함께 향내 의병을 모집하

---

2) 대상 선정의 기준은 공동 창작의 결과물이 공동작이라는 인식 하에 하나의 완결된 텍스트를 이루고 있는가 하는 점이다. 공동 창작이 활발하였더라도 그것이 하나의 완결된 텍스트를 이루지 못하고, 각 저자의 문집이나 개인적 기록으로 산재해 있다면, 그것은 공동작이라기보다 개인작으로 여겨졌을 가능성이 크기 때문이다.

3) 이 글에서는 그림 <兄弟急難圖>와 이 그림에 대한 詩文讚을 모아 엮은 『兄弟急難圖』를 구분해서 다룬다. 『형제급난도』는 현재 경상북도 유형문화재 217호로 지정되어, 이전의 종가인 상주시 청리면 가천리 棲華堂에 보관되어 있다. 『형제급난도』는 1652년 이전의 현손인 이증록에 의해 목판으로 간행되었으며, 표제는 '兄弟急難圖幷序詩'이다.

여 전쟁에 대비하였다. 임란 발발 이듬해인 1593년, 이준은 상주시 중모 현 고모담(鋼鉧潭)의 향병소(鄉兵所)에 머무르고 있었는데, 이때 왜적이 기습 하여 고모담 일대에서 큰 전투가 벌어졌다. 전세가 불리한 와중에 이 준이 마침 곽란으로 쓰러져 피신할 수 없게 되자 그는 형 이전에게 자 신을 버려두고 환난을 피하여, 가 문을 보존할 것을 부탁하였다. 그 러나 이전은 차마 형제를 버리고 혼자 달아날 수 없다고 하며 병든 이준을 업고 백화산으로 달아났다.

[그림 1] 『兄弟急難圖』
(상주시 청리면 가천리 달내 체화당 소장)

이전은 몇 차례 계속된 왜적의 위협을 활을 당겨 물리치고, 산신에게 기 도해 가며 마침내 백화산 정상까지 무사히 피신함으로써 두 형제가 위험 을 넘기고 목숨을 보전할 수 있었다.[4] 이준은 이를 두고 "형의 등은 어 머니께서 젖을 주신 은혜와 나란할 만하다."[5]라고 할 정도로 깊이 새겨 두고 잊지 않고자 하였는데, 마침 1604년 주청사(奏請使)의 서장관(書狀官) 으로 명나라에 가게 되자 화공(畵工)에게 내력을 말하여 그림으로 그리게 한 것이 <형제급난도(兄弟急難圖)>이다.

조선에 돌아온 이준은 이 그림을 당대 여러 명사들에게 보여주며 시문

---

4) 이러한 사정은 이준의 「題兄弟急難圖」에 자세히 서술되어 있다.
  "癸巳之春 余從伯氏(名埈字叔載癸卯生員也 以薦授洗馬 今棄官歸) 在中牟鋼鉧潭鄉兵所 一日有倭 寇軼境至 余方病霍亂仆地 謂伯氏曰 吾病且死 兄可得脫 以血先祀 伯氏握手泣曰 古有爭死 吾忍獨 生 遂負余 上白華山 行數百步許 有一賊 抽刀挺前 伯氏呼天曰 天若有知 我等無罪 又仰山而祀曰 願白華山靈 活我 仍釋余 彎弓迎賊 喑嗚奮罵 聲氣俱激 賊大叫而走 行數步許 賊露刀繼至 伯氏又 彎弓以向之 賊乃退去"
5) 李埈,「求題急難圖」,『兄弟急難圖』.
  "兄背 母乳恩 可並"

(詩文)을 청하였는데, 그 대상은 훗날 한문사대가(漢文四大家)로 일컬어진 당대 최고의 문장가들로부터 이준과 과거에 동방급제(同榜及第)한 인연으로 교유하였던 자들, 동향(同鄉)인 상주의 지기(知己)와 그 자제(子弟)들에 이르기까지 매우 다양하였다. 이렇게 요청한 작품들을 모아 가장(家藏)하였던 것을, 1652년에 이전의 현손(玄孫)인 이증록(李增祿)이 목판본 『형제급난도』로 간행한 것이다. 『형제급난도』에 작품을 남긴 작가와 작품 현황은 아래와 같이 살펴볼 수 있다.

참석자	생몰년	자	호	시호	제목	창작 연대
李埈	1560-1635	叔平	蒼石	文簡	求題急難圖	?
					題兄弟急難圖	1609
李好閔	1553-1634	孝彦	五峯	文僖	題叔平兄弟急難圖後	1609
車天輅	1556-1615	復元	五山		題兄弟急難圖	1609
孫起陽	1559-1617	景徵	鰲漢		題兄弟急難圖	1609
李睟光	1563-1628	潤卿	芝峯	文簡	題急難圖後	1611
李安訥	1571-1637	子敏	東岳	文惠	題急難後	?
柳根	1549-1627	晦夫	西坰	文靖	題急難圖後 用芝峯韻 賦古詩	1623
鄭百昌	1588-1635	德餘	玄谷		奉題急難圖帖	?
申欽	1566-1628	敬叔	象村	文貞	無題	1623
李敏求	1589-1670	子時	東洲		無題	1625
金蓍國	?-?	景徵	東村		無題	1623
李植	1584-1647	汝固	澤堂	文靖	奉題急難圖	1624
韓浚謙	1557-1627	益之	柳川	文翼	急難圖次西坰學士原韻	1624
張維	1587-1638	持國	谿谷	文忠	無題(題李學士兄弟急難圖[文集])	1625
鄭經世	1563-1633	景任	愚伏	文壯	書急難圖後	1626
尹昉	1563-1640	可晦	稚川	文翼	無題	?
趙希逸	1575-1638	怡叔	竹陰		無題(題李輔德叔平兄弟急難圖[文集])	1626
金尙容	1561-1637	景擇	仙源	文忠	題急難圖後	1626

李聖來	?-?	子異	汾沙	貞肅	奉題急難圖	?
全湜	1563-1642	淨遠	沙西	忠簡	無題(題李叔載急難圖後[文集])	?
全克恒	1591-1637	德古	虯川		奉題急難圖詩幷序	?
崔晛	1563-1640	季昇	訒齋	定簡	題急難圖	?
柳恒	1574-1647	汝常	九峰		無題	1631
李春元	1571-1634	文之	九睡齋		敬題李叔平學士兄弟急難圖	?
趙絅	1586-1669	日章	龍洲	文簡	無題	1631
李景奭	1595-1671	常輔	白軒	文忠	敬兄弟急難圖小序	1662
洪汝河	1621-1678	百源	木齋		急難圖引	?
李增祿	1674-?	天與			跋	1652

[표 1] 『兄弟急難圖』 참여 문인 및 작품 현황

이 목록에서 참석자 명단에 굵은 글씨로 표시된 인물들, 곧 이준을 비롯해 정경세, 전식, 전극항, 홍여하는 모두 상주 출신의 문인들이며, 손기양과 류항은 각각 상주목사를 역임하였던 인물이다. 도합 27명의 인물중 7명이 상주와 직간접적으로 관련이 있는 것이다. 또한 상주와 관련이 있는 문인들이 작품을 창작한 시기를 살펴보면, 1609년에 지어진 손기양의 작품을 제외한 나머지 작품은 대체로 정경세가 「서급난도후(書急難圖後)」를 지은 1626년 이후에 창작된 것으로 추정된다. 편찬 순서를 통해 연대를 알 수 있는 작품은 모두 창작연대 순으로 제시되어 있음을 볼 수 있는데, 아마 창작 연대 미상의 것도 전체 체제를 고려할 때 연도 별로 수록한 것이라 짐작되기 때문이다. 곧 『형제급난도』에 이름을 올린 상주의 문인들은 대체로 1620년대 중반기 이후 이준의 요청을 받고 작품을 쓴 것으로 추정된다. 이는 이준이 상주에서 향사(鄕士)들과 활발히 교유하던 시기와도 일치하고, 『연악문회록』이나 『임술범월록』이 창작된 시기와도 일치하기 때문에 주목된다.

요약하자면, 『형제급난도』에 수록된 작품은 1609년부터 창작되기 시

작해 가장 후대에 창작된 홍여하의 「급난도인(急難圖引)」까지 약 50여 년
에 걸쳐 창작되었는데, 이 중 상주 문인들이 이 공동 창작에 가담한 것
은 1626년 이후 30여 년 사이라고 할 수 있다. 이 글에서는 17세기 전반
기 상주 문인들의 공동 창작 과정에 주목하고 있는 만큼, 『형제급난도』
에서도 특히 이들의 창작 활동을 중심으로 공동 창작의 전통과 기반을
논하고자 한다.

2.2. 商山 최초의 공동 시집 『淵嶽文會錄』

한편 상주의 선비들은 1622년 5월 25일부터 5일간 남계(南溪) 강응철(康
應哲)의 연악서재(淵嶽書齋)에서 상주목사 조찬한(趙纘韓) 등과 문회(文會)를 가
진 후, 문회(文會)에 이어서 연구(聯句)[6]와 분운(分韻) 등의 방식으로 시를 지
어 연악동의 풍경과 한 자리에 모인 즐거움을 노래하기도 하였다. 이때
의 기록이 『연악문회록』으로 남아있는데, 『연악문회록』은 현존하는 상주
선비들의 최초의 공동 시집이라는 점에서 특히 의의가 크다.

긍암(兢菴) 강세규(姜世揆, 1762-1833)가 「연악서원선배수창록발(淵嶽書院先輩
酬唱錄跋)」에서 "연악에서 시를 주고받은 것은 정덕 정축년(1517)부터 숙종
조 갑신년(1704)까지 188년간이었다."[7]라고 기록한 것으로 보아, 『연악문
회록』이 창작되기 이전에 이미 문회의 전통이 있어왔던 것으로 보인다.
이러한 전통을 바탕으로 1622년 강응철이 주도한 연악서재의 문회에 당
대 상주의 선비 15인이 참여하였던 것이다. 이들은 목사 조찬한과 그 사

---

6) 聯句는 連句라고도 하는데, 詩賦를 지을 때 여러 사람이 한 句나 몇 구씩 지어 합쳐서
   한 편을 이루는 시를 말한다. 한 무제(漢武帝)가 장안(長安)에 백량대(柏梁臺)를 세우고
   그 위에서 신하들과 연음(宴飮)을 하며 구(句)마다 압운(押韻)을 하는 칠언시(七言詩)를
   읊었던 고사가 전한다.≪三輔黃圖 卷5 臺榭≫
7) 姜世揆, 「淵嶽書院先輩酬唱錄跋」, 『兢菴集』.
   "淵嶽之有唱酬 自正德丁丑 至肅宗廟甲申 上下百八十八年之間"

위 이상필을 제외하고는 대체로 상주 출신으로, 학맥이나 혼반 등으로 관계를 맺고 있는 인물들이다. 먼저 문회의 규모와 여기서 창작된 작품의 현황을 간략히 살펴보자.

참석자	생몰년	자	호	작품 현황
趙纘韓	1572-1631	述翁	玄洲	5언절구 10수
鄭經世	1563-1633	景任	愚伏	淵嶽聯句, 5언고시
李㙉	1558-1648	叔載	月澗	淵嶽聯句, 5언고시
李埈	1560-1635	叔平	蒼石	淵嶽聯句, 5언고시
金惪	1566-1624	晦中	松灣	淵嶽聯句, 5언고시
黃廷幹	1558-1642	公直	道川	淵嶽聯句, 5언고시, 題淵岳勝遊錄後
金遠振	1559-1641	士宣	止淵	淵嶽聯句, 5언고시
康應哲	1562-1635	明甫	南溪	淵嶽聯句, 5언고시
金安節	1564-1632	子亨	洛涯	淵嶽聯句
趙光璧	1566-1642	道輔	北溪	淵嶽聯句, 5언고시
金知復	1568-1635	无悔	愚淵	淵嶽聯句, 5언고시
李尙弼	1603-?	子仰	半浦	5언고시
康用侯	1590-1641	晉亨		
許翀龍	?-?			
金縝	?-?			

[표 2] 『淵嶽文會錄』 참여 문인 및 작품 현황

연악문회에 참여한 인물은 총 15명으로, 이들 중 강응철의 아들 강용후와 늦게 도착한 허충룡, 김진을 제외한 나머지 인물들은 모두 연구나 분운의 형태로 시를 지었다. 이준의 말을 통해 연악동은 이전부터 "자연이 빼어나게 아름다운 절경이 있으니, 이곳은 옛날에 시 짓기를 좋아하고 자연을 즐기는 선비들이 왕래한 곳"[8]이었음을 알 수 있다.

한편 『월간집(月澗集)』의 연보에 따르면, "임술년 5월에 조현주와 함께 연악에서 회강(會講)하였다. 이때 조공이 본 고을에 부임하여 연악에 나오니, 선생이 가서 강학에 참여하고 사우들을 모아서 배운 것을 암송하게 하였다."9)라고 하여, 이날의 모임이 승유(勝遊)나 시회가 아닌 강회(講會)에 목적을 두었음을 분명히 알 수 있다. 또한 『연악문회록』을 간행한 이시좌(李時佐)도 "문회라고 명칭을 기록한 것은 대개 당시의 뜻 맞는 선비들이 달려와 회동[盍簪]한 뜻을 취한 것으로, 서로의 인(仁)을 돕는다는 의미가 일찍이 그 가운데 있지 않은 적이 없다."10)라고 하며 이 모임의 성격을 밝히고 있다.

> 이 사람 저 사람 주고받는 이야기가 끝없이 이어지는 것은 비록 아무런 격식이 없이 어울리는 뜻에서 나왔으나 그래도 서로가 권면하는 것은 서로 경계하고 바로잡아 주는 뜻이 아닌 것이 없었다. 그리고 또 우리들이 끝내 추구한 사실은 술이 깨고 나면 그때의 일에 대해서 뒷말을 하지 않기로 한 것이다. 술이 깼다가 취하고, 또 취했다가 깨면서 옛날 사람들의 聯句의 시를 본떠서 글 짓는 재미로 삼기로 했다. 흰 눈썹에 야인 복장을 한 사람들이 산 속을 훤하게 비추니, 마치 그림 속에 있는 도사의 모습 같았는데, 이렇게 지낸 것이 4일 간이었다.11)

이들은 대체로 자유로운 분위기 속에서 정담을 나누거나 술을 마시며 연악동의 자연 경관을 즐기며 시간을 보냈던 것 같다. 그러나 왕권이 교체되고, 서북쪽 변방의 혼란으로 나라가 위태로운 상황이었던 만큼, 연악

---

8) 李埈, 「淵嶽文會錄序文」, 『淵嶽文會錄』.
   "洞中有水石之勝 是古韻人逸士之所嘗往來者"
9) 李埈, 『月澗集』, 「月澗先生年譜」.
   "壬戌 先生六十五歲 五月與趙玄洲會講淵嶽 時趙公莅本州出淵嶽 先生往與之講學 聚士友命誦所讀."
10) 李時佐, 「敬書文會錄卷後」, 『淵嶽文會錄』.
   "錄曰文會名 蓋取當日盍簪之義 以輔仁之意 未始不在於其中"
11) 李埈, 「淵嶽文會錄序文」, 『淵嶽文會錄』.
   "談諧放浪 雖或出於繩檢之外 然其所以相勉者 無非疆輔規警之意 吾人究竟之法 醒無一語及時事 醒而醉 醉而醒 有時效古人聯句之作 以爲文字之戲 厖眉野服 照映林泉 宛然圖畵中人 如是者四日焉"

동 승경(勝景)의 아름다움 못지않게 당대 현실에 대한 걱정도 주된 화두로
등장했을 것이다. 그러므로 이들은 '서로 경계하고 바로잡아 주는 뜻'을
내세우지 않을 수 없었다. 「연악연구」에서 당대 시대상에 대한 이러한
걱정이 잘 드러난다.

世事欲隕淚	이 세상 생각하니 눈물 나려 하는데
廟略失犂庭	조정의 계략은 왕권을 바꾸려는 것.
野哭或見血	들판의 울부짖음은 간혹 피를 토하는 듯하고
朔氣時聞腥	북쪽에서는 때때로 피비린내 소식 들린다네.
民生極仳離	백성의 삶은 이리저리 떠돌아
有如風打萍	바람처럼 떠도는 부평초와 같구나.
幸賴綏撫化	다행히 여기는 목사의 도움을 받아서
百里鷄狗寧	어디를 가도 짐승까지 모두 편안하다네.
幽地此日歡	그윽한 곳에서 오늘과 같은 즐거움
足以頤襟靈	가슴속을 후련하게 해줄만 하다오.12)

이처럼 1622년 5월 25일 정경세와 이준을 비롯한 상주의 문인들은 연
악서원에 모여 강회를 열고, 여기에 이어 시를 짓고 경관을 감상하며 5일
간이나 모임을 계속하였던 것이다. 이미 평균 연령이 60세 가까이 된 이
들이 고향 땅의 아름다운 경관을 배경으로 삼아 지역에 부임한 수령과
함께 강회를 열고 이어 마련된 시작(詩作)의 자리였던 만큼, 이들은 깊은
유대감과 동질감을 바탕으로 작품을 창작해 나갈 수 있었다.

2.3. 171년 전통의 洛江 船遊詩會의 기록 『壬戌泛月錄』

이준은 1607년에 한 차례, 1622년 7월 16일과 10월 15일 두 차례에
걸쳐 낙동강에서 선유(船遊)를 겸한 시회(詩會)를 벌이게 된다. 이 시회에는

---

12) 李埈 외, 「淵嶽聯句」, 『淵嶽文會錄』.

당대 상주 향내의 명망 있는 인사들이 두루 참여하여 연구와 분운 등의
방식으로 시를 짓고, 서문을 남기며 자신들의 선유를 기록하였다. 특히
이준에 의해 개최된 천계 임술년(1622)의 시회는 그 후로 약 170여 년 간
상주 선유시회의 한 전범이 되어 이 지역에서 벌어진 선유시회의 고유한
문화적 축을 이루게 된다(손유진, 2010 : 12). 이준은 선유의 결과로 창작된
작품을 『임술범월록(壬戌泛月錄)』13)으로 엮어 갈무리 하면서 그 서문에서
다음과 같이 언급하며, 낙강시회의 계승을 독려하기도 하였다.

> 적벽부의 머리글자로 韻을 나누어 차례로 글을 지으려 하나, 감히 소동
> 파의 작품을 본받고자 함은 아니다. 애오라지 즐거운 유람을 기록하기 위함
> 이요, 또 江神에게 10월의 약속을 아뢰기 위함일 뿐이다. … 간략히 일의 전
> 말을 써서 책머리에 놓아 도남서원에 갈무리하여 뒷날 이 놀이를 잇는 자
> 의 선구가 되고자 한다.14)

상주지역 낙동강에서의 시회는 지금까지 확인되는 것만 해도 1196년부
터 1862년에 걸쳐 50여 회 가량 이루어진 것으로 파악되는데(손유진, 2010 :
7-9), 이 중 17세기 초반에 이루어 진 세 차례의 시회가 모두 이준이 주
축이 되어 벌인 것이다. 이들 시회의 규모와 참여자를 간략히 제시하면
다음과 같다.

---

13) 이 책은 『壬戌泛月錄』이라는 卷首題로 간행되어 道南書院에 보관되어 왔다. 1면 10행
20자 내외 총 140면의 필사본 형태로 전한다.
14) 李埈, 「洛江泛月詩序」, 『蒼石先生續集』 권 5.
"將赤壁賦從頭分韻 次第占之 非敢效坡作也 聊以識勝遊 且以申十月之約於江神耳 … 書其事之
顚末弁於篇首 欲藏之書院 以爲異日續此遊者之先驅也"

개최 연도	참석자	생몰년	호	작품 현황
	金庭睦	1560-1612	?	洛江聯句
	趙翊	1556-1613	可畦	洛江聯句
	李埈	1560-1635	蒼石	洛江聯句
1607년	全湜	1563-1642	沙西	洛江聯句
	趙濈	1568-1631	花川	洛江聯句
	金憲	1566-1624	松灣	洛江聯句
	黃時幹15)	1558-1642	道川	洛江聯句
1622년 7월 16일	李希聖	?-?	?	5언고시
	趙靖	1552-1636	黔澗	5언고시
	李埈	1558-1648	月澗	7언고시
	李埈	1560-1635	蒼石	洛江泛月詩序, 7언고시, 5언고시, 병서
	康應哲	1562-1635	南溪	5언고시
	金憲	1566-1624	松灣	5언고시
	金知復	1568-1635	愚淵	7언고시
	金廷獻	?-?	月潭	5언고시
	金廷堅	1576-1645	菊園	5언고시
	柳袗	1582-1636	修巖	7언고시, 5언고시
	趙又新	1583-?	白潭	5언고시
	李大圭	1583-1654	?	7언고시
	韓克禮	?-?	?	7언고시
	金堅	?-?	?	7언고시
	李元圭	1597-1661	鉏曲	7언고시
	李文圭	1600-?	?	7언고시
	李身圭	1600-1681	西溪	7언고시
	禹處恭	?-?	?	5언고시
	丘山立	?-?	?	5언고시
	孫胤業	?-?	虛齋	7언고시
	全湜	1563-1642	沙西	7언고시, 并序
	全克恒	1591-1637	蚓川	7언고시, 并序
	全克活	1597-1660	滄洲	7언고시

1622년 10월 15일	趙光䨩	1586~1655	潏溪	7언고시
	李埈	1560~1635	蒼石	7언고시
	丘希发	?~?	?	7언고시
	孫胤業	?~?	虛齋	7언고시
	金晉業	?~?	?	7언고시
	李元圭	1597~1661	鉏曲	5언고시
	등 15인			

[표 3] 17세기 초반 洛江詩會 참여 문인 및 작품 현황

이 목록을 통해 알 수 있듯이, 1607년 정미년의 시회에 모인 이들은 연구의 방식으로 시를 지었다. 연구는 같은 운자를 사용해 짓는 시인만큼, 참여자 각자의 시작(詩作) 능력이 요구되며 시상의 전개도 전후를 고려하며 진행시켜야 한다. 즉 연구시는 다른 어떤 방법의 시작보다 공동작이라는 인식을 한층 분명하게 인식하고 창작되는 작품인 것이다.

분운은 연구만큼은 아니나, 그 못지않게 공통된 의상(意想)을 따를 것을 요구한다. 1622년 7월의 시회에서는 소식(蘇軾)의 「적벽부(赤壁賦)」의 첫 구절인 '壬戌之秋 七月旣望 蘇子與客 泛舟遊於赤壁下 淸徐來水' 23字 중 한 글자씩을 운자로 받아 시를 지었고, 10월의 시회에서는 '桂蘭槳空兮'로 운자를 나누어 시를 지었다. 즉 소동파의 원풍(元豊) 임술년(1082) 적벽유 (赤壁遊)를 의식하면서, 천계 임술년 낙강유(洛江遊)의 경험을 분운의 형태로 창작한 것이다.

1622년 7월과 10월의 낙강시회는 5월의 연악에서 벌인 문회와 시간상 거리가 멀지 않고, 참석자도 중복되는 경우가 많다. 이는 먼저 언급한『형제급난도』에 이름을 올린 문인들과 겹치기도 하며, 그 연대도 1620년대 이후라는 점에 이 시기 상주지역의 문인들은 다른 어느 때보다 단단한

---

15) 初名이 廷幹으로, 연악문회에 참석한 黃廷幹과 같은 인물이다.

결속력을 바탕으로 공동 창작 활동을 벌인 것이 아닌가라는 짐작을 낳게 한다.

이상에서 살펴보았듯이 『형제급난도』와 『연악문회록』, 『임술범월록』은 각기 그 성격은 조금씩 다르나, 비슷한 시기에 지역적으로나 학맥상 동일한 배경을 지닌 상주의 문인들에 의해 창작되었다는 점에서 공통점을 지님을 알 수 있다. 『형제급난도』의 경우, 공동 창작이 월간과 창석 형제의 우애라는 주제를 대상으로 하여 이를 기리는 작품을 짓는 방식으로 이루어졌고, 『연악문회록』과 『임술범월록』은 동일한 시공간에서 같은 경험과 정서를 누린 인물들이 연구와 분운이라는 제한된 창작 방식을 택해 공동 창작을 이룩하였음을 보았다. 그렇다면 17세기 전반기, 상주지역에서 이러한 공동 창작이 특히 활발하였던 배경은 무엇이었을까?

3. 공동 창작 전통의 문화적 기반

앞서 살펴본 것처럼 17세기 전반기 상주에서는 이러한 공동 창작이 다른 시대, 어느 지역에서보다 성행하였다. 이 시대의 상주 문인들이 적극적으로 공동 창작에 참여하였던 배경은 상주라는 지역적 특성, 우복과 창석이라는 걸출한 인물이 활동한 시대, 그리고 당대 지역에서 행해지던 문학적 관습의 측면 등을 고려할 때 뚜렷해 질 것이다.

3.1. 商山人으로서의 愛鄕 의식

사람이라면 누구나 자신이 태어난 고향이나 자라난 땅에 대한 애향심을 지니게 마련이다. 이러한 애향심은 실체가 있는 대상, 곧 특정한 장소나 물상(物象)에 대해 형성되기도 하지만, 실체가 없는 기억이나 심리에 의존해 형성되기도 한다. 즉 지역이 지니는 구체적 실상보다 추상적 정체성이 애향심의 근거가 되기도 한다는 것이다. 상주의 선비들은 특히 이러한 측면에서 지역에 대한 관심이 두드러졌다.

역사적으로 상주는 행정적 명칭 외에도 별호(別號)를 많이 지니고 있었는데, 상락(上洛)·상산(商山)·낙양(洛陽) 등이 대표적이다. 이러한 별호는 각자 그 나름의 의미를 지닌 것으로, 저마다 상산인들의 고향에 대한 자부심을 반영하고 있어 주목된다. 상락은 낙수(洛水) 혹은 낙강(洛江)의 상류 지역이라 하여 유래한 것이며, 상산은 진시황(秦始皇)의 난리를 피해 네 늙은이[四皓]가 은거하였던 중국 섬서성(陝西省)의 상산(商山)과 같은 고장이라는 의미를 지닌다. 한편 낙양이라는 명칭은 송대 성리학자 주희(朱熹)의 고향인 낙양과 상통하면서, 낙수향(洛水鄉)이라는 의미를 내포하기도 한다. 이처럼 동일한 대상을 다양한 명칭으로 호명할 때는, 대상에 대한 주체의 인식 태도가 개입되기 마련이다. 곧 상산인들은 낙동강의 상류에 위치한 상주를 은자(隱者)의 고장 상산으로 인식하기도 하고, 이락(伊洛) 연원의 낙수향으로 인식하기도 하면서, 상산인으로서의 동질적 자부심을 유지해 나갈 수 있었던 것이다.

이준이 「낙강범월시서(洛江泛月詩序)」에서 "물에 다다라서는 거북이가 낙서(洛書)를 업고 나온 일을 궁구하고, 포구를 바라보면서는 봉황을 부르던 퉁소 소리를 생각한다. 이 땅은 참으로 책 많고 현인이 많았던 고장이요, 신선이 살던 고을이라 적벽의 거친 비탈과는 견줄 바가 못 된다."[16] 라고 할 수 있었던 것이 바로 이러한 애향 의식에 근거해 있기 때문이다.

물론 이러한 애향 의식이 17세기에 이르러서야 형성되었다고 보기는

---

16) 李埈, 「洛江泛月詩序」, 『壬戌泛月錄』.
　　"臨水則究龜書之出 望浦則思鳳籲之吹 此實文獻之邦 神仙之府 非赤壁荒陬所可擬"

어렵다. 이미 고려 말의 이규보가 "동남의 주·군에서 경주가 제일 크고, 상주가 그 다음이다. 그 도의 명칭을 경상도라 하는 것은 이것 때문이다. 그러나 사명을 받든 자는 반드시 먼저 상주를 거쳐서 경주로 가게 되므로 풍화(風化)의 유행이 상주로 말미암아 남으로 가고, 언제나 경주로 말미암아 북으로 오지는 않았다."[17]라고 한 것으로 보아, 조선시대 이전부터 상산인들의 애향심은 남달랐을 것이다.

그러나 아무리 훌륭한 고을이라도 그것을 빛낼 수 있는 인물을 만나야 더욱 명성을 떨칠 수 있었을 것이니, 상주 또한 우복과 창석을 낳음으로써 한층 더 빛나게 되었던 것이다. 이준은 고향 상산에 대한 애정을 사찬읍지인 『상산지(商山誌)』의 편찬(1617)으로 드러내었고, 정경세는 낙동강가 무임포(無任浦)에 도남서원(道南書院)을 창건(1606)하여[18] "우리의 유도(儒道)가 남방(南方)에서 행해지리라."라고 한 정호(程顥)의 말을 실현코자 하였으며, 서애를 이어 퇴계의 학맥을 상주에 뿌리내리게 하였다.[19] 이러한 배경이 상주의 지역적 특성에 주목하면서도, 그것이 뚜렷이 부각된 것은 우복과 창석의 활동 이후라고 보는 근거가 된다.

이러한 애향 의식은 지역의 경물 하나하나에까지 의미를 부여하는 것으로 나타나기도 한다. 연악문회가 열린 연악산과 연악서원 일대에 대한 관심이 바로 이러한 측면에서 부각된 것이기 때문이다.

---

17) 李齊賢, 「送謹齋安大夫赴尙州牧序」, 『益齋亂稿』 권 5.
   "東南州郡 慶爲大而尙次之 其道之號慶尙者以此也 然而奉使命者 必先取道于尙 而後至慶 故風化之流行 由尙而南 靡嘗由慶而北也"
18) 향촌에서 특정 학파 내지 정치 세력과 연관된 서원을 건립하는 것은 향촌사림의 정치적 위상을 강화하는 것임과 동시에 그들의 독자적 학맥을 형성하는 매개가 되기도 한다(김형수 2002 : 112).
19) 『宋史·列傳』, 「楊時傳」.
   "吾道將行於南方"

淵山幽勝地　　연악산은 그윽이 아름다운 곳으로
磵壑奇且淸　　물가 계곡은 기이하고도 맑다네.
古人此婆娑　　옛 사람들 이곳에서 한가로이 지냈으니
至今留姓名　　지금도 그 이름 남아있구나.[20)

　김원진의 이러한 언급 외에도 이상필이 "연악산의 한 줄기, 서쪽으로 뻗어 큰 언덕 되었다네. 풍경 가장 뛰어난 이곳, 조그만 땅에 서원이 세워졌다네."[21)라고 하며 연악산과 서원에 대한 언급으로 시를 시작하고 있다. 상산인들이 연악을 어떻게 생각하였던가는 하산(何山) 강신우(康信愚)가 연악구곡의 내력을 밝힌 기문을 통해 더 자세히 알 수 있다.

　　옛날의 현인과 군자가 살았던 곳이 서적에 실려서 소인의 이목을 드러내주는 것은 손으로 꼽아 일일이 모두 헤아릴 수가 없다. 그 현인군자의 성명과 그들이 살았던 지명이 천만년을 지나도록 모두 그대로 전하여 사라지지 않는 것은 그 땅이 군자를 낳았게 때문에 취하여 사라지지 않기 때문이고, 또 군자들이 그 땅을 지극히 좋아하기 때문에 취하여 사라지지 않는 것이다.[22)

　이 글은 연악구곡의 내력을 설명한 것이라고는 하지만, 그 내용에서 보듯이 상주와 상산인들이 어떤 관계 속에서 서로를 북돋워 갔는지를 짐작케 한다. 상산이 낳은 상산의 인물들, 그들이 좋아하여 취하였던 상산의 땅, 이러한 상보적 인식이 상산인들이 동질감을 획득하는 주요한 기반이 되었기 때문이다.

---

20) 金遠振, 「阻雨留二日 以群行忘後先 朋息棄拘撿 分韻 各賦一首」, 『淵嶽文會錄』.
21) 李尙弼, 「阻雨留二日 以群行忘後先 朋息棄拘撿 分韻 各賦一首」, 『淵嶽文會錄』.
　　"淵山之一支 西出爲崇阜 風烟最勝處 儒宮開一畝"
22) 인용문은 김정찬(2009 : 33)에서 재인용한 것이다. 김정찬(2009 : 33)은 이 기문이 최근에 재령강씨 종가에서 보관하고 있는 고문서 가운데 발견된 것이라고 밝히고, 원문은 생략한 채 해석문만을 싣고 있다.

3.2. 商山四皓를 중심으로 한 퇴계학맥의 결집

앞서 상주의 지역적 특성이 공동 창작의 기반으로 어떻게 작용하였는
가 하는 점을 살펴보면서, 우복과 창석의 출현을 중요한 전기로 소개한
바 있다. 여기서는 우복과 창석이 그들의 앞 세대와 뒤 세대 사이에서
어떤 가교 역할을 하였던가를 살펴 17세기 전반기라는 시대에 좀 더 주
목해 보고자 한다.

상주는 상산(商山)이라는 별호(別號)를 가졌던 만큼, 시대마다 이 고장에
는 스스로 은자(隱者)를 자처하며 상산사호(商山四皓)라 일컬은 인물들이 있
었다. 아래의 작품은 후계(后溪) 김범(金範, 1513-1566)이 시로, 김범의 동류
들 사이에 상산사로(商山四老)로 불린 이들이 있었음을 알게 한다.

和吉光初與德容　　화길(金沖)과 광초(柳霞) 덕용(金範)이
共生東國謝天工　　이 나라에 함께 살고 있음을 하늘에 감사하노라.
若使精甫參佳會　　만약 정보(金彦健)가 이 좋은 모임에 참여했더라면
人指商山四老家　　사람들이 가리켜 상산사로라고 했겠지.23)

후계와 서대(西臺) 김충(金沖, 1513-1572), 류운(柳霞, ?-?), 운정(芸亭) 김언건
(金彦健, 1511-1570)은 우복과 창석보다 앞선 16세기 중반기에 활동하였던
인물들로, 당대인들이 상산사로로 대우하였던 것으로 보인다. 이들 역시
연악서당에서 문회를 가지며, 창작 활동을 벌이기도 하는데, 후계의 「제
연악서당(題淵嶽書堂)」24)에 대한 차운시가 다양하게 남아 있다.25)

---

23) 金範, 「憶金精甫」, 『后溪集』.
24) 金範, 「題淵嶽書堂」, 『后溪集』.
　　"身是重來眼是初 古人詩語不欺予 溪淸偏愛朝雲捲 山近還憐夕氣舒 宇宙藏中胸海闊 塵泥消了玉
　　淵虛 靈川當日慇懃意 看取高堂額字書"
25) 김범의 이 시에 대한 차운시는 당대의 김충뿐만 아니라, 후대의 金弘敏, 李埈, 康復誠,
　　金緻, 丁好善 등이 다양하게 남기고 있다(권태을, 2002 : 127).

우복과 창석은 바로 이들 다음 세대의 상산사호(商山四皓)로 자처하였다. 창석의 형 이전이 남계 강응철의 죽음에 지어 바친 제문을 보면 이러한 사정이 잘 나타난다.

> 아! 슬프도다. 그대와 교유한 것이 그 옛날 더벅머리 때부터로다. 동문에서 함께 수학하였으니 우복과 창석이로다. 잘나고 못남은 비록 다르지만 그 취향은 같았다네. 사방 5리 정도의 거리에 같이 살며 물을 사이에 두고 동서로 갈라져서 살았었지. 흰 머리의 늙은 나이에 산간에서 살고 있으니 사람들이 상산사호라고 불렀지.[26]

곧 제문을 지은 이전과 죽은 강응철, 이준, 정경세 이 네 사람을 가리켜 상산사호라 일컫고 있는 것이다. 그러나 이들은 단순히 상산 땅에 은거한 네 늙은이가 아니라, 이 지역에 퇴계학맥이 뿌리 내리게 한 이들이라는 점에서 더욱 주목된다.

상주의 문인들이 퇴계학맥에 직접적으로 편입되는 계기는 퇴계(退溪) 이황(李滉, 1501-1570)의 고족 제자였던 서애(西厓) 류성룡(柳成龍, 1542-1607)이 상주목사로 부임하면서 부터이다. 서애는 노모 봉양을 위해 지방 외직을 자처하며 고향인 안동 근처로 내려오게 되는데, 39세가 되던 1580년에는 홍문관부제학을 사직하고 상주의 목사로 부임하게 된다. 서애의 부임은 상주가 퇴계학의 보루가 되는 전기를 마련하는 데(최재목, 2000 : 6) 큰 역할을 하였다.

상주에 내려온 서애는 유학의 진흥을 위해 매월 초하룻날 향교에 나아가 여러 교생들을 모아 놓고 유학의 기본 교육을 실시하는 한편, 각 면에는 훈장을 두고 촌락의 자제들을 가르치게 하였다.[27] 이때 상주향교에

---

26) 李埛, 「祭姜明甫文」, 『月澗集』 권 3.
   "嗚呼哀哉 與君交游 粤自丱角 同門共學 若愚若石 顯晦雖異 趣向則同 牛鳴相住 一水西東 白首林園 人指四皓"

나아가 서애와 사제의 의를 맺고 상주지역에서 퇴계학맥을 계승한 자들이
바로 정경세, 이준, 이전, 전식, 성극당(省克堂) 김홍징(金弘徵, 1557-1605), 매
호(梅湖) 조우인(曺友仁, 1561-1625), 성영(成泳, 1547-1623), 류진(柳袗, 1582-1635),
가휴(可畦) 조익(趙翊, 1556-1613), 월봉(月峰) 고인계(高仁繼, 1564-1647), 허재(虛
齋) 손윤업(孫胤業) 등이다(김호종 2000). 따라서 조찬한은 이들이 모인 연악문
회에서 우복과 창석을 특별히 언급하기도 하였다.

> 愚老道彌篤   우복 노인의 도는 세상이 모두 알고
> 蒼公盛文章   창석 공은 문장으로 이름이 났더라.
> 餘子摠儒雅   다른 분들도 모두 대단한 분들이니
> 共會形相忘   함께 모여서 허물이나 격식도 잊고 지내는구나.[28]

즉 당대에 이미 우복은 도남서원의 건립 과정에서 퇴계학통을 잇는 서
애의 대표적 제자로 자리매김하였고,[29] 창석과 월간 또한 훗날 류성룡의
셋째 아들 류진(柳袗)과 함께 『서애집』의 편집·교정·간행에 깊이 관여하
는 등 학문적 연원을 분명히 세우고 있었다. 여기에 이준은 그 문장이
서애에게 칭찬받을 만큼 뛰어났고,[30] 이전은 『형제급난도』에서 보인 효
우(孝友)로 칭송되고 있었으니,[31] 당대 이들의 위상은 말하지 않아도 짐

---

27) 국사편찬위원회 편, 『輿地圖書』下, 「慶尙道 尙州牧 名宦」, 435쪽.
"萬曆庚辰爲牧使 以興學爲主 月朔到鄕校 會諸生行揖讓之禮 各面置訓長以敎家"

28) 趙續韓, 「披閱諸篇 不覺神爽骨醒 敢以五言絶句十首 唐突績貂 以博諸公之一噱耳」, 『淵嶽文會錄』.

29) 정경세와 이준은 임란을 겪으며 무너진 향촌의 禮敎를 재건하기 위한 방편으로 서원
의 건립이 급선무라 여겼고, 정경세는 서애에게 자문을 구해가며 도남서원의 창건
에 적극적인 역할을 하였다(김형수 2002 : 132-135).

30) 柳成龍, 「答李叔平」, 『西厓集』권 12.
"「선담기銑潭記」를 읽어보니 마치 시냇가의 바람과 솔바람 소리를 듣는 듯하여 나의
정신을 상쾌하게 하였네. 그곳의 경치가 빼어나기도 하겠지만 그대의 훌륭한 솜씨
가 남김없이 묘사하였기 때문일 걸세. 산신령이 지각이 있다면 아름답게 묘사해 준
것을 다행으로 여길 걸세(且得銑潭記讀之 似聞溪風松籟之聲 令人神思颯爽 盖不獨地境爲勝
雄文快筆 所以模寫者無餘蘊 使山靈有知 應自幸其有遇也)."

작할 만하다.

곧 상주의 도학(道學)과 문학(文學)을 우복과 창석이 각각 이끌면서 이들
이 중심이 되어 여러 공동 창작의 계기를 마련하였으니, 그 문도들이 자
연히 여기에 참여하여 적극적으로 창작 활동을 펼칠 수 있었던 것이다.
『형제급난도』나『연악문회록』, 『임술범월록』의 창작에 참여한 문인들 또
한 대체로 서애의 상주 문도이거나 이들로부터 배운 재전(再傳) 제자들이
대부분이다. 곧 이들을 결집시켰던 힘은 도남서원의 창건 과정에서 드러
난 퇴계학맥의 결집 과정에 맞닿아 있다고 하겠다.

3.3. 누적되어 온 文會 및 詩會 활동의 전통

17세기 초기 상주지역에서 이와 같은 공동 창작이 성행하였던 데는
앞서 살펴 본 문학 외적 요인이 계기가 되기도 했지만, 문학 내적 요인
역시 중요하게 살펴보지 않을 수 없다. 즉 우복과 창석을 중심으로 한
상주의 문인들이 상산인으로서의 애향 의식과 퇴계학맥으로서의 결속력
을 지니고 있다 하더라도, 그들이 문장의 가치를 도에 비해 낮게 여기거
나 창작 행위를 즐겨 하지 않았다면, 이러한 공동 창작이 지속될 수 없
었을 것이기 때문이다.

『연악문회록』과 『임술범월록』은 특정 시기의 문회와 시회 기록이긴
하지만, 그 이전부터 문회나 시회의 전통이 상주 땅에서 지속되고 있었
다. 김범의 「제연악서당(題淵嶽書堂)」 이후로 지속된 차운시(次韻詩)의 창작이
나, 강세규의 「연악서원선배수창록발(淵嶽書院先輩酬唱錄跋)」에서 보이는 문회
의 내력을 통해 이러한 사실을 알 수 있다.

---

31) 孫胤業, 「得槳字」, 『壬戌泛月錄』.
  "孝友月澗翁 詞宗蒼石丈"

古稱山林遊	예부터 칭하는 산림에서의 놀이로
絶勝鐘鼎食	빼어난 절경에서 좋은 술과 음식 나누는 것이로다.
況玆水石地	더구나 이 아름다운 자연에서
同遊皆勝益	함께 한 사람들 모두가 뛰어난 사람들이로다.32)

정경세는 1622년 5월의 연악문회에서 위와 같은 시를 지어, 문회의 전통이 예부터 전해지던 것임을 밝히고 있다. 또한 황정간은 이 문회의 전통이 지속되기를 바라면서, 이 문회록을 보존해야 할 타당성을 언급하기도 하였다.

> 최근에 『淵嶽勝遊錄』이라는 책을 구했는데, 그것은 바로 당시에 모여서 함께 논 여러 사람들의 성명과 그들의 詩文을 적어놓은 것이었다. 아!『연악승유록』은 그런 이유로 나를 탄식하게 하고, 또 연악산에서 멋진 모임을 가진 그 일이 완연히 어제 일 같은데 벌써 10년 전의 추억이 되어 버렸다는 사실을 금하지 못하게 하는구나. … 그러나 다행히도 이 『연악승유록』이 없어져서 전해지지 않을 상황에 이르지 않았으니, 어찌 후세의 우리 같은 사람들이 이런 행사를 다시 시도하는 경우가 없겠는가? 그러므로 내가 유감스럽게 생각했던 것 또한 끝내 유감이 아닌 것으로 남게 될 것이니, 그 무엇을 슬퍼하겠는가.33)

비록 황정간이 연악문회를 즐긴 것은 지난 일이 되었지만, 그 기록이 남아있음으로 해서 후세에 이 문회를 다시 즐길 자들이 있기를 바라는 것이다. 문회(文會)는 시회(詩會)와 함께 어느 지역에서나 선비들의 보편적인 모임으로 개최되었으나, 상산에서와 같이 전후의 계승 의식을 지니고 시대를 거듭해 나간 것은 드문 일인 듯하다.

---

32) 鄭經世, 「阻雨留二日 以群行忘後先 朋息棄拘撿 分韻 各賦一首」, 『淵嶽文會錄』.
33) 黃廷幹, 「題淵嶽勝遊錄後」, 『淵嶽文會錄』.
　　"近者得所爲淵岳勝遊錄者 乃所以記當時所會諸人姓名及詩文者也 嗚呼 是錄也 故爲使余嘘 噫而不能禁淵岳勝遊之事 宛如昨日 而已爭十年前陳迹矣 … 而亦幸此錄之不至泯沒而無傳 則豈無後世之吾人復做得此事也耶 然則 吾所感者 亦終有不感者 存吾何悲乎"

이러한 현상은 시회의 경우에도 마찬가지이다. 낙강시회의 전통이 이미 여말 이규보로부터 시작되었으니, 창석 당대까지만 하더라도 이미 수백 년을 지속해 온 전통이었을 것이다. 때문에 임술년 7월 시회에 참여한 이전은 다음과 같이 낙강시회의 역사성을 강조하였다.

數千年間遊賞地　　수천 년 간 경치 보며 놀던 곳
幾箇前後好男兒　　전후로 호남아가 몇 이었던가
文順詞華鳥過耳　　문순공의 아름다운 시 새 지나듯 가고
佔畢事業堪銘彝　　점필재의 일은 떳떳한 도리로 새길 만하네
濂溪濯纓此播馥　　뇌계와 탁영도 이곳에 향기를 퍼뜨려
令人膾炙江東詩　　사람들에게 江東詩로 회자되었네.[34]

1622년 7월 이들이 낙강시회를 벌였던 낙동강가의 경천대-도남서원-합강정-관수루에 이르는 구간은 이미 오래전에 이규보와 김종직, 유호인과 김일손 등이 노닐었던 그곳이기도 하다. 선현들이 모두 낙강에서의 시회를 즐기고 그 경험을 저마다의 작품으로 남겼듯, 상산인들은 이들보다 더욱 빈번하게 시회를 개최하여 지역민으로서의 자부심과 우월감을 덧붙여 내고자 하였다.

이러한 문회와 시회의 개최는 공동 창작의 장을 마련한다는 점에서도 의미가 있지만, 이때 활용되는 창작 방식이 근본적으로 공동작 혹은 협동작을 전제로 하고 있다는 점에서 더욱 중요하다. 곧 연악문회나 낙강시회의 주된 창작 방식은 연구와 분운, 화운이나 차운 등으로 선작자(先作者)와 후작자(後作者)의 작품을 염두에 두면서 시를 지어야 했고, 앞뒤의 시가 어울려 하나의 완결된 텍스트를 이룰 것을 의식해야 했던 것이다.

이렇게 완결된 텍스트를 지향하는 것은 『형제급난도』의 창작 방식에

---

34) 李墺, 「得之字」, 『壬戌泛月錄』.

서도 마찬가지였다. 여기에 작품을 남긴 작가들은 형제간 효우의 아름다움을 기리면서 그것의 인멸을 염려하는 태도 하에서 창작을 하였기에, 앞선 작품에서 운자를 따오기도 하고 내용의 전개 방식을 빌려오기도 하며, 같은 전고(典故)를 인용하는 등의 방식을 택해 전체에 일관성을 부여하고 있다. 결국 공동 창작은 참여자 전원의 고른 시작(詩作) 능력을 전제로 이루어지므로, 문회나 시회에서 습득한 공동 창작의 경험은 『형제급난도』와 같은 성격이 다른 텍스트를 구성하는 데에서도 응용될 수 있었던 것이다.[35]

4. 공동 창작 활동의 의의

상주지역 문인들의 공동 창작 활동은 17세기 전반기에 특히 활발하였는데, 그 성과물로는 『형제급난도』와 『연악문회록』, 『임술범월록』이 대표적이다. 이러한 공동 창작물은 대체로 우복 정경세와 창석 이준이라는 두 선도적 인물의 영향 아래 형성된 것으로 보이는데, 그 구체적 기반은 3장에서 살핀 바와 같이 나타난다.

그렇다면 이러한 공동 창작물은 개인작으로 창작되는 작품들과 어떤 차이를 지닐까? 어떠한 특수성 때문에 이것이 문학 활동의 주요한 방식으로 다루어져야 하는가? 이러한 의문이 밝혀져야 공동 창작 활동의 의의를 밝힐 수 있을 것이다.

이 글에서 살핀 세 편의 텍스트는 대체로 17세기 전반기, 구체적으로는 1620년대를 전후한 시기에 형성되었다. 이 시기는 국외는 물론 국내

---

35) 이러한 주장은, 앞서 2.1.에서 추정한 바와 같이 『형제급난도』에 수록된 상주 문인의 작품이 1626년 이후에 창작되었을 것이라는 전제를 바탕으로 한 것이다.

의 상황 또한 별로 좋지 않았다. 임란을 극복하고 20여 년의 시간이 흘렀지만, 전쟁으로 인한 토지의 황폐화나 인명의 살상과 같은 상처로부터 완전히 회복하지 못하였음은 물론, 윤리규범 또한 정당성을 의심받고, 풍속마저 천박해지는 상황이 지속되었다.

따라서 이들은 문회나 시회 등을 통해 함께 모인 자리에서나, 『형제급난도』의 창작과 같이 효우를 주제로 작품을 쓸 때에, 시대에 대한 근심을 놓지 못하고 이를 공동의 임무로 인식하려는 경향을 보인다.

> 世敎가 쇠퇴한 뒤로 민간의 풍속이 투박해져서 이욕에 대한 생각이 마음속에서 한 번 싹트면, 남보다 나중에 죽고 자기만 살려하여 먼저 죽는 것을 슬퍼하지 않고 흔쾌히 여길 사람이 얼마나 되겠는가? 그렇다면 숙재의 일은 풍교에 관계되고 사람들 사이의 풍속을 일으키는 것이니, 그 공이 또 어떠하겠는가?[36]

聖朝重倫紀	조정에서 인륜과 도덕 중히 여기니
急務在扶植	급무는 윤리를 扶植시키는 데 있다네.
嚮也觀畫圖	지난번에 급난도를 보니
侈者徒翰墨	많은 사람들 글을 지었었네.
願言徹宸旒	원컨대 임금께도 두루 알려져
大書垂史筆	史冊에도 크게 실려 전하길.
不然旌門閭	그렇지 않다면 旌閭를 내려
永以爲表率	영원히 모범이 되게 하시기를.[37]

두 편의 글은 각각 상주목사를 지낸 손기양과 류항이 쓴 것으로, 이들은 이전이 아우를 살린 일을 통해 "풍교를 바로잡고 풍속을 일으킬 것(關風敎而激人俗)"을 주장하는가 하면, 이를 사책(史冊)에 싣거나 정려(旌閭)를 내

---

36) 孫起陽, 「題兄弟急難圖」, 『兄弟急難圖』.
　　"自世敎衰 民俗偸薄 利欲之念 一萌于中 則後死而生 不爲戚欣者 何限 然則 叔載之事 其關風敎
　　而激人俗者 其功又何哉"
37) 柳恒, 「無題」, 『兄弟急難圖』.

려 길이 모범으로 삼기를 바라기도 한다. 또한 상산인들은 낙강시회를
즐기면서도, 경관의 아름다움을 완상하거나 자연에 내재한 이치를 탐구
하려는 데 그치지 않고, 전란을 겪은 상산 땅을 돌아보며 근심하는 태도
를 보인다.

一自經喪亂	한 번 전쟁을 겪고 나니,
文物盡消沈	문물이 다 사라졌구나.
吾儕幸偸閒	우리들 다행히 한가한 틈을 타,
屐高仍航深	나막신 높이 신은 채 깊은 강 건너가네.
憂患若相纏	우환이 마치 서로 얽힌 듯한데,
歲月驚頹侵	세월에 차츰 쇠해짐을 놀라네.
玆遊實曠大	이번 놀이 진실로 광대하지만,
太康還可箴	태평스러움을 도리어 경계할 만하네.38)

이 시는 천계 임술년의 낙강시회에서 이희성(李希聖)이 지은 시의 일부
이다. 이미 왜란이 종결된 지 30여 년의 시간이 지났지만, 이들의 기억
속에 왜란의 전흔(戰痕)은 선명히 남아있기에, 이들은 적벽유(赤壁遊)의 풍
류를 즐기면서도 당시를 '우환이 마치 서로 얽힌 듯한' 시대로 파악하고
태평함을 경계하는 모습을 보여준다(손유진, 2010 : 73).

이처럼 국가의 안위에 대해 걱정하면서, 다른 한편으로는 당장 자신들
에게 주어진 임무인 향풍(鄕風) 혹은 사풍(士風)의 진작(振作)에 더욱 주의를
기울이기도 한다. 나라에 대한 걱정은 자신들이 대신 맡을 수 없는 것이
지만, 자신들이 나고 자라서 살아가고 있는 상산 땅에 대한 책임은 곧
자신들에게 있음을 자각하기 때문이다.

---

38) 李希聖, 「壬戌七月旣望 泛舟洛江 同遊凡二十五人 以赤壁賦 從頭分韻次第 占之得壬字」, 『壬戌
泛月錄』, 8쪽.

生世皆同地	세상에 태어나 같은 땅에 살면서
持心不愧天	마음가짐은 하늘에 부끄럽지 않았지
相期各努力	각자 노력하기를 서로 기약하여
莫遣愧前賢	선현께 부끄럽지 않도록 하세나.39)
本非物外身	본디 사물 밖에 몸이 있는 것이 아니었으니
淸遊幸同參	이 높은 놀이에 마침 동참하였구나.
把玆金斗熨	이 맑은 물가에서 놀다보니
已德思無玷	그 덕의 마음은 티 하나 없이 맑구나.
仰彼奉石崇	우러러 저 석숭을 받들고
進學期有漸	학문에 서로 발전이 있기를 기약하였다네.
俗累未盡去	속세의 허물 다 떨치지 못했는데
那得留厓廬	어찌 이곳에 머물러 살 수 있으리오.40)

이준은 상산 땅에 살아가는 사람으로서 하늘과 선현에 부끄럽지 않은 사람이 되자고 하며, 물에서 발견한 덕(德)을 지녀 학문의 발전을 이룩해 가고자 한다. 공동 창작의 과정에서 드러나는 이러한 의식은 동석(同席)한 자들 모두에게 전달되어, 서로가 이에 화답하며 책임을 나누고 다짐을 굳건히 하는 계기가 된다.

이러한 의의가 공동 창작의 결과물이 아닌, 공동 창작의 과정에서 강조되는 것인 반면, 공동 창작의 결과물인 문학 작품에 집중하면 또 다른 의미를 발견할 수 있다. 곧 상주 문인들의 공동 창작물인 『형제급난도』41) 와 『연악문회록』, 『임술범월록』은 당대 상산의 여러 명사들이 동일한 목적 하에 거의 동시적으로 창작에 참여하여 이를 자신들의 공동 작품집으로 이룩해 낸 결과물이다. 여기에 실린 각 개인의 작품은 개별적으로 존재할 때의 의미보다, 이들이 하나의 텍스트로 모여 공동작이라는 전제

---

39) 金憲, 「阻雨留二日 以群行忘後先 朋息棄拘撿 分韻 各賦一首」, 『淵嶽文會錄』.
40) 李埈, 「阻雨留二日 以群行忘後先 朋息棄拘撿 分韻 各賦一首」, 『淵嶽文會錄』.
41) 『형제급난도』는 상주 문인들만 참여하여 이룩한 것은 아니지만, 여기서는 상주 문인들의 참여 과정과 특징에 주목하여 이를 포함시켜 다룬 것이다.

하에 평가될 때 더 중요한 의미를 지니게 되는 것이다. 이는 17세기 전반기 상주지역에서 이루어진 문학 활동의 두드러진 특징이자, 성과로서 그 자체로 중요하다.

또한 이 과정에서 다양한 시작 방식을 시도하며 문인들의 참여를 이끌면서, 한시 창작의 기법을 다양하게 하여 공동작으로서의 완성을 꾀할 수 있었다. 이는 후대인들에게 당대 문장에 대한 자부심으로 나타나기도 하는데, 1770년 합강정 시회에 참여한 이승정의 기록을 눈여겨 볼만하다.

> 천계 연간의 제공의 시편은 대국의 기풍이 넘쳐흐르고 이아의 운치가 왕성하니 당시의 문장이 성대하였음을 상상해 볼 수 있다. 그리고 여러 선생의 고결한 풍격과 고상한 명망은 일대를 덮고 백세에 빛나니, 가령 낙동강을 적벽강에 합치게 한다면 임술년의 문장이 거듭 빛나게 되었을 것이다.[42]

이처럼 17세기 초반 우복과 창석이 중심이 되어 이룩한 공동 창작물들은 상주의 문예의식을 성숙케 하면서, 당대까지 전해 내려온 문회와 시회의 전통을 계승해주는 역할을 하였다. 창석으로부터 시작된 낙강시회의 전통이 창석시단 안에서 이어져온 것은 물론, 목재 홍여하는 별도로 목재시단(木齋詩壇)이라 할 만한 별도의 그룹을 형성하여 시회의 전통을 마련하여 『홍판관운(洪判官韻)』[43]이라는 별도의 시집을 남길 수도 있었던 것이다. 이러한 측면에서 우복과 창석 시대의 공동 창작은 상산의 전후 세대를 연결시키는 중요한 관문이었다고 할 수 있겠다.

---

42) 李承廷, 「合江亭賦詩 幷序」, 『壬戌泛月錄』.
　　"且天啓諸公之什 浹浹乎大國之風 而駸駸乎二雅之音 想見當時文章之盛而諸先生淸　風雅望 冠一代而耀百世 可使淸洛重赤壁 而壬戌再光矣"
43) 도남서원을 중심으로 1663~1798년까지 137년간 18차 시회(詩會)작품을 목재(木齋) 홍여하(洪汝河)가 누가(累加) 기록한 시집이다.

5. 결론

이 글은 지역어문학 자료에 접근하는 한 방법으로 공동 창작이라는 행위에 주목하여, 그 창작 기반을 문화적 측면에서 밝혀보았다. 곧 17세기 전반기 상주지역의 문인들이 중심이 되어 창작한 텍스트인 『형제급난도』, 『연악문회록』, 『임술범월록』을 살펴, 이러한 공동 창작 활동의 문화적 기반이 지역민으로서의 애향 의식, 지역에 기반을 둔 특정 학맥의 결집 과정 및 지역 내 문학 활동의 전통과 문예의식 등에 있다는 것을 구명하였다.

이러한 접근은 영남의 지역어문학 자료를 분석하는 새로운 방법이 될 수 있을 것이라 기대한다. 즉 지금까지의 지역어문학 연구 또한 대체로 작가론 및 작품론 차원에서 논의되어 왔기에 작품에 내재한 '지역성'을 밝히거나, 중앙과 변별되는 '지역어문학'으로서의 사적 의의를 논의하는 것이 용이하지 않았다. 이에 반해 이 글은 위의 세 텍스트를 대상으로 공동 창작이라는 창작의 과정과 방법에 주목하여, 그러한 공동 창작이 특정 시기 특정 지역에서 활발할 수 있었던 이유를 '지역성'내에서 발견하고 그것이 지역 문인들의 문학 활동을 어떻게 견인해 나갔는가를 밝힐 수 있었다.

즉 17세기 상주 문인들의 공동 창작 활동은 상주라는 지역의 문화적 배경과 관습을 바탕으로 형성된 것이며, 이러한 전통은 타 지역과 구별되는 상주지역 문학 활동의 한 특성이 된다. 그러나 이 글은 시론적 차원에서 이루어진 작업이므로, 이를 바탕으로 상주지역의 공동 창작 활동의 전통을 통시적으로 살펴 그 배경과 특성을 밝히는 과정이 추가적으로 요구된다. 특히 우복과 창석의 시대 이후, 목재의 시대로 이어지면서 이러한 공동 창작의 성격은 어떻게 변하며, 거기에 참여하는 문인들의 구성은 어떠한 변화를 겪는지 등을 살핀다면 공동 창작 활동과 그 자료에에 접근하는 방법론이 좀 더 구체적으로 마련될 것이라 생각된다. 이러한 과정 속에서 지역어문학의 다양한 생성 기반을 밝혀 나갈 수 있을 것이다.

‖ 참고문헌

1. 자료

권태을(2007), 『譯註 洛江泛月詩』, 아세아문화사.
상주박물관 편(2009), 『淵嶽文會錄』, 상주박물관.
興陽李氏大宗會 譯編(1993), 『兄弟急難圖・朱書節要』.

2. 단행본

경북대학교 퇴계연구소 편(2004), 『퇴계학맥의 지역적 전개』, 보고사.
권태을(2002), 『상주한문학』, 문창사.
서정화(2013), 『형제애의 본보기, 상주 창석 이준 종가』, 예문서원.
정우락(2012), 『영남을 넘어, 상주 우복 정경세 종가』, 예문서원.

3. 논문

권태을(1990), 「洛江泛月詩會의 史的 考察」, 『상주산업대 논문집』 32, 상주산업대.
＿＿＿(1992), 「洛江詩會 硏究-尙州圈 洛東江 중심으로-」, 『상주문화연구』 2, 상주문화
　　　　　연구소.
＿＿＿(1993), 「尙州 淵嶽圈 詩會硏究」, 『상주문화연구』 3, 상주문화연구소.
손유진(2010), 「壬戌泛月錄에 나타난 空間 認識의 樣相과 意味」, 경북대 석사논문.
김형수(2002), 「17・18세기 상주・선산권 지역사회와 서원・사우의 동향」, 『영남학』 7,
　　　　　경북대학교, 영남문화연구원.
김호종(2000), 「西厓 柳成龍과 安東・尙州 지역의 退溪學脈」, 『퇴계학과 유교문화』 28,
　　　　　경북대 퇴계연구소.
이신성(2005), 「蒼石 李埈과 『兄弟急難圖』」, 『한국인물사연구』 3, 한국인물사연구회.
최재목(2000), 「우복 정경세와 상주지역의 퇴계 학맥」, 『퇴계학과 유교문화』 28, 경북
　　　　　대 퇴계연구소.

제 3 부 영남 어문학의 기술과 해석

<수겡옥낭좌전>에 반영된 경상도 방언 문법적 요소에 대하여*

김 정 대

1. 머리말

1.1 <수겡옥낭좌전>은 경상남도 어느 지방(아마도 창원군 진동면)에서 필사된, <숙영낭자전>의 한 이본이다. 이 책은 1990년 9월 경남 창원군 진동면 사동리에 거주하는 정원일 씨가 경남대학교에 자료를 공개함으로써 세상에 알려지게 되었다.[1]

<수겡옥낭좌전>(이제부터는 <수겡>이라 줄여 부른다)은 19세기 말의 것으로 추정되는 경상도 방언을 적나라하게 보여준다는 점에서 어학적인 면에서 연구할 가치가 매우 높은 책인데, 이 글에서 우리는 <수겡>에 반영된 경상도 방언 문법적 요소에 대해서 살펴보고자 한다.

1.2 그런데 이 작업에 들어가기에 앞서서 미리 언급해 두어야 할 두 가지 사항이 있다. 하나는 <수겡>의 필사 연대와 관련한 것이고, 둘은

---

* 이 글은 『가라문화』 9(경남대학교가라문화연구소, 1992)에 게재한 논문이다.
1) 경남대학교 도서관에서는 1991년 2월에 정원일 씨로부터 이 책을 기증받아 한적실에 비치하게 되었다.

<수겡>의 다른 이본과의 영향 관계와 관련한 것이다.

<수겡>의 필사 문제부터 간단히 언급하기로 하자. <수겡>에는 그것의 필사 연대를 알게 하는 뒷표지 부분이 너무 낡아서 해독이 불가능하다. 따라서 위에서 우리가, <수겡>이 19세기 말에 필사된 것으로 추정된다고 한 것은 다음과 같은 두 사실을 고려한 결과였던 것이다 : 첫째, 기증자 정원일 씨의 증언. 그는 이 책자가 몇 대에 걸쳐 가보처럼 내려온 것이었다고 말했다. '몇 대'의 정확한 숫자는 알 수 없지만, 적어도 20세기 이후에 필사된 것은 아님이 분명했다.

둘째, 국어사의 일반적인 경향에 비추어 봄으로써 얻을 수 있는 결론. <수겡>에는 이미 구개음화와 움라우트와 같은 18-19세기 관련 음운 변화 현상(이기문, 1972 : 195-204 참조)이 풍부하게 반영되어 있다. 따라서 이는 18세기까지는 소급되지 않는다. 그리고 조사나 어미의 형태가 19세기 자료에 많이 등장하는 그런 것과 보조를 같이 한다는 점에서 이 책자의 필사 연대가 19세기임을 짐작케 된다.

이를테면, 연결어미의 경우, <수겡>에서는 '−으니, −으면, −은더, −을진더, −든, −놀/날, −으미, −은즉, −으나, −은들, −고, −으며, −고져, −으려, −다가, −으디/되, −은더, −지, −을지라도, −건이와, −건더' 등이 나타나는데 이런 어형의 부분들은 18세기 또는 20세기 문헌에도 나타나나, 이런 어형을 거의 다 수용하는 시기는 19세기였던 것이다.[2]

이 밖에도, <수겡>에 등재된 어떤 낱말이 어느 시기부터 쓰이기 시작한 것인가 하는 점 등을 고찰함으로써 그 필사 연대를 추정할 수도 있을 것이지만, 우리의 역량이 거기에까지 미치지 못함이 아쉽다. 따라서 우리

---

2) 연결어미의 통시적 고찰은 리의도(1990)을, 조사의 그것은 김승곤(1989)를 참조하였다.

는 앞의 두 사실만으로 일단, <수겡>은 19세기 말기 경상도 어느 지방
에서 필사된 것으로 생각하기로 한다.

1.3 다음으로, <수겡>의 다른 이본과의 영향 관계에 관련한 언급을
하고자 한다. 이 문제는 <수겡>에 반영된 문법 요소가 정확하게 당시의
경상도 방언적인 것인가 아닌가와 밀접하게 연관되기 때문에 주의를 요
하는 부분이라 하지 않을 수 없다. 그러나 불행히도 우리는 이 점에 대
해 어떤 결론을 내릴 수가 없다.[3]

그동안 여러 이본들을 단행본으로 엮어낸, 월촌문헌연구소(1989) 등을
참조하여 그 영향 관계에 관심을 가졌으나, 능력의 부족으로 그 관계를
파악하는 데는 실패했던 것이다.[4] 보다 엄밀한 작업은 다른 분의 손길을
기다리거나, 뒷날로 미룰 수밖에 없는데, 이것과 관련하여 우리가 취한
기본 원칙은 다음과 같은 것이다. 현대 경상도 방언에서 쓰이고 있고
<수겡>에서도 쓰이고 있는, 같은 혹은 비슷한 어형은 일단 "<수겡>에
반영된 경상도 방언 문법적 요소"라고 한다는 것이다.

이를테면, <수겡>에는 출발점을 의미하는 보조사가 '붓터'와 '붓텀/
틈'으로 반영되는데, 후자는 현대 경상도 방언의 그것과 일치한다. 따라
서 이 두 어형이 공존하는 것은, 필사자가 당시 중앙 방언을 의식했으면
전자를 쓰게 되고, 무의식 중에, 혹은 부지불식간에 경상도 방언을 반영했
으면 후자를 사용하게 된다는 것으로 생각하여 후자인 '붓텀/틈'을 19세
기 경상도 방언 문법 요소로 본다는 것이다.

그러나 이러한 입장은 다음과 같은 문제를 안고 있다. 즉, 어떤 것이

---

3) 이러한 영향 관계에 대한 엄밀한 고증 작업의 한 전형적인 업적은, 18세기 경상도 지
   방에서 간행된 불경 자료에 대해서 행한 김주원(1984)를 들 수 있다.
4) 표현면에서 일치하는 데가 많은 것으로, '님신 이월 이십 숨일'(1812년 또는 1872년)
   이라는 필사기가 붙은 '수경낭ᄌ전'을 들 수 있다(월촌문헌연구소(1989 : 73-131)에
   실려 있는 것을 참조했음).

19세기의 분명한 경상도 방언 문법적 요소이지만, 지금은 그것이 이 방언에서 거의 흔적을 남기지 않을 때는(그럴 경우는 많지 않을 것으로 여겨지지만), 그것을 당시의 경상도 방언 문법적 요소라고 지적하는 데 실패한다는 점이다.

하지만, 현재의 우리로서는 더 이상의 다른 선택을 허용 받을 수 없기 때문에, 이러한 문제점을 안은 채 이 작업에 착수하지 않을 수 없다. 더구나 문헌 탐색 작업에 별로 경험이 많지 않은 필자로서는 이러한 글을 쓰게 된다는 자체가 하나의 부담이 될 수밖에 없음을 고백하지 않을 수 없다. 잘못된 부분에 대해서는 가차 없이 꾸짖어 주시기를 바랄 뿐이다.

1.4 이 글에서 다루게 될 내용은, 대체로 <수겡> 당시의 경상도 방언 문법 현상과 관련한 다음과 같은 몇 가지─'ᄒ고'의 문법화, 'ᅥ>ᅦ>ㅣ'에 따른 형태 변화, '도'에 기댄 부정의 표현, 그 밖(보조사 '붓텀/틈', '쩌지', 연결어미 '─도로', 자음 앞에서 'ㄹ'이 탈락한 어간, '로' 대격 조사)─이지만, 경상도 방언 문법 현상이라기보다는 국어사적인 입장에서 중요한 문법 현상이라고 보아지는, 보조사 '(은)시로이', 반말어미 '─여, ─거던, ─지', 의문법 어미 '─는앙', 동시 동작의 연결어미 '─으면' 등에 대해서도 가볍게 시선을 던질 것이다.

2. 'ᄒ고'의 문법화

<수겡>에서 보이는 'ᄒ─'의 쓰임을 기능별로 나누어 보면 크게 다음과 같은 세 가지가 된다.

첫째, 일반적인 동사로서의 기능

  (1) ㄱ. 그 곡조의 <u>ᄒ엿시되</u> (11-1)

ㄴ. 너는 안니 <u>호엿다</u> 호니 (16-2)

둘째, 용언 파생 접미사로서의 기능

(2) ㄱ. 연광이 십육세의 <u>당호여</u> (1-1)
　　ㄴ. 원통훈 혼빅을 위로<u>호여라</u> 호고 (26-1)

셋째, 인용 동사(고영근, 1987 : 316 참조)로서의 기능

(3) ㄱ. 옥연동 가문정을 츳자 오소서 <u>호고</u> (5-2)
　　ㄴ. 뉘가 니 말을 드러리요 <u>호니</u> (17-1)
　　ㄷ. 첩의계 혹호고 안 간다 <u>호올</u> 거시니 (12-1)
　　ㄹ. 나문 말삼은 나러가 설하호리라 <u>호엿더라</u> (35-1~2)

넷째, 이른바 보조동사로서의 기능

(4) ㄱ. 부모계옵서 제와 갓탄 빅필을 정코져 <u>호던이</u> (1-1)
　　ㄴ. 선군이 낭자을 장여호랴 <u>호고</u> 노복의겨 절영호니 (44-1)

　첫째와 같은 일반 동사로서의 '호-'의 쓰임은 <수겡>에서 그리 많이 발견되지 않는데, '호-'에 앞서는 말이 조사이거나, 부사이면 이는 일반 동사로서의 기능을 갖는다. 둘째와 같은 파생 접미사로서의 '호-'의 쓰임은 주로 명사 어간 뒤에 붙어 파생 용언을 만드는 것인데, 매우 생산적으로 쓰이고 있음은 두말을 필요로 하지 않는다. 한편, 셋째와 같은 인용의 '호-'는 그에 앞서는 표현이 종결어미일 것을 요구하는데 역시 매우 생산적으로 쓰였음을 발견할 수 있다. 넷째와 같은 '호-'는 일반적으로 그 앞에 연결어미 '-고져, -어' 등을 요구하는 것으로 인식되어 온 것이다.

그러나 위 셋째와 넷째의 'ㅎ-'는 포괄적으로 보면 하나의 부류에 묶일 수 있다. 셋째의 'ㅎ-'는 상위문의 서술어가 되고, 넷째의 'ㅎ-'는 이른바 보조동사가 되어 단순문과 연계되는 듯이 보이지만, 넷째의 그것도 상위문의 동사로 볼 수 있기 때문이다. 따라서 셋째·넷째의 'ㅎ-'는, 전형적으로 단순문을 이끄는 첫째의 'ㅎ-'와 구별된다 할 것이다.

여기서 우리가 주목하고자 하는 것은 위 셋째·넷째와 같은 'ㅎ-'이다. 셋째의 'ㅎ-'는 그에 뒤따르는 어미로 연결어미, 전성어미, 종결어미 중 무엇이든지 취할 수 있다.5) 이는 'ㅎ-' 자신이 어간인 데서 오는 지극히 당연한 결과이다. 그런데 'ㅎ-' 뒤에 연결어미 '-고'가 결합된 (3ㄱ)이나 (4ㄴ)과 같은 'ㅎ고'는, 'ㅎ-'에 다른 어떤 어미가 붙는 것보다도 쉽게 문법화(어미화)에 관계하고 있어 눈길을 끈다.6)

'ㅎ고'가 문법화에 관여하는 것은 어간 'ㅎ-'가 삭제되면서 가능한데 이 범주에 드는 것으로는 '-다고, -자/즈고, -랴고' 등이 있다.7) 하나하나 살펴보기로 한다.

---

5) 'ㅎ-' 뒤에 선어말어미가 뒤따를 수 있음은 물론이다.
6) <수졍>에서는 그 예가 발견되지 않았지만, '-다 ㅎ니'가 줄어든 '-다니'도 이 시절에 어미화했을 가능성이 크다.
   (가) 너는 안니 ㅎ엿다 ㅎ니 분명 외인을 간통ㅎ미라 (16-2~17-1)
7) 여기에서 주의할 것은 'ㅎ-'가 생략된다고 해서 나머지 요소들이 하나의 어미로 되는 것은 아니라는 점이다. 이를테면, 다음 예에서도 'ㅎ-'가 생략되었지만, '-다드라'가 하나의 어미로 인식되지는 않는다는 것이다. 어미화는 본래의 기저형이 얼른 인식되지 않을 정도로 결합력이 강할 뿐만 아니라, 그 기저형과는 의미도 달라지는 그런 과정을 말한다.
   (가) 눈에 흔번 볼 수 업다드라 (5-1)
   본질적으로는 통사론적 구성이면서도 '생략'에 의해 형태론적 구성으로 인식되는 이와 같은 예를 두고, 권재일(1986)은 '형태론적 구성으로 인식된 복합문 구성'이라는 이름을 붙이고 있다.

2.1. '-다고'

<수겡>에서 종결어미 '-다'가 결합할 수 있는 환경은, 형용사 어간 뒤, 동사에 선어말 어미 '-는-, -으리-, -도-'가 결합한 뒤 등이다.

(5) ㄱ. 그거시 분명ᄒ다 (2-2)
ㄴ. 창우의 발은 달(밝은 달)[8]은 우리 흥을 <u>도도온다</u> (11-2)
ㄷ. 장원 급제ᄒ여 할입(할임)으로 <u>나리가오리다</u> ᄒ고 (34-1)
ㄹ. 선군이 왈 ᄌ연 <u>그러ᄒ도다</u> ᄒ고 (13-2)

그런데 '-다 ᄒ고'가 '-다고'로 어미화한 것으로 보이는 <수겡>에서의 예는 다음과 같은 하나뿐이다.

(6) 안쏭쌍의 백셩군의 집에 괴히훈 보빈 잇<u>닥고</u> 귀겡가ᄌ 하고 (3-2~4-1)

(6)에서 '-다고'는 '-닥고'로 표기되어 있는데(이는 경상도식 어형이다. 후술 참조), '-다'에 선행하는 요소는 형용사 어간이다. 보기가 하나뿐이라서 단정하기는 어렵지만, (6)은 '-다고'의 어미화는 형용사 어간에서 먼저 일어났을 가능성을 시사하는 것으로 보인다.[9] 어미화하지 않고 정상적으로 쓰인 몇 예를 보이면 다음과 같다.

---

8) 예문 중간의 ( )는 <수겡>에서 잘못 쓰인 표기를 전형적인 <수겡> 식으로 고친 것, 혹은 알기 힘든 방언을 표준어로 해석한 것임을 나타낸다.
9) 현대 국어에서의 '-다고'는 형용사 어간은 물론이고, 동사와 지정사 뒤에서도 가능하다. 단, 후자(동사, 지정사)와 같은 경우에는 어간 뒤에 시제 선어말 어미가 결부된다는 조건이 더 따른다(한글학회, 1991 : 892 참조).
(가) 떠들었<u>다고</u> 꾸중을 들었다.
(나) 그것이 거짓이었<u>다고</u> 몹시 분해 하였다.

(7) ㄱ. 세상시(세상사)를 알 수 업다 ᄒ고 처소로 돌아오더라 (15-2)
ㄴ. 잇쩌을 당하여 낭자을 음히히미 상킈ᄒ다 ᄒ고 금은 수천양을 도
적ᄒ여 (17-1)

　(6)과 (7)과를 비교해 보면, 어미화한 형식과 그렇지 않은 형식 사이에
는 뜻 차이가 존재한다. (6)의 '-닥고'는 원인이나 근거를 나타내는(한글
학회, 1991 : 892 참조) 자연스런 연결어미로 인식되나,[10] (7)에서는 '-다'
와 'ᄒ-' 사이에 쉼이 들어갈 수도 있으며 'ᄒ-' 앞쪽 내용이 보다 직
접적인 인용(내적인 독백)문으로 느껴지기 때문이다. 그런데 '-다고'에 관
계하는 'ᄒ-'는, (3)과 같은 인용의 'ᄒ-'일 경우이지, (4)와 같은 보조
동사로의 'ᄒ-'의 경우는 아니다.

　이제, 이 '-다고'가 <수겡>에서 '-닥고'로 표기된 것에 대해 간단히
언급하기로 하자. '-닥고'는 <수겡>에서의 이 어형이 [다꼬]로 발음되
었음을 반증하는 것인데, 이는 이 어형에 대응하는 현대 경상도의 발음
과 일치한다.

(8) ㄱ. 돈 쫌 있<u>다꼬</u> 너무 그라지 마라.(=돈 좀 있다고 너무 그러지 말아라.)
ㄴ. 시험 한분 몬 첬<u>다꼬</u> 그러키 기 죽어 갖고 우째 머슴아라 카겠노?
(=시험 한번 못 쳤다고 그렇게 기 죽어 가지고 어찌 사내라고 하겠니?)

2.2. '-자/즈고'

　'-자/즈고'의 문법화에 관여하는 'ᄒ-'도 인용 동사로서의 'ᄒ-'이
다. '-자/즈고'의 보다 직접적인 기원 형태는 '-자/즈 ᄒ고'이다. 여기

---

10) 현대 국어에서의 '-다고'는 이러한 연결적인 기능 말고도, '간접 인용'((가) 참조)
　　및 반말 어미((나) 참조)의 기능도 갖는다(한글학회, 1991 : 892 참조).
　　(가) 곧 간다고 하여라.
　　(나) 그렇게 좋다고?

에서 '−자/즈'는 청유법 어미인데, '−다(ㅎ)고'의 경우와는 달리, '−자/즈(ㅎ)고'는 동사의 어간과만 관계한다. 이것은 청유법 어미 '−자/즈'가 동사(의 어간)와만 결합하는 특징에서 연유하는 것이다. '−자/즈 ㅎ고'가 쓰인 예와 '−자/즈고'가 쓰인 예부터 먼저 들기로 한다.

(9) ㄱ. 괴히훈 보비 잇닥고 귀겡가즈 ㅎ고 금을 가지고 닷토와 귀겡ㅎ
거날 (3-2~4-1)
ㄴ. 낭군과 함게 가즈 ㅎ고 옥연고의 올나 안지니 (10-1
ㄷ. 우리 낭군 공명을 차자(찾자) ㅎ고 과기길을 권권ㅎ여 보닌 후
의 (31-2)
(10) ㄱ. 동춘은 젓 먹(먹)자고 우는이다 (25-1)
ㄴ. 밥을 주어도 안이 먹고 젓 먹자고 어마님을 불으는이다 (31-1)

그런데 (9)와 (10)의 밑줄 부분은, '−다(ㅎ)고'가 그렇듯이, 뜻 차이가 나는 것으로 여겨진다. 즉, 전자의 '−즈/자'는 역시 청유의 의미가 강하나, 후자의 '−자'는 '−고'와 결합하여 연결어미로 인식되면서 의도와 관련된 뜻을 풍기는 것이다. 이들 보기에서 발견되는 한 가지 흥미로운 것은 '−자'와 '−즈' 사이의 표기 문제인데, '−즈'쪽은 거의 청유법 어미이고, '−자'쪽은 연결어미화한 쪽임이 눈길을 끈다.[11]

그런데 '−자고'는 현대 경상도 방언(이나 중부 방언)에서 어미화한 것을 발견하기가 쉽지 않다. 이 방언에서 의도적으로 만들면 다음 (11)과 같은 표현이 가능하긴 하지만, 어딘가 작위적인 냄새가 나기 때문이다.

---

11) 우연한 일치인지는 몰라도, (9ㄷ)의 밑줄 부분은 이러한 주장에 대해 보다 흥미로운 사실을 제공해 준다 할 것이다. '−자 ㅎ고'는 '자'로 표기되었다는 점에서는 연결어 미화한 쪽과 연관되고, 'ㅎ'가 있다는 점에서는 청유법 어미와 연관되는, 말하자면 이는 (8)과 (9) 중간쯤에 드는 표현이라는 것이다.

(11) 아 : 가 밥 묵자꼬12) 울어 쌓는다.(=아이가 밥 먹자고 계속해서 운다.)

인용의 의미가 강한 '-자 하고'는 이 방언의 독특한 음운 변화를 거친, 다음과 같은 어형으로 생산적으로 쓰인다(2.3. 참조).

(12) ㄱ. 내보고 자꾸 기잉가[자캐, 자꼬 해] 쌓는데 안 간다칼 수도 엄꼬
       …… (=나보고 자꾸 구경가자고 해 쌓는데 안 간다고 할 수도
       없고 ……)
    ㄴ. 우리는 서로 잘 지내[자카, 자꼬 하]고 악수로 했다. (=우리는
       서로 잘 지내자고 하고 악수를 했다.)

2.3. '-으랴고'

'-으랴고'는 앞의 두 어형과는 달리, 몇 가지 다른 어형을 가질 뿐만 아니라 그 형성 과정도 복잡하여 논의할 부분이 많다. 먼저, 이의 몇 가지 다른 어형부터 보이면 '-으랴고, -으려고, -으라고, -으러고' 등을 들 수 있다. 그러나 이들의 공통 기저형은 '으리(선어말어미) + 어/아(어말어미) + ㅎ(어간) + 고(어미)'이다. 이 기저형에서 먼저 'ㅎ-'가 삭제되면서, '-으리아/어고'가 형성되고13) 여기에서 '-으리-'와 '-아/어'가 축약됨으로써 '-으랴/려고'가 이루어지며 여기에 다시 단모음화가 수의적으로 적용된 것이 '-으라/러고'인 것이다.

여기에서 주목할 것은 '-으라/러고'를 가능하게 하는 '으리+아/어+ㅎ+고'는 (3)과 같은 인용의 'ㅎ-'((13) 참조)가 아니라, (4)와 같은 보조동사로서의 'ㅎ-'((14) 참조)라는 점이다. 그러나 '-으랴/려/러 ㅎ고'는 <수겡>에

---

12) '-자고'의 현대 경상도 발음은 [자꼬]이다. 따라서 (9ㄱ)의 '-작고'라는 표기는 시사하는 바가 크다. <수겡> 시대에 '-자고'의 경상도 발음은 이미 된소리를 경험했음을 말해주는 표기이기 때문이다.

13) 그러나 '-으리아/어고' 그 자체가 <수겡>에서 나타나는 것은 아니다.

서 그 어형이 확인되지만(14) 참조), '-으랴/려/라/러고'의 모든 어형이 <수겡>에서 발견되지는 않고, '-으라고'만이 확인된다((15) 참조).

(13) 너 우는 거동을 목석인들 어이 <u>보라 ᄒ고</u> 신체을 완고(안고) (30-2~31-1)

(14) ㄱ. 선군이 낭자을 장여ᄒ<u>랴 ᄒ고</u> 노복의겨(에게) 절영ᄒ니 (44-1)
ㄴ. 춘양이 …… ᄒ가지로 죽어<u>려 ᄒ고</u> 칼을 쎄러 ᄒ니 (29-2~30-1)ㄷ. 도적을 살피<u>러 ᄒ고</u> 후원 별당에 가니 (16-1)

(15) 상공이 …… 도적을 살피<u>라고</u> 후원을 드러가셔 (14-1)

(15)와 같은 '-으라고' 형은 비록 수적으로는 하나밖에 발견되지 않았지만, 이것이 어미화와 관련하여 우리에게 시사하는 바는 얼마나 큰지 모른다. (15)의 밑줄은 (14ㄷ)의 그것과 동일한 명제적 의미를 나타내는 것이어서 더욱 그렇다. 이것은 현대 표준어의 '(책을 보)려고'가 어떻게 형성되었는지를 확인할 수 있는 좋은 자료가 된다는 것이 우리의 생각이다. 이 '-으려고'는 서정목(1989)에서 '으리(선어말어미) + 어(연결어미) + 고(정체 불분명)'로 분석된 바 있는데, 서정목 교수가 정체가 불분명하다고 한 '고'가 인용의 'ᄒ고'에서 유래됐음을 확연히 보여주기 때문이다.[14]

이 시점에서 우리는 일단, (14)와 같이 'ᄒ-'가 있는 표현은 의도의 의미를 지닌 복합 동사 구문으로, (15)와 같이 'ᄒ-'가 없는 표현은 의도형 어미(최현배, 1937/1971 : 321 참조)로 잡아 세세한 뜻 차이가 남을 인정하고자 한다. 그런데 (13)의 밑줄 '-라고'는 현대 경상도 방언의 어형 (및 표준어의 어형)과는 다소 차이가 난다. 현대 국어에서의 그 쓰임은 다음과 같다.

---

14) 안병희·이광호(1990 : 333)에서는 " …… 현대국어에는 인용의 조사 '고'가 연결된다. 이 '고'는 부동사 '하고(爲)'의 '-고'에서 유래된 것으로 볼 수 있다. 이 조사는 근대국어 말기에 생긴 것으로 보여진다."라고 하여 '고'의 유래 및 출현 시기에 대해 시사적인 언급을 하고 있다. 중세국어의 인용문과 관련한 'ᄒ-'의 성격에 대해서는 이현희(1986) 참조.

(16) ㄱ. 내가 달로 잡을라꼬 달구장에 드갔다. (현대 경상도 방언)
　　 ㄴ. 내가 닭을 잡으려고 닭장에 들어갔다. (표준어)

　표준어 '-으려고'는 어미 '-아/어' 중 '-어'를 택한 뒤 축약한 것이기 때문에 별다른 설명을 요구하지 않는다. 그러나 (16ㄱ)과 같은 현대 경상도 방언 '-을라꼬'는 그 어형 형성과 관련하여 약간의 설명을 필요로 한다. 시각적인 편의를 위하여 그 과정을 다음과 같이 도시하기로 한다.

(17) 기저형　　　　　　　　으리＋아＋ㅎ＋고
　　 'ㅎ' 삭제　　　　　　　　으리아고
　　 축약　　　　　　　　　　으랴고
　　 ㄹ첨가　　　　　　　_____　을랴고
　　 y-삭제　　　　　　　으라고　을라고
　　 경음화　　　　　　　_____　을라꼬
　　 음성형　　　　　　　[으라고]　[을라꼬]
　　　　　　　　　　　　(＜수겡＞) (현대 경상도)

　여기에서 주목되는 것은, ＜수겡＞에서의 어형과 현대 경상도에서의 어형은 같은 기저 형식에서 축약까지는 같은 절차를 밟아 왔으나 그 후의 변화가 다른 방향으로 진행되어 왔다는 점이다. 즉, 현대 경상도 방언형에서는, ＜수겡＞과는 달리, 축약의 단계 이후에 'ㄹ' 첨가와 경음화 규칙의 적용이 더 있었다는 것이다.[15] 이와 같은 사실은, ＜수겡＞이 시기적으로 현대 경상도 방언에 앞선다는 것을 의미하는 것이라 하겠다. 경음화 현상은, '-다고, -자고'가 경상도에서는 '-다꼬, -자꼬'로 되는 것과 같은 절차의 음운 현상이다.

───────────

15) 규칙순 (17)에서 'ㅎ' 삭제는 사실상 유성음 사이에서 h-삭제가 이루어지고 선행 모음에 의하여 'ㅡ'가 이어서 삭제된 결과로 해석된다. 한편, 'ㄹ-ㄹ'의 이중 표기는 근대국어의 여러 문헌에 대단히 생산적으로 나타나는 것인데, 최전승(1986 : 50)에서도 이를 음소적 표기로 간주하고 있다.

그러나 '-으랴고'와 관련해서는 아직도 해결해야 할 다음과 같은 한 가지 문제가 더 있다. 표준어 '-으려고 하-' 및 경상도 방언의 '-을라 꼬 하-' 또는 '-을라카-'의 형성 과정. 다음 예문을 살펴보기로 한다.

(18) ㄱ. 내가 달로 잡을라꼬 <u>하</u>는데 아부지가 몬 잡구로 하싰다.
ㄴ. 내가 달로 잡을라<u>카</u>는데 아부지가 몬 잡구로 하싰다.
ㄷ. 내가 닭을 잡<u>으려고 하</u>는데 아버지가 못 잡게 하셨다.

(18)에서 보듯, 현대 경상도 방언의 '-을라꼬 하-'와 '-을라카-'는 표준어의 '-으려고 하-'와 대응된다. (18ㄱ)의 '-을라꼬'의 형성은 (17)에서 이미 다루었기 때문에 더 이상의 설명이 필요 없으리라 믿어진 다. 그러나 '-을라꼬' 뒤의 '하-'와 '-을라카-'는 설명을 요하는 부분 이 된다. '-을라카-'의 '카'는 '-고 하-'가 모음 탈락과 격음화를 경험 한 어형으로 보이기 때문에 결국, (18)의 밑줄 부분에서 문제되는 것은 또 다른 '하'의 개입과 관련한 것이라고 할 수 있다. 앞에서 우리 는 이미, '하고'에서 '하-'가 삭제됐다는 사실을 지적한 바 있는데, 이번에는 '-고' 뒤에 또 다른 '하-'가 첨가된 것이다. 이론적으로 말하 면, (18)의 밑줄 부분의 기저는 '으리 + 아 + 하 + 고 + 하'인 셈이다. 편 의상 앞의 '하'를 '하(하)$_1$-', 뒤의 '하'를 '하(하)$_2$-'로 부르기로 하자. 그 러나 우리는 이러한 기저형으로는 결코 (18)의 밑줄과 같은 어형을 유도 하지 못한다고 믿는다. 두 '하-'가 쓰였다는 어떤 증거(기록에서나 현대 방 언에서나)도 발견할 수 없기 때문이다.

결론부터 말하면, (18)과 같은 '하$_2$-'는 결국 '하$_1$-'이라는 것이 우리 의 생각이다. 문제의 핵심은, '하$_1$-'의 삭제가 일어나기 이전의 시기에 이미 존재했던 '으랴 하는데'에 나오는 '하-'는 과연 '하$_1$-'인가 '하$_2$-' 인가 하는 점에 있다. '으랴고 하는데'의 '하-'는 논리적으로 '하$_2$-'라고밖에 할 수 없는데 그렇다면 '으랴 흐는데'의 '흐-'도, '흐는데'라는 동일 어형에 강조점을 두면 '흐₂-'라고 해야 한다. 그러나 '으랴 흐는데'는 '으랴 흐고'와 동일한 선조 구성이라는 점에 초점을 맞추면 이때의 '흐-'는 '흐₁-'이 된다. 왜냐하면, '흐고'는 문법화 되는 요소인데 이때의 '흐-'나 '흐는데'의 '흐-'는 같은 위치이기 때문이다.

결국, '으랴 흐는데'의 '흐-'는 어떨 때는 '흐₁-'이 되기도 하고 어떨 때는 '흐₂-'가 되기도 하여 모순되는 것이다. 그러나 '-으려고'가 새로운 어미가 되었다는 점을 인정한다면, 이는 다음과 같은 '정리'로써 해결 가능한 문제가 된다.

> (19) 연결어미 다음에 오는 '흐(하)-'의 성격
> 연결어미 다음에 오는 '흐(하)-'는 모두 '흐(하)₁-'이다.

정리 (19)에 의해, '으랴 흐고, 으랴고 흐고, 으랴 흐는데, 으랴고 흐는데'의 '흐-'는 모두 '흐₁-'이다. 이는, 결과적으로 보면, '고'는 첨사적인 성격을 지닌 요소라는 설명을 가능하게 한다.

3. 'ㅕ>ㅖ>ㅣ' 변화에 따른 형태 변화

현대 경상도 방언에서 자음 뒤의 복모음이 발음되지 않는다는 점은 일찍부터 지적되어 왔다. 이들 복모음에는 상향 y계 및 하향 y계, 상향 w계 모두가 해당되는데, 이 중 특히 'ㅕ'는 몇 가지 다른 발음 변화와 관계되어 주목된다 하겠다. 이 변화로 말미암아 어간이나 문법 형태소가 특이한 모습을 보이는 것은 문법론에서 지적되어야 할 사항이 되겠다.

여기에서는 이 변화로 인하여 <수겡>에서 형태를 달리하게 되는 다음과 같은 문법 현상에 대해서 언급하기로 한다. [1] '어'계 발음 [2] 어미 '-게'.

3.1. '어'계 발음

'어'계 발음이란, 이른바 보조적 연결어미 '-아/어', 전형적인 연결어미 '-아/어', 과거 시제 표시의 선어말어미 '-았/었-' 등을 두루 일컫는 말이다.

현대 경상도 방언의 다음과 같은 예부터 관찰해 보기로 하자.

(20) ㄱ. 공이 논에 <u>드갔다</u>(들어갔다).
　　 ㄴ. 니 : 빨리 여 : <u>오바라</u>. (=너 빨리 여기에 와 봐라.)
(21) ㄱ. 하도 섧어서 나도 모르기 <u>울어뻤다</u>. (=하도 서러워서 나도 모르게 울어 버렸다.)
　　 ㄴ. 할로 한 분 <u>싸 : 바라</u>. (=활을 한 번 쏴 봐라.)
　　 ㄷ. 이 떡은 내가 <u>무 : 보까</u>? (=이 떡은 내가 먹어 볼까?)
(22) ㄱ. 기가 <u>맥히서</u> 말이 안 노온다. (=기가 막혀서 말이 안 나온다.)
　　 ㄴ. 한 상 잘 <u>채리 갖고</u> 저짝에 갖다 나 : 라. (=한 상 잘 차려 가지고 저쪽에 갖다 놓아라.)

(20)의 밑줄 부분은, 중부 방언과는 달리, 이 방언에서는 이른바 보조적 연결어미 '-아/어' 없이도 두 용언이 결합할 수 있음을 보이는 예이다. 비통사적 합성어로 분류될 수 있는 성질의 것이라고나 할까. 그러나 (21)은 (20)과는 다른 양상을 보여준다. 이 경우에는 '-아/어'가 밖으로 드러나거나(21ㄱ), 잠재되어 있기(21ㄴㄷ) 때문이다. 따라서 경상도 방언에서는 이른바 보조적 연결어미 '-아/어' 없이 두 용언이 결합하는 것은 아니다.

(22)는 연결어미의 경우인데, 연결어미 '―아/어'가 외현화하지 않았음을 보여준다. 그러나 이 경우에는 반드시 '서, 갖고'와 같은 또 다른 요소들이 동반되기 때문에, 연결어미 '―아/어' 없이(즉, 용언의 어간만으로) 표현이 가능할지는 의문스럽다(보기 : *??기가 맥히 말이 안 노온다. *??한 상 잘 채리 저짝에 갖다 나 : 라.). 이는 당연한 현상으로 받아들여진다. '용언 어간＋어＋용언 어간'의 경우는 '―어' 없이도, 비통사적 합성어스런 구성 방식이 있기 때문에, (20)과 같은 표현이 가능하지만, 문 연결의 경우는 연결어미 '―어/아' 등이 없이 두 문장이 연결될 수는 없기 때문이다. '서, 갖고' 등이 먼저 첨가된 뒤에 '―아/어'가 탈락한 것이 (22)의 예이겠지만, 결과적으로 보면 (22)의 '서, 갖고' 등은 문장 접속의 이러한 파행을 막기 위한 요소라 할 수 있다.16)

그런데 <수겡>의 예를 자세히 검토해 보면, 거기에는 현대 경상도 방언스런 그런 모습과는 또 다른 모습을 보여주고 있어 우리의 눈길을 끈다. 이와 관련한 <수겡>에서의 그것은 크게 네 가지로 압축된다.

    (23) ㄱ. 손을 드러 낭자를 자부려 ㅎ니 (3-2)
        ㄴ. 살라 씰쩌 업는 선군을 다려 가옵소서 (40-2)
    (24) ㄱ. 익미을 쉬기고 비게 안지며 (7-2)
        ㄴ. 시랑이 올히 여계 그 말리 뎡연ㅎ다 ㅎ고 (37-1)
        ㄷ. 낭즈 방에 남즈 소리 나거눌 고힌 녀게 물은직 (39-2)
    (25) ㄱ. 화상은 평풍에 붓치 두고 (3-2)
        ㄴ. 무죄ㅎ거던 섭돌키 빅키 주옵소서 (23-2)
        ㄷ. 유혈리 잇거눌 살피보니 낭자 가삼에서 나는지라 (29-2)
        ㄹ. 할입(할임)으로 나리가오리다 ㅎ고 (34-1)
    (26) ㄱ. 천사자을 불너 신힝을 츠러 낭군과 함게 가즈 ㅎ고 (10-1)
        ㄴ. 너 붓친 급제ㅎ여 날어 오시거던 (43-1)

---

16) 물론, 이러한 새로운 요소가 첨가되면서 의미의 미세한 차이가 일어남은 당연한 사실이다.

cf. 금동자는 침상에 안처 두고 (3-2)
며리을(머리를) 만저 왈 (23-2)
간징이 쩌어저도 신원할 곳이 전이 업셔 (25-2)
업더저 통곡흐거놀 (43-2)

(23)의 밑줄은 중부 방언과 같이, 정상적인 축약의 과정을 보여주는 <수겡>의 예다. 그러나 이와 같은 중부 방언스런 축약은 주로 유음과 관계되고, 다른 경우에 이런 축약이 반영된 경우는 거의 없다. 대부분의 경우는 (24), (25), (26) 가운데 하나로 반영되었던 것이다. (24)의 경우는, (23)의 경우에서 '한 단계' 더 나아간 경상도 방언스런 모습이다. 즉, (24ㄱ)을 예로 들면, '비기어>비겨>비게'의 과정을 밟고 있음을 (24)는 잘 보여주기 때문이다. 자음 뒤에 오는 'ㅕ'가 'ㅔ'로 발음(혹은 전사)되는 어휘를 현대 경상도 방언에서나 <수겡>에서 발견하기란 어렵지 않다.[17)]

(27) ㄱ. 메느리(며느리), 벨(별), 겔혼(결혼), 펜다(편다), ……
ㄴ. 풍펜(풍편, 1-1), 수겡낭즈(숙영낭자, 1-2), 풍겡(풍경, 7-1), 태펭(태

---

17) 그러나 <수겡>에서는 'ㅕ>ㅔ'의 진행 과정이 어두음의 차이에 따라 다르게 나타남이 주목된다. 연구개음 뒤에서 가장 잘 이 과정이 반영되어 있는 반면에, 양순음 뒤에서는 이것이 잘 반영되어 있지 않은 것이다.
(가) 수겡낭즈(1-2), 귀겡(4-1), 풍겡(7-1), 구겡(7-1), 기겡(7-1), 선겡(7-1,18-1), 겡사(38-2), 겔단(39-2) 등
(나) 벽상(3-2), 병세(3-1,3-2,5-2), 평풍(3-2), 칭암절벽(7-2), 명월 (9-1), 입신양명(11-2), 공명(12-1,15-1), 분명흐지라(14-1), 편지(36-2), 분별(40-2), 누명(43-1), 별장(44-1) 등
cf. 태펭(11-1)
그리고 본래부터 'ㅕ'음을 가졌던 양순음 계열의 문법 형태소('-며, -면' 등)도 'ㅕ>ㅔ'의 과정을 반영하지 않고 있다. 그런데 이들은 현대 경상도 방언에서는 예외 없이 단모음화했거나 다른 형태로 발음되고, 어떤 경우든 'ㅕ' 발음은 없다.
따라서 <수겡>의 이러한 표기의 이중성은, 'ㅕ>ㅔ'의 과정이 19세기 이전에 연구개음에서부터 먼저 일어났음을 보여주고 19세기에는 양순음에도 파급되어 경상도 방언은 전반적으로 위의 변화 과정을 밟게 되었음을 보여주는 것이라고 해석할 수 있을 것이다.

평,11-1), 밍월(명월<사람이름>, 20-2), 겔단(결단, 39-1), ……

주목되는 것은, 현대 경상도 방언 문법 요소(어휘에서가 아니라)에는 (24)와 같은 'ㅖ' 현상이 없다는 점이다. 현대 경상도 방언에는 (25)와 같은 현상이 보편적인데, 그 때문에 일부 논자들은 경상도 방언에서는 앞선 용언의 어간이, '어' 계통의 문법 요소 없이 새로운 용언이나(보기 : 살피+보다), 문법 형태소(보기 : 숙이+ㅆ+다)와 결합한다고 했던 것이다. 그러나 이는 정확한 설명이 되지 못한다. 무엇보다도 (21)과 같이 '어' 계열이 들어간 예가 있고 <수갱>에서 보인 (24)와 같은 예가 있기 때문에, 이는 적어도 'ㅕ>ㅖ>ㅣ'라는 음운 변화의 결과로 보아야 하는 것이다. 'ㅕ'에서 'ㅣ'로 되는 중간 단계라 할 수 있는 'ㅖ'의 예는 '비기+어, 여기+어'와 같은 표현에서만 몇몇 보기가 발견되긴 했지만, (24)와 같은 예는, 이 방언의 단모음화 현상과 관련하여 좋은 시사를 주는 자료라 할 것이다.

(26)의 자료는 (24)(에 이은 (25))와는 또 다른 단모음화의 과정을 보여 준다. 그 과정은 'ㅕ>ㅓ'이다. 그런데 이 예는 경구개음 다음의 경우가 대부분이고((26)의 cf. 참조), 그 밖의 경우는 흔치 않음이 주목된다. 잘 알려져 있다시피, 근대 국어 시기에는 'ㅈ' 계열이 구개음화한 발음을 가졌던 것이다(이기문, 1972 : 195-204 참조). 따라서 그 이후 구개음 뒤의 'ㅕ' 복모음은 현실적으로 발음이 용이하지 않게 되었는데, 'ㅈ' 등의 뒤에서 'ㅕ' 복모음이 'ㅓ'로 표기된 것은 이와 관련이 있다는 것이다.[18] 따라서 (26ㄱ)과 (26ㄴ)에서처럼, 유음 뒤의 'ㅕ'가 'ㅓ'로 y-삭제를 보이는 것

---

[18] 구개음 뒤에서 'ㅕ'가 'ㅓ'로 표기된 어휘의 예로는 다음과 같은 것들이 있다.
절단코(← 절단코 ← 결단코, 9-2)
선신(← 선신 ← 현신, 47-1)
양순음 'ㅂ'으로 시작하는 '병'(病)은 이십여 군데 이상 '벙'으로 표기되었지 '뻥' 또는 '삥'으로는 결코 표기되지 않았음이 주목을 끈다. '병(세)'으로 된 데도 서너 군데에 지나지 않는다. 그 밖에 '펀지(편지, 34-2)' 등이 'ㅕ>ㅓ'의 표기로 되어 있다.

은 이와 동궤의 사실로 취급되어야 할 것이다.

지금까지의 논의를 요약하면 다음과 같다. <수겡>이 전사된 19세기 말의 경상도 방언에서는 어간(이나 선어말어미)의 말음이 'ㅣ'로 끝나고 이에 선행하는 음이 구개음(palatal)이 아닐 경우, 'ㅓ' 모음('-어, -엇-' 등)의 연결은 'ㅕ>ㅖ>ㅣ'를 경험하는 것이 일반적이고, 구개음 계열에 후행하는 'ㅕ'는 y-삭제에 의한 단모음화('ㅕ>ㅓ')를 수행하는 것이 보편적이므로 'ㅕ'는 음성형으로 실현되기 어렵다. 따라서 이 경우의 경상도 방언의 이른바 보조적 연결어미 '-어', 전형적인 연결어미 '-어', 과거 시제 선어말어미 '-엇-' 등은 선행하는 어간이나 선어말어미의 말음 'ㅣ'와 결합하여 음운 변화를 경험함으로써 그 온전한 형태를 표면형에서 찾기 어렵다.

3.2. '-게>기'

위(3.1.)에서 밝힌 음운 현상의 결과로 연결이나 부사어의 기능을 갖는 '-게'가 '-기'로 자연스레 표기되리라는 것은 쉽게 예측할 수 있는 일이다. 이는 현대 경상도 방언에서도 그렇고(27) 참조), <수겡>에서도 이미 그런 예를 다수 보여주고 있는 것이다((28) 참조).

> (27) ㄱ. 다 알기 댈낀데 쎅이기는 만다꼬 쎅이? (=다 알게 될 것인데 속이기는 무엇한다고 속여?)
> ㄴ. 인자 너거 아부지도 집으로 돌아오시기 댔다. (=인제 너희 아버지도 집으로 돌아오시게 됐다.)
> (28) 가. ㄱ. 선군의 병은 죽기 되니 (4-1)
> ㄴ. 닉 목숨이 쏙절업시 죽기 데여시니 (5-1)
> 나. ㄱ. 너가 망영되기 흔 거실 너무 가렴치 말나 (24-1)
> ㄴ. 너히등은 무신 쬐을 니여 할임을 살기 흐라는양 (36-2)

cf. 선군이……함게 죽을 거신이 후한이 업<u>게</u> 흐옵쇼셔 (27-2)

다. ㄱ. 고집되<u>기</u> 말유 마옵소서. (6-2)

　　ㄴ. 흐인 모로<u>기</u> 집을 도라와 (15-1)

　　cf. 낭군이……흐인 모로<u>게</u> 회정흐여 소부 방의 앗삽기로 (22-1)

라. ㄱ. 낭군은 첩을 잇지 못흐여 이러<u>키</u> 지중흐신이 (3-2)

　　ㄴ. 목전의 본 일을 저럭<u>키</u> 흐거던 (20-2)

　　ㄷ. 심신이 살난흐여 변변 수상<u>키</u> 하직흐고 (36-2)

(28가)는 '-기 되/데-' 구성의 예이고, (28나)는 '-기 흐-' 구성의 예이며, (28다)는 부사적 혹은 연결 기능으로 쓰인 '-기' 구성의 예이다. 그리고 (28라)는 이러한 표기가 '이/저/그러흐+게, X흐+게'에까지 예외 없이 적용되었음을 보여주는 예이다.

그런데 (28나)와 (28다)의 cf.를 보면, '-게'가 사용되어 있다. 그러나 '-게' 사용은 이 두 예를 제하고는 발견되지 않는다. 이는 19세기 말 경상도 방언에서는 이미 'ㅔ>ㅣ'의 진행이 거의 완료되었음을 단적으로 보여주는 것이라 할 수 있을 것이다.

4. '도'에 기댄 부정의 표현

중부 방언을 중심으로 한 현대 국어에서의 이른바 장형 부정은 '-지 [니, 못]하-'로 나타난다. 그런데 현대 경상도 방언의 이 표현은, (29)에서 보듯, '-다 [안, 몬]하-'라는 표현에 기대어 이루어진다.

(29) ㄱ. 대<u>다 안하</u>는 말 자꾸 해 싸알레? (=되지도 않는 말 자꾸 해 쌓을레?)

　　ㄴ. 니는 묵<u>다 몬하</u>는 감을 들고 머하노? (=너는 먹지도 못하는 감

을 들고 뭐하니?)

　그런데 <수겡>에서는 중부 방언스런 '-지'에 이끌리는 부정 표현 ((30) 참조)과 함께 '-지' 없이 '도'에 이끌리는 부정 표현((31) 참조)이 공존하고 있어 주목된다.

　　(30) ㄱ. 낭군은 니 말을 듯지 안이ᄒ니 (4-1)
　　　　ㄴ. 유정흔 낭자씨는 어딘 가고 날을 반기지 안이ᄒ는고 (40-1)
　　　　ㄷ. 실푸다 영힁이나 다시 보지 못홀 거시니 (36-2)
　　　　ㄹ. 반가온 마음을 이기지 못ᄒ여 (7-2)
　　(31) ㄱ. 오날은 반갑도 안이ᄒ오 (34-2)
　　　　ㄴ. 선군을 ᄯᅮ지도 못ᄒ고 (10-2)
　　　　ㄷ. 항천을 도라간들 눈을 ᄊᆞᆷ도 못ᄒ고 (27-1)

　사용 빈도로 보면, '-지'에 이끌리는 표현이 '도'에 이끌리는 그것보다 훨씬 많다. 실제로 '도'에 기댄 부정의 표현은 (31)과 같은 세 군데(그리고 (32)에서 보듯, '금지'의 뜻에 한 군데)밖에 없다. 여기에서 주목하고자 하는 것은, 이러한 빈도수의 문제가 아니라, '도'에 의한 표현이 <수겡>에서 쓰였다는 점이고, 이는 현대 경상도 방언의 '다'에 의한 표현과 대응된다는 점이다. (31)의 밑줄은, '-지도 [아니, 못]하-'에서 '-지'가 탈락하고 보조사로 보이는 '도'만이 남아 '아니-, 못-'을 이끌면서 부정의 뜻을 갖게 된 예라 할 것인데, 현대 경상도 방언의 '다'는 이 '도'의 음운 변화인 것이다. 따라서 현대 경상도 방언에 존재하는 '다'에 기댄 부정의 표현은, 19세기에 이미 활발하게 쓰이고 있었다고 보는 것이 타당하다.19)

─────────

19) '도'에 기댄 부정의 표현은 이미 15세기 국어에서부터 있어 온 것이다(허웅, 1975 : 375 ; 김승곤, 1989 : 155 ; 리의도, 1990 : 50 등 참조). 현대 국어의 중부 방언도 "가도 오도 않는다, 밉도 곱도 아니하다"에서처럼 '도'에 기댄 부정의 표현이 있으

그런데 한 가지 더 눈길을 끄는 것은, <수겡>에서는 금지를 나타내는 표현에서도 '도'가 쓰였다는 점이다. 이 형식은 현대 경상도 방언에서는 발견되지 않는다. <수겡>에는 현대 중부 방언이나, 현대 경상도 방언에서처럼, '-지 말-'에 이끌리는 표현이 물론 많지만(33) 참조), (32)와 같은 '도 말-'에 기댄 예도 하나가 발견되었던 것이다.

(32) 눈도 부릿쓰도 말고 (26-2)

(33) ㄱ. 가지 말라 호니 (6-2)
    ㄴ. 낭군은 가지 말고 닉 말을 드러소서 (8-2)

따라서 우리는 발생 초기부터 어느 단계까지는 '다 [아니ᄒ, 못ᄒ, 말]-'과 같은 어형이 경상도 방언에 존재하다가, 현대 경상도 방언은 그중 '다 못-'을 포기한 것이라는 결론에 이르게 된다.[20]

5. 그 밖

이 장에서는 <수겡>에 나타난, 그 밖의 경상도 방언 문법적인 요소에 대해 간단히 언급하기로 한다.

나, 그 방언에서는 주로 첩어적인 데서 가능하기 때문에 15세기~19세기스러운 이 표현은 현대 경상도 방언에서 가장 전형적으로 남아 있다고 할 수 있을 것이다.

[20] 그 이유는 어느 시기에 '도'의 발음이 경상도 방언에서 '다'로 바뀐 데 있다는 것이 우리의 생각이다. 즉, '-지' 뒤에 오는 '도' 발음은 어떤 연유로 해서 모두 '다'로 바뀌게 되는데(일반 보조사로서의 '도'는 현대 경상도 방언에서도 '도'이다. 보기 : 책도 사고 공책도 사고 ……), 금지의 의미에 '다'를 쓰다 보면 엉뚱한 의미로 해석될 소지가 있기 때문이다.
(가) *논에 가다 말고 집에 붙어 있거라.(=논에 가지도 말고 집에 붙어 있거라.)
(가)의 '다 말-'은 '-지도 말-'의 의미로 썼지만, 결과적으로는 엉뚱하게 중단의 뜻을 지닌 '가다가 말고'로 언중이 인식할 수 있었을 것이라는 것이다.

5.1. 시발의 보조사 '붓텀/틈'

현대 국어에서 시발의 뜻을 지니는 보조사는 '부터'(중부 방언), '부텀' (경상도 방언) 등으로 표출된다. 그런데 <수겡>에서는 이것이 '붓터'와 '붓텀/틈'으로 표기되어 있어, 그 당시 경상도 방언에서는 이미 [부텀]이라는 발음이 자리 잡고 있었음을 잘 보여준다.

> (34) ㄱ. 월궁 선여라 ㅎ고 엿츠여츠ㅎ고 간 후로붓터 벙이 되엿스오니 (2-1)
> ㄴ. 이날붓터 밍월노 방수을 정ㅎ여 세월을 보나나 (4-2)
> (35) ㄱ. 도적의 쎄는 면ㅎ여도 원힝은 면치 못ㅎ다 말리 예로붓텀 이섯거던 (23-1~2)
> ㄴ. 이눌붓틈 낭자 신체가 썩누 듯ㅎ더라 (41-2)

'텀/틈'과 같이 모음에 차이가 있게 표기된 것은, 현대 대다수 경상도 방언에서처럼, 그 당시에도 이미 경상도 방언에는 'ㅓ'와 'ㅡ'의 구별이 이루어지지 않았음을 보여주는 것으로 이해된다. 문제는 '터/트' 뒤에 붙은 'ㅁ'의 정체에 관한 것이라 하겠는데, 이 문제에 관하여 우리는 아직 해답을 갖고 있지 못하기 때문에 뒷날로 미루어 두고자 한다.

5.2. 도착의 보조사 '쩌지'

도착의 의미를 지니는 현대 중부 방언의 보조사는 '까지'로 표기되고 경상도 방언은 '꺼정/지'로 표현된다. 예가 많지는 않으나, <수겡>에서는 '쩌지'로 나타나는바 현대 경상도 방언의 형태가 <수겡> 시절에 이미 보편적으로 쓰이고 있었음을 보여준다.

> (36) 엿거지 앗사옴은(여기까지 왔사옴은) 실푸다 영힝이나 다시 보지 못

홀 거시니 (36-1)

5.3. 도급형 어미 '-도로'

어디어디에 이르게 됨을 뜻하는 연결어미로 현대 중부 방언은 '-도록'을 갖고 있고, 현대 경상도 방언은 '-도록/로'를 갖고 있다. '록'에 있는 'ㄱ'은 경우에 따라서는 완전히 탈락하여 '로'로만 청취되는 경우가 많지만, 경우에 따라서는 약하나마 'ㄱ'이 발음되는 것으로 관찰되기도 한다. 말하자면, 이 'ㄱ'은 매우 불안정한 위치에 있는 받침 k의 발음에 대한 표기라는 것이다. 그런데 <수겡>에서는 이 뜻을 갖는 표기가 두 군데 나타나는데 묘하게도 하나는 '-도록'으로, 다른 하나는 '-도로'로 표기되어 있다.

> (37) ㄱ. 죽<u>도록</u> 달치ᄒ실 거시 무어시며 (24-2)
> ㄴ. 낭ᄌ 동춘을 암고 밤이 넛<u>도로</u> 우다가 본이 (27-1)

(37ㄴ)의 '도로'가 (37ㄱ)의 '도록'에 대한 단순한 실수일 가능성도 배제할 수 없으나, 여기에서는 그 당시 경상도 방언에서도 이 'ㄱ'은 매우 불안정한 것이었음을 반영하는 예로 해석하고자 한다.

5.4. 자음 앞에서 'ㄹ'이 탈락한 어간

현대 경상도 방언에서는, 이른바 'ㄹ' 불규칙 용언의 'ㄹ'탈락 현상이 표준어의 그것보다 더 넓게 적용된다. 'ㄷ, ㅈ'으로 시작하는 어미 앞에서도 'ㄹ'이 탈락하는 예들이 있는 것이다.[21]

---

21) 그러나 'ㄱ' 앞에서 이 'ㄹ'은 결코 탈락하지 않는다.

(38) ㄱ. 갬이 참 <u>다다</u>. (=감이 참 달다.)
ㄴ. 학교 마치모 <u>노지</u> 말고 쌔기 집에 오야 한다. (=학교 마치면 놀
지 말고 속히 집에 와야 한다.)

그런데 <수겡>에서도 현대 경상도 방언에서와 꼭 같은 양상을 보이
고 있어 오늘날 경상도 방언에서 보이는 이런 현상이 적어도 <수겡> 시
대 이전부터 진행되고 있었음을 잘 보여준다.

(39) ㄱ. 낭즈 동춘을 암고 밤이 넛도로 <u>우다가</u> 본이 (27-1)
ㄴ. 낭군과 함게 <u>노던</u> 가문정 별송듸을 (28-1)
ㄷ. 할임이 <u>우다가</u> 씨다련니 (44-2)
(40) ㄱ. <u>우지</u> 말고 잘 잇거라 (28-2)
ㄴ. <u>우지</u> 마라 동춘아 너 우는 소러 니의 마음 둘 듸 업다 (30-2)

5.5. 대격 조사 '로'의 쓰임

현대 경상도 방언은 모음이나 유음으로 끝난 명사 뒤에 오는 대격 조
사로 '로'ㅂ를 요구하고 있다(이에 대한 자세한 설명은 최명옥, 1980 : 50 ; 김영
태, 1983 : 18-19 참조).

(41) ㄱ. <u>소로</u> 몰꼬 가다가 <u>아재로</u> 만냈다. (=<u>소를</u> 몰고 가다가 <u>아재를</u> 만
났다.)
ㄴ. 그 사람은 술로 너무 좋아해서 탈이다.

그런데 <수겡>에서는 모음으로 끝난 명사 뒤에 '로'가 쓰이는 예가
세 군데 발견된다.

(가) 울/*<u>우</u>고 있는 얼라. (=울고 있는 아기.)
(나) 놀/*<u>노</u>기마 좋아하모 안 댄다. (=놀기만 좋아하면 안 된다.)
중세 국어에서도 'ㄷ' 앞에 오는 'ㄹ'은 탈락했다.

(42) ㄱ. 힝여 외인을 디면홀가 ㅎ여 <u>수부(小婦)로</u> 불너 은근이 언근이 뭇
　　 논 거시 (21-1 ~ 2)
　　 ㄴ. 두룹다 마음시고 허혼ㅎ여 <u>길굽기로</u> 바리오니 (37-2)
　　 ㄷ. 너 오난 날의 <u>겡스로</u> 치ㅎ고져 ㅎ야 비필을 졍ㅎ엿신이(38-2)

　　그러나 (42)에서의 세 예만으로는 <수겡> 당시의 경상도 방언은 모음
으로 끝난 명사 다음에 오는 대격 조사가 '로'이었다고 단정하기가 매우
어렵다. 그 이유는, 위 (42)의 보기에서 쓰인 '로'는 누가 보아도 '를'이
쓰여야 할 자리에 그것('로')이 쓰인 예가 아니라는 점과 연관된다. 우리
는, 화자가 대격 조사와 구격 조사를 엄밀하게 구별해서 쓰는 환경이 있
는가 하면, 대격 조사를 써야 할지 구격 조사를 써야 할지를 망설이게
되는 환경이 있다고 믿는다. 이를테면, 중부 방언에서

(43) ㄱ. 동생은 책[을, *<u>으로</u>] 읽는다.
　　 ㄴ. 누나는 사과[를, *<u>로</u>] 먹었다.

와 같은 데서는 의심의 여지없이 대격 조사가 쓰이지만, 다음과 같은 데
서는 그것들이 섞여서 쓰일 수 있다는 것이다.

(44) ㄱ. 나는 오늘 동생하고 학교[를, 로] 갔다.
　　 ㄴ. 선생님이 우리[을, 으로] 찾아오셨다.

　　(44ㄱ)은 학교를 방향의 의미로 보느냐, 대상의 의미로 보느냐에 따라
서 격조사가 달리 선택됨을 보이는 예이다. 전통적인(처방적인) 문법으로
보면, 이 경우는 '로'(또는 '에')가 맞지, '를'은 맞지 않다고 이야기할 수
있는 문장이다(그러나 이 경우, '를'이 쓰인 것은 문법적으로 이상이 없다). (44ㄴ)
은 '찾아오-'라는 합성동사가 쓰인 문장인데, 그 앞에 쓰인 조사는 '을'

이나 '으로' 어느 쪽이든 상관이 없다. 그 이유는, '찾아오-'가 '찾-'에 의미의 강세를 가지면 "-을 찾다"에 의해 '을'이 선택되고, 그것('찾아오-')이 '오-'에 의미의 강세를 가지면 "어디로 오다"에 의해 '으로'가 선택될 수 있기 때문이다.

이는 대격 조사와 구격 조사의 선택에 가장 큰 혼란(?)을 보이는 두 전형적인 예라 할 것이다. 그런데 재미있는 것은, 이러한 선택의 혼란 현상이 <수겡>에서도 그대로 드러나고 있다는 점이다.

> (45) ㄱ. 옥연동 <u>가문정을</u> ᄎᄌ오소서 (5-2)
> ㄴ. <u>옥연동으로</u> ᄎᄌ가니라 ᄒ니 (6-2)
> (46) <u>천지를</u> 깃품 삼고 <u>상閤回로</u> 육예 삼아 (9-1~2)

(45)는 위 (44ㄴ)과 같이 복합동사가 쓰임으로써 '을'과 '으로'가 달리 선택된 예이고 (46)은 (44ㄱ)과 같이 해당 명사구를 대상으로 인식했는지, 방향으로 인식했는지에 따라 격조사의 선택이 달라진 예이다. 이러한 현상으로부터 우리는 국어의 대격 조사와 구격 조사는 경우에 따라 그 쓰임이 상통할 수 있음을 확인할 수 있다.

그런데 (42ㄱㄴㄷ)은 (43)과 같이 거의 의심 없이 대격 조사가 쓰여야(즉, 전형적으로 대격 조사가 쓰여야) 하는 위치가 아니라, (44)와 같이 대격 조사를 써야 할지, 구격 조사를 써야 할지가 망설여지는 위치인 것으로 보인다. 따라서 (42)의 '로'를 대격 조사의 경상도 방언스런 실현이라고 말하기를 주저하게 된다는 것이다.

이보다는 오히려 다음과 같은 사실에 주목하는 것이 더 중요할지 모른다. <수겡>에서는 모음으로 끝난 명사 다음에 대격 조사가 오는 횟수가 180여 회인데, 그중에서 정상적인 것이라고 믿어지는 '를'은 30여 군데에 지나지 않고 나머지 150여 군데는, 이상하다고 할 수밖에 없는 '을'

이 나타난다는 점이다. 모음 뒤에 '을'이 나타나는 것을 필사자의 단순한 실수라고 하기에는 그 쓰인 횟수(150여 회)와 '를'과의 비율(5 : 1)이 마음에 걸린다.

다른 문헌을 더 찾아보고, '를'의 방언스런 변화 작업을 꾸준히 탐색한 다음에 정확한 결론이 내려지겠지만,[22] 우선은 다음과 같은 한 가정을 세워보고자 한다. "<수겡>에서나 그보다 앞선 시기의 문헌에서 모음으로 끝난 체언 뒤에 '을' 대격 조사가 쓰인 것은, 어느 시기부터인가(주로 경상도 방언에서는) 이 위치에서 '를'의 발음이 동요하기 시작했음을 반영하는 일이다."

6. 덧붙이는 말

굳이 경상도 방언적인 요소라고는 할 수 없으나, 국어사적인 입장에서 덧붙이고 싶은 몇 가지 사항을 이 장에서 간단히 정리하고자 한다. 여기에 해당하는 것으로는 특이한 보조사 '(은)시로이', 반말어미 '-여, -거던, -지', 의문법 어미 '-는양', 나열형 어미 '-으면' 등이다.

6.1. 고사의 보조사 '(은)시로이'

고사(그만두기)의 의미를 갖는 현대 중부 방언의 보조사 '(은)커녕'에 해

---

22) 김승곤(1989)에서는 17세기 국어에서도 이런 현상이 '많이' 나타난다(208쪽)고 했고, 18세기에는 '가끔' 나타나며(246쪽), 19세기에도 나타남(276쪽)이 보고되어 있다. 한편, <숙영낭자전>의 다른 이본들에서도 이런 현상은 활발하게 나타나고 있음을 볼 수 있다(월촌문헌연구소, 1987 참조). 김주원(1984)에서는 18세기 경상도 지방에서 간행된 불서들에서 이미 '를'을 대신한 '로'가 나타남을 보고하고 있다.

당하는 것으로 '(은)시로이'라는 어형이 <수겡>에서 한 군데 발견된다.[23]

> (47) 삼연은시로이 일각이 여삼추ᄒ오니 (2-1~2)

'(은)스로이'에 있는 '은'은 주제나 대조의 의미를 지니는 보조사 '은'이고, '시로이'는 얼핏 '시롭-'의 부사형이 문법화한 것으로 보이지만, 자세한 내용은 아직 알 수가 없다. 만약 '시로이'가 '시롭-'가 관계되는 것이 사실이라면, 이것이 언제부터 문법화하기 시작했느냐를 따지는 일이 국어사적으로 중요한 일이 될 것이다.

6.2. 반말어미

이른바 반말어미를 국어 문법에서 어떻게 처리할 것이냐 하는 점은 아직 학자들 사이에서 의견의 일치를 보지 못하고 있다. 이 글에서는, 본래는 종결어미가 아닌 요소들이 종결어미화한 것을 반말어미라고 부르면서, <수겡>에서 이미 반말어미로 인식되는(즉, 종결어미화한) 몇 가지 요소에 대해서 살펴보기로 한다.

> (48) ㄱ. 부모 왈 몽스을 싱각ᄒ여 밍월노 방수을 ᄒ여 그러나 낭ᄌ의 말
> 이 그러ᄒ이 그러ᄒ라 ᄒ고 (4-2)
> ㄴ. 상공 더욱 분ᄒ여 왈 목전의 본 일을 저럭키 ᄒ거던 낭자 이 말
> 을 듯고 실피 동곡(통곡) 왈 (20-2)
> ㄷ. ᄎ라리 니가 죽으면 너 우는 소릭을 안이 듯지 너 사라 너 우는
> 거동을 목석인들 어이 보라 ᄒ고 (30-2)

---

23) '(은)시로이'는 <독립신문>에서도 그 쓰임이 발견된다. 이 사실과 함께 이것의 의미가 '(은)커녕'이라는 것은 경남대 김형철 교수의 도움말에서 비롯한 것임을 덧붙여 둔다.

'-여, -거던, -지'는 일반적으로 연결어미로 인식되어 왔다. 그러나 (48)에서 쓰인 '-여, -거던'은 곧이곧대로 연결어미일 수가 없다. 그 뒤에 따르는 표현들을 보면 영락없는 종결어미로 기능한다고 할 수밖에 없기 때문이다. 물론 한 가지 고려할 사항이 있다. 그것은 특히 (48ㄱ)의 경우, '-여'가 우연한 실수에 의한 것이 아니겠느냐는 것이다. 즉,

> (49) 부모 왈 몽스을 싱각ᄒ여 밍월노 방수을 ᄒ여 <u>어떻게 ᄒ려는양</u>? 그
> 러나 ……

와 같이 밑줄 부분을 실수로 적지 않았을 경우를 생각할 수 있다는 것이다. 그러나 이런 사실이 반말어미의 기원과 관련된다는 점을 생각해 보면 (김정대, 1990 : 30-33 참조), (48ㄱ)의 '-여'는 반말어미라 할 수밖에 없다.

이에 비해 (48ㄴ)의 '-거던'은 거의 의심할 여지가 없는 종결어미로 보인다. 그것은, '-거던/든'이 연결어미로 쓰일 때와 종결어미로 쓰일 때는 의미가 꽤 달라져 버리기 때문이다.

> (50) ㄱ. 첩을 보러 ᄒ시<u>거든</u> 가문정을 츠자 오소서 ᄒ고 (5-2)
> ㄴ. 철석 간장 아니<u>어던</u> 엇지 안이 울이오 (31-1)

(50ㄱ)의 '-거던'은 가정의 뜻을, (50ㄴ)의 '-어던(←거던)'은 앞말을 강조할 때 쓰는 전형적인 연결어미이다. 그러나 (48ㄴ)의 '-거던'은 까닭을 나타내는 종결어미로 인식되는 것이다. 그런 뜻에서 보면, (48ㄴ)의 밑줄과 (50)의 밑줄과는 별도의 어미로 처리할 수도 있겠지만, 어형이 같다는 점이 주목되기 때문에 연결어미의 종결어미화, 즉 반말어미로 처리해 두고자 하는 것이다.

이들에 비해, (48ㄷ)의 '-지'는 완전한 반말어미라고 하기는 힘들다. 연결어미로 쳐도 문맥을 파악하는 데는 지장이 없기 때문이다. 그러나

이를 종결어미로 가정해도 뜻 파악에는 무리가 없기 때문에, 이도 반말 어미로 다루어서 별반 무리는 없을 듯싶다.

요컨대, (48)의 예들, 특히 (48ㄱ)과 (48ㄴ)은 반말어미가 어떻게 형성되었는가 하는 그 과정을 암시해 주는 듯해서 주목할 필요가 있을 것이다.

6.3. 의문법 어미 '-는양'

현대 중부 방언에서 보이는 의문법 어미 '-느냐'는 이미 16세기에 그 모습을 드러내고 있다(허웅, 1989 : 164-7 참조). 그러나 이 '-느냐'에, 정체를 알 수 없는 받침 'ㅇ'이 결합한 '-느냥(-는양)'이 어느 때부터 쓰이기 시작했으며, 'ㅇ'의 특별한 다른 기능이 있는지에 대해서는 우리는 아는 바가 없다. 다만, <수겡>에서는 '-느냐'가 쓰일 자리에 예외 없이 '-는양'('-는/는양, -느/나양)이 사용되었다는 점만을 지적하고 더 자세한 논의는 뒷날로 미루고자 한다.

> (51) ㄱ. 너 요시에 낭자방에 간 일이 잇<u>나양</u> ᄒ니 (16-2)
> ㄴ. 상공이 …… 왈 종시 기망ᄒ고 바로 아리지 아니ᄒ<u>는양</u> (21-1)
> ㄷ. 눈을 쌈도 못ᄒ고 혼빅인들 이질<u>손양</u> (27-1)
> ㄹ. 너히등은 무신 죄을 니여 할임을 살기 ᄒ<u>라는양</u> (36-2)
> ㅁ. 홀임이 분부ᄒ되 너 죄을 아<u>는양</u> (44-1)

6.4. 나열형 어미 '-으면'

<수겡>에 쓰인 문법 요소 가운데서 오늘날의 쓰임과 현저하게 다른 것 중의 하나가 동시 동작을 나타내는 (나열형) 어미 '-으면'이다. '-으면'이 일반적으로 갖는 조건의 의미를 나타내는 예도 물론 <수겡>에서는 다수 나타난다.

(52) ㄱ. 낭군이 첩을 싱각 망고 삼연만 지달리오면 빅연 기약을 정홀 터
　　　이오니 (2-1)
　　ㄴ. 그저 가라 호면 절단코 쥬거신이(죽겠으니) (9-2)
　　ㄷ. 니 죽어 항천에 가면 다시 보기 어렵도다 (28-1)

그리고 동시 동작이나 공간 나열의 의미는 일반적인 연결어미 '-으
며'가 담당하고 있음도 곳곳에서 쉽게 발견된다.

(53) ㄱ. 팔도 사람드리 모와 드리오며 일오되 (3-2)
　　ㄴ. 익미을 쉬기고 안지며 문 왈 (7-2 ~ 8-1)
　　ㄷ. 칼을 볏덧호며 분이 직발호여 (30-2)

그런데 '-으면'으로써 공간 나열의 뜻을 지니게 하는 다음의 예는 흥
미를 끌게 한다.

(54) ㄱ. 삼연이 몃히면 낭자야 낭자야 (9-2)
　　ㄴ. 무신 죄 지즁호야 노복의게 욕설리면 쏘 창두로 자바오라 호신
　　　잇가 (20-2)
　　ㄷ. 어린(어린) 동춘 어니(어이) 호면 닌들 안이 불상혼가 (25-1)
　　ㄹ. 일어혼 누명과 익형을 당할 줄을 어이 알면 노복등의 욕본 일을
　　　솜솜 안즈 싱각호니 (25-2)

보다 흥미 있는 일은, 이 '-으면'이 (앞서의 언급처럼)동시 동작의 뜻을
갖는다는 것이다. 그 예는 매우 많아서 필사자의 우연한 실수라고 할 수
있는 일이 아니다.

(55) ㄱ. 낭군은 …… 저디지 병이 위즁호신잇가 호면 유리병 세 기를 주
　　　면 왈 (3-1)
　　ㄴ. 안보로 드러가면 원건을 살펴보니 (7-2)
　　ㄷ. 직시 과기 힝장을 차려주면 왈 (12-2)

ㄹ. 칼을 들러 가삼을 전주<u>면</u> 이리저리 도라보니 (29-1)

ㅁ. 정씨 …… 눈물을 헐이<u>면</u> 편지을 본이 (35-1)

ㅂ. 운무가 자옥ᄒ<u>면</u> 옥제 소리 멸니가니 (47-2 ~ 48-1)

중세 국어의 동시 동작은, '-으며'와 이에 '셔'가 결합한 '-으며셔'로써 나타났다(이기문, 1972 : 165 ; 안병희·이광호, 1990 : 250 참조). 일반적으로 '-으면서'가 동시 동작의 의미를 갖게 된 것은 근대 국어 후기로 알려져 있다(이기문, 1972 : 213 참조). 그러나 〈수겡〉에서의 예를 참조하면, 현대 국어에서 쓰이는 동시 동작의 '-으면서'에 대한 해석은 다음과 같은 두 가지의 가능성을 갖게 된다 할 것이다.

(56) ㄱ. 으며 ········ 중세   ㄴ. 으며 ········ 중세

　　　으며셔 ······ 중세, 근대   으면 ········ 근대 후기

　　　으면서 ······ 근대 후기, 현대   으면서 ······ 현대

이기문(1972 : 165, 213)에서는 (56ㄱ)의 변화 과정이 제시되었다. 그런데 〈수겡〉만을 중심으로 하여 살펴보면 (56ㄴ)의 과정도 예상된다. (56ㄴ)의 변화 과정도 사실이라고 하면, 이는 '-으면서'의 형성은 방언에 따라 적어도 두 가지 다른 변화의 결과라는 결론에 이르게 된다.

7. 맺음말

이 글은 19세기 말의 경상도 방언을 반영하고 있는 것으로 믿어지는 〈수겡옥낭좌전〉을 대상으로 하여, 거기에 나타난 경상도 방언 문법적 요소를 살펴보기 위해 작성된 것이다. 지금까지의 논의를 요약하면서 이 글을 맺도록 한다.

1. <수겡>에서의 '호-'는 일반 동사, 용언 파생 접미사, 인용 동사, 이른 바 보조동사로서의 기능을 갖는다. 인용 동사와 이른바 보조동사로 쓰인 '호-'가 그 뒤에 특히 어미 '-고'와 결합한 '호고'는, <수겡>에서 그 뒤에 어떤 다른 어미가 올 때보다 더 잘 문법화에 관여하는 듯이 보인다. 이는 '호-'를 삭제하고 그에 앞서는 종결어미 '-다, -자/ㅈ'와 연결어미 '-(으리)아'와 결합한 '-다고, -자/ㅈ고'와 '-으랴고'라는 형식으로 가능해진다.

이 가운데서 특히 복잡한 문제를 안고 있는 것이 '-으랴고'이다. 이는 '(으리+아+)호+고'에서 유래했음이 <수겡>에서 확인되는데, '호-' 삭제에 이어 축약이 일어남으로써 '-으랴고'가 이루어진 것이다.

2. 'ㅣ' 모음 뒤에 '어'계 형태소가 오면, 경상도 방언은 '어'계 발음이 생략되는 듯이 보이는 예를 갖고 있다(보기 : 차리어 오다 → 채리 오다). 그러나 이는 'ㅕ>ㅔ>ㅣ' 변화의 결과로 보아야 할 증거가 <수겡>에서 발견된다(보기 : 비기어 → 비겨>비게). 이런 음운 변화의 결과로, '-게>-기'의 형태가 존재(보기 : 죽기 데여시니)하게 되리란 것은 충분히 예상되는 일이다.

3. 현대 경상도 방언에는 "먹다 몬하는 감"과 같이 '다'에 기댄 부정의 표현이 있는데 <수겡>에는 "반갑도 안이호오"와 같이 '도'에 기댄 부정의 표현이 있어 양자의 밀접한 관계를 말해 준다. 이들은 '-지도 [아니호, 못호, 말]-'에서 '-지'를 생략함으로써 가능한 표현인데(현대 경상도의 '다'는 '도'의 변화이다) <수겡>에서는 '도 [아니호, 못호, 말]-'이 다 가능하나, 현대 경상도 방언에서는 '도 말-'은 불가능하다.

4. <수겡>에는 이 밖에도 시발의 보조사 '붓텀/틈', 도착의 보조사 '쩌지', 도급형 어미 '-도로'가 쓰이고 있어 현대 경상도 방언에서 쓰이고 있는 '부텀, 꺼지, -도로' 등이 19세기 말 이전에 이미 경상도 방언에서 쓰이고 있었음을 잘 보여준다.

그리고 현대 경상도 방언에서는, 이른바 '르'불규칙 동사 어간의 '르'이

'ㄷ, ㅈ'으로 시작하는 자음 앞에서도 탈락하여 그 탈락의 폭이 표준어의 그 것보다 넓음을 보여주는데 <수겡>에서도 꼭 같은 현상이 발견되어(보기 : 우 다가, 우지), 이 현상이 역사적으로 이미 오래 전부터 진행되어 온 사실임을 입증해 준다. 한편, 모음으로 끝난 명사 뒤에 '을' 대격 조사가 생산적으로 사용되고 있어 이의 이유를 살펴보는 일도 의미 있는 것으로 여겨졌다.

5. 경상도 방언적인 요소라고 할 수는 없지만, 국어사적으로 언급할 필요가 있는 것으로 믿어지는, 고사(그만두기)의 보조사 '(은)시로이', 반말 어미 'ㅡ여, ㅡ거던, ㅡ지', 의문법 어미 'ㅡ는양', 나열형 어미 'ㅡ으면' 에 대해서도 가볍게 시선을 던져 보았다. '(은)시로이'는 '시롭ㅡ'이 어느 시기에 문법화되기 시작했느냐는 의문을 제기하고, 반말어미들의 확인은, 이런 반말어미의 처음 시작이 언제부터였을까라는 점을 생각나게 한다. 'ㅡ는양'은 이 어미의 맨 끝에 'ㅇ'이 첨가된 것이, 'ㅡ으면'은 이 형식으 로 현대 국어의 'ㅡ으면서'의 뜻을 나타낼 수 있다는 것이 특이한데, 그 들의 생성 또는 변화 과정을 다른 문헌을 통해 확인하는 작업은 의미 있 는 것으로 느껴졌다.

‖ 참고문헌

고영근(1987), 『표준 중세국어 문법론』, 탑출판사.

권재일(1986), 「형태론적 구성으로 인식되는 복합문 구성에 대하여」, 『국어학』 15, 국어학회.

김승곤(1989), 『우리말 토씨 연구』, 건국대 출판부.

김영태(1983), 「창원 지역어 연구」, 중앙대 대학원 박사학위 논문.

김영희(1984), 「'하다' ; 그 대동사설의 허실」, 『배달말』 9, 배달말학회.

김정대(1983), 「[요] 청자 존대법에 대하여」, 『가라문화』 2, 경남대 가라문화연구소.

_____(1990), 「경남 방언 문법 연구의 흐름과 과제」, 『경남어문』 23, 경남어학회.

김주원(1984), 「18세기 경상도 방언을 반영하는 불서에 대하여」, 『목천 유창균 박사 환갑기념논문집』.

김형철(1987), 「19세기 말 국어의 문체·구문·어휘의 연구」, 경북대 대학원 박사학위 논문.

리의도(1990), 『우리말 이음씨끝의 통시적 연구』, 어문각.

서정목(1989), 「중부 방언의 '-(으)려(고)'와 남부 방언의 '-(으)ㄹ라(고)」, 『이정 정연찬 선생 회갑기념논문집』.

안병희·이광호(1990), 『중세 국어 문법론』, 학연사.

월촌문헌연구소편(1989), 『이본류 한글 필사본 고소설 자료 총서 제70권』, 원광대 박순호 교수 소장본, 오성사.

이기문(1972), 『국어사 개설』, 탑출판사.

이상규(1984), 「15세기 경북지역 고문서의 이두」, 『목천 유창균 박사 환갑기념논문집』.

이현희(1986), 「중세국어 내적 화법의 성격」, 『한신논문집』 3, 한신대학교.

최명옥(1980), 『경북 동해안 방언 연구』, 영남대 민족문화연구소.

최전승(1986), 『19세기 후반 전라 방언의 음운 현상과 그 역사성』, 한신문화사.

최현배(1937/1971), 『우리말본』, 정음사.

한글학회(1991), 『우리말 큰사전』, 어문각.

허 웅(1975), 『우리 옛말본』, 샘문화사.

_____(1989), 『16세기 우리 옛 말본』, 샘문화사.

영남지역 기행가사의 텍스트 존재 양상과 의미*

최 은 숙

1. 서론

이 글은 영남지역의 기행가사 텍스트의 존재 양상을 파악하고, 공간[1]의 특성을 중심으로 그 의미를 살피는 것이 목적이다. 이를 통해 지역문학 연구를 위한 자료 확충에 기여하고자 한다.

고전시가 분야에서 지역문학연구에 대한 필요성은 최근 들어 강조되고 있다.[2] 김창원(2007a ; 2007b ; 2008a ; 2008b),[3] 성기옥(2011),[4] 전재진(2011),

---

* 이 글은 『어문학』 122집(한국어문학회, 2013)에 게재한 논문이다.

1) 여기서 '공간'은 작품 창작의 모티프이면서 여행의 장소로서의 공간을 말한다.

2) 지역문학탐구에 대한 문학 일반에 대한 논의는 이미 심화된 상황이지만, 고전시가분야에서 이슈화된 것은 최근의 일이다. 2007년 이후 김창원 등에 의해 그 필요성과 방법론이 시도되었고, 2012년도 한국시가학회가 '한국 고전 지역문학의 탐색과 그 전망'을 기획주제로 이 문제를 본격적으로 다루기 시작하였다.

3) 김창원의 일련의 논의는 고전시가 분야에서 지역성의 문제를 본격적으로 주목하였다는 데 의의가 있으며, 연구 방법론과 시각을 구체적 작품을 통해 지속적으로 확인하고 있다는 점에서 그 의의가 크다. 연구대상 지역은 주로 서울 및 근기지역을 중심으로 하고 있다.

4) 성기옥(2011)은 <조주후풍가> 창작의 배경으로 안동 일원의 지리적 배경 속에 활동한 퇴계 학파의 인맥, 세력 추이, 이합집산 등을 추적하여 작품의 특성을 새롭게 구명했다. 논문의 의의에 대해 김석회(2012 : 8-9) 참조.

박수진(2009)[5] 등의 논의가 대표적이다. 이들은 기존에 널리 알려진 작품을 지역문학의 시각에서 재해석하여 작품의 새로운 의미를 도출하는 데 기여하였다. 그러나 대체로 고전시가의 지역성 연구의 한 방법론을 보여주는 데 치중하고 있다. 이러한 상황에서 지역문학 연구를 더욱 심화하고 그 대상의 폭을 넓힌다는 입장에서 대상 자료의 확보 및 구축에 대한 논의가 보충될 필요가 있다.

자료학으로서 지역문학론은 아직 발굴 혹은 주목되지 못한 작품들을 찾아 해석하고 평가하는 작업이다. 이는 지역문학연구를 위한 자료 구축이라는 의미뿐만 아니라 주류문학사에서 간과한 텍스트의 의의를 밝히고 그 문화적 정체성을 확보할 수 있다는 점에서 중요한 작업이다(구모룡, 2009 : 342-344). 이와 관련하여 이 글은 기행가사를 주목하되, 영남지역의 텍스트를 살피고자 한다. 이를 대상으로 삼은 이유는 다음과 같다.

먼저 기행가사를 주목한 이유이다. 지역문학연구에서 공간 및 장소의 문제는 지역성을 드러내는 중요한 대상인데(문재원, 2008 ; 구모룡, 2009), 고전시가 하위 유형 중 이를 구체적으로 확인할 수 있는 유형이 바로 기행가사이다. 특히 기행가사는 지역문학의 요건이 되는 '지역민에 의한 지역에 대한 탐구'를 비교적 충실하게 확인할 수 있어 지역문학 연구를 위한 텍스트로 매우 적합하다.

한편 영남지역을 대상으로 한 이유는 다음과 같다. 첫째, 고전시가 연구에서 영남에 대한 지역성 주목은 본격화되지 못했다. 영남의 시가문학 연구 대상으로 규방가사나 동학가사, 강호가사 등이 논의되었으나, 젠더

---

5) 박수진(2009)는 '장흥'이라는 특정지역을 주목하고 기행가사의 공간인식을 탐구하였다는 점에서 이 글의 논의와 문제의식이 일치한다. 따라서 이 글의 논의가 완성된다면 지역과 지역을 연계한 지역 소통 및 지역적 변별성 고찰에 참고가 될 수 있으리라 생각한다. 그러나 위의 논문에서 다룬 대상작품이 세 편 정도에 그쳐있어 작품론의 경향이 강하다.

적 관심, 종교 문화적 관심, 국문시가의 이념적 특성에 대한 관심이 주를
이루었을 뿐이다. 기행가사 창작의 전통은 주로 유배가사나 관유가사에
집중되어 있었기 때문에 그 지역적 관심 또한 영남지역을 벗어나 있었
다. 이에 영남지역의 기행가사에 대한 주목은 지역문학의 텍스트 확보
및 구축에도 기여할 수 있을 것이다. 둘째, 영남지역의 기행가사에서 가
장 많이 나타나는 여행지가 청량산과 가야산 등인데, 이들은 영남지역
양반 사대부 문학 중 유산기나 유산록 창작의 동인이 되는 공간이다. 따
라서 이들에 대한 조명은 한문학과 국문시가를 아우르는 지역학 자료로
서의 텍스트 확보뿐 아니라, 이들 공간이 지닌 지역적 문화적 의의를 확
보하는데 도움이 될 수 있을 것이다. 특히 여성 창작 작품의 비중이 많
으므로 유산문학의 편폭을 확인하는 데에도 기여할 것이다.

이에 이 글은 지역문학 자산으로서 영남지역 기행가사의 의의를 부각
하고 그것의 문화적 의미를 구명하는데 기여하고자 한다. 이를 위해 먼
저 영남지역 기행가사의 텍스트 존재양상을 확인함으로써 연구를 위한
텍스트 구축 현황을 살피고, '공간의 양상'을 주목하여 텍스트의 특성과
의미를 파악하는 순서로 논의를 진행하기로 한다.

2. 영남지역 기행가사 텍스트의 범주와 존재양상

지역문학 연구를 위한 텍스트 현황을 살피기 전에 우선 그 대상 자료
의 범주를 먼저 정리할 필요가 있다. 이를 위해 몇 가지 요소를 고려해
야 하는데, 지역적으로 '영남'의 범위, 양식적으로 '기행가사'의 범위를
살펴야 하며, 마지막으로 지역문학의 조건과 범주를 정해야 한다.

첫째, 영남이라는 지리적 조건이다. 영남지역은 행정구역상 경상도와 그

범위를 함께 한다. 경상도는 지리적으로 태백산에서 소백산, 속리산, 덕유산 등을 거쳐 지리산에 이르는 산맥의 동남쪽에 자리하고 있는 지역으로 신라와 가야 왕국의 터전이었고 고려시대 팔도 체계가 성립된 뒤로 경상도로 일컬어져 왔다. 산과 강을 중심으로 다양한 명승고적이 자리 잡고 있다. 특히 무수한 서원과 누정이 곳곳에 있어 지역을 대표하는 풍류와 문학 창작의 공간이 되기도 하였다. 최근 들어 낙동강을 중심으로 한 영남지역 문화공간에 대한 탐색이 활발히 시도되고 있다(황위주, 2008 ; 정우락, 2010).

둘째, 기행가사의 양식적 범주에 대한 논의는 최강현(1982), 이태문(1994) 등에 의해 시도된 바가 있다. 기존의 논의를 참조하면 기행가사는 '가사형식에 출발, 노정, 목적지, 귀로의 4단계를 포함한 시간적 공간적 과정에서 여행자가 보고, 듣고, 느끼고 생각한 자신의 여행경험을 담아 문학화한 것'으로 정의된다. 공직의 신분으로 부임이나 사신활동의 일환으로 여정을 그린 사행가사와 순수한 개인의 여정을 그린 관유가사가 대표적이고, 유배가사 역시 공적인 강제성이 동기이긴 하나 여행체험이 포함되어 있는 경우 기행가사의 하위유형으로 본다. 한편 산수기(山水記)나 유람기(遊覽記) 등도 기행문학의 범주(최철, 1972 : 25)에 속하므로 이를 다룬 가사 역시 기행가사로 포함한다.[6]

셋째, 지역문학의 조건과 범주이다. 기존의 지역문학 연구 성과를 참고하면, 지역문학의 범주는 대체로 그 지역 출신의 작가, 그 지역의 언어, 그 지역의 문학적 소재를 이용하여 제작한 작품으로 정해진다. 여기서 문제가 되는 것이 타지역의 작가가 대상 지역의 소재를 이용하여 텍스트를 생산한

---

6) 권영철의 경우 규방가사의 하위분류에서 이를 '風流嘯詠類' 중 '探勝紀行의 風流歌辭'로 유형화하고, <청양산수가>, <화류가>, <유산가>, <백운산구곡지로가>, <적벽가>, <선유가>, <산양가>, <낙유사>, <부여노정기>, <계묘년여행가>, <경주유람가> 등을 언급하였다. 영남지역 기행가사에서 '探勝紀行의 風流歌辭'가 많은 비중을 차지한다. 그러나 이 글은 기행의 조건을 고려하여 이 가운데 풍경묘사 및 풍류에 제한된 작품은 대상텍스트에서 제외하기로 한다.

경우와 지역 출신의 작가가 다른 지역의 소재를 이용하여 텍스트를 생산한 경우이다. 주로 유배가사와 관유가사의 경우 이러한 예가 많은데, 이런 경우 논란의 여지가 있다. 예를 들어 백광홍의 <관서별곡>은 어느 지역의 지역성을 드러내고 있다고 보아야 하는가의 문제이다. 그러나 최근 들어 지역문학의 논의가 공간 중심으로 변화되고 있어서 이 글에서는 지역 공간에 대한 탐색을 시도한 작품을 그 대상으로 선정하고자 한다.7)

이상 대상 자료의 범주를 토대로 하여 영남지역 기행가사의 텍스트를 추출한 결과 그 현황은 다음과 같다. 대상 텍스트는 임기중(2005 ; 2007), 권영철(1986), 이정옥(2003)이 편찬한 가사자료집에서 추출하였다.

번호	작품명	여행지	여정	주체 (작자)	작품 성격	창작시기 및 기타
1	淸凉山 유산록	청량산	도강-월명담 조망-고산-광석점-행선-강학소-유정문-오산당-외청량 12봉 구경-연디스-어풍디-김싱굴-총명수-풍혈디-절터	여성	유람	미상
2	청양 산수가	청량산	탁영당-갈선디-왕모정, 삼숑전-월명담-강선암-고소디-학소디-금표정-충능봉(축융봉)-학가사, 부용봉, 죽녕,-외청량으로-연대암, 어풍디-안중창-풍렬디-ㅈ란봉, 경일봉, 금탑봉 구경-김생굴-옥녀봉, 탁필봉, 연적봉, 연화봉, 장인봉-만월담, 문수담-강학소 빅녹동 정자-청냥정사	여성	유람 여정	미상

---

7) 여기서 작자미상의 경우도 문제가 된다. 특히 규방가사의 많은 작품이 작자미상이므로 이들이 어느 지역 출신인지 알 수 없다. 그러나 규방가사의 경우 그 창작자는 영남지역 문학 창작의 기반 및 그 문법을 따르고 이에 익숙한 이들에 의해 창작된 것이므로 지역문학의 범주에 포함한다.

번호	작품명	여행지	여정	주체 (작자)	작품 성격	창작시기 및 기타
3	청양산 유람가	청량산	원촌제-올무제-고산정-선유 -청양사-퇴계할범강당-외청 양으로-고봉-절-약수터-오 선당-김생굴-귀가	여성	유람 감상	미상
4	쥬왕 류람가	주왕산	청송읍-처운역-숙소-대전사 -연화봉, 옥여봉, 자하성 구경 -주왕암-주왕굴-청학동-내 용추 폭포-귀로	여성	유람	(갑오년 1954 추정)
5	슈곡 가라	주왕산	회곡경-동구-석반-회정	여성	감상	미상
6	쥬왕상 유람 간곡	주왕산	유곡당-봉화-안동읍-진보읍 -청송읍-대전사-병연암-주 안교-기바위, 장군바위 구경- 무장굴-석삼캐기-중앙암-관 음봉, 석가봉, 비루봉, 지장봉, 촛대봉, 향로봉, 나함봉 구경- 주왕-망월대-급소대, 학소대, 신상대-구석암-제일폭포-오 류고-선녀탕-구룡소-약수탕	여성	놀이 치중	규방 가사 정미년 1967년 추정
7	희인사 유람ㄱ 18)	가야산	홍유동 찬양 및 체험-홍도여관 -가무연극 구경-숙소-희인사 묘사-관등구경-나한제불구경 -백연암-국일암-홍유동	여성	유람, 문화 및 민속에 대한 관심	갑술 사월 팔일작

---

8) <희인사유람가> 1과 2는 모두 효리마을 출신 정씨부인이 창작한 작품으로 보인다.
『한국역대가사문학집성』에는 두 작품으로 분리되어 실려 있다.

번호	작품명	여행지	여정	주체 (작자)	작품 성격	창작시기 및 기타
8	희인사 유람ㄱ 2	가야산	함양읍 - 이은대(필재선 생), 학사대(고운선생 생 각) - 사근역 - 연화산 남계수언급 - 효리 전, 남계서원 - 긔평촌(일두 선생) - 안의읍 - 황석산 (곽선생) - 합천 - 부자정 (최공부자) - 화양동 - 홍 유동 - 희인사 가는 길 풍경 - 농산정(고은선생 생각)	효리마을 출신 정시 부인 (1879- 1949)	선인추모	1934년
9	가야희 인곡	가야산	성주읍 높은재실 - 백척 폭포 - 낙화암 학사대 - 홍유동 찬양 - 해인사 - 귀로	여성	홍유동 - 해인사 풍광묘사	미상
10	가야희 인곡	가야산	성주읍 높은 제실 - 더 긔천 - 만지장터 - 동구 문 제종질녀들 만남, 음 식지공 - 홍유동(빅척폭 포 - 낙화담, 학사더 - 홍 유정) - 희인사(장판각, 더왕전, 나한, 칠성당, 암 자 - 여승), 백연암, 최작 봉 구경 - 숙소	성주출신 여성	가야해인 곡 변이 <가야산해 인가>로 재필사 됨	미상
11	계묘년 여행기	가야산	성주읍 - 해인사 - 학사 대 - 극락전 - 원앙암 - 금선암 - 삼선암 - 백년 암 - 구일암, 약수암 - 낙 화암광풍대 - 용문폭포 - 용산정 - 홍제암 - 직 지사로 - 문화주택 구경	여성	유흥, 관광	계묘년 1963년

번호	작품명	여행지	여정	주체 (작자)	작품성격	창작시기 및 기타
12	우밈가 (우민가?)	가야산	가야산 - 직지사 - 귀로	여성	관광	1963년
13	경주 유람가	경주	웅천읍 - 안동역 - 영천 - 경주 역 - 첨셤디 - 불국사 - 셕구람 - 만경디 - 불국사 - 경주박물 관 - 포항 - 보경사 - 안동	여성	관광	미상
14	경주 괄람긔	경주	안동 - 포항 - 경주 - 안압지, 임해정 - 높은 비각(시조 추모) - 불국사 - 석굴암	여성	관광	1960년 대
15	금오산 치미정 유람가	금오산	금오산치미정 - 후암디 - 야 은선생 추모 - 도선굴 - 슈문 - 귀가	여성	선인추모	무진년 (19세 기말~ 20세기 초)
16	황남 별곡	황학산	막정봉 - 옥녀봉 - 금곡동 - 고 루암 - 금오산 - 백천교 - 공자 동 - 주공동	이관빈	道根源- 자아찾기	18세기 후반
17	유람 기록가	영남	칠곡 - 팔달교 - 대구 - 동촌 - 통도사 - 경주 - 보경사 - 영덕 - 안동	여성	관광유람	계묘년
18	여행기	백암	백암산 백암온천 - 윷놀이풍 경 - 귀향	여성	관광유람	미상
19	도산 별곡	안동	용문정 - 암서헌 - 도산서원풍 경 - 곡구암 - 광영대 - 서대 - 동대 - 천연대 - 회상 (도산서원치제 참석)	조성신 (1765- 1835)	풍광 및 선인 추모	18-19 세기
20	청암사	경북 금릉	금천역 - 청암사탐방	최솔성당	인생무상 깨달음	20세기 초
21	영남 누가	밀양	영남루 기행 - 영남루 묘사	여성	풍광묘사	미상
22	영남 가라	밀양	밀양성중 - 영남루각 - 신세한탄	여성	신세한탄	미상
23	금릉 풍경	경북 금릉	금릉의 풍경 묘사	최송설당	고향찬미	20세기 초

번호	작품명	여행지	여정	주체 (작자)	작품성격	창작시기 및 기타
24	춘유곡	안동 풍산읍	五美洞-죽자봉-세덕동-도림동-대지산-문청공비-오마사적-선유암	김낙기 (1855-1910)	풍경 향촌에 대한 그리움	1895년
25	유산 일록	안동 길안면	제1일 : 내앞-血嶺-德陽서당-몽선각-칠리탄-舟津-분고개-雷巖-임호서당 제2일 : 도향촌-장육당-선유정-와룡초당-崇禎處士유허비-도연폭포-송정 제3일 : 隔塵嶺-석문-仙倉-松石-泗賓서당-칠리탄	이중엽의 부인 의성김씨	풍광과 선조 사적 열거	1911년
26	노정긔	부산	밀양-삼랑진-양산-물금-부산-영남루-삽포-낙동강-통도사	여성-육순기념	개화기 풍경	1926년 이후 창작
27	적벽가	안동	하회동 부용대-주지암-형제암	여성	선유놀이	미상
28	선유가	안동	도산	여성	선유놀이	미상
29	낙유사	선산	낙동강 하류	의성김씨 부인	선유놀이	미상
30	긔천 유람가	합천	선영-만재정-합천-귀향	여성	근친, 경치	미상
31	진해강 산유 람록	진해	대구-진해	여성	가족	1980년 대
32	주왕산 기행	주왕산	안동	여성	가족	1976년
33	튝산 별곡	경북 예천	축산의 지형-청원정-노룡연-백성정-영귀정-수월루와 옥정연-사미인 결사	정식 (1661-1731)	관유가사	1726~28사이에 창작 추정

[표 1]

이상 목록을 참고하면 영남지역 기행가사 작품의 다음과 같은 존재양상을 도출해 낼 수 있다. 먼저 대부분의 작품이 작자미상의 작품이지만

작품 창작 어법과 유통, 사설 등을 통해 볼 때 이들은 영남지역 규방가
사의 범주에 속한다. 즉 여성 창작 기행가사인데, 영남지역에서 국문기행
가사를 쉽게 찾을 수 없는 상황에서 이들은 매우 중요한 지역적 의미를
지닐 수 있다. 여성기행가사에 대해서는 기존 연구에서도 주목한 경우가
있었다.9) 이를 바탕으로 하면서 이들 가사가 지닌 공간에 대한 관심을
집중 조명하면 논의의 폭을 더욱 넓힐 수 있을 것이다.

> 말만들은 청양사 이 고통 끝에 들어서니
> 공기도 좋거니와 법당도 화려하다
> 취성객을 뒤을따라 법당안을 들어가니
> 수만은 부처들이 칼과창을 마주들고
> 네려칠듯 하것만은 정신을 다시차려
> 세세이 구경하니 말만들은 청양사가
> 상상과도 딴판일네 절이라곤 처음보니
> 이만큼 장치된 줄 생각조차 못하였네10)

　주로 유산(遊山)의 모티프를 지닌 여성기행가사에서 절구경은 필수적으
로 등장하고 그 비중 또한 적지 않다. 양반사대부의 관심과는 차별적인
부분이어서 주목된다. 여기서 '상상과도 딴판일네 절이라곤 처음보니 이
만큼 장치된 줄 생각조차 못하였네'라는 구절은 젠더적 관점에서 여성
경험의 확장으로 이해할 수도 있고, 지역 민속에 대한 관심과 호기심으

---

9) 이정옥(2000)은 이들 작품을 '유람가형 내방가사'로 구분하고 이들을 남성작가 창작
　의 기행가사와 비교하여 설명하였다. 남성작의 경우 16~18세기에 주로 창작되었고
　공적인 임무에 의해 개인적으로 이루어졌으며, 금강산 등 명승지를 여행하였다면, 여
　성작은 19세기말 이후, 유람 자체를 목적으로 가까운 산이나 위락지를 단체로 여행
　한다는 점을 밝혔다. 그리고 '유람가형 내방가사'는 여성의 놀이공간의 확대 및 사회
　화에 기여하였다고 평가하였다. 이후 김수경(2008), 김수경·유정선(2002) 등은 <이
　부인기행가사> 등을 대상으로 여성적 글쓰기 방식의 특성 등에 대해 논의하였다. 이
　들에 의해 이들 기행가사에 대한 젠더적 특성은 어느 정도 밝혀진 상황이다.
10) <청양산수가>

로 이해할 수 있다. 그렇다면 이들 여성기행가사는 양반사대부 문학의
주요 모티프였던 유산의 경험을 함께 하면서도 지방 문화 및 민속에 대
한 차별화된 관심을 확인할 수 있는 자료로 읽을 수 있다.

> 대구의 팔공산은 자고로 유명하고
> 안동에 학가산은 웅장쿼로 충찬놉다
> 이안에 청양산은 삼십육봉 일흠잇고
> 의성외 금성산은 신기도 명려하다
> 순흥에 소백산과 여왕의 일출산은
> 아모리 소읍인들 산이름 없을손냐
> 청송에 주왕산은 조선팔경 하나으로
> 경북에 자랑이요 청송에 행복이라11)

노래의 서두부분에 우리나라의 명산대천과 승지의 아름다움을 나열한
다음 창작 모티프가 되는 주왕산을 언급하였다. 서두가 비교적 장황한데
이는 모두 주왕산에 대한 화자의 애착을 드러내기 위한 수단이자 주왕산
을 명산대천의 대열에 합류하고자 하는 욕구에 의한 것이다. 이로써 지
역에 대한 새로운 발견을 유도한다.

이상과 같이 여성기행가사는 여성가사이기 때문에 양반사대부 문학에
서 관심을 가지지 않았던 지역의 민속과 문화에 대한 새로운 시선을 보
여준다는 점에서 지역문학 연구를 위한 텍스트로서의 주목해야 할 자료
인 것이다. 지역문화연구로서 '영남', '여성', '기행'을 연결한 논의가 필
요하다.

한편 이 글에서 추출한 텍스트 가운데 이관빈의 <황남별곡>, 조성신
의 <도산별곡>, 김낙기의 <춘유곡>, 정식의 <퇵산별곡> 등은 양반 사
대부의 기행가사이다. 이들 작가가 모두 지역인은 아니지만, 이들은 지역

---

11) <쥬왕류람가>

을 소재로 한 남성 작가의 작품이라는 점에서 주목해야 한다. 그동안 여성작에 한하여 논의되었던 영남지역 기행가사의 성격과 영역을 확장하여 논의하는 데 기여할 수 있기 때문이다. 이중 김낙기의 <춘유곡>과 정식의 <튝산별곡>은 개별 작품론에서 다루어진 적이 있는데 이를 바탕으로 남성 작가의 영남지역 기행가사가 지닌 지역문학으로서의 의미는 더욱 심층적으로 논의될 여지가 있다. 특히 이들은 작자, 창작연대, 창작동기 등에 관한 기록을 함께 확인할 수 있어 실증적 고찰의 대상이 될 수 있어 논의의 진전에 기여할 수 있다는 장점도 있다.

한편 이들 기행가사의 배경이 되는 여행지를 살펴보면, 청량산·가야산·주왕산 등의 산, 안동을 중심으로 한 낙동강과 영남지역의 주요 도시와 누정이다. 현대로 올수록 관광의 목적이 강해져서 전국 주요 관광지로 확대되지만, 지역문화적 관점에서는 영남지역을 배경으로 한 여행 공간을 중점적으로 살필 필요가 있다.

먼저 청량산·가야산·주왕산 등은 양반사대부 유산기의 주요 무대가 되는 곳이어서 이들과 견주어 봄으로써 지역문학 산출의 문화공간으로서의 특징을 고찰할 필요가 있다. 그동안 이들 공간은 양반사대부의 유산기나 한시의 창작 배경으로 주목을 받아왔다. 실제 조선후기로 접어들면서 다량의 산수유기(山水遊記)들이 쏟아져 나왔는데, 이러한 산수유기들은 양반사대부의 여행을 더욱 촉진하는 계기가 되었을 뿐 아니라 이들의 공간감성을 형성하는 데 중요한 역할을 하였다(최은주, 2010 : 37). 그리고 이들 산은 영남지역 문학 창작의 중요한 동인으로 작용한다. 이러한 상황에서 영남 기행가사에서 창작의 주요 모티프가 되고 있는 청량산·가야산·주왕산 등은 어떤 의미가 부각되고 있는지, 이외의 금오산, 황학산 등으로의 확장은 또 어떤 의미를 지니는지를 살필 수 있다면 지역문학의 정체성 연구에 기여할 수 있을 것이다.

한편 작품 목록에서 <적벽가>, <선유가>, <낙유사> 등 선유(船遊)의 풍류를 다룬 작품은 유산(遊山)의 경험과는 또 다르다는 점에서 주목을 요한다. 이들 작품의 모티프는 선유인데, 이러한 선유의 전통은 안동지역 선비들의 대표적인 여가문화와 관련되어 있다. 예로부터 안동은 낙동강이 마을을 휘감고 흘러 뱃놀이를 하기에 좋은 자연환경을 가지고 있었다. 이에 따라 다양한 뱃놀이가 전승되었는데, 크게 '체류형 뱃놀이'와 '유람형 뱃놀이'로 나눌 수 있었다. 안동 선비들의 뱃놀이 전통은 이현보와 이황 그리고 후대 지역 인사들에 의해 이어지면서 안동지방의 중요한 전통문화가 되었다(한양명, 2008). 이러한 선유의 전통이 기행가사에도 나타나 있다. 따라서 선유의 민속문화적 측면을 함께 고려하면 <적벽가>, <선유가>, <낙유사> 등의 텍스트는 지역전통의 계승과 관련한 긴요한 자료가 된다.

안동을 비롯한 경북의 몇몇 지역과 누정 또한 기행가사 창작의 주요 모티프가 되는데, 경주, 합천, 부산 등이 대표적이며 지역을 대표하는 문화물인 영남루 같은 경우도 작품 창작의 모티프가 되고 있다. 경주, 부산 등은 현대에 와서 창작된 작품에 자주 등장하는 지역으로 그동안 기행가사에서 비교적 제한적이었던 화자의 지역에 대한 범위를 확장하는 역할을 한다. 여성 기행가사의 공간은 대체로 자신의 거주지에 제한되어 있었으나 현대에 와서 버스나 기차를 타고 단체 관광으로 여행의 형태가 바뀌면서 이들 지역이 새로운 여행지로 부상하게 된다.[12]

한편 <영남누가>는 누정을 찾아가서 거기서 느낀 감회를 서술한 작품인데 영남지역의 누정문학[13]의 자장 안에서 함께 논의될 수 있다. 영

---

12) 20세기 이후 규방가사의 기행에 나타나는 변모에 대해서는 장정수(2004)의 논의를 참고할 수 있다.
13) 영남의 누정문학에 대해서는 오용원(2005) 참조.

남지역 누정은 선조의 추모와 선양의 공간, 후학 양성의 공간, 은일자적의 공간 등의 역할을 하며 많은 上板題詠詩를 창작하게 한 문화적 공간이었다. 이러한 공간을 기행가사에서는 어떻게 표현하고 있는지 확인해 보는 것은 영남지역 누정과 관련한 새로운 문학적 관습을 확인해 보는 기회가 될 것이다.

누정문학과 관련하여 양반사대부의 한시들은 주로 누정을 배경으로 한 풍경을 감상하며 자연 완상 혹은 탈속에의 지향을 노래한다(오용원, 2005 : 458). 이러한 모습은 기행가사에서도 그대로 나타난다.

> ᄉ방의 조흔경을 각식으로 도라보니
> 청풍이 건들부이 풍경소리 더욱조코
> 무봉옵 서북소리 좀든용이 놀니치고
> 남천슈 둘인물셸 금잉어가 유영이라
> 슈승의 졍ᄌ션은 오락가락 경이로다
> 죽림의 셔근가지 일낭ᄌ의 유혈이라
> 화지승 두견시ᄂ 부랴귀을 실피우니
> 가련ᄒ 져원혼은 천츄유훈 뉘아리요[14]

누정에서 느끼는 여유로운 서정의 세계를 보여주어 누정문학의 기본적인 성격을 드러내고 있다. 누정문학의 관습적 어조와 표현방식을 그대로 따르고 있으며 누정에서 느끼는 감상을 서술하였다. 그러나 누정을 찾게 된 계기와 대상을 대하는 태도를 주목해 보면 텍스트에서 느껴지는 미감은 다소 이질적이다.

> 경상도 칠십일주 역역키 싱각ᄒ니
> 명승지 조흔누각 ᄌ고로 유명터라
> 평싱의 초문ᄒ고 월인견지 ᄒ여쩌이

---

14) <영남누가>

임진년 사월초의 빅일쳔화 무슨일고
이변가즌 져변가자 못보와 혼탄이라

위의 텍스트를 보면, 누정은 지역 탐방의 일환으로 찾은 곳이다. 그리고 누정이 지어진 과정, 누정 자체에 대한 묘사가 중심이 되어, 누정은 지역 문화물로서 그려지고 있다. 풍류의 즐김보다는 대상에 대한 관찰과 관련 사적에 대한 관심이 주를 이루고 있다.

이처럼 <영남누가>와 같은 작품은 영남지역 풍류문화의 한 특징인 누정문학과 관련되어 살필 수 있는 자료가 될 수 있다. 양반사대부 한시 등에 나타나는 풍류와 흥취를 함께 가지면서도 지역문화물로서 누정을 바라보고 그 역사성과 특징 고찰에 치중해 있다는 점에서 지역문화에 대한 관심을 엿볼 수 있다. 이러한 차이에는 한시와 국문시가, 당대와 후대, 남성과 여성이라는 다양한 변별적 요인이 자리하고 있다.

한편 이들 작품의 창작시기는 18세기부터 1970년대까지 비교적 넓게 분포되어 있다는 것을 확인할 수 있다. <튝산별곡>, <황남별곡>, <도산별곡>, <춘유곡> 등이 18세기~19세기 작품이며 <금릉풍경>, <노정긔>, <유산일록>, <청암사> 등이 20세기 초의 작품이고 나머지는 20세기 중반의 작품이다. 18~19세기 작품이 모두 양반사대부의 작품이고 20세기 초중반 작품이 여성의 작품이 많은 비중을 차지하고 있다. 여성의 기행 및 작품 향유가 20세기 초중반 이후 활발히 이루어졌음을 확인할 수 있으며, 이들의 참여에 의해 영남지역 기행가사가 넓은 폭과 다양성을 확보할 수 있었음을 알 수 있다.

이상의 논의를 통해 우리는 영남지역 기행가사의 텍스트 현황과 존재 양상을 살피고 그것이 지역문화적 시각과 어떻게 연결될 수 있는지 살필 수 있었다. 작품 창작의 주요 모티프가 된 산, 강, 도시, 누정은 이미 영남지역 문학의 산실로 기능하고 있었고 이러한 기능을 바탕으로 기행가 사가 창작 향유되었다고 할 수 있다. 그러나 앞서 잠시 살폈듯이 이들 문화적 공간은 기행가사를 통해 기존의 작품이 지녔던 공간에 대한 인식 과 작품의 미감과는 다소 상이한 양상을 띠고 있었다. 이러한 차이는 지 역이라는 공간이 어떻게 장소화되는가, 어떻게 역사성과 차이성을 드러 내는 장소로 의미화될 수 있는가(문재원, 2008 : 87)를 보여주는 것이다. 이 에 대한 탐구는 곧 영남지역 기행가사의 특징과 편폭을 확인할 수 있다 는 점에서 중요한 의미를 지닐 것이다.

3. 공간의 양상과 의미

영남지역 기행가사에서 산, 강, 누정, 도시 등의 공간은 작품 창작의 모티프이면서 작품 산출의 문화 공간이기도 하다. 따라서 가사 창작의 과정과 향유 또한 기존 문화의 자장을 공유한다. 그러나 공간은 화자의 체험을 거치면서 새롭게 만들어지고 의미를 획득하게 된다.15) 따라서 본 장에서는 영남지역의 다양한 문화 공간이 화자에 의해 어떻게 인식되고 표현되는가를 텍스트를 통해 파악하기로 한다.16) 이러한 작업은 공간의

---

15) 르페브르(1999 : 33-38)는 공간을 만들어내는 인간의 활동에 관심을 가지면서, '사 회적 공간'을 언급하였다. 그에 의하면 공간은 선험적으로 주어진 공간이 아니라 사 회적 과정이 작동하는 장소이며 동시에 그 작동에 영향을 미치는 조건으로 이해해 야 한다고 주장한다(정호기, 2002 : 28 ; 김승현·이준복·김병욱, 2007 : 87 ; 손은하 ·공윤경, 2010 : 424 재인용). 이처럼 공간이 수학이나 과학에서 말하는 추상적인 혹은 비어있는 것이 아니라 인간의 의해 인간 활동에 의해 끊임없이 구성되는 공간 이라는 시각은 하이데거나 메를로 퐁티의 공간 개념을 통해서도 확인할 수 있다.
16) 그러나 이러한 작업은 텍스트 자체에서 지역성을 발견하거나 그 특성을 바로 지역 성으로 연결하는 시도는 아니다. 이는 자칫 화자의 의도나 작품의 양상을 왜곡하는 시도가 될 수도 있기 때문이다. 본 작업은 그동안의 문화공간이 지녔던 함의가 어떻

특성과 그에 대한 인식을 확인할 수 있다는 의의를 지닌다.

3.1. 동경의 공간과 자아정체성 확인

영남지역 기행가사의 주된 공간인 청량산과 가야산 등은 이미 많은 양
반사대부들에게도 유람 및 유산기의 중요 모티프였다. 그러나 유람의 동
기와 인식에는 기행가사와 다소의 차이가 있다. 예를 들어 양반사대부들
의 청량산 유람은 '이황'으로 대표되는 선인의 자취를 돌아봄으로써 자아
를 성찰하거나 독서와 병행한 공부를 위한 것이었다(정치영 2005 : 59). 이로
써 청량산을 대상으로 한 유산문학에도 이황에 대한 추모의 감정이 중심
을 이루게 된다. 청량산은 求道의 공간으로 이미지화된다(우응순, 2006). 그
렇다면 영남지역 기행가사에서 '청량산'은 어떠한 공간으로 나타나고 있
으며 그것의 의미는 무엇일까?

> 만구명구 선조유측 쳥난숀이 지쳑이르
> 문즁시끽 회즈ᄒ고 남녀노소 흠모ᄒ니
> 닉비록 여즈르도 혼번구경 원닐너른[17]
> 청냥산 늌늌봉은 우리션도 장구쇠라
> 츄로지향 명승지예 쥬부즈의 무이로다
> 일월산이 쥬산이오 낙동강이 횡되로다
> 틱빅산이 공읍셰요 녕지산이 안딕로다
> 구경가즈 구경가즈 션현쥬쵹 구경가즈[18]

영남기행가사에서도 양반사대부의 문학에서와 마찬가지로 청량산은

게 유지되고 또 어떻게 변모되는가를 살펴 지역문화 형성의 역동적 과정을 확인하
는 것이 목적이다.
17) <청양산유산록>
18) <청양산수가>

동경의 공간으로 형상화되어 있다. '동경의 공간'이란 공적인 정체성을 지닌 공간을 의미하며, 이념적 지표나 이념을 공유하고 있는 사람들의 행적을 따르는 순례적 의미를 가진 공간을 말한다(염은열, 2006). 청량산은 양반사대부들에게 공적 정체성을 지닌 공간으로서, 儒者라면 누구나 올라야 할 동경의 공간이었다. 위의 작품에서도 청량산은 개인적 취향이나 그 자체의 자연미 감상을 위한 공간이기보다는 문중시객에게 회자되고 남녀노소 누구나 흠모하는 동경의 공간이라 지칭된다. 그러나 텍스트에서 더욱 강조된 것은 도학적 이상의 추구보다는 '우리 선조'의 자취를 확인할 수 있는 장소로서의 의미가 더욱 강하다. 이러한 양상은 '퇴계선생'이 도학 추구의 이상적 인물로서보다는 가문의 '선조'로서 강조되고 있다는 점에서도 확인할 수 있다.

> 법당구경 다한후에 퇴계할범 강당으로
> 쉬어가며 차자드니 다리도 아푸거니
> 마루 끝에 걸터안자 사방을 둘러보니
> 풍파에 시달리어 허술하기 짝이업다
> 새롭기도 하려니와 무관심치 안으리라
> (…중략…)
> 오든길에 다시거쳐 오산당 올라안자
> 고금을 상상하니 높으신 우리선조
> 오선당 세글자로 옛자취는 남아있네
> 이만회 도라나서 섭섭함을 금할손가[19]

퇴계선생'은 '퇴계할범'으로 명명되면서 '우리 선조'로 치환된다. '오산당' 또한 '우리 선조'의 영광을 확인할 수 있는 장소가 되어 있다. 이로써 그 유적지는 더욱 관심을 가지고 보살펴야 하는 가문의 위상을 상

---

19) <청양산유람가>

상하는 공간으로 변하게 된다.

> 청냥정수 오손당은 현관이 춘란ᄒ고
> 이덧ᄒ만손심쳐 정각도굉결ᄒ다
> 독셔ᄒ난 쇼년셔싱 일시예 영졉ᄒ니
> 쳔만뎌 우리집이 즁닉죵균 쥬인이리오[20]

'청양정사', '오산당'은 퇴계선생을 기리는 수많은 학자들의 학문과 수양의 공간으로 유명하며 그 자체가 도학의 구현으로 여겨진다. 그러나 텍스트에서는 집안 후손들의 영접을 받으며 가문의 자랑스러움을 확인하는 장소로 그려지고 있다. 이러한 양상은 경주를 기행하고 지은 <경주괄남긔>에서도 확인할 수 있다.

> 을시구나 조흘시고 우리시조 유측보소
> 적수로 공권하야 경쥬부윤 디신후에
> 빅셩을 에호하고 경주를 회복하니
> 노심초사 하신은득 임진공신 분명하게
> 영역히 발가잇셔 긔인긔 긔인례예
> 누아니 추소하리 그영풍 그위엄이
> 세세전송 하게되며 철갑을 몸에입고
> 데장그물 높이들어 만세만세 수만세에
> 혁혁한 우리문호 창원한 긔촉으로
> 몃만자손 밧게되며 개성개성 하오리다[21]

<경주괄람긔> 등에서 '경주'는 천년의 고도가 지닌 문화적 유물을 확인하는 공간으로 그려지는 것이 일반적이다. 특히 이들 작품은 20세기 중반 이후에 창작된 것이라 경주가 지닌 함의는 현대의 것과 그리 멀지

---

20) <청량산유산록>
21) <경주괄남긔>

않다. 그럼에도 불구하고 위의 텍스트에는 경주를 통해 '우리 시조'를 불러내고 이에 대한 추앙을 통해 가문의 위상을 확립하고자 하는 욕구가 드러나 있다. 이러한 양상은 이들 작품이 영남지역 여성 창작자들에 의한 것이 많다는 데 기인한다. 주지하듯 이들 창작자들은 안동 지역 양반 사대부가의 아내이자 며느리들이다. 따라서 이들의 유람은 집안 행사의 일환으로 이루어진 경우가 많았는데, 이때의 유람은 단순한 놀이의 차원을 넘어선다. 선조의 자취를 확인하고 가문의 자부심을 느끼는 여행이 되는데, 여기에 참여한다는 것은 곧 가문의 일원으로서의 정체성을 확인하는 과정이 되는 것이다. 이렇게 볼 때 이들에게 유람의 공간은 자신의 공적 정체성을 확인하고 그 안에서 자부심과 소속감을 강화하는 장소정체성을 지닌 공간이 된다고 할 수 있다.[22]

한편 이처럼 여행의 공간이 정체성 확인에 기여하는 것은 다음과 같은 양상으로 나타나기도 한다. 이관빈이 지은 <황남별곡>을 보자. <황남별곡>은 18세기 후반 창작된 것으로 추정되는 가사인데, 경상북도 황학산 일대를 배경으로 하고 있다. 道의 근원을 찾기 위해 산수를 찾아 여행을 하는 과정을 담았으므로 황학산은 求道의 공간으로서 의미를 지닌다고 할 수 있다. 그런데 여기서 화자는 문득 '나'에 대해 질문한다.

> 顔子는 엇더혼 사람이며 나는엇더한 스람인고
> 하게되면 일어느니 顔子自期 못호오라
> 塔아리 길무른이 저거일음 무어신고
> 西河의 敎授先生 聖門의 君子類라
> 平生에 篤學工夫 져직의서 더노푸니
> 嗚呼라 吾黨諸人 이예 矜式호오리다
> 니一生 願호는바는 昌平里에 卜居호야

---

22) <금오산칙미정유람가>, <힌인사유람가>, <유산일록>, <도산별곡> 등에서도 이러한 양상을 찾을 수 있다.

三千弟子 絃誦地예 遺風餘韻 景仰ㅎ여
子路의 南山刮竹 子游의 割鷄刀로
두어무쌈 비어다가 闕黨童子 비르매어
數仞宮墙 아참아참 灑掃ㅎ고
壁間의 기튼詩書 狂泰씌글 훔처노코
濫興禮樂 叔孫通을 꾸지져 물리치고
(…중략…)
찰아리 이 뫼아래 孔子洞 일홈조와
峽民을 이웃하야 太古淳風 보전ㅎ면
니所願을 못일워도 擇處仁里 되오리라23)

　도학을 구하러 온 공간에서 화자는 '나'는 누구인가에 대해 질문하고, 내가 해야 할 일을 고민한다. 이 지점에서 황학산은 구도의 공간이기도 하지만 자아의 정체성을 돌아보고 확인하는 공간이기도 하다.

　이상의 논의를 통해 우리는 영남지역 기행가사에 나타난 여행의 공간이 화자에게 동경의 공간이 되고, 그곳을 직접 여행함으로써 공적 사적 정체성을 확보하는 데 기여하고 있음을 확인하였다. 여기서 우리는 양반 사대부의 유람에서 확인할 수 있었던 구도의 장소성이 자신의 정체성을 확인하고 고민하게 하는 양상24)으로 변하는 것을 확인할 수 있다. 정체성을 문제 삼는다는 점에서 영남지역 양반 사대부의 유람과 공유되면서도 그 장소성의 구체적 양상은 그것과 변별된다는 점에서 이 지역의 문화 공간의 차별성을 보여준다.

---

23) <황남별곡>
24) 이러한 양상을 문화지리학에서는 '장소정체성'이라 명명한다. '장소정체성'이란 자신의 정체성을 확인하고 공동체에 소속된 자신에 대한 안정감과 자긍심을 가지게 하는 공간의 기능으로 장소 애착을 형성하는 한 요인이다(최열·임하경, 2005).

3.2. 경험의 공간과 문화적 욕구 충족

영남지역 기행가사에서 여행은 양반사대부의 유람과 같은 자장 안에 놓여 있다. 그래서 그 공간은 주로 동경의 공간이며, 그를 통해 향유자는 자신들의 정체성을 확인하고 확보한다. 그러나 텍스트를 세밀히 살펴보면, 이러한 큰 틀 속에서 부분적으로 확장되어 있거나 그 틀 밖으로 튀어나온 또 다른 욕구를 확인할 수 있다.

> 부녀의 절구경이 더구ㄴ 춤늡으오
> 유린보젼 드러ㄱ니 져붓터 거동바라
> 금의랄 썰쳐입고 인물도 씩씩ㅎ다
> ㅅ람보고 말홀ㄷ시 빙긋이 욱슬다시
> 미련코 걸쓴모양 유복고 묘훈모양
> 싱긔집고 안진모양 읍ㅎ고 션난모양
> 그즁의 동즈부쳐 공근코 졀묘ㅎ다
> 시츅쥐고 셧ᄂ거슨 풍월ᄀ을 기드리니
> 손우ㅎ히 밧든칰은 팔만즁경 쵸권이냐
> 훕쥑이에 다문실과 샤왕모의 본도런냐
> 좌우에 둘럽보니 단쳥도 능난ㅎ고
> 그림도 휘황ㅎ고 공녁도 그지엽다.[25]

유산(遊山)을 모티프로 하고 있는 기행가사에서 반드시 등장하는 것이 이와 같은 절과 부처에 대한 묘사이다. 그러나 그에 대한 종교적 관심은 찾아볼 수 없다. 절이나 부처는 그야말로 훌륭한 구경거리로 여겨지고 있다. 구경거리답게 호기심어린 시선으로 재미있게 묘사된다. 집밖을 나선 여성들이 만나는 신기한 문화적 대상물이 되고 있다. 따라서 그것을 표현하는 방식 또한 추상적이지 않다. 부분 부분으로 분할되어 요리조리

---

25) <청양산유산록>

따져서 묘사되고 있다. 이러한 양상은 풍류의 상징이었던 누각에 대한 변화된 시각과 묘사에서도 확인되는 바이다.

> 한슈에 절차후이 영남누 조흔경을
> 두로두로 다니면서 역역히 지정하야
> 기기히 차자보니 야착호다 단청치식
> 어리그리 기절한고 연화봉 성진디사
> 팔선녀를 히롱한다 남양에 제강선싱
> 문붓기 천자오고 간남에 치련호고
> 장안에 유협자들 디도상이 치마하고
> 상손이 스로거스 낙자성에 수절호고
> 기절한 저화용을 어이다 기록하리26)

이처럼 영남지역 기행가사에서 절이나 누각은 그것이 지닌 본래적 속성보다는 유람에서 만나게 되는 신기하고 아름다운 문화적 대상물로 그려진다. 따라서 이에 대한 시선과 감회는 신기한 구경거리를 만났을 때 혹은 미적 예술품을 보았을 때와 같이 처리된다. 그리고 그 즐거움은 부분의 확장을 통한 묘사로 표현된다. 이로써 향유자는 여행의 재미를 만끽할 수 있다.

> 장호고 놀랍도다 장경귀경 그만두고
> 관등귀경 호고ㄱ시 보광전 너른마당
> 시미井字 쥴을믹고 구광누 장흔마당
> 시물십자 쥴을믹고 발발이 등을 달고
> 등마다 불을써니 화광으 휘황홈이
> 강상추월 발근하늘 별빅인듯 총총호네27)

가야산을 유람하는 가운데 만나게 된 관등구경을 묘사하였다. 관등구

---

26) <영남누가>
27) <히인사유람ㄱ>

경으로 인해 가야산은 더욱 인상 깊은 여행의 공간이 되고 향유자에게
쉽게 기억된다. 우리가 어떤 대상이나 공간을 상상할 때 그것이 지닌 전
체적 이미지가 작용할 수도 있지만 그것을 이루는 인상적인 한 부분이
대상을 더욱 효과적으로 연상하게 하는 경우가 있다. 화려한 관등이 가
야산을 바로 기억하게 하는 매개가 될 수 있다. 한편 이러한 양상은 여
행의 공간에서 이루어지는 놀이에 의해 더 강화되기도 한다.

> 온계정 너른마루 열친제죽 함게모여
> 척사대회 벌여노코 윷던지고 가사짓고
> 밤세도록 노는윷치 되계밧게 모르시네
> 윷리편 도라보니 풍정인는 노새댁네
> 웃부르니 윷치시고 모부르니 모이지네
> 빗날수록 우승기는 우리손에 떠러지네[28)]

유람의 과정에서 벌어진 '윷놀이'의 풍경이다. 윷놀이는 대표적인 민
속놀이인데, 여기서는 여행의 흥을 더욱 돋우고 함께 여행하는 사람들끼
리의 유대감을 높이는 역할을 한다. 윷놀이를 통해 여행 공간은 향유자
의 놀이에의 욕구를 충분히 만족시킬 수 있는 기능을 하게 된다.

이처럼 영남지역 기행가사에는 유람의 공간이 호기심어린 구경거리로
서 혹은 문화물로서 그리고 놀이 할 수 있는 공간으로 그려지고 있다.
이로써 향유자는 유흥의 공간을 통해 문화적 놀이적 욕구를 채울 수 있
다.[29)] 특히 영남지역 기행가사의 주 향유층인 여성들에게 이러한 기능은

---

28) <여행기>
29) 이러한 특성은 여행의 공간이 향유자에게 장소의존성을 느끼게 하는 요인이 된다.
   '장소의존성'은 특별히 바라는 목표 및 행동을 지지하는 여건이나 형태를 제공하여
   그 장소의 중요성을 강조하고 기능적 애착을 형성하는 장소애착의 한 양상이다. 대
   상 장소가 경제적 이득을 취하게 하는 경우와 놀이 및 유희의 욕구를 충족하게 하는
   경우 향유자는 그 공간에 남다른 애착을 느끼게 되는데 이를 말하는 것이다. 여기서
   는 여성들에게 여행지가 규방에서는 체험하기 힘든 문화적 놀이적 기능을 제공하여

특별한 의미가 있다. 이들에게 여행체험은 제한된 견문의 확장을 시도할
수 있는 기회이고 이를 통해 지역의 민속과 문화를 경험할 수 있는 기회
이기 때문이다. 이 지점은 영남지역 양반사대부 문학에서 쉽게 찾을 수
없는 우리말 시가를 창출하게 하였고, 우리말을 통해 지역 문화와 민속
을 포착하고 서술할 수 있는 기회를 마련해 주었다는 점에서 큰 의미가
있다.

이상으로 영남지역 기행가사에 나타난 공간의 양상과 의미에 대해 살
펴보았다. 공간은 크게 동경의 공간과 경험의 공간으로 대별하여 살폈다.
전자는 공적 공간을 체험함으로써 자신의 공적 혹은 사적 정체성을 고민
하고 확인하게 한다는 데에 의미가 있다. 그리고 후자는 유람이 주는 놀
이와 문화적 욕구를 충족시킴으로써 지역 민속이나 문화물이 애착의 대
상이 된다는 의미가 있다.

이렇게 볼 때 영남지역 기행가사에 나타난 공간은 시가 창작의 모티프
가 되면서 향유층의 애착을 유도한다. 이 부분은 지역인에 의한 지역에
대한 시선과 관심을 엿볼 수 있어 중요하다. 특히 영남지역 기행가사가
양반 여성층에 의해 산출된 것이 많고 앞에서 살핀 바와 같이 이 지역
남성 양반 사대부의 문학 창작의 모티프를 그대로 쓰고 있다는 점에서
그 공유와 차별성을 확인할 수 있었다.

특별한 애착을 형성하게 한다는 의미에서 장소의존성과 연결하여 이해할 수 있다(최
열 · 임하경, 2005 : 30).

4. 결론

이 글은 영남지역의 기행가사 텍스트의 존재 양상을 파악하고, 공간 인식의 양상을 중심으로 텍스트의 특성을 밝히고자 하였다.

이를 위해 먼저 영남 기행가사의 범주를 정하고 그에 따라 기존 가사 자료집에서 해당 작품을 추출하여 작품의 존재 양상을 향유층, 여행지, 여정, 작품 성격, 창작시기 등을 중심으로 정리하였다.

먼저 향유층의 측면에서 여성기행가사가 많은 비중을 차지한다는 것을 확인하였다. 이 사실은 그 자체가 영남기행가사의 중요한 하나의 특성이 될 뿐만 아니라, 여성가사이기 때문에 양반사대부 문학에서 관심을 가지지 않았던 지역의 민속과 문화에 대한 새로운 시선을 보여준다는 점에서 의미를 지닌다. 한편 양반사대부 작품도 존재하는데 이들은 그동안 여성 작에 한하여 논의되었던 영남지역가사의 성격과 영역을 확장하여 논의하는 데 기여할 수 있다는 점에서 의미가 있다. 특히 이들은 작자, 창작연대, 창작동기 등에 관한 기록을 함께 확인할 수 있어 실증적 고찰의 대상이 될 수 있어 논의의 진전에 기여할 수 있다는 장점도 있다.

한편 이들 기행가사의 배경이 되는 여행지를 살펴보면, 청량산·가야산·주왕산 등의 산, 안동을 중심으로 한 낙동강과 영남지역의 주요 도시와 누정이다. 먼저 청량산·가야산·주왕산 등의 산 등은 양반사대부 유산기의 주요 무대가 되는 곳이어서 이들과 견주어 봄으로써 지역문학 산출의 문화공간으로서의 특징을 고찰할 수 있다. 한편 <적벽가>, <선유가>, <낙유사> 등 船遊의 풍류를 다룬 작품은 遊山의 경험과는 또 다르다는 점에서 주목을 요한다. 이러한 선유의 전통은 안동지역 선비들의 대표적인 여가문화와 관련되어 있다. 선유의 민속문화적 측면을 함께 고려하면 <적벽가>, <선유가>, <낙유사> 등의 텍스트는 지역전통의 계승과 관련한 긴요한 자료가 된다.

<영남누가>와 같은 작품은 영남지역 풍류문화의 한 특징인 누정문학과 관련되어 살필 수 있는 자료이다. 양반사대부 한시 등에 나타나는 풍류와 흥취를 함께 가지면서도 지역문화물로서 누정을 바라보고 그 역사성과 특징을 고찰할 수 있다는 점에서 지역문화에 대한 관심을 엿볼 수 있다. 이러한 차이는 한시와 국문시가, 당대와 후대, 남성과 여성이라는 다양한 변별적 요인에 기인한다. 이를 영남지역 누정문학의 한 양상으로 본다면, 지역문화의 다양한 편폭과 후대적 변모를 살필 수 있다.

이상을 통해 영남지역 기행가사가 영남지역 양반사대부의 문학 창작의 공간인 산, 강, 누정을 공유하고 있으면서도 다소 이질적인 지향과 어법을 지니고 있음을 확인하였다. 이로써 이들 작품들은 그간 한문학을 중심으로 논의되어온 양반사대부 중심의 지역문학의 논의를 더 넓힐 수 있는 계기를 마련하는데 도움을 준다.

다음으로 이들 대상작품의 공간의 양상을 동경과 경험의 공간으로 나누어 각각의 특성을 살핀 후 이것이 각각 향유자에게 자아정체성을 확인하게 하고 문화적 욕구를 채워주는 역할을 하고 있음을 살폈다.

이를 통해 동일한 공간이 향유자와 문학 양식에 의해 어떻게 역사성과 이질성을 획득하는가를 살핌으로써 영남지역 기행가사의 특징과 의미를 구명하였다. 특히 이러한 작업은 지역인에 의한 지역에 대한 관심과 애착을 형성하는 과정을 추적하였다는 의의를 가진다. 그러나 이 글은 지역문학 연구를 위한 자료학의 차원에서 시도된 작업이므로 대상 작품에 대한 개별적인 탐구는 이루어지지 않았다. 그리고 공간 인식에 관한 통시적 접근 또한 지속적으로 살펴야 할 과제로 남겨둔다.

‖ 참고문헌

구모룡(2009), 「장소와 공간의 지역문학-지역문학의 문화론」, 『어문론총』 51, 한국문학언어학회.

권영철(1982), 「규방가사에 있어서 風流嘯詠類 연구」, 『여성문제연구』 11, 대구가톨릭대사회과학연구소.

_____(1986), 『규방가사각론』, 형설출판사.

김기영, 「청량산의 시가문학적 형상화와 그 의미」, 『충청문화연구』 창간호, 충청문화연구소

김석회(2012), 「지역문학연구의 성과와 방향성」, 『한국시가연구』 32집, 한국시가학회.

김수경·유정선(2002), 「<이부인기행가사>에 나타난 19세기 여성의 여행체험과 그 의미」, 『한국고전여성문학연구』, 한국고전여성문학회.

김수경(2008), 「여행에 대한 여성적 글쓰기 방식의 탐색-여성 기행가사의 형상화 방식과 그 의미」, 『한국고전여성문학연구』 17, 한국고전여성문학회.

김승현·이준복·김병욱(2007), 「공간, 미디어 권력」, 『커뮤니케이션이론』 3권 2호, 한국언론학회.

김인구(1981), 「츈유가계 기행가사-춘유곡과 유산일록의 경우」, 『어문논집』 22, 안암어문학회.

김종구(2009), 「유산기에 나타난 유산과 독서의 상관성과 그 의미」, 『어문론총』 51, 한국문학언어학회.

김창원(2007a), 「지역문학 연구의 방법과 방향-조선후기 근기지역 국문시가를 예로하여」, 『우리어문연구』 29, 우리어문학회.

_____(2007b), 「중앙-지방의 권력과 17세기 어부가의 갈등구조」, 『국제어문』 40, 국제어문학회.

_____(2008a), 「조선시대 서울인의 심상지도와 <戀君>시가의 지역성」, 『서울학연구』 210, 서울학연구소.

_____(2008b), 「조선후기 근기 지역 강호시가의 지역성-김광욱의 <栗里遺曲>을 중심으로」, 『시조학논총』 28, 한국시조학회.

문재원(2008), 「문학담론에서 로컬리티 구성과 전략」, 『한국민족문화』 32, 부산대한민족문화연구소.

박수진(2009), 「장흥지역 기행가사의 공간인식과 문화양상」, 『온지논총』 23, 온지학회.

박태일(2005), 「지역문학 연구와 경북 대구지역」, 『현대문학이론연구』 24, 현대문학이론학회.

백순철(2008), 「조선후기 여성기행가사의 여행형태와 현실인식」, 『고전과 해석』 5, 고전한문학연구학회.

서영숙(2012), 「한국서사민요에 나타난 지역문학의 창의와 융합연구」, 『한국문학이론과 비평』 56, 한국문학이론과비평학회.

성기옥(2011), 「<조주후풍가> 창작의 역사적 상황과 작품 이해의 방향」, 『진단학보』 112호, 진단학회.

성범중(2006), 「고전문학과 지역성의 문제」, 『국어국문학』 144, 국어국문학회.

손은하·공윤경(2010.3), 「상징조형물과 상징공간에 이미지화된 지역성」, 『인문콘텐츠』 17호, 인문콘텐츠학회.

염은열(2006), 「기행가사의 공간 체험이 지닌 교육적 의미」, 『고전문학과 교육』 88, 고전문학과교육학회.

오용원(2005), 「영남지방 누정문학연구」, 『대동한문학』 22, 대동한문학회.

우응순(2006), 「청량산 유산문학에 나타난 공간인식과 그 변모 양상-주세붕과 이황의 작품을 중심으로」, 『어문연구』 34, 한국어문교육학회.

이정옥(2000), 「내방가사에 나타난 여성의 여행경험과 사회화」, 『경주문화논총』 3, 경주문화원부설향토문화연구소.

_____(2003), 『영남내방가사』, 국학자료원.

이태문(1994), 「조선조 기행가사의 갈래론적 접근-존재양상과 대응태도를 중심으로-」, 『동양고전연구』, 동양고전학회.

임기중(2005), 『한국가사문학주해연구』, 아세아문화사.

_____(2007), 『한국역대가사문학집성』.

장정수(2004), 「20세기 기행가사의 창작배경과 작품세계」, 『민족문화연구』 40, 고대민족문화연구원.

전재진(2011), 「19~20세기 초기 시조 문화의 교섭양상 연구 : 『興比賦』와 『樂府』(羅孫本)을 중심으로」, 성균관대 박사논문.

정우락(2010), 「조선중기 강안지역의 문학활동과 그 성격-낙동강 중류지역을 중심으로 한 하나의 시론-」, 『한국학논집』 40, 계명대학교한국학연구소.

정치영(2005), 「유산기로 본 조선시대 사대부의 청량산 여행」, 『한국역사지리학회지』 11, 한국역사지리학회.

정호기(2002), 「기억의 정치와 공간의 재현」, 전남대 박사논문.

조태성(2010), 「정식의 <쯧山別曲>과 그 문학사적 의미」, 『고시가연구』 26, 한국고시가문학회.

최강현(1982), 『한국기행문학연구』, 일지사.

최열·임하경(2005), 「장소애착 인지 및 결정요인」, 『국토계획』 40권 2호, 대한국토도시계획학회.

최은숙(2012), 「<한양가>에 나타난 한양 경관과 장소애착성」, 『한국문학과 예술』 10, 숭실대학교 한국문예연구소.

_____(2013), 「<화전가>에 나타난 자연인식 양상과 시적 활용방식」, 『한국고전여성문학』, 한국고전여성문학회.

_____(2014), 「退溪의 淸凉山詩에 나타난 遊山체험의 詩化 양상과 의미」, 『동양고전연구』, 동양고전학회.

최은주(2010), 「조선후기 영남 선비들의 여행과 공간감성」, 『동양한문학연구』 31집, 동양한문학회.

최 철(1972), 「기행문학의 한 고찰」, 『인문과학』 42집, 연세대 인문과학연구소.

한양명(2008), 「안동지역 양반 뱃놀이(船遊)의 사례와 그 성격」, 『실천민속학연구』 12, 실천민속학회.

황위주(2008), 「낙동강 연안의 유람과 창작공간」, 『한문학보』 18, 우리한문학회.

Lefebvre, Henri(1999), 『The production of space』, Oxford UK · Cambridge USA : Blackwell.

경북지역에 유통된
필사본 고소설에 대한 실증적 연구*

김 재 웅

1. 머리말

한국 고소설 중에서 필사본은 판본에 비하여 작품의 다양성 측면에서 주목받고 있다. 필사본은 오랜 역사를 가진 기록문학의 대표적 형태로 기존 대목을 확장하거나 새로운 내용을 첨삭하면서 유통된 것으로 보인다. 이러한 필사본은 새로운 이본을 파생시킬 뿐만 아니라 판본의 대본으로 사용되어 고소설의 저변을 확장하는 원동력이 되었다. 따라서 필사본은 고소설의 초기부터 흥망성쇠를 함께 한 끈질긴 생명력을 보여주고 있다는 점에서 주목된다.

필사본 고소설은 19세기 방각본이나 20세기 활자본이 출현하면서 유통 방식에서 상당한 타격을 받았을 것으로 생각된다. 기존의 필사본은 상업화와 대중화를 지향하는 판본과 경쟁관계를 유지하면서 유통되었다. 고소설의 독자층은 상업적 출판에 의해서 획기적으로 확대되었음에도 유

---

* 이 글은 『고소설연구』 24집(한국고소설학회, 2007)에 실린 논문을 다듬은 것이다.

형적인 작품이 양산되는 문제점도 발생하였다. 이러한 고소설의 유형성은 필사본의 다양한 유통을 통해서 어느 정도 완화되었던 것으로 보인다.

경북지역에서는 방각본이나 활자본이 유통되었음에도 고소설을 필사하고 향유하는 전통은 오랫동안 지속되었다. 고소설을 필사하기 위해서는 문자 해독과 필사 능력을 갖춰야할 뿐만 아니라 상당한 시간과 노력이 수반되어야 한다. 이러한 여건을 갖춘 필사자들은 조선후기 경북 북부지역을 중심으로 점차 증가하였다. 경북지역에서도 방각본이나 활자본이 유통되었으나, 필사본 고소설을 향유하던 전통은 상대적으로 지속되었던 것으로 보인다.

이러한 경북지역에 유통된 필사본 고소설을 확인하기 위해서는 작품의 말미에 기록된 필사기와 필사지역을 조사할 필요가 있다. 필사본 고소설과 경북지역의 연관성에 주목한 논의는 거의 진행되지 않았다. 왜냐하면 고소설은 작가층과 독자층에 대한 기록이 부족하여 작품 자체에 초점을 맞출 수밖에 없었기 때문이다. 그래서 작품의 구조나 의미를 분석하는 작업은 상당히 축적되었음에도 작가층과 독자층에 대한 연구는 미진한 실정이다.[1]

경북지역에 유통된 필사본 고소설에 대한 실증적 접근은 이원주(1994)와 김재웅(2006b)에 의해서 진행되었다. 전자는 반촌 지역을 대상으로 필사본 고소설의 독자층에 대한 면담조사를 실시했다면, 후자는 필사기를 중심으로 작품의 유통현장에 대한 실증적인 조사를 진행하였다. 이러한 선행연구는 필사본 고소설이 경북에서 유통된 양상과 향유층의 성격을 어느 정도 밝혔다는 점에서 주목된다. 그럼에도 아직까지 필사본 고소설의 지역별 유통양상과 이본의 변모 및 향유층의 성격과 특징을 제대로

---

1) 大谷森繁(1985), 고소설연구회 편(1994), 조도현(1995) 등에서는 고소설의 독자층에 대한 관심을 보여주었으나 필사본에 대한 관심은 여전히 부족한 실정이다.

밝히지 못했다.

이 글에서는 경북지역에 유통된 필사본 고소설에 대한 실증적 연구를 시도하고자 한다. 필사본 고소설의 지역별 유통양상을 확인하기 위해서 필사기록과 현장조사를 병행할 것이다. 이러한 실증적 작업을 통해서 경북에서 유통된 필사본 고소설의 종류와 지역별 및 유형별 성격, 이본의 변모양상, 향유층의 특징과 필사본의 전파과정 등을 밝히고자 한다. 이런 작업은 작품의 구조에 편중된 고소설 연구의 문제점을 보완할 뿐 아니라 텍스트와 콘텍스를 심화시키는 계기가 될 것이다.

2. 경북지역에 유통된 필사본 고소설의 종류

고소설의 지역별 유통과정을 검토하기 위해서는 우선 필사기를 정밀하게 분석해야 한다. 지금까지 알려진 필사본 고소설에 나타난 필사기록2)을 토대로 경북에서 유통된 작품과 고소설을 소장하면서 지속적인 독서를 했던 실증적 사례까지 포함할 필요가 있다.3) 그리고 필사과정에서 지역의 방언이 첨가된 경우도 포함해야 한다. 이러한 자료들을 종합하면 필사본 고소설의 지역별 유통현황을 구체적으로 확인할 수 있다.4)

---

2) 필사본 고소설의 필사기록을 분석한 작품은 조희웅의 『고전소설 이본목록』과 『고전소설 연구보정』을 바탕으로 계명대 소장본, 경북대 취암문고 소장본 등을 참고하였다 (김일렬, 2003).
3) 작품을 소장하면서 지속적인 독서를 했던 작품은 이원주(1994), 김재웅(2002 ; 2003). 그리고 영남지역에서 발굴한 작품까지 대상에 포함하였다.
4) 김재웅(2003 : 133-160)에서는 경상도 146편, 충청도 74편, 전라도 49편, 경기도 29편, 강원도 12편, 서울 10편, 북한 6편 등과 같이 지역별 유통양상을 제시한 바 있다.

작품명 \ 항목	소장자	필사자의 성별	유통지역 및 책 주인	필사년도 및 기간
강능추월전①	나손본1권	이대환, 이진옥	풍기 일원 이생원 신전댁	계묘(1903)원월25일
강능추월전②	여승구	아내 김임규	영주 장순면 소룡 박승화	1914년(17세)
강능추월전③	홍시낙	모친 김수길	문경시 점촌읍	1932년(18세)
강능추월이춘 백전④	이부영	모친 이유천	문경시 동로면 간송리	1904년(15세)
이춘백전⑤)	단국대	김영이 할머니	예천 유천면 율헌동 임병동	1923년
강능추월전⑥	여승구	손씨	봉화군 물야면 압동리	
강능추월전⑦	정문연	조소저 필사	안동군 예안면 불원동	무자년 1월19일 갑자년 6월3-30일
공신록전	박순호	윤인기	봉화군 봉성면 원둔리	병오(1906)11월13일
구운몽①	권영철	임영우(남)	문경군 동로면 적성리	을묘(1915)3월26일
구운몽②	김종철		책주 안동 권씨 책	경신(1920)3월17일
구운몽③	김광순	증조부 정곤현	성주군 선남면 명포리	1906년 이전
굿시하간전	박순호		상주 은척면 무릉리 세곡	1950년 경인2월2일
권익중전①	홍윤표		진량면 문천동 책주 김생천	경오11월13-12월2
권익중전②	취암문고		경산	무진(1928)12월16일
권익중전③	여태명	조만중(남)	고령군 성산면 오실	소화3년 정묘랍월
김진옥전①	취암문고		경북 상주군 니서면 하곡	

항목 작품명	소장자	필사자의 성별	유통지역 및 책 주인	필사년도 및 기간
진옥전②	박순호	김씨	안동시 남선면 정하동	
김진옥전③	박용서	김임규(여)	영주군 장수면 소룡리	1914년
김진옥전④	조동일12		성주군 대동면 송계동	융희4년, 명치44년
낙성비룡	고려대		선산군 도개면 김참판댁	임인납월-계묘원월
명사십리①	김광순		청송군 책주 이기철	임신(1932)7월초4일
명사십리②	홍윤표		안동군 풍남면	
사씨남정기	홍시낙	모친 김수길	문경시 점촌읍	1932년
사안전	박순호18	김소저(여)	안동군 풍북면 오미동	신유 1월4일
서해무릉기	하회댁	여현동(여)	성주군 월항면 대산리	무인(1938) 4월3일
섬처사전	박순호10	이우임(여)	안동 의금참판 태부인	
소대성전	박순호68	김현일(남)	의성군 다인면 동동	명치45년12월18일
송부인전	김광순25	조모 장위생	성주 월항면 장산동 나원섭	1881, 1893년
숙영낭자전①	사재동	이생원(남)	상주군 화동면 양지리	신유(1861)2월19일
숙영낭자전②	취암문고	남위진(여)	영양 청기면 저동 남효익	신사생(1963)
수경낭자전③	박순호		청송군 진보면 신촌동	경진소화15년 정월
심청전	홍윤표	강소명	김천군 구소요면 구례동	대정7년 무오정월일
쌍열옥소삼봉기	하회댁	여현동(여)	성주군 월항면 대산리	병진(1916)년 중추일

작품명 \ 항목	소장자	필사자의 성별	유통지역 및 책 주인	필사년도 및 기간
어룡전	홍윤표	임옹반	예천군 유천면 율현동	임술(1922) 3월4일
염시탁전(한)	강경훈	김경천	의성 진사	
옥인몽	하회댁	이옥쥬(여)	성주 월항면 대포 파잠댁	정사(1917)정월
왕능전	박순호37	이씨	경북 상주군 화동면 양지	1866-1921년
요열녹	이수봉		영덕군 도곡면 하회댁	
월화전	여태명		경북 영주군 안정면	
유생전(한)	조동일9	이규석	경북 성주군 금파면 중리	경술(1910)8월10일
유씨삼대록	하회댁	이씨집안 여성	성주군 월항면 대산리	신사7월, 병자6월
유충렬전①	규장각	운암 강신소	봉화군 상운면 토일리	대정5년 1월5일
유충렬전②	취암문고	박광욱(남)	상주군 은척면 장암리	계축(1913)1월23일
유충렬전③	박순호		도산면 정사리	융희4년 경술2월
유충렬전④	홍윤표	이소저	예천군 고분면 시월동	계유(1933)납월17일
이대봉전	박순호82		울진 북면 나산곡 박진사댁	9월27일
이춘매전	홍윤표	박소저	예천군 용문면 상금곡	갑자(1924)년2월초
임충신전(한)	정문연	오동순	경북 고령군 매호	
임진록	박순호	부친 이호의	청도 매전면 덕산동 이기원	경오(1930)10월4일
장끼전	단국대	권영진 첩	안동군 임동면 고천동	정오년(1906)
장학사전	계명대	니소저	김천군 지례면 상원	
조생원전①	이순분	사촌오빠	상주시 은척면 문암리	기축년(1949)

작품명 \ 항목	소장자	필사자의 성별	유통지역 및 책 주인	필사년도 및 기간
조순일전②	홍시낙	모친 김수길	문경시 점촌읍	1932년(18세)
적벽가①	김광순47		안동군 북후면 원전동	대정10음10월15일
적벽가②	조동일11	최경룡(남)	영양군 영양면 서부동	계축(1913) 정월하한
하룡도③	박순호	홍씨(산동댁)	상주 은척면 문암리 남생원	개축정월24일종
화용도가④	경북대	충주 최씨	경북 순흥군 단산면	임자(1912)년 정월
제호연록	하회댁	경산 이씨	성주군 월항면 대산리	1865년
조웅전①	여승구	윤씨	예천군 유천면 화지동	갑술년(1934)
조웅전②	홍윤표		경주시 내남면장	대정7년4월8일
조웅전③	계명대		예천군 호명면	을묘(1939)정월28일
조웅전④	김재웅	전순주 할머니	고령군 개진면 반운리	1923년
조웅전⑤	정문연	설고성	봉화군 내성면 송산리	기축(1949)년
주봉전	김광순42	천정 백수월	예안 의동면 운천동 박이동	신해(1911)년
진대방전	조동일16	오씨부인	영일 오천면 문덕동 강학촌	무오년 2월5-16일
진성운전①	강전섭		문경군 영순면 율대매	갑술(1934) 2월29일
진성운전②	김광순43		책주 안동 이창윤	1989년 영주에서 구입
창란호연록①	장세완	조모 황재학	칠곡군 기산면 각산리	정사이월, 무오이월
창선감의록①	박순호	조씨아량	안동시 서후면 저전리	

작품명 / 항목	소장자	필사자의 성별	유통지역 및 책주인	필사년도 및 기간
창선감의록②	고려대	이선달(14세)	영주군 풍기 농은재	함풍8년무오12월일
창선감의록③	계명대		김천시 봉산면 신동 509	
최현전①	이수봉		울진군 황씨종가	갑자정월18일종
최현전②	김광순26		팔공등산 노부	신축(1901) 2월17일
최현전③	이수봉	조부 안후선	울진군 기성면 정명리	1906년 이전
춘향전①	박순호		상주군 낙동면 유곡리	
춘향전②	이부영	이유천	문경군 동로면 간송2리	
춘향전③	권영철	임연호	강원 울진군 원북면 원당리	명치45년6월
춘향전④	권영철	송헌신	안동군 임하면 현하리	신해(1911)년 원월
취연전	박순호		예천군 용문면 화학동	정사(1917) 맹춘신장
토끼전①	취암문고		상주군	갑진(1904) 을사정월
별주부전②	서울대	책주 최기댁	상주군 내서면 능암리	
하진양문록	이수봉		봉화군 거촌	
화씨충효록	고려대	이선달(14세)	영주군 풍기 농은재	함풍8년무오12월일
길동녹	김광순5권	중매댁 필사	칠곡군 왜관읍 매원리	병자(1936)년 춘간
황월선전①	여승구		울진 평해직산 김청산댁	
황월선전②	취암문고		영일군 의창면 용천동	
황월선전③	동국대	김씨부인 종필	영천군 우항동	구월염팔일

항목 작품명	소장자	필사자의 성별	유통지역 및 책 주인	필사년도 및 기간
황월선전④	연세대		영주군 평은면 인왕리	
황월선전⑤	사재동	책주 이 생원댁	신당면 금산리(경북)	명치44년2월1-18일

[표 1] 경북지역에 유통된 필사본 고소설의 종류

　현재까지 필사본 고소설의 유통지역을 확인할 수 있는 작품은 대략 300편인 것으로 나타난다. 그중에서도 경북지역에 유통된 필사본 고소설은 이본까지 포함하여 모두 90편이다. 앞으로 새로운 작품이 발굴되거나 개인이 소장한 필사본 고소설이 첨가된다면 좀더 정확한 지역별 유통양상을 확정할 수 있을 것이다.5) 이러한 작업은 필사본 고소설의 종류와 유통과정을 실증적으로 이해하는 지름길이기도 하다.

　앞에서 제시한 90편의 필사본 고소설은 경북에서 실제로 유통되었다. 여기에 부산·경남에서 유통된 27편과 대구에서 유통된 7편을 합치면 영남지역에서는 124편이 유통된 것으로 나타난다. 더욱이 김광순 소장본에 수록된 필사본 고소설도 대부분 영남지역에서 유통되었다는 점을 감안하면6) 필사본 고소설의 유통이 활발했던 것으로 보인다.

　이러한 경북에서 유통된 필사본 고소설은 다른 지역과 비교하면 더욱 뚜렷해진다. 경북에서 유통된 필사본 고소설은 호남이나 충청 지역에서 필사되거나 향유된 작품과 비교하면 유통량에서 커다란 차이를 보인다.

---

5) 김재웅(2015 : 11-92)에 의하면 전국에 유통된 필사본 고소설은 513편이다. 이를 지역별로 구분하면 영남 222편, 호남 82편, 충청 132편, 서울과 경기 52편, 강원 16편, 북한 9편 등으로 나타난다. 영남에 유통된 222편은 대구와 경북 171편, 부산과 경남 39편이 각각 유통되었다. 새로운 자료가 추가되었지만 기존의 연구를 보완하고 있어서 예전에 발표했던 글을 그대로 수록한다.
6) 김광순, 『한국고소설전집』 1-70권은 대부분 영남지역에서 발굴 및 수집한 것이라고 직접 증언해주었다.

특히 경북에서 유통된 필사본 90편은 호남 지역 전체에서 유통된 49편
보다 풍부하다. 이러한 통계는 영남과 호남에서 유통된 작품의 수량뿐만
아니라 독자층의 작품 선호도를 파악하는 데 도움을 준다.

그런데 당시에 많은 인구가 살았던 서울·경기 지역에 유통된 필사본
은 상대적으로 빈약하게 나타난다. 서울·경기 지역은 전쟁의 피해를 많
이 입었을 뿐만 아니라 급격한 도시화로 인하여 필사본보다 방각본이나
활자본이 널리 유통되었던 것으로 보인다. 특히 독자층을 겨냥한 상업적
출판인 방각본과 활자본이 대부분 서울에서 간행되었고, 세책점을 통한
작품의 향유가 활발했다는 측면에서(이윤선, 2003 : 41-88 ; 정명기, 2003 ; 정명
기, 2005) 필사본의 유통이 다소 제약되었을 것이다. 이때문에 서울·경기
지역에서는 상대적으로 세책점이나 방각본을 주로 활용하거나 활자본을
향유했을 가능성이 높은 것으로 추측된다.

경북에 유통된 필사본 고소설은 세책본의 영향과 무관한 것으로 보인
다. 현재까지 밝혀진 세책본과 경북지역에 유통된 필사본 고소설의 영향
관계를 확인하려면 이본의 비교가 선행되어야 한다.7) 작품의 구체적인
비교는 차후로 미루고 세책본의 형식적인 특징을 중심으로 대비하고자
한다. 경북지역에 유통된 필사본 고소설은 세책본의 필사형태와 다를 뿐
만 아니라 단권으로 필사된 점으로 보아 세책본과는 무관한 것으로 보인
다.8) 따라서 경북지역에 유통된 필사본은 세책본의 영향을 받지 않고 지
속적으로 유통된 것으로 보인다.

---

7) 세책본을 보고 필사한 경우는 정우락본 <길동록>이 거의 유일한 실정이다. 이윤석
(1997 : 40, 88-91).

8) 이윤석(2003 : 41-88)에서는 세책본의 특징을 다음과 같이 정의하고 있다. 첫째, 한
권의 책을 2권으로 분권한다. 둘째, 한 책에 30장, 한 면에 11행, 한 행에 평균 15자
내외로 필사. 셋째, 장수 표시는 매 장의 앞면 위쪽 가운데 한자로 표기, 넷째, 책장
을 넘길 때 손가락이 닿는 부분에 필사를 하지 않음, 다섯째, 각 권의 마지막에 세책
점의 필사기로 남기고 있다.

이상에서 필사기와 현장조사를 통해서 경북지역에 유통된 필사본 고소설을 구체적으로 제시하였다. 필사본 고소설은 서울·경기 지역의 세책본이나 방각본의 영향을 거의 받지 않고 유통된 것으로 보인다. 이러한 실증적 연구는 고소설의 사회학적 연구의 단초가 되기에 충분하다(움베르트 에코, 1996). 따라서 경북지역에서는 방각본이나 활자본의 출간과 관계없이 오랫동안 필사본 형태의 고소설을 향유했던 특징을 보여준다.

3. 경북지역에 유통된 필사본 고소설의 성격

경북지역에 유통된 필사본 고소설에 대한 지역별 및 유형별 성격을 살펴보아야 할 차례이다. 우선 경북에서 유통된 필사본 고소설 90편 가운데 한문으로 필사된 작품은 <염시탁전>, <유생전>, <임충신전>, <창선감의록>②, ③, <최현전>③ 등 6편이다. 한문본을 제외한 84편은 모두 한글로 필사된 작품이다. 이렇게 보면 경북에서 유통된 필사본 고소설은 한글본이 압도적인 우위를 차지하고 있다.

경북에서 유통된 필사본 고소설을 지역별로 구분하면 안동(12편), 상주(10편), 성주(9편), 영주(9편), 예천(8편), 문경(7편), 울진(5편), 봉화(4편) 등으로 나타난다. 그중에서도 영남 유학의 본향인 안동 및 상주, 성주, 예천, 영주 등에서도 필사본의 유통이 활발하였다. 이러한 유통양상을 경남지역으로 확대하면 합천(10편)과 진주(5편)에서도 필사본 고소설의 유통이 활발했던 것으로 보인다.9) 따라서 영남지역에 유통된 필사본 고소설은 유교문화의 전통이 강한 안동, 상주, 합천, 성주, 예천, 영주 등과 같은 농

---

9) 합천 지역은 경남에 속하지만 유교문화권의 입장에서 보면 안동과 진주의 중간에 해당하면서도 경북 북부 지역과 일정한 연관관계를 맺고 있다.

촌문화권에서 다수 유통되었다.

그렇다면 호남 지역에 유통된 필사본 고소설의 지역별 유통양상은 어떠할까? 호남 지역의 유통양상은 고창(8편), 전주(4편), 임실(4편), 부안(3편), 김제(3편), 정읍(3편), 광주(3편) 등과 같이 나타난다. 호남에서는 고창 지역을 중심으로 필사본 고소설이 왕성하게 유통되었다. 이러한 고창 지역은 판소리의 후원자로 활동한 신재효의 영향으로 판소리 및 판소리계 소설의 유통이 빈번했던 것으로 보인다.10) 이렇게 영남의 필사본은 안동을 중심으로 한 경북 북부지역에서 다량 유통된 반면에 호남에서는 고창, 전주, 임실 등과 같이 판소리의 영향이 강한 지역에서 다량 유통되었다. 따라서 고소설의 필사와 향유는 경북지역의 유교문화권 향유자들의 성격과 연관되어 있다고 하겠다.

경북지역에 유통된 필사본 고소설의 성격을 밝히기 위해서는 유형분류를 시도할 필요가 있다. 작품의 유형을 구분하는 작업은 생각보다 쉽지 않다. 왜냐하면 작품의 성격을 한 가지 유형으로 확정할 수 없기 때문이다. 그럼에도 고소설의 유형을 구분하면 작품의 성격이나 향유의식을 살펴볼 수 있는 장점이 있다.

경북지역에서는 가정소설이 가장 많이 유통된 것으로 보인다. 계모형 가정소설은 <어룡전>, <장화홍련전>, <황월선전>, <조생원전> 등이고, 쟁총형 가정소설은 <사씨남정기>, <창선감의록>, <장학사전> 등이다. 그리고 계모형과 쟁총형의 구조를 통합한 <취연전>(김재웅, 2006a)과 넓은 의미의 가정소설에 해당하는 <송부인전>도 있다. 따라서 경북지역에는 필사본 가정소설이 상당수 유통된 것으로 보아 소설 향유층의 성향을 어느 정도 짐작할 수 있다.

---

10) 고창에서 유통된 작품은 <두껍전>, <변강쇠가>, <토끼전>, <흥부전>, <왕랑반혼전>, <정소저전>, <정을선전>, <화씨선행록> 등이다.

영웅소설 및 군담소설에 속하는 작품도 다수 유통되었다. 영웅소설 및 군담소설은 역사형, 창작형, 번역형 등으로 구분하기도 한다(서대석, 1985). 역사형 군담소설에 해당하는 작품은 <임경업전>, <임진록> 등이고, 창작형 군담소설에 속하는 작품은 <소대성전>, <조웅전>, <유충렬전>, <이대봉전>, <권익중전> 등이다. 그런데 <최현전>, <하진양문록>처럼 영웅소설 및 가문소설의 성격을 내포한 작품도 유통되었으나, 번역형 군담소설은 거의 유통되지 않았던 것으로 보인다. 따라서 경북지역에는 영웅소설 및 군담소설 중에서도 창작형 군담소설이 다수 유통되었다.

판소리계 소설에 해당하는 작품은 <적벽가>, <화룡도>, <춘향전>, <토끼전>, <심청전> 등이다. 그중에서 남성이 즐겨 향유한 <적벽가>, <화룡도>와 여성이 향유한 <춘향전>, <심청전>은 남녀 향유층의 의식을 반영하고 있다. 경북지역에 유통된 <춘향전>은 <열녀춘향수절가> 계통이 독서물로 정착되면서 판소리 문체가 상당수 첨가되었다. 그리고 판소리의 영향과 교섭을 보여주는 영웅소설 <왕능전>과 가정소설 <김이양문록>도 주목된다. 이러한 작품들은 경북지역에서 판소리의 영향과 교섭을 구체적으로 보여주고 있다.

경북지역에 유통된 장편가문소설은 생각보다 빈약한 실정이다. 그렇지만 이원주가 조사한 <몽옥쌍봉연록>, <유씨삼대록>, <창란호연록> 등과 같은 필사본을 포함하면 특정한 반촌을 중심으로 가문소설이 유통되었다. 이러한 가문소설은 자녀의 결혼을 중심으로 가문의식을 강조하는 내용이 핵심을 차지하기 때문에 자연히 분량이 많아질 수밖에 없다. 그런데 경북지역에서는 수백 권으로 확장된 장편가문소설을 유통할 수 있는 여건이 미약했을 것으로 생각된다(김종철, 1994). 다만, 성주군 월항면의 하회댁과 같은 반촌에서 장편가문소설이 향유되었음을 확인하였다. 성주 이씨 집성촌의 장편가문소설은 홍문관 교리와 같이 왕실을 드나들었던 인물에 의해서 전파되었을 것으로 짐작된다.

고소설의 하위 유형인 가정소설, 영웅 및 군담소설은 경북지역을 대표한다고 해도 지나친 말이 아니다. 그런데 판소리의 고장인 호남 지역은 판소리계 소설이 가장 많이 유통되었다. 이러한 내용을 구체적으로 확인하기 위해서는 경북과 전북 지역에 유통된 필사본의 비교가 선행되어야 한다. 두 지역에 유통된 작품을 비교하여 영호남의 기록문화와 공연문화적 특징을 밝혀야 한다.11) 영호남에서 유통된 작품이 다른 것은 지역의 문화적 특징과 향유층의 성격 차이에서 비롯된 것으로 보인다.

이상에서 경북지역에는 가족 간의 갈등을 다루는 가정소설, 탁월한 인물의 활약을 보여준 영웅소설 및 군담소설, 판소리가 독서물로 정착한 판소리계 소설 등이 다수 유통되었다. 그중에서도 가정소설은 여성 향유층의 개별성을 반영한다면, 영웅소설 및 군담소설은 전국적인 보편성을 반영한 것으로 보인다. 이러한 필사본 고소설은 경북지역의 향유자에 의해서 다양한 이본으로 파생되었다. 비록 작품의 구조적 변모와 주제의 변화로 탈바꿈하지는 못했다손 치더라도 새로운 내용을 첨삭하여 필사자의 의식을 반영하고 있다. 따라서 필사본 고소설은 경북지역 고소설 향유층의 의식을 파악하는 데 도움을 준다.

---

11) 두 지역에 유통된 <강능추월전>, <구운몽>, <춘향전>, <토끼전>, <화룡도>, <유충렬전>, <이대봉전>, <조생원전>, <조웅전>, <장화홍련전> 등에 대한 비교연구는 지역적 성격을 구체화할 수 있다.

4. 경북지역에 유통된 필사본 고소설의 이본 변모

경북지역에 유통된 필사본 고소설 중에서 이본을 제외한 단일 작품은 모두 49종이다. 그렇다면 경북에서 가장 많이 유통된 필사본은 어떤 작품인지 궁금하지 않을 수 없다. 경북지역에는 필사본 <강능추월전>, <조웅전>, <황월선전>, <유충렬전>, <김진옥전> 등과 같은 작품이 다량 유통되었다. 이러한 필사본 고소설들은 경북지역 소설 독자층의 미의식을 단적으로 보여준다고 하겠다.

경북에서 가장 많이 유통된 작품은 <강능추월전>이다(조동일, 2001 : 119-127).12) 현재까지 <강능추월전>의 이본은 필사본 71편, 활자본 9편이 존재하고 있다.13) 그중에서 필사기록과 현장조사를 통해서 지역별 유통을 확인할 수 있는 필사본은 모두 10편이다. 필사본 <강능추월전>의 유통 지역을 제시하면 경북 7편, 경남 1편, 전북 1편, 경기 1편 등으로 나타난다. 여기에 경남 1종까지 포함하면 영남지역에는 무려 8편의 <강능추월전>이 유통되었다.

<강능추월전>은 친부모를 습격한 도적의 딸과 결혼한 주인공이 자신의 정체성을 찾으면서 이별한 가족과 극적으로 만나는 과정을 역동적으로 그려낸 소설이다. 그 뿐만 아니라 <강능추월전>은 중국의 화본소설 『경세통언』제11화에 수록된 <소지현나삼재합>의 영향을 수용했음에도 조선후기 사회상을 반영하면서 끊임없이 변모를 거듭하여 재창작된 소설이다(김재웅, 2003 : 36-57 ; 서대석, 1973). 이러한 <강능추월전>이 경북지역

---

12) <강능추월전>은 한국 고소설 가운데 25번째로 이본이 많은 작품이다. 이 작품이 경북지역에서 다량 유통되었다는 점은 주목된다.

13) 김재웅(2003 : 59-63)에서는 필사본 <강능추월전>의 이본 65종을 확인했다. 여기에 계명대 1편, 경북대 2편, 취암문고 3편 등을 발굴하여 필사본은 71종의 이본이 존재하고 있다.

에 다량 유통되었다는 것은 독자층의 성향과 관련된 것으로 보인다. 따라서 필사본 <강능추월전>은 경북지역을 대표하는 작품이라고 해도 손색이 없을 것이다.

<강능추월전>의 이본은 제1계통 기본형, 제2계통 부연형, 제3계통 변이형 등으로 구분할 수 있다(김재웅, 2003 : 59-97). 이 작품은 중국 화본소설에 가까운 필사본 제1계통이 형성된 뒤에 제2계통이 파생되었고 1915년에 활자본 제3계통이 출간되었다. 이러한 필사본 <강능추월전>의 이본 계통 중에서 경북지역에는 제1계통 기본형이 다수 유통된 것으로 보인다. 경북에 유통된 필사본 <강능추월전> 7편 중에서 6편이 제1계통 기본형에 해당한다. 다만, 앞에서 제시한 <강능추월전>⑦은 제2계통 부연형에 해당한다. 이렇게 보면 경북을 포함한 영남지역에는 필사본 <강능추월전> 중에서도 제1계통 기본형이 다수 유통되었다.

제1계통본 <강능추월전>은 친부모를 습격한 원수가 비록 장인이라고 할지라도 부모의 원수를 갚는 것으로 나타난다. 필사본 제1계통이 경북지역에 다수 유통된 것은 부모의 원수는 반드시 갚아야 한다는 유교적 효성을 반영한 것이다. 예컨대 <나손본> 신전댁, <여승구본>의 김임규, 손씨, <홍시낙본> 김수길, <이부영본> 이유천, <단국대본> 김영이 할머니 등의 여성 향유자들은 부모의 원수를 갚아야 한다는 유교적 효성을 보여준다. 이러한 부모의 원수 갚기는 경북지역 여성 향유층의 유교적 이념을 반영한 것으로 보인다.

그런데 제2계통은 부모를 습격한 원수를 처벌한 뒤에 헌신적인 아내의 효열 덕분에 주인공의 잘못을 뉘우치는 것으로 변모되었다. 이러한 제2계통 부연형이 안동 지역에서 유통되었다는 점이 주목된다. 안동에서 유통된 <강능추월전>⑦은 부모의 원수 갚기도 중요하지만 성급하게 장인을 처벌해 아내가 자결한 문제에 대해서 뉘우치는 대목이 첨가되어 있다. 그리고 <강능추월전>⑦은 도적의 소굴에 잡혀간 조부인의 정절시험 대목이 생략되어 있다. 특히 작품에 등장하는 군담대목이 축소되었을 뿐만 아니라 친부모와 시부모를 동일시하고 있다. 이러한 특징은 여성이 향유하는 과정에서 변모된 것으로 보인다.

<조웅전>은 필사본, 방각본, 활자본 등과 같이 다양한 양식으로 유통되었다. 현재까지 알려진 <조웅전>의 이본은 다수의 필사본과 상업적 성격이 강한 경판본, 완판본, 안성판본 등의 방각본과 활자본이 존재하고 있다. <조웅전>은 <춘향전>과 더불어 가장 인기를 끌었음에도 필사본의 지역별 유통양상에 대한 연구는 전무한 실정이다. 필사본 <조웅전>의 지역별 유통 양상은 경북 5편, 경남 2편, 경기 3편, 전북 1편, 충북 1편, 강원 1편 등으로 나타난다. 필사본 <조웅전> 13편 가운데 경북을 포함한 영남에서는 7편이 유통된 것으로 보인다.[14]

<조웅전>은 충신과 간신의 대결에서 몰락한 주인공이 협조자로부터 도술을 배워 외적을 격퇴하는 군담을 통해서 국가의 사직을 회복하는 영웅적 능력을 보여준다. 이러한 <조웅전>은 전국적으로 유통되면서 독자층의 인기를 끌었을 것으로 생각된다. <조웅전>의 판본이나 필사본을 비교한 결과 이본 변모가 미약한 실정이다(조희웅, 1995 : 183-218). <조웅전>④는 주인공의 군담 대목이 장황하게 확장되어 있지만, 향유자의 수용과정에서는 군담에 대한 관심을 보이지 않았다.[15] 이렇게 경북지역에 유통된 필사본 <조웅전>의 이본을 검토한다면 구체적인 변모 양상을 밝혀낼 수 있을 것이다.

필사본 <유충렬전>의 지역별 유통양상은 경북 4편, 경남 3편, 경기 3편,

---

14) 지역별 유통양상을 확인할 수 있는 작품을 최대한 더 발굴하여 이본적 특징을 보완할 것이다.

15) 전순주본, <조웅전>, 95-175쪽에서 조웅의 군담대목이 확장되어 나타난다. 이 작품에는 19세기 경상도 방언의 특징인 "으/어"의 혼용 현상이 나타난다.

전북 1편, 충북 1편, 북한 1편 등으로 나타난다. <유충렬전>도 영남지역에서 7편이 유통되었다. <유충렬전>①은 문체적인 측면에서 가사체를 수용한 특징을 보여준다(서인석, 1995 : 124 ; 이승복, 1998 : 685-707).[16] 이 작품은 1916년 필사과정에서 경북 북부지역을 중심으로 활발하게 유통되었던 가사의 영향을 받았다. 이러한 사례는 합천에서 유통된 노재순본 <유충렬전>도 나타난다. 노재순본은 이유천이 필사하고 노재순 할머니가 향유했기 때문에 여성의 섬세함을 가사체로 담아내었던 것이다. 따라서 필사본 <유충렬전>은 경북지역의 가사체 문체를 수용하거나 여성의 섬세함이 확장된 특징을 보여준다.

필사본 <김진옥전>의 지역별 유통양상은 경북 4편, 경남 1편, 경기 2편 등으로 나타난다. 영남지역에는 5편의 <김진옥전>이 유통된 것으로 보아 독자층의 흥미를 끌었던 것으로 보인다. 그리고 필사본 <황월선전>은 6편 가운데 5편이 경북지역에 유통되었다. 이밖에 <구운몽>, <권익중전>, <숙영낭자전>, <적벽가>, <최현전>, <창선감의록>, <춘향전> 등도 지역민에게 인기를 끌었던 작품이다. 이러한 필사본 고소설들은 경북지역 향유층의 성격뿐만 아니라 지역적 특징을 반영한 것으로 보인다.

한편 경북지역에서는 <조웅전>과 <유충렬전>에 비하여 <소대성전>은 극소수가 유통된 것으로 보인다.[17] 초기 영웅소설인 <소대성전>은 방각본과 활자본으로 다수 간행되어 독자층의 인기를 끌었음에도 경북지역에서는 환영을 받지 못하였다(조동일, 1985 : 285-287). 지역의 향유층은 <소대성전>보다 <조웅전>이나 <유충렬전>을 선호한 것으로 보인다.

---

16) 경북지역에 유통된 필사본 고소설은 가사체 문체를 어느 정도 수용한 것으로 보인다.
17) 경북지역의 현장조사에서 만난 제보자들은 필사본 <조웅전>, <유충렬전>에 대해서는 상당수가 읽었거나 작품의 제목을 알고 있었다면 <소대성전>에 대해서는 거의 제목을 들어본 적도 없다고 한다.

이렇게 경북지역에서 필사본 <소대성전>의 유통이 빈약한 까닭은 무엇일까? 장모가 사위를 박대하는 <소대성전>의 내용 때문에 경북 독자층의 관심을 끌지 못한 것으로 보인다. 따라서 경북지역의 향유층은 영웅의 활약과 가문의 창달을 보여준 <조웅전>과 <유충렬전>을 선호한 것으로 생각된다.18)

경북지역에는 판소리와 판소리계 소설의 영향을 수용한 작품이 상당수 존재하고 있다. 이유천이 필사한 <춘향전>②에는 판소리 "거동보소"와 같은 문체가 빈번하게 등장한다. 이 작품은 경판본 <춘향전>에 비하여 춘향과 이도령의 이별 장면이나 춘향이 매 맞는 대목이 확장되었을 뿐만 아니라 필사과정에서 경상도 방언이 삽입된 것으로 보인다. 그리고 춘향 어미가 사위를 박대하는 대목이 축약된 반면에 춘향을 생각하는 이도령의 애절한 마음이 확장되어 나타나고 있다. 특히 춘향의 집은 매우 장황하게 묘사하면서도 첫날밤 대목은 상당히 축약되었다. 이러한 <춘향전>②는 경북지역 여성 향유층의 유교 윤리적 성격을 반영한 것으로 보인다.

영웅소설 <왕능전>에는 판소리 <옹고집전>의 진가쟁주 대목이 첨가되어 있어서 주목된다(김재웅, 2005). <왕능전>은 현재까지 필사본 1종만 존재하는 유일본으로 간신 조학의 역모를 진압하는 충신 왕능의 영웅적 활약을 담고 있다. 이러한 <왕능전>에 판소리계 소설 <옹고집전>이 삽입된 점으로 보아 영웅소설과 판소리계 소설의 교섭관계를 확인할 수 있다. 가정소설 <김이양문록>에는 19세기 경상도 방언의 특징뿐만 아니라 판소리 <춘향가>의 영향을 수용하고 있다. 따라서 <김이양문록>은 계모형 가정소설에다가 판소리 <춘향가>를 수용하여 조선후기 가족의 화

---

18) <소대성전>보다 <조웅전>, <유충렬전>을 선호한 까닭을 이본 비교를 통해서 구체적으로 밝혀야 한다. 특히 영남지역에 유통된 김광순 소장본에서도 <소대성전>은 2편만 등장한다면 <조웅전>과 <유충렬전>은 상당히 많은 작품이 수록되어 있다.

합을 제시하였다.

5. 경북지역 소설 향유층의 특징과
필사본 고소설의 전파

경북지역에 유통된 필사본 고소설은 누가 향유했을까? 이런 질문에 대
답하기 위해서는 작품에 대한 실증적 연구를 실시해야 한다. 한국 고소
설 중에서 방각본이나 활자본은 작품의 출간횟수와 연도, 출판 장소 등
에 대한 개략적인 기록이 남아있지만(이창헌, 2000 ; 이주영, 1998), 필사본은
유통에 대한 내용이 거의 남아있지 않다. 그럼에도 필사본은 필사과정에
적어놓은 필사기와 현장조사를 통해서 소설 향유층의 특징과 필사본의
전파과정에 대한 실증적 고찰이 가능하다. 이러한 경북지역 소설 향유층
에 대한 실증적 작업은 필사본 고소설의 전파와 수용미학을 논의하는 데
도 유익할 것이다(김경미, 1994).

5.1. 여성 향유층의 증가

경북지역의 여성은 조상의 유품인 필사본 고소설을 필사하거나 지속적
으로 향유하였다. 경북지역에 유통된 필사본 고소설에 나타난 필사기를
통해서 여성 향유층의 성격을 어느 정도 파악할 수 있다. 이러한 필사기
를 분석하고 현장조사를 실시하면, 고소설을 향유했던 독자층에 대한 실
증적 접근이 가능하다. 경북지역에 유통된 필사본 고소설의 필사자를 성
별로 구분하여 제시하면 다음과 같다.

여성 필사자 향유자 (31종)	<강능추월전>②-⑦, <진옥전>②, <김진옥전>③, <사씨남정기>, <사안전>, <서해무릉기>, <섬처사전>, <송부인전>, <숙영낭자전>②, <쌍열옥소삼봉기>, <옥인몽>, <유씨삼대록>, <유충렬전>④, <이춘매전>, <장끼전>, <장학사전>, <하룡도>③, <제호연록>, <조웅전>①,④, <진대방전>, <창란호연록>, <창선감의록>①, <춘향전>②, <길동녹>, <황월선전>③
남성 필사자 (16종)	<구운몽>③, <소대성전>, <숙영낭자전>①, <어룡전>, <염시탁전>, <유생전>, <유충렬전>①,②, <임충신전>, <임진록>, <적벽가>②, <조웅전>⑤, <창선감의록>②, <최현전>③, <춘향전>③,④

[표 2]

위와 같이 여성이 필사하고 향유한 경우는 31종이고 남성이 필사하고 향유한 경우는 16종으로 나타난다. 경북지역에 유통된 필사본 고소설은 여성이 작품을 필사하고 향유했음을 실증적으로 보여주고 있다. 여성이 필사한 <강능추월전>②는 필사기에 박승화의 이름이 기록되어 있지만, 현장조사에서 아들 박용서(83)에 의하면 모친 김임규가 17세에 시집오기 전에 필사하여 가져왔다고 한다. <강능추월전>③과 ④는 김수길과 이유천이 필사했다고 아들이 증언해주었다.[19] <강능추월전>⑤, ⑥과 ⑦도 마을 주민의 증언과 필사기를 참고하면 김영이 할머니, 손씨, 조소저가 각각 필사하였다. 그리고 <강능추월전>을 필사한 여성들은 <김진옥전>③, <사씨남정기>와 <조한림전>, <춘향전>②도 각각 필사했다고 한다.

<사안전>, <섬처사전>에는 김소저, 이우임이 필사한 것으로 기록되어 있다. <송부인전>은 이종희의 증언에 의하면 시어머니 장위생이 작품을 필사했다고 한다.[20] <숙영낭자전>②는 남효익의 딸 남위진이 필사

---

19) 현장조사에서 김수길(1914-2001)의 아들 홍시낙(74세)과 이유천(1890-1962)의 아들 이부영(73)은 모친의 소설 필사와 향유에 대하여 비교적 자세하게 기억하고 있었다.
20) <송부인전>에 대한 현장조사는 2006년 8월 18일 성주군 월항면 장산동 장지부락에서 나원섭의 모친 이종희(80) 씨를 만나서 작품에 대한 자세한 증언을 들었다. 이종희 씨에 의하면 <송부인전>은 시어머니 장위생(1902년 출생)이 손수 필사했다고

했음을 마을 이장 김주칠 씨가 증언해주었다. <유충렬전>④와 <이춘매전>은 이소저와 박소저가 필사했고, <장끼전>과 <장학사전>은 권영진의 첩과 이소저가 필사한 것으로 보인다. 그런데 <하룡도>③은 남생원의 부인 홍씨가 필사했다고 마을 주민들이 증언하였다.

 <조웅전>①, ④는 윤씨와 전순주가 필사하였다. 전순주 할머니는 1923년에 <조웅전>을 필사하여 시집왔다고 한다.[21] <진대방전>과 <창란호연록>은 오씨 부인과 장세완의 조모 황재학이 필사하였다. 특히 황재학은 시집오기 전에 <창란호연록>을 필사한 것을 보인다.[22] <창선감의록>①과 <길동녹>, <황월선전>③은 조씨와 중매댁, 김씨 부인이 각각 필사한 것으로 보인다. 특히 <길동록>에는 "어려 슨 글시라 참 괴괴 남볼가 희츰흐다"[23]라는 필사기를 통해서 중매댁이 어렸을 때 필사한 것이다.

 그런데 <옥인몽>, <서해무릉기>와 <쌍열옥소삼봉기>, <유씨삼대록>, <제호연록> 등은 성주군 월항면 성산 이씨 집성촌에 살고 있는 하회댁이 소장한 자료이다. 이 작품은 이전희의 딸 이옥주, 시어머니 여현동, 성산 이씨 집안의 여성, 시조모인 경산 이씨 등과 같이 성산 이씨 집안의 여성들이 각각 필사하였다. 특히 하회댁은 안동에서 시집왔을 때 성산 이씨 9명의 종부들이 모여서 작품을 필사하고 향유했음을 증언해주었다.[24] 이러한 작품은 성산 이씨 집성촌에서 장편가문소설을 필사하고

한다.

21) 전순주(1908-1998)는 <조웅전>과 <심청전>을 필사하여 지속적으로 향유했다. 전 할머니는 소설을 읽고 필사하는 능력에 대해서 대단한 자부심을 가지고 있었다.

22) 2006년 5월에 <창란호연록>을 소장한 장세완 씨를 만나서 작품을 복사하였다. 장세완의 증언에 의하면 <창란호연록>은 조모 황재학(1884-1940)이 손수 필사했다고 한다.

23) 정우락본 <길동록>, 37쪽.

24) 성주군 월항면 성산 이씨 집성촌에 살고 있는 하회댁(90세)이 소장한 자료에 대한 조사는 2006년 8월 18일부터 20일까지 진행하였다. 이러한 9종부들로 구성된 문학 행위 집단에 대한 연구도 새롭게 시도해야 한다.

향유했음을 구체적으로 보여준다. 그렇다면, 장편가문소설이 언제 성주 이씨 집안에 유입되어 어떻게 향유되었는지에 대한 구체적인 연구가 필요한 실정이다.

한편 남성이 필사했음에도 여성이 작품을 향유한 경우는 <강능추월 전>①, <권익중전>③, <조생원전> 등이 있다. 필사기에 남성의 이름이 적힌 현장을 조사한 결과 남성 집안의 여성이 <강능추월전>①과 <조생 원전>을 향유했음을 구체적으로 확인하였다. <강능추월전>①은 이대환 이 필사자로 생각되었지만 마을주민 최대규에 의하면 이진옥 할머니가 작품을 향유했음을 밝혔다.25) 이러한 경우는 <조생원전>과 <권익중 전>③에서도 동일하게 나타난다. 전자는 이순분 할머니의 사촌 오빠가 필사했음에도 실제로 작품을 향유한 것은 이순분이다.26) 후자는 마을주 민 조용건의 증언에 의하면 조만중이 작품을 필사했다고 한다.27) 이러한 작품은 남성이 여성 교육과 유교적 필요성에 따라서 작품을 선택적으로 필사해주었던 것으로 보인다.

남성 필사자가 작품을 필사하고 향유한 경우는 한문 필사본을 제외하 면 매우 빈약한 실정이다. 남성이 필사한 <구운몽>③은 정곤현이 손수 필사하였는데 이 작품은 문집 초고본인 『한산유고』의 배접 안쪽에 씌어 져 있다.28) <유충렬전>②는 박광욱이 손수 필사하여 향유했다고 아들

---

25) 최대규(83세)에 의하면 이진옥 할머니는 1847년에 출생하여 1935년에 사망했다.

26) 2006년 8월 25일 상주시 은척면 문암리에 유통된 필사기록을 확인하던 중에 이순분 할머니가 소장한 <조생원전>을 입수하였다. 할머니는 작품을 아주 소중하게 간직 하면서 지속적인 독서를 하였다. 할머니는 작품을 필사한 사람이 자신의 맏동서 사 촌 오빠라고 증언해주었다.

27) <권익중전>에 대한 조사는 2006년 8월 4일에 실시하였는데 조용건(74세) 제보자는 당시의 여성들은 대부분 소설을 귀로 들었다고 구체적으로 증언해주었다. 조만중 (1900-1974)의 본명은 성룡이고 만중은 어릴 때 사용한 자(字)라고 마을주민들이 알 려주었다.

28) <구운몽>은 정곤현의 증손자인 경북대 한문학과 정병호 교수가 증언해주었다.

박이명이 증언해주었다.29) 이밖에 <소대성전>과 <숙영낭자전>①, <김연단전>, <어룡전> 등은 남성에 의해서 필사된 것으로 보인다. <유충렬전>①, <적벽가>②, <조웅전>⑤와 <춘향전>③, ④ 등도 남성이 필사했을 가능성이 높다.

그런데 이러한 필사기록에 등장하는 남성의 이름도 실제로 현장조사를 하면 여성이 향유한 경우가 종종 나타난다. 필사기에 기록된 남성의 이름을 현장조사에서 확인한 경우는 <임진록>과 <유충렬전>②가 유일한 실정이다. <임진록>은 이기원의 부친 이호의가 손수 필사했다고 이규일이 증언해주었다.30) 마을주민 이규일의 증언에 의하면 이기원은 술을 마시고 기분이 좋으면 언문책을 읽었고 모친도 언문책을 읽었다고 한다. 필사 기록이 미진하여 현장조사를 실시하지 못하여 단정적으로 말하기 어렵지만, 필사본 고소설은 여성이 향유했을 가능성은 여전히 높은 실정이다.

이상에서 경북지역에 유통된 필사본 고소설은 여성이 작품을 필사하고 향유한 경우가 압도적인 비중을 차지하고 있다. 비록 남성이 작품을 필사했음에도 실제로는 집안 여성이 향유한 경우까지 합치면 그 비중은 더욱 절대적이다. 남성이 한문으로 필사한 작품을 제외하면, 대부분의 필사본은 여성에 의해서 필사되고 향유되었던 것이다. 따라서 경북지역에 유통된 필사본 고소설은 여성이 필사해 향유하거나 집안의 남성이 필사한 작품을 향유하면서 유교윤리를 체득한 것으로 보인다.

---

29) 2006년 8월 27일 <유충렬전>에 기록된 필사기를 토대로 상주시 은척면 장암리에서 박광욱(1894-1978)의 생몰연대와 필사년도를 아들 박이명(77세)을 통해서 확인하였다.

30) 2007년 5월 11일 <임진록>의 필사기에 적힌 청도군 매전면 덕산동에 대한 현장조사를 실시하였다. 마을주민 이규일(남, 72)씨는 필사기에 등장하는 이기원(1934-2004)을 기억하고 있었다. 그는 <임진록>을 필사한 사람은 이기원의 부친 이호의(1915-1979)라고 증언해주었다. 이기원의 부친은 한학을 공부한 선비이고 모친도 가끔씩 언문책을 읽었으나 손수 필사하지는 않았다고 한다.

5.2. 농한기를 이용한 집중적 필사

경북지역에 유통된 필사본 고소설은 대체로 1900년을 전후하여 필사된 것으로 보인다. 앞의 표에서 <강능추월전>⑤는 마을주민 임병동의 증언과 김영이(1908-1986)의 생몰연대로 추정한다면 적어도 1923년에 필사되었다. <유생전>에 기록된 경술년은 성주군 금파면이 1914년에 대가면으로 변경된 점으로 보아 1910년에 필사되었을 것이다. <조웅전>⑤에 기록된 기축년은 1949년일 가능성이 높다. 왜냐하면 1956년 봉화군 내성면에서 봉화면으로 변경되었기 때문이다. <주봉전>에 기록된 신해년은 1914년 예안군 의동면에서 도산면으로 변경된 점으로 보아 1911년에 필사되었을 가능성이 높다.

<강능추월전>⑦은 무자년(1888) 또는 갑자년(1864)에 필사되었다면 <장화홍련전>은 을미년(1895)에 필사되었다. <황월선전>⑤는 대정5년(1916), 명치44년(1911), 융희4년(1910) 등의 필사기록이 등장하고 있어서 정확한 필사시기를 확정할 수 있다. 필사시기가 가장 이른 것은 <낙성비룡>(1842)일 가능성이 높다. 이렇게 경북지역에서 유통된 필사본 고소설은 1870년에서 1930년 사이에 집중적으로 필사되고 유통되었다. 이때는 방각본과 활자본이 출현했음에도 경북지역은 고소설 필사의 전통이 지속되었다는 점에서 주목된다.

필사본 고소설을 필사한 기간은 분량에 따라서 조금씩 차이를 보여준다. <권익중전>①은 11월 13일부터 12월 2일까지, <소대성전>은 12월 12일에서 18일까지, <진대방전>은 2월 5일부터 2월 16일까지 각각 필사되었다. <낙성비룡>의 1권은 12월부터 1월까지, 2권은 2월, <춘향전>③은 5월 28일에서 6월 7일까지, <황월선전>⑤는 2월 1일부터 18일까지 각각 필사한 것으로 보인다.

그런데 <창란호연록>은 권수에 따라 정사(1917)년 2월, 무오(1918)년 2월, 무오년 12월 등과 같은 필사기록이 나타나고 있어서 필사에 상당한 시간이 소요되었음을 보여준다. 이렇게 단편소설은 한 달 정도의 필사기간이 필요했다면, 장편소설들은 몇 년에 걸쳐서 여러 사람이 필사했기 때문에 필체가 다르게 나타나고 있다. 이러한 필사본 고소설에 등장하는 필사시기를 월별로 구분하면 다음과 같다.

월별	필 사 시 기	비고
1월 (14편)	<강능추월전>① 원월 25일, <사안전> 정월 초4일, <숙영낭자전>③ 정월 10일, <심청전> 정월일, <유충렬전>① 1월5일, ② 정월 23일종, <조웅전>③ 정월 28일, <적벽가>② 정월 하한, <하룡도>③ 정월 24일종, <화룡도가>④ 정월12월 12일, <옥인몽> 정월 입춘 전 4일, <최현전>① 정월 18일종, <춘향전>④ 원월, <취연전> 맹춘신장, <토끼전> 정월	농한기
2월 (9편)	<구시하간전> 2월 2일, <권익중전>② 2월 16일, <숙영낭자전>① 2월 19일, <유충렬전>③ 2월일, <이춘매전> 2월초일, <진대방전>, <진성운전>① 2월 29일, <최현전>② 2월 17일, <황월선전>⑤	농한기
12월 (8편)	<권익중전>④ 납월일셔, <김진옥전>④ 지월일, 납월초이일, <낙성비룡>, <소대성전>, <유충렬전>④ 납월 17일성, <창선감의록>⑤ 12월일, <화씨충효록> 12월일, <토끼전>	농한기
11월 (2편)	<공신록전>(11월 3일)과 <권익중전>①	농한기
3-4월 (6편)	<구운몽>① (3월 26일), <구운몽>② (3월 17일), <사씨남정기>① (3월 8일), <어룡전> (3월 4일), <조웅전>② (4월 8일), <서해무릉기> (4월 초3일)	농번기
기타 (8편)	<명사십리 해당화> (추7월 초4일), <유씨삼대록> (7월초), <유생전> (8월 10일 오전 12시), <쌍열옥소삼봉기> (중추일), <이대봉전> (9월 27일), <황월선전>③ (9월 염팔일), <임진록> (음10월 초4일 성책), <적벽가>① (음10월 15일)	농번기

[표 3]

경북지역에 유통된 필사본 고소설은 1870년에서 1930년대의 농한기에 집중적으로 필사되었다. 필사자들은 11월, 12월, 1월, 2월 등과 같은 농한기에 무려 33편을 필사하였다. 경북에서 유통된 필사본이 농한기에 주로 필사되었다는 점은 당시의 농업과 연관된 직업을 가진 사람들이 향유했음을 반증하는 것이다. 다만, 농사와 관련이 없는 양반가에서는 농번기에도 <유씨삼대록>, <쌍열옥소삼봉기>를 필사하였다. 따라서 경북에서 필사본 고소설을 향유한 사람들은 농업과 연관되면서도 다소 여유가 있는 농한기에 필사하였다.

5.3. 향유층은 선비집안 및 학자집안의 여성

필사본 고소설에 적혀 있는 필사자의 신분계층을 구분하는 일을 쉽지 않다. 그럼에도 작품을 필사한 현장조사를 통해서 필사자의 신분계층이나 그들의 집안에 대한 이야기를 조사하였다. 이러한 현장조사와 필사기록을 토대로 필사자의 신분계층[31]을 구분해야만 소설 향유층의 성격을 구체적으로 밝힐 수 있기 때문이다. 소설 향유층에 대한 실증적 접근은 작품론에 치우진 고소설 연구를 보완해줄 수도 있다. 경북지역에 살고 있는 선비집안 및 학자집안의 여성이 필사본 고소설을 향유한 경우를 제시하면 다음과 같다.

> <강능추월전>① 이생원 신전댁, ②학자집안, ③선비 학자집안, ④선비집안, ⑤선비집안, ⑦조소저, <구운몽>③ 선비집안, <권익중전>③ 조만중은 선비, <김진옥전>③ 학자집안, <사씨남정기> 선비 학자집안, <사안전> 김소저 책, <송부인전> 선비 학자집안, <숙영낭자전>①과 <왕능전>은 이생원, <요열록> 하회댁, <유충렬전>④ 이소저, <이대봉전> 박진사댁, <이춘매전> 박소저, <장학사전> 이소저, <조순일전>② 선비집안, <하룡

---

31) 여기서는 신분이 높은 양반과 상대적으로 몰락한 선비 및 학자로 구분하여 필사본 고소설 향유층의 성격을 구분하고자 한다.

도>③ 남생원댁 홍씨(산동댁) 선비집안, <조웅전>② 내남면장, <조웅전>
④ 선비집안, <주봉전> 박이동댁 천정 백수월, <진대방전> 오씨 부인,
<창선감의록>① 조씨, <춘향전>② 학자 선비집안, <별주부전>② 책주 최
기댁, <황월선전>① 김청산 댁, <황월선전>③ 김씨부인

위와 같이 경북에 유통된 필사본 고소설은 선비집안 및 학자집안의 여
성이 향유한 경우가 무려 30종이다. 현장조사에서 작품을 소장했던 필사
자나 독자들을 만나지 못해도 그 자녀나 친척 및 마을주민들을 통하여
필사자와 독자층의 성향을 어느 정도 밝힐 수 있었다. 그 결과 필사본
고소설을 필사하거나 향유한 사람들은 대부분 몰락 선비나 유학을 공부
하는 학자 집안의 여성으로 나타난다.

반면에 작품의 분량이 많은 장편소설이나 작품을 필사한 사람의 신분
계층이 다소 높게 나타난 작품은 빈약한 실정이다. 그럼에도 경북지역에
서는 가문간의 혼사장애 갈등을 내포한 장편가문소설이 유통되었다는 점
에서 주목된다. 경북지역의 양반 신분계층에서 향유한 작품을 제시하면
다음과 같다.

<낙성비룡> 김참판댁 예곡정사, <섬처사전> 의금참판 태부인 이우임,
<수경낭자전>③ 안동땅 병조판록, <염시탁전> 의성진사 김경천, <창선감
의록>②와 <화씨충호록> 농은재 이선달 소설책, <최현전>① 울진황씨
종가 소장, <옥인몽> 성산이씨 집성촌 책주 대포 파잠댁, <서해무릉기>,
<유씨삼대록>, <제호연록>은 성산 이씨 양반집안

위의 작품 중에서 성주군 월항면의 성산 이씨 집성촌에서 발굴한 <옥
인몽>, <서해무릉기>, <유씨삼대록>, <제오현록> 등을 제외한다면
장편소설에 해당하는 작품은 소수에 불과하다. <낙성비룡>은 김 참판의
예곡정사에서 작품을 향유했다면 <섬처사전>은 의금 참판 태부인이 향

유한 것으로 나타난다. 고려대본 <낙성비룡>에는 "우리 누의님게옵셔 한번 보시미 우례을 문ᄒ하야 등셔ᄒ야 달나ᄒ실 쑨 누의님이…… 벗기기을 원ᄒ시기 위월치 못ᄒ와 쎳ᄉ오나"(조희웅, 1995 : 146에서 재인용)와 같은 필사기를 볼 때 남동생이 누나를 위해서 필사한 것이다. 그런데 한문으로 필사된 <염시탁전>과 <창선감의록>②, <화씨충호록>은 의성진사와 이선달과 같이 남성에 의해서 필사되고 향유되었을 가능성이 높다.

작품을 필사한 연령은 <강능추월전>에서 보듯이 15세에서 18세 정도의 미혼 여성이 친청에서 필사하였다. 필사본에 기록된 "이소저, 조소저, 김소저, 박소저" 등과 같은 필사기를 통해서 여성의 필사 연령을 어느 정도 짐작할 수 있다. <낙성비룡>은 14세 남성에 의해서 필사되었다. 따라서 경북지역에 유통된 필사본 고소설의 필사 연령은 14세에서 18세 때에 집중적으로 필사한 것으로 보인다. 이러한 필사와 향유과정에서 조선후기 경북지역의 유교윤리가 자연스럽게 체득되었을 것이다.

이렇게 경북지역에서 필사본 고소설을 향유한 계층은 선비집안의 여성이나 학자집안의 여성이 대부분을 차지한다 하겠다. 경북지역의 여성들은 필사본 고소설을 향유하면서 유교윤리를 체득했을 뿐만 아니라 문학적 욕망을 해소했을 것으로 짐작된다(김재웅, 2008 : 5-35). 조선후기 경북지역은 중앙 관직에 오를 수 있는 기회가 거의 차단되었기 때문에 선비와 학자 집안이 몰락할 수밖에 없었다. 영남 남인계열에 속하는 선비 및 학자 집안의 여성들은 단권으로 된 필사본 고소설을 향유한 것으로 보인다. 따라서 경북에 유통된 필사본 고소설은 선비집안 및 학자집안의 여성 욕망이 반영되었을 것으로 추측된다.

5.4. 통혼권과 필사본 고소설의 전파

경북지역에 유통된 필사본 고소설은 주로 통혼권과 연관된 것으로 보인다. 조선시대 양반은 문중끼리 혼인관계가 중첩되면서 폭넓은 연대관계가 형성되었다. 양반들이 서로 얽혀 혼반을 형성하는 사실을 퇴계파 종손가문의 통혼사례에서도 나타난다(조강희, 2006 : 161-164). 양반과 달리 선비 및 학자 집안에서는 당시의 통혼권이 시장권과 대부분 일치하는 것으로 보인다. 경북에서는 결혼을 통하여 한 집안의 작품이 다른 지역으로 전파되었다. 예컨대 <강능추월전>을 필사한 여성들과 <조웅전>을 필사한 전순주는 친정에서 작품을 필사하여 시집갈 때 가져왔다고 증언하고 있다. 이러한 고전소설을 필사하여 시가에 가져온 여성들은 자기 집안의 위상을 높일 뿐만 아니라 대단한 자부심을 가지고 있었다.

<강능추월전>을 필사한 김임규는 영주시 봉현면 하초리에서 장순면 소룡리로 시집오기 전에 친정에서 작품을 베꼈다고 한다. 현장조사에서 맏아들 박용서는 모친이 소룡리와 가까운 곳에서 살았으며 17세 때 손수 필사했다는 증언을 해주었다. 또한 <강능추월전>을 필사한 김수길과 이유천, 신전댁 이진옥도 시집오기 전에 필사했다고 아들과 동네 주민들이 각각 증언해주었다. 김수길은 의성군 단밀면 위중리에서 상주시 함창읍 관암리로 시집왔고, 이유천은 문경시 산북면 우곡리에서 동로면 간송리로 시집왔으며, 신전댁 이진옥은 영주시 안정면 내에서 시집왔다. 따라서 <강능추월전>을 필사한 여성들은 친정과 시가의 거리가 가까운 시장권 중심의 통혼권과 연관되어 있다.

이러한 사례는 <조웅전>과 <송부인전>을 필사한 전순주와 장위생에서도 마찬가지이다. 고령군 개진면에서 출생한 전순주는 개진면 반운리로 시집오기 전에 <조웅전>을 필사하여 가지고 왔다. 전순주 할머니는

개진면 내에서 결혼한 것으로 보아 시장권 중심의 통혼권을 벗어나지 않는다고 하겠다. 나원섭의 조모 장위생도 인근 지역에서 시집왔다. 따라서 경북지역의 선비집안 및 학자집안에서는 시장권을 중심으로 통혼권이 형성되었다. 이때문에 필사본의 유통과 파급에는 통혼권이 중요한 역할을 했을 것이다.

그런데 <서해무릉기>를 필사한 여현동과 <강능추월전>⑤를 필사한 김영이는 시장권을 넘어서는 통혼권을 보여준다. 하회댁의 시어머니 여현동은 1890년 김천 기월에서 출생하여 성주군 월항면 대산리 성산 이씨 집성촌으로 시집왔다. 임병동의 아내 김영이(1908-1986)는 상주 남성동에서 예천군 유천면 사곡리로 시집왔다. 이러한 경우는 <창란호연록>을 필사한 황재학에서 더욱 뚜렷하게 나타난다. 장편가문소설을 필사한 황재학은 상주의 장수 황씨 집안에서 칠곡군 기산면 각산리로 시집왔다는 점에서 양반의 결혼을 보여준다.[32] 손자 장세완의 증언에 의하면 조모 황재학과 5대 조모가 동일한 친정에서 시집왔다고 한다. 따라서 장편가문소설을 필사한 황재학의 경우는 작품의 분량에 따라서 통혼권의 범위가 사뭇 달라진다는 사실을 보여준다.

이렇게 경북지역 필사본 고소설의 유통과 파급에는 시장권을 중심으로 하는 통혼권이 중요한 역할을 수행한 것으로 보인다. 단권으로 구성된 필사본 고소설은 시장권과 일치하는 통혼권에 속하지만, 여러 권으로 분권된 장편가문소설은 시장권을 넘어서 양반가와 혼인한 것으로 보인다. 이러한 필사본 고소설의 유통과 파급은 경북지역의 범위를 넘어서지 않은 가운데 결혼이 중요한 역할을 수행하였다. 따라서 경북지역의 필사본 고소설의 전파는 양반과 선비집안 및 학자집안의 신분계층에 따른 통혼

---

32) 이러한 양반가의 필사본 고소설 유통에 대해서는 박영희(1995)의 연구에 구체적으로 드러난다.

권에 의해서 유통되고 파급된 것으로 보인다.

6. 맺음말

현재까지 경북지역에 유통된 필사본 고소설 모두 90편이다. 경북에서는 필사본 고소설이 다량 유통되었을 뿐만 아니라 판본과 세책본의 영향을 거의 받지 않았던 것으로 보인다. 영남지역에서 유통된 필사본 고소설은 안동, 상주, 합천, 예천, 영주 등과 같이 유교문화의 전통이 강한 경북 북부 지역에 집중된 것으로 보인다. 이러한 필사본 고소설의 성격은 영남과 호남 지역을 비교하면 더욱 뚜렷하게 나타난다. 따라서 필사본 고소설은 경북지역에서 가장 광범위하게 유통되었다는 점에서 주목된다.

유교문화의 전통을 계승, 발전시켜온 경북지역은 "충효열"을 강조하는 가정소설, 영웅소설 및 군담소설이 다량 유통되었다. 그런데 호남 지역은 판소리가 발생한 곳으로 판소리계 소설이 집중적으로 분포하고 있다. 이렇게 경북에서 유통된 필사본 고소설은 가정소설, 영웅소설 및 군담소설이 다수를 차지하고 있어서 지역적 특성을 뚜렷이 보여준다. 그리고 판소리가 독서물로 정착한 판소리계 소설과 가문의식을 강조하는 장편가문소설도 유통되었다. 이러한 장편가문소설은 특정한 양반가에서 유통된 것으로 보인다.

경북에서 빈번하게 유통된 필사본 고소설은 <강능추월전>(7편), <조웅전>(5편), <황월선전>(5편), <유충렬전>(4편), <김진옥전>(4편) 등이다. 중국소설의 영향을 수용하여 조선후기에 재창작된 <강능추월전>은 제1계통본이 다수 유통되었다. 경북지역의 향유층은 부모의 원수는 반드시 갚아야 한다는 제1계통본 <강능추월전>을 선호한 것으로 보인다. 그리고

장모가 사위를 박대하는 <소대성전>보다 영웅의 활약과 가문의 창달을 보여준 <조웅전>과 <유충렬전>을 선호한 것으로 보인다. 따라서 경북 지역의 필사본 고소설 향유층은 유교 윤리를 강조하는 <강능추월전>, <조웅전>, <유충렬전> 등을 선호하였다.

경북지역 필사본 고소설의 향유층은 여성이 대부분을 차지하고 있다. 설사 필사기에 남성의 이름이 적혀있어도 현장조사를 통해서 여성이 필사하거나 향유한 사실을 실증적으로 확인하였다. 그리고 필사 시기는 1870~1930년대의 농한기에 집중적인 필사가 이루어졌다. 이것은 필사자의 직업이 농업과 연관되어 있다는 점을 뚜렷이 보여준다. 농번기에 필사된 작품은 주로 양반가의 여성들이 향유한 것을 보인다. 필사본 고소설의 향유층은 선비집안 및 학자집안의 여성이 대부분을 차지하고 있다. 이러한 필사본의 유통과 파급에는 당시의 통혼권이 중요한 역할을 수행하였다. 단편소설은 시장권과 일치하는 통혼권을 형성한다면, 장편소설은 시장권을 벗어나 양반가와 혼인관계를 형성하였다. 이러한 혼인관계를 통해서 필사본이 유통되고 파급되었다. 따라서 필사본 고소설은 선비집안 및 학자집안의 여성을 중심으로 농한기에 널리 향유되었을 뿐만 아니라 통혼권을 중심으로 유통된 것으로 보인다.

이상에서 경북지역은 필사본 고소설이 가장 많이 유통되었을 뿐만 아니라 실제로 다양한 작품이 존재하고 있음을 확인하였다. 경북지역의 필사본 고소설은 세책본이나 판본의 영향을 받지 않고 독자적으로 유통된 특징을 보여준다. 이러한 지역별로 유통된 필사본 고소설에 대한 풍부한 자료발굴과 이본비교는 후고에서 보완할 것이다.

‖ 참고문헌

경북대학교 취암문고 소장 <강능추월전>외 127종.

계명대학교 도서관 소장 자료 <춘향전> 외 47종.

고소설연구회 편(1994), 『고소설의 저작과 전파』, 아세아문화사.

김광순(1993), 『한국고소설전집』 1-70권, 경인문화사.

김경미(1994), 「수용미학과 고소설 독자연구」, 『고소설의 저작과 전파』, 아세아문화사.

김일렬(2003), 「취암문고 소장 고전소설 연구」, 『영남학』 3호, 경북대학교 영남문화연구원.

김재웅(2002), 「<강능추월전>의 여성 독자층과 독자 수용의 태도」, 『어문학』 75집, 한
국어문학회.

_____(2003), 「<강능추월전>의 이본 형성과 변모에 관한 연구」, 계명대학교 박사논문.

_____(2005), 「<왕능전>의 영웅소설적 성격과 의미」, 『어문학』 89집, 한국어문학회.

_____(2006a), 「<유최현전>의 구조적 특징과 가정소설의 지평 확장」, 『정신문화연구』
102호, 한국학중앙연구원.

_____(2006b), 「대구·경북지역에 유통된 필사본 고전소설의 종류와 독자층에 관한
연구」, 『대구경북학 연구논총』 3집, 대구경북연구원.

_____(2007), 「<김이양문록>의 창작방법과 가정소설적 의미」, 『영남학』 12호, 경북대
영남문화연구원.

_____(2008), 「영남지역 필사본 고소설에 나타난 여성 향유층의 욕망」, 『한국고전여성
문학연구』, 한국고전여성문학회.

_____(2008), 『강릉추월전 작품군의 종합적 이해』, 보고사.

_____(2015), 『필사본 고소설의 지역별 유통양상과 향유층에 대한 실증적 연구』, 역락.

김종철(1994), 「장편소설의 독자층과 그 성격」, 『고소설의 저작과 전파』, 아세아문화사.

大谷森繁(1985), 『조선후기 소설독자연구』, 고려대학교 민족문화연구소.

박영희(1995), 「장편가문소설의 향유집단 연구」, 『문학과 사회집단』, 집문당.

서대석(1973), 「<소지현나삼재합>계 번안소설 연구」, 『동서문화』 5집, 계명대학교 동
서문화연구소.

_____(1985), 『군담소설의 구조와 배경』, 이화여대 출판부.

서인석(1995), 「가사와 소설의 갈래 교섭에 대한 연구」, 서울대학교 박사논문.

움베르트 에코(1996), 김운찬 옮김, 『소설속의 독자』, 열린책들.

이승복(1998), 「가사체본 <유충렬전>의 특성」, 『한국 고전소설과 서사문학』, 집문당.

이원주(1994), 「고전소설 독자의 성향」, 『중재 이원주교수 유고집』, 중재이원주교수추
　　　　모사업회.

이윤석(1997), 『홍길동전 연구』, 계명대출판부.

_____(2003), 大谷森繁, 정명기 편, 『세책 고소설 연구』, 혜안.

이주영(1998), 『구활자본 고전소설 연구』, 월인.

이창헌(2000), 『경판방각소설 판본연구』, 태학사.

정명기(2005), 「세책본소설에 대한 새 자료의 성격 연구」, 『고소설연구』 19집, 한국고
　　　　소설학회.

_____(2003), 「세책본소설의 유통 양상」, 『고소설연구』 16집, 한국고소설학회.

정병설(2003), 「세책소설 연구의 쟁점과 방향」, 『국문학연구』 10호, 태학사.

조강희(2006), 『영남지방 양반 가문의 혼인관계』, 경인문화사.

조도현(1995), 「국문소설 유통의 현대적 양상」, 『한국서사문학사의 연구』 5, 중앙문화사.

조동일(2001), 『소설의 사회사 비교론』 2권, 지식산업사.

_____(1985), 『한국소설의 이론』, 지식산업사.

조희웅(2005), 『고전소설 연구보정』, 박이정.

_____(1999), 『고전소설 이본목록』 집문당.

_____(1995), 『이야기문학 모꼬지』, 박이정.

19세기 후기~20세기 전기 경상 방언을 반영한 문헌어의 음운 현상 연구*

김 예 니 · 김 명 주

1. 서론

이 글은 19세기 후기에서 20세기 전기 경상 방언이 반영되어 있는 문헌어의 음운 현상을 고찰하는 것을 목적으로 한다. 경상 방언이 반영되었다고 판단되는 을유본 『유합』(1885), 『역대천자문』(1910), 『동몽수독천자문』(1925), 『영남삼강록』(1939)을 대상으로 하여 살펴보고자 한다.

을유본 『유합』(이하 『유합』)은 1885년 경남 김해 사람이 쓴 것으로 추정되는 필사본으로 이상규(2013)에서 소개한 바 있다. 이 책은 총 48면으로 구성되며, 수록된 표제어는 총 1,516자이다. 자석과 음이 한글로 기록되어 있고, 본문 마지막 여백 4면에 시조 2수, 가사 <춘면곡> 1수와 고문서 4종이 실려 있다. 고문서에 나오는 지명과 문헌에 반영된 음운 현상들이 19세기 후기 경남 동부 지역 방언의 특징을 잘 반영하고 있다는 점에서 이 문헌이 김해 지역에서 나온 자료임을 확인할 수 있다(이상규, 2013 : 232-234).

* 이 글은 『국어학』 71(국어학회, 2014)에 게재한 논문이다.

『역대천자문』(이하 『역대』)은 이상규(李祥奎 1846~1922)가 어린이들의 한자 교육과 중국 역사 습득을 위해 1910년 정택주(鄭宅周)의 필체를 빌어 쓴 것을 1911년에 목판본으로 간행한 책이다. 이 책은 1책 32장으로 구성되어 있다. 저술자인 이상규는 경남 고성에서 태어나 27세 이후에 하동, 진양, 산음 등으로 이사다니다가 35세에 경남 산청군 단성면에 정착하여 일생을 마쳤다. 이에 홍윤표(1985 : 590-591)는 『역대천자문』에 나타나는 어휘들이 어느 한 방언에만 대응되지 않고 고성, 진양, 산청 이 세 지역에 두루 대응되고 있다는 사실을 밝혔다. 따라서 『역대천자문』은 경남 중서부 방언을 반영한 책으로 볼 수 있다.

『동몽수독천자문』(이하 『동몽』)은 일정한 어휘 범주를 분류하여 편찬한 분류 천자문의 하나로, 아이들의 교육을 위해 김태린(金泰麟, 1869~1927)이 1925년에 저술한 필사본이다(백두현, 2007 : 57). 백두현(2007 : 62-66)에 따르면 김태린이 살았고, 그의 손자 김위호 옹이 사는 밀양군 청도면 소태리는 오늘날 밀양시에 속해 있지만 그 이전에는 경상북도 청도군 외서면(外西面)에 속했던 곳이다. 따라서 본 문헌에 반영되어 있는 방언은 경북의 남부 지역인 청도군과 경남의 북부 지역인 밀양 지역의 방언을 겸한 것으로 볼 수 있다. 이 두 지역은 인접 지역으로 같은 방언권으로 보아도 무방하다. 『동몽수독천자문』의 음과 훈, 특히 훈에는 당시 이 지역의 방언이 매우 뚜렷하게 반영되어 있다.

『영남삼강록』(이하 『영남』)은 사미헌(四未軒) 장복추(張福樞 1815~1900)가 1872년에 저술한 것을 호구의 수단으로 책을 가지고 간 장우상이 1939년 대구에서 발행한 책이다.[1] 이 책은 20권 10책으로 구성된 석판본으로, 그

---

1) 이전에는 『영남삼강록』의 간기를 통해, 이 책은 장우상이 저작하여 간행한 것으로 보았다. 그러나 인동 장씨의 문중에 장세완의 증언에 따르면 사미헌 장복추가 지은 근거로 '四未軒集下 年譜 "高宗 九年(壬申) 先生 五十八歲/冬輯三綱錄刊補"'라고 되어 있으며, 張相學이 지은 四未軒 行狀에 "據幽錄取忠孝烈之幽而不顯者"라 하였다.'라고 밝히고 있다.

구성은 한문 기사, 시, 언해문의 순서로 배열되어 있다. 영남 일대에서 예로부터 내려온 효자·효부·충신·열부에 대한 사적이 수록되어 있다. 사미헌 장복추는 경상북도 예천에서 태어나 칠곡에서 거주하였으므로 본 문헌은 경북 방언이 적극적으로 반영되어 있다.

위의 문헌들은 홍윤표(1985), 백두현(1988 ; 2007), 이상규(2013) 등에서 개별로 연구된 바 있지만 19세기 후기~20세기 전기의 경상 방언을 종합적으로 살핀 연구는 미비하다. 홍윤표(1985)는 『역대』의 서지사항과 이 문헌이 어느 방언을 반영하고 있는지 밝혔으며, 표기, 음운, 문법, 어휘의 특징적인 것을 간략하게 다루었다. 백두현(1988)은 『영남』의 서지사항과 표기의 특징적인 것, 음운 현상 중에서 모음과 관련된 음운 현상만을 논의했다. 백두현(2007)은 『동몽』의 자료적 성격과 음운 변화, 특이 자훈에 대해 고찰하였다. 논의의 절반은 자료적 성격에 대한 것으로 음운 변화에 대한 논의는 간략하게 이루어졌다. 이상규(2013)는 을유본『유합』의 서지사항과 음운론적·형태론적 특징에 대해 논의하였다.

이들 문헌과 비슷한 시기의 문헌을 대상으로 한 연구를 살펴보면, 김영진(1987), 백두현·송지혜(2012), 허재영(2013) 등이 있다. 김영진(1987)은 경남 사천군 출신인 하순규(河順逵 1918~1970)가 11세가 되는 1929년에 필사한 『아학편』2)의 서지사항, 음운, 어휘를 종합적으로 논의하였다. 백

또, 장세완의 선대인 장지윤(張志允)의 증언에 따르면 1950년대 초반 장우상이『삼강록』을 발간한 사실을 알고 사미헌의 손자 되시는 善遠께서 대노하여 장우상을 각산으로 불러 "조부와 관련되는 저작물을 도둑질하여 농간을 부린 대죄를 엄히 꾸짖으셨고" 집안 내에서도 천인공노할 행위라고 하여 장우상이 크게 지탄을 받은 사실이 있다고 하였다. 이에 장우상은 "잘못에 대하여 용서를 빌고 조속히 회수하여 폐기 처분하겠다."라고 약속하였으나 이미 일부가 판매된 상태에서 전량 회수가 불가능하였기에 미회수된 잔량이 이후 간간이 발견되고 있다고『영남삼강록』의 발행 경위에 대해 알린 바 있다. 이에 따라 이 글에서는『영남삼강록』은 사미헌 장복추가 지은 것을 장우상이 발행한 것으로 보고자 한다.

2) 다산(茶山) 정약용(丁若鏞 1762~1836)이 지은『아학편』은 18세기 말에서 19세기 초의

두현·송지혜(2012)는 19세기 초기에 안동부에 소속된 향리가 필사한 한글 음식조리서『승부리안 주방문』의 표기와 음운현상, 형태와 어휘의 특징을 살폈다. 허재영(2013)은 20세기 초 경북 상주 산수헌(山水軒)에서 간행한 언해본『양정편』(1926)에 나타난 음운, 어휘, 형태 등을 고찰하였다.

이들 연구는 음운뿐만 아니라 형태, 어휘도 종합적으로 고찰하였기 때문에 음운 현상을 간략하게 다루었다. 또 개별 문헌에 대한 연구로 한정되어 있다. 이들 문헌을 종합적으로 살피면 19세기 말에서 20세기 초의 경상 방언의 음운의 특징을 파악할 수 있을 것이다. 따라서 이 글에서는 을유본『유합』,『역대』,『동몽』,『영남』을 중심으로 하여 이들 문헌에 나타나는 경상 방언의 특징적인 음운 현상을 논의할 것이다. 필요에 따라서『아학편』,『승부리안 주방문』,『양정편』에서 논의된 바를 활용할 것이다.

2. 자음 관련 음운 현상

2.1. 어두경음화

어두경음화는 어두의 위치에 있는 평장애음 ㄱ, ㄷ, ㅂ, ㅅ, ㅈ가 경음

경기도 광주군 내지 서울의 언어를 보여준다. 이를 1908년에 지석영(池錫永 1855~1935, 서울 출신)이 주석하여 간행한 바 있다. 이 글에서 인용한『아학편』은 경남 사천군 출신인 하순규(河順奎 1918~1970)가 11세가 되는 1929년에 필사한 책이다. 이 글에서는 이 자료를 앞선 정약용이 지은『아학편』과 구별하기 위해 필사본『아학편』이라 임의로 명명하였다. 필사본『아학편』은 가운데의 16장 512자, 마지막장 24자가 없어 2,000자에서 536자가 빠진 총 1,464자의 자료이다(김영진, 1987/2002 : 104). 김영진(1987/2002 : 106-107)은 11세의 나이에 전사했다면 전래되어 온 것을 충실하게 한번 베껴 확인 정리하는 수준의 단계에 있다고 판단하였다. 따라서 이 책은 최소 전 세대인 19세기 말엽의 언어로 동남방언 특히 진주 방언의 일반적 교양 있는 대중언어가 반영되어 있다고 보았다.

ㄲ, ㄸ, ㅃ, ㅆ, ㅉ로 바뀌는 현상이다.

(1) 어두 경음화
ㄱ. 끼구리 와(蛙)<동몽 15a>, 깨구리 와(蛙)<유합 6b>, 싹구리 구(鉤)
<동몽 12b>, 끼 회(蟹)<동몽 16a>, 써믁 믁(苜)<유합 3b>, 써믁 숙
(蓿)<유합 3b>, 써묵 진(榛)<유합 4b>, 뚜들내비 슬(蟋)<유합 6b>,
뚜들내비 솔(蟀)<유합 6b>, 쌀다귀 확(蠖)<유합 6b>, 까마귀 오
(烏)<유합 5b>, 까마귀<영남 7 : 30a>
쑥기비 섬(蟾)<동몽 15a>, 쑥게비 섬(蟾)<유합 6b>, 따듸미돌 첨
(砧)<동몽 12a>, 뜨글 진(塵)<유합 3a>, 싸북디 봉(蓬)<동몽 16a>,
싸부 쏭(蓬)<유합 4a>
삐쑫징이 부(苩)<동몽 16a>, 삐들키 구(鳩)<동몽 14a>, 삐들그 구
(鳩)<유합 5b>, 삿 니(柰)<동몽 16b>, 쑐딕이 협(頰)<동몽 5b>
씬중 이(尼)<역대 6b>
쪼각 편(片)<역대 9a>, 쪼각 편(片)<유합 18b>, 쪼각 단(段)<유합
18b>, 쑥방올 축(筑)<역대 11b>, 쩜대 범(帆)<유합 8a>, 쩜대 즙
(楫)<유합 8a>, 쭐긔 깅(莖)<유합 4a>, 한 쭐기<영남 3 : 15b>, 십
여 쭐기<영남 3 : 17b>, 두 쭐기<영남 12 : 7b>
ㄱ′. 글짜 짜(字)<유합 1a>, 안니 쌀(不)<유합 15a>, 달 쪠(鷄)<유합
5b>
ㄴ. 눈을 깜지<영남 17 : 21a>, 깜기<영남 19 : 17a>, 깜어리라<영남 2
0 : 25b> 샹시와 까치한 후<영남 18 : 15a>, 꽂기<영남 19 : 18b>,
끄을 획(畫)<역대 21b>, 쑵푸일 복(伏)<유합 13a>, 써쑤려질 도
(倒)<유합 15b>, 써어릴 티(怠)<유합 17a>, 써어릴 나(懶)<유합
17a>, 써얼을 권(倦)<유합 17b>, 써칠 황(荒)<유합 19a>
썬져여<영남 16 : 14a>, 썬지난<영남 19 : 26a>, 쩌저<영남 17 :
27b>, 썬질 투(投)<유합 18a>, 썬질 척(擲)<유합 18a>, 쑤다리<영
남 9 : 9b>, 싹고<영남 9 : 21b>
쑤술 파(破)<역대 22a>, 쑤을 쇄(碎)<유합 19b>, 써듯 섬(閃)<역대
11a>
쌀마<영남 19 : 13b>, 쏘기<영남 19 : 14a>, 씬거슬<영남 9 : 16a>,
쎵닐 발(勃)<역대 12b>, 쎵닐 노(怒)<역대 23b>

(1ㄱ)의 '쓱글'은 '티끌'의 고형인 '듣글'<월인 1459>에서 어두경음화가 실현된 것이다. (1ㄱ')은 '글자자, 아니불, 달계'를 하나의 단위로 보고 어중에서 일어난 경음화로 볼 수도 있고, 한자음의 어두에 경음화가 일어난 것으로도 볼 수 있다. (1ㄴ)은 용언의 어두 위치에서 경음화가 실현된 것이다.

『영남』에서는 체언보다 용언의 어두에서 경음화가 활발히 일어났다. 용언의 어두경음화는 '까치<18 : 15a>/가치<8 : 13a>', '꿎기<19 : 18b>/굿기<8 : 5b>', '떤져여<16 : 14a>/던지고<14 : 21>', '쌀마<19 : 13b>/살마<6 : 14b>', '씬거슬<9 : 16a>/신거슬<12 : 13b>', '쏘기<19 : 14a>/속이고<20 : 21b>'와 같이 실현형과 미실현형이 모두 나타난다. 이는 어두경음화가 음운 환경보다는 의미를 강화하려는 심리적 요인 혹은 사회적 요인과 관련하여 수의적으로 일어나는 것임을 의미한다.

홍윤표(1985 : 597)는 『역대』에서 어두경음화 현상은 동사에서만 보인다고 밝히고 있다. 그러나 '쏘각', '쑥방올'과 같이 체언에서도 경음화가 일어난 것이 나타난다.

『유합』과 『영남』에서 공통적으로 어두경음화가 실현된 어휘인 '줄기'는 1980년대 방언 조사에서 김해는 '원둥치'로, 예천은 '줄기'로, 칠곡은 '쭐기'와 '둥치'로 실현되었다(한국정신문화연구원, 1989 : 210, 1993 : 192). 1980년대 조사에서는 나타나지 않지만, 김해 지역에서는 20세기 초에도 '쭐기'를 사용했음을 『유합』을 통해 알 수 있다.

『동몽』과 『유합』에서 공통적으로 어두경음화가 실현되는 어휘인 '개구리'는 1980년대 방언 조사에서 김해는 '깨구리'로, 밀양에서는 '개구리'로 실현되었다(한국정신문화연구원, 1993 : 157). 1980년대의 방언 조사에 따르면 '개구리'의 어두경음화 실현 지역은 경상남도의 경우 19군데 중에서 17군데이고(한국정신문화연구원, 1993 : 157), 경상북도는 23군데 중에서 19군데이다(한국정신문화연구원, 1989 : 171). 경상도지역에서 '개구리'의 어두경음화 실현율은 약 85.7%로 굉장히 높은 편에 속한다.3) 이를 통해 어두 경음화는 현재의 남부 방언에서도 공통적으로 나타나는 특징적인 현상(전광현, 2003 : 46-47, 250-251, 289-290)으로 볼 수 있다. (1)의 예를 통해서 19세기 후기~20세기 전기에도 어두 경음화는 남부 방언에서 활발히 실현되었음을 확인할 수 있다.

2.2. 구개음화

구개음화는 비구개음이 전설모음 i나 활음 j 앞에서 구개음으로 변하는 현상이다. 국어에서는 구개음화가 일반적으로 ㄷ구개음화, ㄱ구개음화, ㅎ구개음화로 나타난다. ㄷ구개음화는 경상 방언에서 16세기 후반에 발생하여 17세기에 완성되었다(백두현, 1992 : 340). 19세기 후기에서 20세기 전기에 경상 방언에서 ㄷ구개음화는 일반화된 현상이다. 이들 문헌에서는 ㄷ구개음화가 반영된 표기와 반영되지 않은 표기가 모두 나타난다.

『영남』은 '어딘'<14 : 1b>, '힘을 쎄다'<13 : 5b>, '문어딘'<14 : 10b>과 같이 활용형 어미에서는 보수적 표기와 '씨지'<1 : 3b>, '끈어진'<2 : 2a>과 같이 ㄷ구개음화가 반영된 표기로 나타나고 '곳지'<13 : 12a>, '쯧지라'<13 : 20b>와 같이 곡용형 어미에서는 ㄷ구개음화가 반영된 표기로 나타난다. 한자음으로 된 단어에서는 '천명<13 : 5a>/동텬<6 : 24a>'에서 확인할 수 있듯이 ㄷ구개음화가 반영된 표기와 보수적 표기가 모두 나타난다. 또 '딘실<15 : 1a>/진실<15 : 22b>'과 같이 과도 교

---

3) 한국정신문화연구원의 '개구리'에 대한 조사 결과 경상남도 19군데, 경상북도 23군데로 경상도 전체 42군데 중에서 어두경음화가 실현된 지역이 경상남도 17군데, 경상북도 19군데로 36군데가 어두 경음화가 실현되었다. 이를 백분율로 계산하여 소수점 둘째 자리에서 반올림하면 약 85.7%가 실현되었다고 볼 수 있다.

정표기도 나타난다. 이는 『유합』, 『역대』, 『동몽』에서도 그러하다. (2)의
예는 문헌에 나타나는 ㄷ구개음화 현상이 반영된 어형 중 일부만 보인
것이다. (2ㄱ)은 한자음에 ㄷ구개음화가 실현된 예이고 (2ㄱ')은 ㄷ구개음
화가 실현되지 않은 예이다. (2ㄴ)은 한자 훈에 ㄷ구개음화가 실현된 예
이다.

> (2) ㄷ 구개음화
>
> ㄱ. 천명이<영남 20 : 26b>, 싼 지(地)<역대 1a>, 하놀 천(天)<역대
>   1a>, 진실노 윤(允)<역대 2b>, 다스릴 치(治)<역대 3a>, 지혜 지
>   (智)<역대 3b>, 법 젼(典)<역대 6b>, 젼홀 젼(傳)<역대 9b>, 번기
>   젼(電)<역대 11a>, 쯧 지(志)<동몽 3b>
>
> ㄱ'. 벙기 뎐(電)<동몽 1a>, 뎜 복(卜)<역대 3b>, 아이 뎨(弟)<동몽 2b>,
>   잇군 뎨(帝)<동몽 7a>, 약님 뎨(齋)<동몽 10a>
>
> ㄴ. 어질 인(仁)<역대 7b>, 어질 현(賢)<역대 22a>, 모질 걸(桀)<역대
>   5b>, 모질 주(紂)<역대 5b>, 모질 포(暴)<역대 5b>, 모질 학(虐)<역
>   대 5b>

ㄱ구개음화는 경상 방언에서 16세기 후기에 이미 존재했으며 17~18세
기에 ㄱ구개음화가 반영된 예들이 점차 늘어갔다(백두현, 1992 : 341). ㄱ구
개음화 현상은 19세기 전후로 남부 방언에서 매우 활발하게 실현되었다.
19세기 후기~20세기 전기의 경상 방언을 반영한 문헌에서도 ㄱ구개음
화가 실현된 것이 많이 나타난다.

> (3) ㄱ구개음화
>
> ㄱ. 저울 동(冬)<동몽 1a>, 즐늬 족(族)<동몽 2b>, 즐늬 쳑(戚)<동몽
>   3a>, 지동 영(楹)<동몽 11a>, 지름 유(腴)<동몽 2a>, 지름 옥(沃)
>   <동몽 2a>, 지자 기(芥)<동몽 17a>, 지졍 서(黍)<동몽 17a>, 질 도
>   (道)<동몽 8b>, 질 로(路)<동몽 2a>, 지트랑 익(腋)<동몽 5a>, 짓 령
>   (領)<동몽 10b>, 쳉이 기(箕)<역대 4b>, 지졍 셔(黍)<역대 6a>, 지
>   동 스(榭)<역대 18a>, 질 졍(程)<역대 22a>, 졀네 족(族)<유합 5b>,

제집 여(女)<유합 7a>, 질 도(道)<유합 7b, 14a>, 질 노(路)<유합
7b>, 제와 와(瓦)<유합 9a>, 지둥 주(柱)<유합 9a>, 지름 고(頂)<유
합 10b>, 지름 유(油)<유합 10b>, 질메 안(鞍)<유합 12a>, 졀을<영
남 9 : 12a>

ㄱ'. 속짓 급(袷)<동몽 10b>, 물질 급(汲)<역대 14a>, 믈졀 죠(潮)<유합
3b>, 믈졀 랑(浪)<유합 3b>, 믈졀 파(波)<유합 3b>, 믈졀 도(濤)
<유합 3b>

ㄴ. 지를 육(育)<동몽 2b>, 지풀 심(潗)<동몽 2a>, 진 장(長)<역대 3a>,
쩔 옹(擁)<역대 8a>, 젼줄 비(比)<역대 12a>, 질 연(延)<역대 21a>,
집숙할 유(幽)<역대 5b>, 젼들 내(耐)<유합 14b>, 쓸을 급(汲)<유합
16b>, 지플 심(深)<유합 18b>, 질 령(永)<유합 19b>, 지울 긔(攲)
<유합 19b>, 지울 측(側)<유합 19b>

ㄷ. 볼 젼(見)<유합 12b>, 조흘 질(吉)<유합 19a>

(3)은 ㄱ구개음화가 반영된 어형들이다. (3ㄱ)은 체언의 어두 위치에서
일어난 예이고 (3ㄱ')은 체언의 비어두 위치에서 일어난 것이다. (3ㄴ)은
용언의 어두 위치에서 일어난 것이다. (3ㄷ)은 한자음에서 일어난 ㄱ구개
음화의 예이다.

(3)의 ㄱ구개음화의 예는 홍윤표(1985), 백두현(2007), 이상규(2013)에서 든
바 있다. 홍윤표(1985 : 596)에서는 ㄱ구개음화가 복합어에서 후행하는 단
어에서는 나타나지 않는다고 하며 그 예로 '가름길 기(岐)'<역대 7b>를
들었다. 만약 단일어 '길'이 '질'로 ㄱ구개음화가 실현되어 나타난다면 복
합어에서 후행하는 단어에서 ㄱ구개음화가 실현되지 않는다고 볼 수 있
을 것이다. 그러나 『역대』에서는 '길 노(路)'<7b>, '길 도(道)'<1b>와 같이
단일어에서도 ㄱ구개음화가 실현되지 않은 형태로 나타난다. 따라서 '가
름길'만 두고 복합어의 후행 단어에서 ㄱ구개음화가 실현되지 않는다고
보기는 어렵다. 또 복합어에 해당되는 예는 '가름길' 하나여서 복합어에서
후행하는 단어에서 ㄱ구개음화가 실현되는지 여부는 확인하기가 어렵다.

경상 방언을 반영한 이들 문헌에서 ㄱ구개음화가 빈번히 나타나는 것은 이 시기 ㄱ구개음화가 활발히 일어났다는 것을 의미한다. 『영남』에서는 ㄱ구개음화가 실현된 예가 다른 문헌에 비해 극히 적지만 '졉' 하나가 나타난다. 실제 발음에서 ㄱ구개음화가 실현되었을 것으로 보이나 표기에서는 의식적으로 밝히지 않았을 것으로 판단된다.

ㄱ구개음화와는 달리 ㅎ구개음화에서는 문헌별 차이가 나는데 이는 (4)와 같다.

(4) ㅎ구개음화
ㄱ. 심쥴 근(筋)<동몽 5b>, 셰 셜(舌)<유합 8b>, 샹긔 샹(香)<유합 5a>,
   심 역(力)<유합 9a>, 션쵸 션(萱)<유합 3b>, 슴줄 맥(脈)<유합 9a>,
   소대 소(孝)<유합 12b>
ㄱ'. 춘시 아(阿)<동몽 11b>, 은셰 은(恩)<유합 13a>
ㄴ. 셰어릴 수(數)<유합 1a>, 셰아닐 평(枰)<유합 11a>, 샹할 샹(向)<유
   합 16a>
ㄷ. 은혜 셰(惠)<유합 14b>

(4)는 ㅎ구개음화가 반영된 표기이다. (4ㄱ)은 체언의 어두 위치에서, (4ㄱ')은 체언의 비어두 위치에서, (4ㄴ)은 용언의 어두 위치에서, (4ㄷ)은 한자음에서 ㅎ구개음화가 일어난 것이다.

(4)에서 보듯이 ㅎ구개음화는 『유합』에서 가장 많이 나타나고, 『동몽』에서도 일부 나타난다. 『역대』에서는 '혜 셜(舌)'<23b>, '힘씰 무(務)'<4b>, '향홀 향(向)'<7b>, '은혜 은(惠)'<25a>, '향긔 힝(香)'<23a> 등 ㅎ구개음화 환경의 단어에서 ㅎ구개음화가 실현되지 않았다. 『영남』에서도 ㅎ구개음화가 반영된 표기가 나타나지 않는다.

1980년대 방언 조사에서 '혀'를 살펴보면 김해, 산청, 진양, 고성, 청도에서는 '쎄', 밀양에서는 '히', 칠곡에서는 '헤', 예천에서는 '헤', '세',

달성에서는 '세'로 나타났다(한국정신문화연구원, 1989 : 107 ; 1993 : 98). 이에 따르면 1980년대는 이들 문헌에 해당되는 지역에서 ㅎ구개음화가 실현되었다고 할 수 있다. 또 『역대』와 비슷한 시기에 인접 지역인 진주방언이 반영된 필사본 『아학편』에서는 '쎄 설'로 ㅎ구개음화가 실현된 예가 나타난다(김영진, 1987/2002 : 120). 따라서 이들 지역에서 실제로는 ㅎ구개음화가 실현되었을 가능성이 높으며 문헌에서는 ㅎ구개음화가 반영되지 않은 것으로 보인다.

홍윤표(1985 : 151)와 이동석(2010 : 200-201)에서는 ㅎ구개음화는 비어두 음절에서는 적용되지 않고 어두 음절에서 적용되는 현상으로 보았다. 이를 홍윤표(1985 : 156)는 단일형태소의 비어두에서 구개음화가 적용되던 현상이 완료된 후 ㅎ구개음화 현상이 발생했기 때문으로, 이동석(2010 : 202)은 ㅎ이 유성음 사이에서 약화·탈락하는 현상과 관련이 깊은 것으로 이해했다. 그러나 (4ㄱ')에서와 같이 비어두 음절에서 실현된 예들이 경상 방언을 반영한 문헌에서 나타난다. (4ㄱ')의 '춘시'는 '춘혀'에서 ㅎ구개음화 및 모음변화를 겪은 것(백두현, 2007 : 85)이고 '은세'는 '은혜'에서 ㅎ구개음화가 실현된 것이다. 『유합』에서는 '은세/은혜'로 ㅎ구개음화가 실현된 것과 실현되지 않은 것 모두 나타난다. 또 '은세'가 한자어이고, (4ㄷ)에서처럼 한자음이 ㅎ구개음화를 겪었기 때문에 '은세' 역시 비어두 음절에서 일어난 것으로 보지 않을 수도 있다. 그러나 '춘시'는 한자음이 아니기 때문에 왜 비어두 음절에서 실현된 것인지 판단하기 어렵다. (4ㄱ')은 경상 방언을 반영한 문헌 자료에 나타나는 특이한 예로 볼 수 있다.

2.3. 어간말자음군 단순화

어간말의 위치에 자음군을 가진 단어들은 모음으로 시작하는 어미가 후행할 때 연철되어 나타난다.

(5)

ᆪ : 안질 좌(坐)<동몽 4a>, 안질 좌(坐)<유합 13a>, 안즐<영남 13 : 6b>

ᆰ : 얼글 구(構)<역대 2a>, 발글 쇼(昭)<역대 14b>, 발글 명(明)<유합 2a>, 발근<영남 1 : 14a>, 발거니<영남 8 : 1b>, 발근지라<영남 11 : 5a>, 발가<영남 12 : 3a>, 늘글 노(老)<역대 7b>, 늘글 로(老)<동몽 8b>, 늘글 노(老)<유합 7a>, 늘거<영남 14 : 14a>, 늘근<영남 4 : 14a>, 블글 젹(赤)<역대 15a>, 불걸 쥬(朱)<동몽 8a>, 불글 젹(赤)<유합 2b>, 불글 주(朱)<유합 3a>, 불글 홍(紅)<유합 3a>, 불글 자(紫)<유합 3a>, 일글 독(讀)<역대 26a>, 말걸 쳥(淸)<동몽 1b>, 말글 쳥(淸)<유합 18b>, 굴글 츄(麤)<유합 18b>

ᆱ : 절물 소(少)<역대 17b>, 절믈 소(少)<유합 19b>, 절뭄을<영남 17 : 5b>, 절머<영남 14 : 10a>, 살믈 팽(烹)<유합 11b>, 살마<영남 19 : 14a>, 살마<영남 6 : 14b>

ᆲ : 발불 도(蹈)<역대 9a>, 발블 쳔(踐)<유합 13a>, 발블 답(踏)<유합 13a>, 발바<영남 13 : 11a>, 열블 쳔(淺)<유합 18b>, 열불 박(薄)<유합 18b>

이러한 자음군이 음절말에 위치하여 말음으로 말이 끝나거나, 자음으로 시작하는 음절이 후행할 경우 하나의 자음이 탈락하게 된다. 이는 음절말 위치에서 둘 이상의 자음을 연속해서 발음하지 못하는 국어의 음절 구조 제약에 기인한다. 20세기 전기의 경상 방언을 반영한 문헌에서도 이러한 자음군 단순화가 반영된 표기들이 나타난다.

(6) 어간말자음군 단순화
ᆪ→ㄴ : 한양을 향히 안들 안하더라<영남 13 : 19a>
ᆰ→ㄹ : 흘 토(土)<동몽 9b>, 달 쎄(鷄)<유합 5b>[4]

---

4) 『동몽』에서 '닭'이 '발 계(鷄)'<14a>로 되어있다. 이는 '달'의 오기로 보인다.

늘고＜영남 17 : 29b＞, 늘고＜영남 19 : 17a＞, 늘도록＜영남 9 :
22b＞

ㄲ→ㅁ : 옴깃드니＜영남 13 : 22a＞, 옴길 천(遷)＜역대 24a＞

ㄲ→ㄹ : 여들 자를＜영남 14 : 9b＞, 여들 글자로＜영남 16 : 6b-7a＞, 여
들 발(八)＜동몽 9a＞, 여덜 팔(八)＜유합 1a＞

발지＜영남 13 : 13b＞, 발지＜영남 3 : 2a＞

ㄲ→ㅂ : 여덥 팔(八)＜역대 24b＞

(6)은 후행하는 자음으로 인해 어간말자음군이 단순화된 예이다. 이들
예들은 실제 발음을 표기에 반영한 것으로 보인다. ㄲ은『영남』,『동몽』,
『유합』과『역대』가 단순화되는 양상이 다르게 나타난다.『영남』,『동몽』,
『유합』은 ㅂ이 탈락하고 ㄹ이 발음되는 반면,『역대』는 ㄹ이 탈락하고
ㅂ이 발음된다. 1980년대 방언 조사에 따르면 진양은 '여덜', 산청은 '여덜,
여덥', 고성은 '여덜'로 발음되었다(한국정신문화연구원, 1993 : 147).『역대』의
표기는 1980년대의 산청의 발음과 대응된다.

『역대』와 비슷한 시기, 인접 지역인 진주 방언과 사천 방언이 반영되
어 있는 필사본『아학편』에서도 '여덥팔(八)'로 ㄲ에서 ㄹ이 탈락한 예가
나타난다(김영진, 1987/2002 : 110). 이들 문헌들만 보았을 때 ㄲ의 단순화
양상은 ㄹ이 탈락한『역대』, 필사본『아학편』과 ㅂ이 탈락한『유합』,『동
몽』,『영남』으로 나눌 수 있다. ㄲ은『역대』에서 단순화된 예가 나타나지
않기 때문에 확인할 수 없다.

어간말자음군 단순화 현상의 규칙 및 원인을 [coronal] 자질의 충돌을
피하기 위한 이화현상(이병근, 1989 : 19)으로 보는 논의가 있다. 그러나 (6)의
ㄲ에서 '여덥 팔', '여덜 팔'과 같이 음성적 환경이 똑같으나 어간말자음
군의 단순화 양상이 일정하지 않은 것도 나타난다. 이와 같이 단순화 양
상이 일정하지 않은 것은 유음인 ㄹ과 [폐쇄음-cor]인 ㄱ과 ㅂ이 비슷한
정도의 공명도 강도를 갖고 있기 때문에 화자에 따라 지역에 따라 수의적

으로 ㄹ과 ㄱ, ㄹ과 ㅂ 중 하나를 선택하는 것으로 보인다(차미경, 1992 : 160-162).

(7) 모음이 후행하는 경우
ㄺ→ㄹ : 쓸히<영남 9 : 34a>
ㄺ→ㄱ : 흑을<영남 17 : 6a>
ㄺ→ㅋ : 흑흘 듭고<영남 14 : 20b>, 닥히<영남 19 : 13a>

(6)과는 달리 (7)은 어간말자음군 단순화가 실현되는 환경이 아님에도 어간말자음군 중 하나의 자음이 탈락된 것이다. 이들 예 역시도 실제 발음을 표기에 반영한 것으로 보인다. 이러한 예들이 나타나는 것은 자음군 단순화에 이어 어간의 재구조화가 이루어졌음을 의미한다(백두현, 1992 : 360). 홍윤표(1985 : 597)에서는 ㄼ을 가진 단어들도 재구조화되어 '여덟', '넓다'는 ㅂ만, '짧다'는 ㄹ만 발음된 것으로 보았다. 그러나 '넓다'의 고형이 '넙다'<석보상절 1447>인 점, '짧다'의 고형이 '져르다'<석보상절 1447>인 점을 고려한다면 '넙을 홍(洪)'<역대 3a>, '쩌를 단(短)'<역대 14b>은 재구조화되었다는 것보다 이 방언에서 고형이 유지된 것으로 보는 것이 타당하다. 따라서 이들 문헌에서는 ㄺ을 가진 단어들에서만 어간의 재구조화가 일어난 것을 확인할 수 있다.

『영남』은 ㄺ의 경우 용언과 체언이 다른 양상으로 나타난다. 용언은 모음이 후행할 때 (5)에서 보듯이 ㄺ이 모두 나타난다. 또 자음이 후행하는 환경에서는 (6)에서와 같이 ㄱ이 탈락하였다. 그러나 체언은 자음이 후행하는 환경에서 단순화된 예는 보이지 않으며, 모음이 후행하는 환경에서는 (7)에서와 같이 ㄹ 또는 ㄱ이 탈락하였다. 이는 체언과 용언에서 자음군 단순화가 다른 양상으로 나타남을 의미한다. 용언과 체언의 양상이 다른 것은 용언의 어간이 자립성을 지니지 못하는 반면 체언은 충분히 독립적으로 쓰일 수 있다는 점(최병선, 1996 : 384)에서 차이가 있기 때문이다. 다시 말해 용언은 어간이 독립성이 약하기 때문에 모음으로 시작하는 활용어미에서 ㄺ이 모두 나타날 수 있으나 체언은 그 자체로 독립성이 강하기 때문에 어간에서 재구조화되어 모음으로 시작하는 조사와 결합할 때 ㄺ이 나타나지 않는다.

『유합』에서 '닐을 독(讀)'<14a>으로 '읽을'이 '닐을'로 표기되었다. 이 역시도 실제 발음을 반영한 표기로 보인다. '읽다'는 16세기 옥산서원본 『이륜행실도』(1518)에서 '글 니르더니'<48a>로 확인할 수 있듯이 경상방언에서 '니르다'로 쓰였다. '닐을'을 통해 20세기 초 김해 지역에서 고형이 유지된 것으로 볼 수 있다. 1980년대 방언 조사에 따르면 김해 지역에서 '읽는다'를 '이른다'로, '읽어'를 '일러'로 발음하였다(한국정신문화연구원, 1993 : 273). 이를 통해 20세기 후기까지 '이르다'의 어형이 유지된 것을 확인할 수 있다. 이들 문헌에 나타난 어형들에서 어간의 재구조화는 ㄺ을 가진 단어들 중에서 체언에서만 일어난 현상으로 국한된다. 용언에서 어간의 재구조화된 예는 이들 문헌에서는 나타나지 않는다.

3. 모음 관련 음운 현상

3.1. ㅣ역행동화

ㅣ역행동화는 후행음절의 i 또는 j의 영향으로 선행하는 음절 모음에 j의 전설성이 첨가되는 현상이다. 경상 방언에서 ㅣ역행동화는 활발히 실현된 음운 현상 중의 하나이다. 이상규(2013 : 245)에 따르면 ㅣ역행동화는 19세기 초 김해 방언에서 활발히 실현되었다. 『동몽』에서도 이 현상이

상당히 발견된다. 경상 방언이 반영된 문헌들에서 ㅣ역행동화 현상이 반
영된 예는 다음과 같다.

(8)
ㄱ. ㅏ(ㆍ)>ㅐ(ㆎ)
믹기지 안하며<영남 1 : 32b>, 익기지 아니하나<영남 19 : 17a>, 믹
킬 조(阻)<동몽 2a>, 익길 석(惜)<동몽 3b>, 이비 부(父)<동몽 2b>,
징길 침(浸)<동몽 2a>, 아지비 슉(淑)<동몽 2b>, 달펭이 와(蝸)<동몽
15a>, 쒸드러미 실(蟋)<동몽 15b>, 이비 부(父)<역대 1b>, 밋길 임
(任)<역대 3b>, 익교 교(膠)<역대 6a>, 하리비 죠(祖)<역대 2a>, 맥
킬 조(阻)<유합 14b>, 액길 석(惜)<유합 16a>, 액길 전(慳)<유합
16a>, 애비 부(父)<유합 8a>, 싁기 츄(雛)<유합 5b>, 잔너비 원
(猿)<유합 6a>, 하래비 옹(翁)<유합 7a>
ㄴ. ㅓ>ㅔ(>ㅖ)
타 멕이니<영남 18 : 6b>~소 메기난<영남 3 : 1b>, 기리기 안(鴈)
<동몽 13b>, 지릴 비(痺)<동몽 6b>, 멕일 목(牧)<역대 3b>, 제역
셕(夕)<유합 2a>, 에미 모(母)<유합 8a>, 질예긔 홍(鴻)<유합 5b>
ㄷ. ㅗ>ㅚ
퇫기 고기를<영남 8 : 6b>, 소 쇠비를<영남 4 : 19a>, 괴인 공(公)
<동몽 7a>, 고딍이 라(螺)<동몽 15a>, 굉경 흠(欽)<역대 2b>, 괴기
어(魚)<역대 9a>, 괴긔 어(魚)<유합 6b>, 죄인 조(弔)<유합 16b>,
왼길 이(移)<유합 20a>
ㄹ. ㅜ>ㅟ
뉘비 잠(蠶)<동몽 15b>, 쥐길 육(戮)<역대 18b>, 쮜밀 장(粧)<유합
17a>

19세기 후기~20세기 전기 경상 방언에서 ㅣ역행동화가 활발히 실현
되었다는 것을 (8)을 통해 확인할 수 있다. (8ㄱ)은 ㅏ(ㆍ)가 ㅐ 또는 ㆎ
로의 동화를 겪은 예이다. 어두와 비어두 모두에서 ㅣ역행동화가 나타났
다. 『영남』에서는 '믹기지~맛기지'와 같이 ㅣ역행동화가 실현된 어형과
실현되지 않은 어형이 혼재해서 사용되었다. (8ㄴ)은 ㅓ>ㅔ 또는 ㅓ>ㅖ'

로의 동화를 겪은 예로, 마찬가지로 어두와 비어두 모두에서 변화를 겪었다. 『영남』에서는 '멕이니~먹여'처럼 ㅣ역행동화 실현과 미실현형이 함께 쓰였다. (8ㄴ)에서, 『동몽』에서 나타난 '기리기', '지릴'은 각각 '기러기', '저릴'에서 '기레기', '제릴'로의 ㅣ역행동화를 겪은 다음 다시 고모음화 현상을 겪어 '기리기'와 '지릴'의 형태로 나타난 것이다. (8ㄷ)은 ㅗ>ㅚ의 동화를 겪은 예이다. 『영남』에서는 ㅣ역행동화가 실현된 '퇴기'와 미실현형인 '톳기'가 함께 나타났으나, '고삐'는 '쐬비'로만 쓰였다. 그 외 다른 문헌에서도 주로 어두에서 ㅗ>ㅚ로 ㅣ역행동화가 나타났다. ㄹ은 ㅜ>ㅟ로 동화를 겪은 것으로, 『영남』에서는 그 예가 나타나지 않았다.

> (9) 개재자음 ㄹ
> 찐리더니<영남 4 : 1b>~범을 싸리며<영남 1 : 18b>, 업듸리고<영남 3 : 34a>~업드리고<영남 1 : 29a>, 틔리지 마라<영남 18 : 7b>, 두듸리기 은(癮)<동몽 6b>, 듸릴 전(奠)<동몽 4b>, 기림 도(圖)<역대 15a>, ㅆㅣㄹ일 탕(湯)<역대 3a>, 긔림 도(圖)<유합 17a>, 그림 화(畵)<유합 17a>, 에려울 난<유합 19a>, 데려울 염(染)<유합 18b>

(9)는 개재자음이 ㄹ일 때 ㅣ역행동화가 나타난 예이다. '찐리더니'는 ㅏ>ㅐ로의 역행동화를 겪은 것이고, '업듸리고', '두듸리기', '듸릴'은 ㅡ>ㅟ의 역행동화를 겪었다. '에려울'에서는 ㅓ>ㅔ의 ㅣ역행동화가 나타난 것이고, '기림'은 ㅡ>ㅣ의 역행동화가 나타난 예이다. 이들은 모두 개재자음으로 ㄹ을 가진다는 공통점이 있다. ㅣ역행동화는 동화주와 피동화주 사이 개재자음이 [−coronal] 자질을 가지고 있어야 실현되지만, (9)에서는 개재자음으로 [+coronal] 자질의 ㄹ을 가지고 있어도 실현되었다. 경상 방언이 반영된 모든 문헌에서 개재자음 ㄹ인 경우에도 ㅣ역행동화가 실현된 것으로 보아 ㅣ역행동화 제약의 폭이 축소되고 있다는 것을 알 수 있다.

3.2. 전설모음화

전설모음화는 치찰음인 ㅅ, ㅆ, ㅈ, ㅊ 뒤에서 후설모음 ㅡ가 전설모음인 ㅣ로 변하는 현상이다. 경상 방언이 반영된 문헌에서 어간 내와 형태소 경계에서 전설모음화 현상이 다양하게 나타났다.

> (10) 스>시, 쓰>씨
> ㄱ. 어간 내
> 실픔이<영남 10 : 28a>~실피하지<영남 11 : 18a>, 사심고기가<영남 3 : 30a>, 힘시더라<영남 3 : 6a>, 시물여덜<영남 20 : 10b>, 다시기 하고<영남 6 : 17b>, 무신<영남 3 : 27b> 시사로 <10 : 20b>, 염십을<영남 19 : 6b>, 씬거슬<영남 9 : 16a>, 무릅 씨고<영남 18 : 5a>, 마당을 씰고<영남 2 : 20b>~길을 씨러<영남 19 : 18b>, 힘씨고<영남 9 : 20b>, 약을 씨고<영남 2 : 21a>, 가심 흉(胸)<동몽 5a>, 구실 쥬(珠)<동몽 10a>, 구실 옥(玉)<동몽 10a>, 다시릴 리(釐)<동몽 9b>, 목심 슈(壽)<동몽 5a>, 사심 록(鹿)<동몽 14a>, 실기 담(膽)<동몽 5b>, 실풀 익(哀)<동몽 3b>, 이실 로(露)<동몽 1a>, 시싱 ᄉ(師)<역대 4a>, 실풀 익(哀)<역대 10a>, 말심 언(言)<역대 12b>, 벼실 관(官)<역대 15b>, ᄉ심 녹(鹿)<역대 24a>, 씰 용(用)<역대 5b>, 이실 노(露)<유합 2b>
> ㄴ. 형태소 경계
> 업시며<영남 3 : 33a>~업시무로<영남 19 : 19b>~업시니<영남 12 : 6a>, 잇시며<영남 8 : 19b>~잇시니라<영남 17 : 32a>~잇시되<영남 8 : 28a>~잇시미<영남 9 : 6b>, 버시미<영남 10 : 11a>, 잇실가 염여하야<영남 17 : 14a>, 업실 무(無)<역대 3a>, 힘씰 무(務)<역대 4b>, 씰 용(用)<역대 5b>, 버싯 탈(脫)<역대 8b>, 이실 존(存)<역대 9b>, 꾸지실 질(叱)<유합 16a>, 꾸지실 가(呵)<유합 16a>, 꾸지실 칙(嘖)<유합 16a>

(10)은 '스>시'로, '쓰>씨'로 전설모음화 된 예로, (10ㄱ)은 어간 내에서, (10ㄴ)은 형태소 경계에서 실현된 예이다. 어간 내에서는 많은 어휘

들이 전설모음화를 겪었으며, 형태소 경계에서도 전설모음화가 다소 일어난 예를 찾을 수 있는데, 백두현(1988 : 113)에 따르면, 이 시기 형태소 내부에서부터 경계까지 전설모음화 현상이 확대된 것을 통해 '스>시'를 포함한 전설모음화는 매우 생산성이 높은 변화임을 알 수 있다. 이 같은 현상이 『역대』와 『유합』에서도 발견된 반면, 경북 안동 방언이 반영된 『승부리안 주방문』에서는 이와 같은 전설모음화 현상이 나타나지 않았다.5) 『영남』에서는 어간 내에서 '무슨'<4 : 19a>, '스사로'<5 : 28b>, '염습'<18 : 23b> 처럼 같은 어휘이지만 전설모음화가 적용된 형태와 적용되지 않은 형태가 혼재해서 쓰였다. 형태소 경계에서 역시 '잇스며<4 : 13a>~잇스니<7 : 2b>', '업스니<9 : 13b>~업스며<17 : 7b>'에서와 같이 전설모음화 미실현형이 함께 나타났다.

(11) 즈>지
ㄱ. 어간 내
징셰<영남 3 : 21b>, 징험<영남 9 : 16b>, 직시<영남 18 : 4a>, 일직이<영남 17 : 4b>, 쏭오짐<영남 12 : 18b>, 질기더라<영남 9 : 21a>, 아지미 고(姑)<동몽 2b>, 질글 히(喜)<동몽 3b>, 질길 흔(欣)<역대 19b>, 질긔 환(歡)<유합 15a>, 질걸 오(娛)<유합 15a>

ㄴ. 형태소 경계
안진 곳애<영남 2 : 12b>~안지면<영남 20 : 16a>, 입에 마진 거<영남 5 : 1b>, 마질 영(迎)<동몽 4b>, 안질 좌(坐)<동몽 4a>, 하고질 욕(欲)<동몽 3b>, 느질 안(晏)<역대 8a>, 츳질 심(尋)<역대 16b>, 미질 결(結)<역대 16b>, 안질 좌(坐)<유합 13a>, 느질 완(緩)<유합 15b>

(12) 츠>치
ㄱ. 어간 내
칙량<영남 1 : 13a>, 칙간<영남 4 : 6a>, 시칙하니<영남 16 : 26

---

5) 백두현・송지혜(2012 : 222)에 따르면 '되나기로 츠고<2a>'에서 볼 수 있듯이 전설모음화가 실현되지 않은 '츠-'가 쓰였다.

b>~시칙하야<영남 8 : 32a>~시측하야<영남 7 : 32a>, 칠 등(藤)
<유합 4a>
ㄴ. 형태소 경계
쩌칠 무(蕪)<유합 19a>, 쩌칠 황(荒)<유합 19a>

(11)과 (12)는 '즈>지', '츠>치'의 전설모음화를 겪은 예이다. '즈>지'
의 전설모음화 현상은 '스>시'와 마찬가지로 어간 내, 형태소 경계에서
모두 찾을 수 있으나, '츠>치'는 몇 문헌에서만 한정되어 나타났다. 경북
방언이 반영된 『영남』에서는 ㅊ 아래에서의 전설모음화 현상이 다소 발
견되고, 경남 김해 방언이 반영된 『유합』에서는 '칠', 쩌칠'에서 전설모
음화 현상이 발견된 반면, 근접한 지역인 밀양 방언이 반영된 『동몽』에
서는 '지츰 히(咳)'<6a>, '밋츨 광(狂)'<6b>에서 볼 수 있듯이 '츠>치'로의
전설모음화가 실현되지 않았다. 전설모음화는 높은 생산성을 지녀 과도교
정형이 나타났는데, 『영남』에서 나타나는 '층송(稱頌)'<4 : 24a>의 '층'은
'칭'의 과도교정형이다. 최전승(1986 : 317)에서는 '층>(칭)>칭'의 변화로 해
석하나, 백두현(1992 : 262)에서는 본래 음을 '칭'으로 보고 있다.

    (13) 한자음
       비파 실(瑟)<동몽 12b>, 이 실(蝨)<동몽 15b>, 이을 싱(承)<역대
       14b>, 곳 직(卽)<유합 18a>, 닉킬 십(褶)<유합 14a>

(13)의 예는 한자음에서 전설모음화가 실현된 예이다. 20세기 문헌인
『신정천자문』(1908)에서는 '비파 슬(瑟)'로 전설모음화가 적용되지 않은 형
태로 쓰였으나, 『동몽』에서는 적용되어 '비파 실(瑟)'로 쓰였다. 『신증유
합』(1711)에서 '곧 즉(卽)'으로, 『국한회어』(1895)에서 '곳 즉(卽)'으로 쓰였
으나 19~20세기 경상 방언이 반영된 문헌에서는 (13)에서와 같이 한자
음에서 역시 전설고모음화 현상이 실현되었다.

(14) 르>리

　　즈리<영남 5 : 14b>, 짜리고<영남 9 : 8b>, 다리미<영남 10 : 11a>~
　　다림<영남 4 : 6a>, 푸리더라<영남 1 : 28b>, 가리치고<영남 19 :
　　14b>, 나리 진(津)<동몽 2a>, 노리 장(饔)<동몽 14a>, 마리 종
　　(宗)<역대 2b>, 미리 용(龍)<역대 10b>, 미리 용(龍)<유합 6b>

　경상 방언에서는 치찰음뿐만 아니라 유음 ㄹ 아래에서도 전설모음화가
적용되어 '르>리'로 실현되는 어휘를 찾아볼 수 있다. '르>리'로 변한
예는 (14)와 같이 드물게 나타났다. 유음 ㄹ 아래에서 실현되는 전설모음
화는 ㅅ, ㅈ, ㅊ의 전설모음화처럼 생산성이 높지는 않지만, 이 시기 경
상 방언에서 나타나는 음운현상으로 볼 수 있다. (14)의 '즈리', '마리 종
(宗)'은 역사적으로 어말에 'ᄋ'를 가졌던 어휘가 ·>ㅡ 이후에 '르>리'로
실현된 예이다(백두현, 1992 : 263). 경북 방언이 반영된『영남』에서는 '르>
리'로 변한 예가 다른 문헌에 비해 다소 발견되나, 경남 방언이 반영된
문헌에서는 극히 드물게 발견된다. 이상규(2013 : 248)에 의하면, 유음 ㄹ
아래에서의 변화는 경남과 경북지역에서 각각 차이가 나타나며 확산 속
도 또한 다르다. 비슷한 시기의 문헌들을 비교한 결과 경남 문헌어에 비
해 경북 방언이 반영된 문헌에서 유음 아래에서의 전설모음화 현상이 좀
더 다양한 어휘에서 나타나는 것을 알 수 있었다.

　전설모음화가 적용되지 않은 형태도 존재하는데 그 예는 아래와 같다.

(15) 증셰<영남 4 : 14b>, 증험<영남 11 : 33a>, 안즐<영남 13 : 6b>,
　　잇스무로<영남 17 : 34a>, 쏭오즘<영남 12 : 13a>, 밋츨 광(狂)<동
　　몽 6b>, 지츰 히(咳)<동몽 6a>, 장승 후(堠)<동몽 2a>, 일즉 증
　　(曾)<역대 7a>, 슬 용(用)<유합 4b>, 슴줄 맥(脈)<유합 9a>, 마츨
　　요(了)<유합 17a>, 아츰 죠(調)<유합 2a>, 니슬 유(有)<유합 3b>,
　　가즐 지(資)<유합 14a>, 건즐 제(濟)<유합 14b>

(15)의 『영남』에서는 '징세~증세'처럼 같은 어휘의 실현형과 미실현형이 모두 쓰이기도 하며, '업시니~업스니', '무신~무슨'처럼 어간 내와 형태소 경계에서도 실현형, 미실현형이 모두 쓰임을 알 수 있다.

19~20세기의 경상 방언이 반영된 문헌에서 치찰음 아래, 특히 ㅅ, ㅈ 아래에서의 전설모음화 현상을 쉽게 찾을 수 있으며, 어간 내에서뿐만 아니라 형태소 경계에서까지 적용된 것으로 보아, 경상 지역의 방언에서, 특히 경북 방언에서 전설모음화 현상이 더욱 활발하게 적용되었다는 것을 알 수 있다.

3.3. 원순모음화

원순모음화는 순음 ㅁ, ㅂ, ㅍ이 선행하거나 후행할 때 비원순모음이 원순모음으로 바뀌는 현상이다. 경상 방언에서 원순모음화 현상이 나타난 예는 다음과 같다.

    (16) 어간 내
        풀을<영남 5 : 12b>, 나물밥<영남 8 : 22b>, 밥부드리도<영남 1 : 8b>~밧부무로써<영남 20 : 16a>, 노푸고<영남 10 : 35b>, 실푸고<영남 20 : 16a>, 베풀고<영남 11 : 14b>, 기푸지<영남 13 : 13b>~깁푸나<영남 10 : 7a>, 아니무로<영남 8 : 34a>, 물 강(江)<동몽 2a>, 물 슈(水)<동몽 9b>, 불 화(火)<동몽 9b>, 믁 묵(墨)<동몽 8b>, 슈풀 님(林)<역대 3a>, 물 염(濂)<역대 22a>, 물 흐(河)<역대 24b>, 불글 홍(紅)<역대 24b>, 숩풀 님(林)<유합 3a>, 불 화(火)<유합 2a>, 뿔 각(角)<유합 6a>, 불글 쥬(朱)<유합 3a>

    (17) 형태소 경계
        ㄱ. 너무면<영남 8 : 38a>~너무니<영남 10 : 14b>, 이부며<영남 17 : 14b>, 덥푸며<영남 18 : 21b>, 자부라<영남 4 : 19a>
        ㄴ. 편하물<영남 10 : 5b>, 실품물<영남 11 : 16a>, 잇스물<영남 17 :

9b>, 희하물<영남 17 : 14a>, 업시물<영남 20 : 1b>, 치우물<영
남 19 : 17b>

ㄷ. 못하무로<영남 9 : 33a>, 늘그무로<영남 10 : 33b>, 이스무로써
<영남 11 : 10b>~잇셔무로써<영남 11 : 16a>~잇시무로<영남
17 : 17b>, 업시무로<영남 17 : 31b>~업스무로<영남 18 : 19a>,
어리무로<영남 17 : 29b>

ㄹ. 노풀 고(高)<동몽 2b>, 노풀 쥰(峻)<동몽 2a>, 누불 와(臥)<동몽
4a>, 수물 언(隱)<동몽 3b>, 자불 악(握)<역대 4a>, 수물 은(隱)
<역대 4b>, 을풀 음(吟)<역대 20a>, 노풀 숭(崇)<역대 26a>, 논
풀 존(尊)<유합 7b>, 슬풀 비(悲)<유합 13b>, 자불 집(執), 가물
션(玄)<유합 2b>, 드물 희(稀)<유합 19a>

(16)은 어간 내에서, (17)은 형태소 경계에서 원순모음화가 일어난 예
이다. 백두현(2007 : 81)에 따르면 어간 내부의 원순모음화 현상은 이 시기
매우 일반화된 현상이다. (17)의 『영남』에서는 다양한 형태에서 원순모음
화가 실현된 것을 살펴볼 수 있다. (17ㄱ)은 '너무면~너무니'에서처럼
용언의 어간 말음이 순음일 때 어미 '-으'와 결합하면서 원순모음화가
적용된 것이고, (17ㄴ)의 '편하물, 실품물' 등은 용언 어간에 명사형 어미
'-ㅁ'+목적격 조사 '-을'이 결합되면서 원순모음화가 적용된 예이다.
(17ㄷ)은 용언 어간에 명사형 어미 '-ㅁ'+'-으로'가 결합되어 원순모
음화가 실현된 것이다. (17ㄹ)은 『영남』 이 외의 문헌의 형태소 경계에서
원순모음화가 실현된 예이다. 『영남』은 어휘 학습서인 다른 문헌과 달리
형태소 경계에서 다양한 형태의 원순모음화 실현형이 나타났는데, 명사
와 조사의 결합에 비해 용언 어간과 어미의 결합에서 생산적인 것으로
보아 원순모음화 적용 영역의 확대 과정을 '형태소 내부→용언 활용→
체언 곡용'의 순으로 세울 수 있다(백두현, 1988 : 116).

(18) 베플고<영남 5 : 25b>, 잇셔므로<영남 11 : 16a>~잇시므로<영남

5 : 4b>, 베플 진(陳)<역대 12a>, 거믈 흑(黑)<유합 2b>, 믈 수
(水)<유합 3a>, 밟블 천(踐)<유합 12a>, 나믈 여(餘)<유합 19b>

(18)에서처럼 원순모음화가 실현되지 않은 형태도 함께 나타났으나 그
예는 극히 일부만 존재이다. 『영남』에서는 형태소 경계에서 간혹 나타났
고, 그 외 경남 방언이 쓰인 문헌에서는 김해 방언이 반영된 『유합』에서
주로 발견되었다. 『동몽』에서는 이 같은 미실현형이 발견되지 않았다.

19~20세기 경상 방언이 반영된 문헌 모두에서 차이 없이 어간 내부
에서의 원순모음화는 이미 일반화된 현상이고, 이것이 형태소 경계까지
확산되어 쓰인 것을 확인할 수 있었다.

3.4. 고모음화

고모음화는 중모음인 ㅔ나 ㅗ가 고모음인 ㅣ나 ㅜ로 상승되는 현상을
말한다. 먼저 ㅔ>ㅣ의 고모음화의 예를 제시하면 아래와 같다.

(19) ㅔ>ㅣ
　ㄱ. 기을치<영남 2 : 14a>, 비어<영남 11 : 3a>~비니<영남 17 :
　　26b>~비혀<영남 6 : 15a>, 시와(立)<영남 20 : 19a>
　ㄴ. 아비으기<영남 2 : 26b>~부모의게<영남 5 : 18b>~부모의계<영
　　남 3 : 2b>
　ㄷ. 크기 우니<영남 1 : 7b>~커긔<영남 11 : 9b>, 긋기<영남 11 :
　　14a>~긋계<영남 14 : 10b>, 맛기 하고<영남 1 : 17a>, 보기 하
　　라<영남 9 : 14b>, 민망키 너겨<영남 8 : 28b>

(19)는 『영남』에서 발견된 ㅔ>ㅣ 고모음화의 예이다. (19ㄱ)은 어두에
서 나타난 예이고, (19ㄴ)은 조사에서 나타난 예이다. (19ㄷ)은 부사형 어
미 '-게'가 '-기'로 나타난 예이다. 경남 방언이 반영된 문헌들은 모두

어휘 학습서로 ㅖ>ㅣ 고모음화 현상이 빈번하게 나타나는데, 한자음과 훈으로 다시 나누어 볼 수 있다.

(20) 한자음에서의 ㅖ>ㅣ
　　치정 치(瀞)<동몽 6a>, 귀 귀(几)<동몽 12b>, 기수나무 기(桂)<동몽 15b>, 단술 리(醴)<동몽 10a>, 시닉 기(溪)<동몽 2a>, 쓸칭기 기(階)<동몽 11b>

(21) 훈에서의 ㅖ>ㅣ
　　기욱질 을(齕)<동몽 6b>, 미나락 깅(秔)<동몽 17a>, 밉살 깅(粳)<동몽 17a>, 믹이 덤(鮎)<동몽 15a>, 비틀 긔(機)<동몽 12a>, 지비 연(鷰)<동몽 14a>, 우리 뢰(雷)<동몽 1a>, 지기 호(戶)<동몽 11b>, 서비 신(辰)<동몽 1b>, 방기 방(螃)<동몽 15a>

　　(20)은 『영남』을 제외한 문헌인 어휘 학습서의 한자음에서 나타난 고모음화 현상의 예이고, (21)은 훈의 어두와 비어두에서 나타난 고모음화의 예이다. (20)에서는 '체', '궤', '계', '예'의 ㅖ나 ㅖ가 ㅣ로 고모음화되었다. '치정 치(瀞)'는 '체증'에서 ㅖ가, '기수나무 기(桂)'는 '계수나무'에서 ㅖ의 음과 훈 모두에서 고모음화가 발견된다. (21)에서는 '새베', '방게' 등의 어휘에서 ㅖ가 ㅣ 고모음화된 예이다. ㅖ>ㅣ 고모음화 현상은 경남보다는 경북에서 활발하며, 경북 내에서도 북부 지역이 상대적으로 활발하게 나타난다(백두현, 1992 : 144). 경상 방언을 반영한 문헌 중 경북 방언이 반영된 『영남』과 『동몽』에서 주로 ㅖ>ㅣ가 나타난 점이 이를 뒷받침하고 있다.

(22) ㅕ>ㅖ>ㅣ
　　몟(幾)<영남 3 : 15b>, 마밀(磨滅)<영남 18 : 26b>, 밀성(滅性)<영남 4 : 14b>, 미느리 식(媳)<동몽 3a>, 쎄 골(骨)<동몽 5b>, 히 셜(舌)<동몽 5b>, 부치 불(佛)<동몽 8b>

(23) ㅖ>ㅔ>ㅣ

흡퓌 피(肺)<동몽 5b> 히쵸 히(惠)<동몽 16a>, 지히 지(智)<동몽 3b>, 은히 히(惠)<동몽 4a>

(22)는 ㅕ>ㅖ의 모음 축약을 겪은 후 ㅣ로 고모음화된 예이다. '마멸', '멸셩', '며느리', '뼈', '혀', '부쳐'가 '마멜', '멜셩', '메느리', '뻬', '헤', '부체'로 모음 축약 단계를 거친 후 ㅖ>ㅣ가 적용되어 위와 같은 형태로 쓰였다. (23)은 ㅖ에서 반모음 j가 탈락된 후 다시 고모음화를 겪은 예이다. 한자음의 '폐', '혜', 훈의 '지혜'와 '은혜'가 ㅖ>ㅔ>ㅣ의 변화를 겪은 것이다.

(24) 기거울 경(輕)<동몽 1b>, 기거울 경(輕)<역대 5b>

경남 밀양 방언이 반영된 『동몽』에서는 '가볍다'라는 의미의 '기겁다'의 '기'가 '게'로 모음합류 이후 고모음화 현상이 적용되어 '기거울'로 나타나는 반면, 같은 경남 방언이 반영된 『역대』에서는 '기거울'이 고모음화가 적용되지 않은 어형 그대로 나타났다. 같은 20세기 문헌이고, 같은 경남지역 방언을 반영하고 있지만 같은 어휘에서 고모음화의 적용 여부가 달리 나타남을 알 수 있다.

(25) ㅚ>ㅔ>ㅣ
ㄱ. 자식을 비니<영남 18 : 7b>
ㄴ. 미 곤(崑)<동몽 1b>, 미 악(嶽)<동몽 1b>, 미 산(山)<동몽 2a>, 미 강(岡)<동몽 2a>, 미초리 슌(鶉)<동몽 14a>
(26) ㅓ>ㅔ(ㅣ역행동화)>ㅣ
집이 이러와<영남 17 : 30b>, 믹일 목(牧)<동몽 7a>, 지릴 비(痺)<동몽 6b>, 기리기 안(鴈)<동몽 13b>

19세기 후기~20세기 전기 경상 방언을 반영한 문헌어의 음운 현상 연구 **451**

(25)는 ㅚ>ㅔ>ㅣ의 변화를 겪은 예이다. (25ㄱ)은 『영남』에서 '보이'가
'뵈'로 축약된 후 다시 '베'로 변하여 고모음화된 예이고, (25ㄴ)은 『동몽』
에서 나타난 예로 순음 뒤에서 w가 실현되지 못해 ㅚ가 ㅔ로 변한 후 고
모음화가 적용된 것이다. (26)은 ㅓ>ㅔ로 ㅣ역행동화를 겪은 어휘가 다
시 고모음화를 겪은 예이다. '이러와'는 '어렵-'에서 ㅣ역행동화 후 고모
음화가 진행된 경우이며, '먹일'에서 '멕일'로 ㅣ역행동화가 적용된 후 '믹
일'이 된 것이다. 백두현(2007 : 79)에서와 같이 ㅣ역행동화에 의해 산출된
ㅔ에도 고모음화가 적용되는 것은 경상 방언에서 이 규칙이 상당히 강한
힘을 가지고 적용되었다는 것을 보여준다.

ㅗ>ㅜ의 고모음화를 겪은 어형과 겪지 않은 어형이 함께 나타난다.

(27) ㅗ>ㅜ
ㄱ. 오줌<영남 5 : 17a>, 나무를<영남 6 : 26b>, 아울나<영남 1 :
24b>, 지나무 지(梓)<동몽 17a>, 씨구리 와(蛙)<동몽 15a>, 비나
무 비(枇)<동몽 17a>, 나무 슈(樹)<역대 10a>, 박굴 역(易)<역대
24a>, 신나무 풍(楓)<유합 4a>, 뽕나무 상(桑)<유합 4a>
ㄴ. 널글소록<영남 2 : 29a>, 더옥<영남 2 : 28b>, 디초<영남 3 :
34a>, 오좀<영남 7 : 24b>, 바독 긔(碁)<동몽 9a>, 오좀 뇨외로
올 고(孤)<유합 17a>

(27ㄱ)은 ㅗ>ㅜ의 고모음화를 겪은 예이고, (27ㄴ)은 겪지 않은 예이
다. ㅔ>ㅣ에 비하여 많은 예가 발견되지는 않는다. 경남 방언이 반영된
문헌에서 '나무'는 '지나무', '신나무', '비나무' 등에서처럼 모두 고모음
화가 실현된 형태로 나타났다.

경상 방언이 반영된 문헌에서는 ㅔ>ㅣ로의 고모음화 현상은 한자음에
서와 훈에서, 어간 내와 형태소 경계에서 모두 빈번하게 나타났다. 특히
ㅔ>ㅣ의 고모음화 현상은 경북 방언이 쓰인 『영남』과 경북 청도 방언이

반영되어 있는 『동몽』에서만 나타난 것으로 보아 경남보다는 경북지역에서 더욱 빈번함 현상임을 알 수 있었다.

4. 결론

지금까지 19세기 후기에서 20세기 전기의 경상 방언을 반영한 문헌을 대상으로 하여 이들 문헌에 나타나는 특징적인 음운 현상을 자음과 모음으로 나누어 살펴보았다.

자음에서는 경상 방언에서 공통적으로 어두경음화가 활발히 실현되는 것을 확인할 수 있었다. 또 ㄱ구개음화는 모든 문헌에서 나타나지만 ㅎ구개음화는 『동몽』과 『유합』에서만 나타났다. 1980년대 방언 조사에서 ㅎ구개음화가 문헌의 해당되는 지역에서 실현되는 것을 확인하여 20세기 초에도 이들 지역에서 일어났을 것이나 문헌에 반영되지 않은 것으로 추정하였다. 어간말자음군 단순화 현상에서 ㄼ의 경우 『영남』, 『동몽』, 『유합』에서는 ㅂ이 탈락되고 ㄹ이 발음되는 한편 『역대』, 필사본 『아학편』에서는 ㄹ이 탈락되고 ㅂ이 발음되는 것을 확인했다. 또 지역별로 단순화 양상이 다른 것을 통해 어간말자음군 단순화 현상은 수의적으로 일어나는 것으로 보았다. ㄻ을 가진 단어들 중에서 자음군 단순화 환경이 아님에도 단순화된 단어들은 자음군 단순화에 이어 어간의 재구조화가 이루어진 것으로 보았다.

어두경음화와 ㄷ구개음화, ㄱ구개음화는 이들 문헌에서 공통적으로 반영되어 나타나는 것으로 20세기 초 경상 방언에 일반적인 현상이었음을 알 수 있었다. 『동몽』과 『유합』은 ㅎ구개음화가 반영되었고, 어간말자음군 ㄼ이 ㄹ으로 단순화된다는 점에서 공통적이다. 『영남』은 ㅎ구개음화가 반영되지 않는다는 점에서 『역대』와 같으나, 어간말자음군 ㄽ이 ㄹ로 단순화된다는 점에서 『동몽』, 『유합』과 같다. 필사본 『아학편』은 ㅎ구개음화가 반영된다는 점에서 『동몽』, 『유합』과 같으나 어간말자음군 ㄽ이 ㅂ으로 단순화된다는 점에서 『역대』와 같다.

ㅣ역행동화 현상은 경상 방언에서 공통적으로 실현되는데, 개재자음이 [+coronal] 자질을 가진 ㄹ인 경우에도 마찬가지로 실현되는 것을 통해 경상 방언에서 ㅣ역행동화의 제약의 폭이 축소됨을 알 수 있었다. 전설모음화는 특히 경북 방언에서 더욱 활발하게 적용되었는데, 경북 방언이 반영된 『영남』에서 '르>리'로의 전설모음화가 다양한 어휘에서 발견되었다. 19~20세기 경상 방언에서 원순모음화는 이미 일반화된 현상이고, 이것이 형태소 경계까지 확산되어 쓰인 것을 확인할 수 있었다. 마지막으로 ㅔ>ㅣ로의 고모음화 현상은 한자음에서와 훈에서, 어간 내와 형태소 경계에서 모두 빈번하게 나타났으나, 경북지역의 방언이 반영된 『영남』과 『동몽』에서만 나타난 것으로 보아, 경북지역에서는 고모음화 현상이 확대되어 적용되었으나, 경남지역에는 아직 확대되어 쓰이지 못한 것으로 보인다. 문헌별로 차이를 보이는 것으로는, 경북 방언이 반영된 『영남』과 『동몽』에서만 ㅔ>ㅣ 고모음화 현상이 적용되었다. 그러나 『영남』은 원순모음화의 실현형과 미실현형이 혼재되어 쓰이고, '츠>치'의 전설모음화가 적용되었다는 점은 『유합』과 같다.

이 글에서 19~20세기의 경상 방언의 특징적인 음운 현상을 살펴보았는데, 앞으로 시대를 넓히고, 문헌이 추가된 정밀하고 깊은 연구가 이루어져야 할 것이다.

‖ 참고문헌

김영진(1987), 「동남방언 자료『아학편』」, 『동양문화연구』 2, 대전대학 동양문화연구소, (김영진(2002), 『국어사연구』, 이회, 101-125)에 재수록.

박용식(2011), 「경남의 언어」, 『경남문화연구』 32, 경상대학교 경남문화연구소.

배주채(1989), 「음절말 자음과 어간말 자음의 음운론」, 서울대학교 석사학위논문.

백두현(1988), 「嶺南三綱錄의 音韻論的 考察」, 『용연어문논집』 4, 용연어문학회.

_____(1992), 『嶺南 文獻語의 音韻的 硏究』, 태학사.

_____(1994), 「경상방언의 통시적 연구 성과와 그 전망」, 『인문과학』 10, 경북대학교 인문과학연구소.

_____(2007), 「애국지사 김태린이 지은『동몽수독천자문』연구」, 『어문학』 95, 한국어문학회.

백두현・송지혜(2012), 「19세기 초기 안동부의『승부리안 주방문』연구」, 『영남학』 22, 경북대 영남문화연구원.

이동석(2010), 「ㅎ구개음화 현상에 대한 연구」, 『언어학연구』 17, 한국중원언어학회.

이상규(2013), 「을유본『유합』에 나타나는 김해 방언」, 『방언학』 17, 한국방언학회.

이병근(1989), 「국어사전과 음운론」, 『애산학보』 7, 애산학회.

이정희(2012), 「혜산 이상규의『역대천자문』간행 연구」, 『경남문화연구』 33, 경상대학교 경남문화연구소.

전광현(2003), 『國語史와 方言2-방언 연구』, 월인.

차미경(1992), 「문경지역어의 어미자음군 연구」, 『강남어문』 7-1, 강남대학교 국어국문학과.

최명옥(1980), 『경북동해안 방언 연구』, 영남대출판부.

_____(1982), 『월성지역어의 음운론』, 영남대출판부.

_____(1998), 『국어 음운론과 자료』, 태학사.

최병선(1996), 「국어 음절간 자음군의 발음 연구」, 『동아시아 문화연구』 28, 한양대학교 동아시아문화연구소.

최전승(1986a), 『19세기 후기 전라방언의 음운현상과 그 역사성』, 한신문화사.

_____(1986b), 「언어변화와 과도교정의 기능」, 『국어학신연구』, 탑출판사.

_____(2009), 「19세기 후기 국어방언에서 진행 중인 음성변화와 과도교정의 개입에 대한 일 고찰」, 『국어사와 국어방언사와의 만남』, 역락.

한국정신문화연구원(1989), 『韓國方言資料集 Ⅶ 慶尙北道篇』, 한국정신문화연구원.

　　　　　　　　　(1993), 『韓國方言資料集 Ⅷ 慶尙南道篇』, 한국정신문화연구원.

허재영(2013), 「언해본『양정편(養正編)』의 경상 방언 문헌으로서의 가치」, 『東方學』 27, 한서대학교 동양고전연구소.

홍윤표(1985a), 「歷代千字文과 西部 東南方言」, 『羡烏堂金炯基先生 八耋紀念 國語學論叢』, 創學社.

　　　(1985b), 「口蓋音化에 대한 歷史的 硏究」, 『진단학보』 60, 진단학회.

● 박태일

경남대학교 국어국문학과에 재직하고 있으며, 현대시를 전공하였다. 1980년 중앙일보 신춘문예 시 부문 당선으로 문단에 나섰다. 주요 저서로는『한국 근대시의 공간과 장소』(소명출판, 1999),『한국 근대문학의 실증과 방법』(소명출판, 2004),『한국 지역문학의 논리』(청동거울, 2004),『경남・부산지역문학 연구 1』(청동거울, 2004),『마산 근대문학의 탄생』(경진출판, 2014) 등이 있다. 또 대표 시집으로는『그리운 주막』(문학과지성사, 1984),『가을 악견산』(문학과지성사, 1989),『약쑥 개쑥』(문학과지성사, 1995),『풀나라』(문학과지성사, 2002) 등이 있고, 이외 다수의 비평집과 산문집 등이 있다.

● 박현수

경북대학교 국어국문학과에 재직하고 있으며, 현대시를 전공하였다. 주요 저서로『모더니즘과 포스트모더니즘의 수사학 – 이상문학연구』(소명출판, 2003),『한국 모더니즘 시학』(신구문화사, 2007),『전통시학의 새로운 탄생』(울력, 2013),『시론』(울력, 2014) 등이 있다.

● 김무식

경성대학교 국어국문학과에 재직하고 있으며, 주로 국어음(성)운론에 관심을 갖고 연구해왔다. 이 중에서도 방언음운론을 중심으로 한 국어음성학과 15세기 국어를 중심으로 한 음운사에 대하여 연구하고 있다. 주요 저서로는「훈민정음의 음운체계 연구」(1993),『옛글 속의 우리문화 엿보기』(경성대한국학연구소, 2004),『경북 고령지역의 언어와 생활』(태학사, 2011) 등이 있다.

● 정우락

경북대학교 국어국문학과에 재직하고 있으며, 영남학파를 중심으로 한국문학사상에 대하여 연구하고 있다. 특히 우리 문학의 체계를 성리학적 세계관에 입각하여 밝히고자 하는 노력을 꾸준히 해왔다. 최근에는 문화공간으로서 영남이 갖는 의미에 주목하며 관련 글을 발표하기도 한다. 주요 저서로는『남명문학의 철학적 접근』(박이정, 1998),『남명과 퇴계사이』(경인문화사, 2008),『조선의 서정시인 퇴계 이황』(글누림, 2009),『삼국유사, 원시와 문명 사이』(역락, 2012),『남명학의 생성공간』(역락, 2014) 등이 있다.

● 홍미주

경북대학교 국어국문학과 BK21플러스 사업단 BK연구교수로 재직하고 있다. 사회언어학적 관점에서 음운변이를 살펴보는 데 관심이 있으며, 특히 음운변이와 언어태도와의 상관성에 대한 연구를 꾸준히 진행하고 있다. 대표 논저로는 「대구지역어의 음운변이에 대한 사회언어학적 연구」(2011), 『삶을 위한 화법』(공저, 정림사, 2013), 「변항 (오)의 변이형 실현 양상과 언어 태도에 대한 연구」(2013), 「어두경음화의 실현 양상과 언어태도에 대한 연구」(2014) 등이 있다.

● 백두현

경북대학교 국어국문학과에 재직하고 있으며, 옛 한글 문헌과 그 속에 담긴 한국어의 역사적 변화 그리고 한글생활사의 변천에 관심을 갖고 연구해왔다. 최근 10여 년간에는 훈민정음 해례본과 문자체계의 원리, 한글 편지와 한글 음식조리서를 중점적으로 다루어왔다. 주요 저서로는 『영남 문헌어의 음운사 연구』(태학사, 1992), 『현풍곽씨언간 주해』(태학사, 2003), 『한글문헌학』(태학사, 2015) 등이 있다.

● 박지애

경북대학교 국어국문학과 BK21플러스 사업단 BK연구교수로 재직하고 있다. 전통시가의 지속과 변모 및 영남 민요의 지역성에 관심을 가지고 이에 대한 연구를 지속하고 있다. 주요 저서로는 『이야기꾼과 이야기의 세계』(공저, 민속원, 2013), 『민요와 소리꾼의 세계』(공저, 민속원, 2014), 『근대 대중매체와 잡가』(역락, 2015) 등이 있다.

● 김봉국

부산교육대학교 국어교육과에 재직하고 있으며, 한국어음운론과 한국어방언학 등에 관심을 갖고 연구해왔다. 대표 저서로는 『강원 홍천 지역의 언어와 생활』(태학사, 2011), 『강원 양양 지역의 언어와 생활』(태학사, 2008), 『방언 이야기』(공저, 태학사, 2007), 「정도성에 의한 음소 대립」(2013), 「한국어의 동음이의어에 대하여」(2013) 등이 있다.

● 김주현

경북대 국어국문학과에 재직하고 있으며, 현대소설을 전공하여 근대 소설 전반에 대해 연구해왔다. 특히 신채호, 이상, 김동리 등의 작가에 집중적인 관심을 갖고 연구하고 있다. 주요 저서로는 『이상소설연구』(소명출판, 1999), 『정본이상문학전집』(전 3권, 소명출판, 2005), 『신채호문학연구초』(소명출판, 2012), 『김동리문학연구』(박문사, 2013), 『실험과 해체-이상문학연구』(지식산업사, 2014), 『계몽과 혁명-신채호의 삶과 문학』(소명출판, 2015) 등이 있다.

● 김재석

경북대학교 국어국문학과에 재직하고 있으며, 한국 근대극의 형성과 전개 과정을 연구해왔다. 현재 우리의 극이 가지고 있는 특징을 바르게 이해하고, 또 세계의 극 속에서 우리 극의 가치를 제대로 자리 매김하기 위해서는 근대극이 정착될 무렵에 생성된 특징을 바로 아는 것이 중요하다고 판단했기 때문이다. 마당극에 대한 관심도 그 연장선상에 놓이는 것이다. 주요 저서로는 『일제강점기 사회극 연구』(태학사, 1995), 『근대전환기 한국의 극』(연극과인간, 2010), 『한국 현대극의 이론』(연극과인간, 2011) 등이 있다.

● 박용찬

경북대학교 국어교육과에 재직하고 있으며, 현대시 및 문학교육을 전공하였다. 최근 들어 출판매체와 지역문학에 대한 연구를 진행하고 있다. 주요 저서로는 『해방기 시의 현실인식과 논리』(역락, 2004), 『대구의 문화인물』(공저, 대구광역시, 2006), 『한국 현대시의 정전과 매체』(소명출판, 2011), 『예향의 도시, 문학을 말하다』(공저, 대구문화재단, 2013), 『문학교육개론』(공저, 역락, 2014) 등이 있다.

● 손유진

BK21플러스 영남지역 문화어문학 연구 인력 양성 사업단의 참여대학원생이다. 조선 중기 한문학 및 문학과 문화의 관련 양상에 관심을 두고 연구를 지속해 나가고 있다. 논문으로 「율곡시에 나타난 산수유람 체험의 형상화 방식과 지향」(2012), 「愚伏 鄭經世의 輓詩를 통해 본 죽음의 形象化 方式」(2014) 등이 있다.

● 김정대

경남대학교 국어국문학과에 재직하고 있으며, 국어 통사론과 국어 방언학을 전공했다. 50대 초반까지는 「한국어 비교구문의 통사론」(1994), 「한국어 접속문의 구조」(2004) 등 30여 편의 국어 통사론 관련 논문을 발표했다. 그 뒤로는 경남방언의 조사 및 연구에 힘을 쏟고 있는데, 「계사 '이-'의 기원형 '*일-'을 찾아서」(2005), 「경남방언 구획 문제를 다시 생각한다」(2012) 등 30여 편의 방언 관련 논문을 썼다. 주요 저서로는 『경남 창원 지역의 언어와 생활』(태학사, 2007), 『경남 창녕 지역의 언어와 생활』(태학사, 2009), 『경남 산청 지역의 언어와 생활』(태학사, 2011) 등이 있다.

● 최은숙

부산외국어대학교 한국어문화학부 조교수로 재직하고 있으며, 영남지역 가사와 여성의 놀이문화 및 노래담론에 대한 연구를 지속하고 있다. 주요 논저로는『민요담론과 노래문화』(보고사, 2009),『한국 민속문화의 근대적 변용』(공저, 민속원, 2009),『아리랑의 역사적 행로와 노래』(공저, 안트워프어소시에이트, 2014),「<화전가>에 나타난 자연인식 양상과 시적 활용방식」(2013),「퇴계의 청량산시에 나타난 유산(遊山) 체험의 시화 양상과 의미」(2014),「가야산 기행가사의 작품 양상과 표현방식」(2014) 등이 있다.

● 김재웅

경북대학교 기초교육원 초빙교수로 재직하고 있으며, 고전산문의 아름다움을 찾기 위해 필사본 고소설을 집중적으로 연구하고 있다. 최근에는 고소설의 창작 현장, 고소설의 지역학적 접근과 문학생활, 고소설의 생태문화 등에 관심을 가지고 연구하고 있다. 주요 저서로는『잊혀져 가는 고령 지역의 마을문화』(고령문화원, 2002),『대구·경북지역의 설화 연구』(계명대학교출판부, 2007),『강릉추월전 작품군의 종합적 이해』(보고사, 2008),『김시습과 떠나는 조선시대 국토기행』(역락, 2012),『한국 고소설의 주인공론』(공저, 보고사, 2014),『필사본 고소설의 지역별 유통양상과 향유층에 대한 실증적 연구』(역락, 2015)등이 있다.

● 김예니

BK21플러스 영남지역 문화어문학 연구 인력 양성 사업단의 참여대학원생이다. 국어사와 어휘사, 신어 어휘에 관심을 갖고 이를 중심으로 연구하고 있다. 논문으로는「신어의 [+사람] 어휘의 형태 의미적 특성」(공저, 2013),「2013년 신어의 추출 방법론과 형태·의미적 특성」(공저, 2014) 등이 있다.

● 김명주

BK21플러스 영남지역 문화어문학 연구 인력 양성 사업단의 참여대학원생이다. 국어사와 음운론에 관심을 두고 연구를 지속해 나가고 있다. 논문으로는「20세기 초 일본어 학습서의 국어 음운 연구」(2014),「20세기 전기 일본어 학습서의 일본어 한글 표기 연구」(2015) 등이 있다.

영남 어문학의 문화론적 해석

초판 인쇄　2015년 7월 22일
초판 발행　2015년 7월 31일
지은이　경북대학교 국어국문학과 BK21플러스 사업단
펴낸이　이대현
편　집　오정대
디자인　이홍주
펴낸곳　도서출판 역락
　　　　서울시 서초구 동광로 46길 6-6(문창빌딩 2F)
　　　　전화 02-3409-2058(영업부), 3409-2060(편집부)
　　　　팩시밀리 02-3409-2059
　　　　이메일 youkrack@hanmail.net
　　　　역락 블로그 http://blog.naver.com/youkrack3888
　　　　등록 1999년 4월 19일 제303-2002-000014호

ISBN　979-11-5686-218-5 93710

정　가　35,000원

* 파본은 구입처에서 바꾸어 드립니다.